신영복 평전

신영복 평전

더불어 숲으로 가는 길

최영묵·김창남 지음

2019년 12월 16일 초판 1쇄 발행
2020년 2월 3일 초판 3쇄 발행

펴낸이 한철희 | 펴낸곳 돌베개 | 등록 1979년 8월 25일 제406-2003-000018호
주소 (10881) 경기도 파주시 회동길 77-20 (문발동)
전화 (031) 955-5020 | 팩스 (031) 955-5050
홈페이지 www.dolbegae.co.kr | 전자우편 book@dolbegae.co.kr
블로그 imdol79.blog.me | 페이스북 /dolbegae | 트위터 @Dolbegae79

주간 김수한
편집 이경아·최양순
표지디자인 김동신 | 본문디자인 이은정·이연경
마케팅 심찬식·고운성·한광재 | 제작·관리 윤국중·이수민·한누리
인쇄·제본 상지사

ISBN 978-89-7199-988-2 (03990)
이 도서의 국립중앙도서관 출판시도서목록(CIP)은 e-CIP 홈페이지
(http://www.nl.go.kr/ecip)에서 이용하실 수 있습니다.(CIP제어번호: CIP2019050002)

책값은 뒤표지에 있습니다.

신영복 평전

더불어 숲으로 가는 길

최영묵 · 김창남

돌베개

서문

우리가 신영복 선생님과 성공회대에서 함께 보낸 세월은 축복이었습니다. 우리는 선생의 따뜻하고 자상한 인품과 언제나 사람을 중심에 두는 태도를 자양분 삼아 험난한 세월을 행복하게 지낼 수 있었습니다.

우리가 이 책을 쓰기로 한 것은 선생께 받은 과분한 사랑을 우리 사회의 많은 사람과 조금이나마 나눠 보기 위해서입니다. 선생은 자신에 대해 이야기하는 것을 즐기지 않으셨습니다. 기나긴 감옥살이와 보호관찰로 이어지는 시대 상황 속에서 솔직한 기록을 남기기 어렵기도 했습니다. 그러다 보니 선생을 잘 모르는 사람들이 섣부르게 이런저런 이야기를 하기도 하고, 더러 왜곡된 이야기들이 나돌기도 합니다. 이 책은 비교적 오랫동안 가까이서 선생을 접하고 그분으로부터 많은 말씀을 직접 듣고 배웠던 우리 눈에 비친 선생의 모습에 대한 꾸밈없는 기록입니다.

신영복 선생을 만난 적이 있거나 글과 서화 작품을 통해 간접적으로 경험한 모든 사람은 선생에 대한 나름대로의 기억을 가지고 있을 것입니다. 우리는 '신영복 평전―더불어 숲으로 가는 길'을 가능한 한 선생의 입장에서 쓰고자 했습니다. 이 책은 선생이 어떻게 살아왔는지 그리고 그분이 말하고 쓰고 생각했던 바가 무엇이었는지에 관한 글입니다. 언감생심 선생을 평가하거나 역사 속에 위치 지으려고 시도하지 않았습니다. 동시에 우리는 선생의 삶과 사상을 정리하면서 특정한 이념의 틀이나 관점을 고수하려 하지 않았습니다. 그저 선생이 남긴 글과 함께 지냈던 사람들의 이야기들을 모아 정리하고자 했을 뿐입니다. 자료의 한계로 아직도 쓰기 조심스럽거나 어려운 부분도 있습니다. 다행히 우리는 신영복 선생과 20여 년 세월을 지내며 쌓아 왔던 많은 기억을 가지고 있습니다.

선생은 감옥 20년을 전후로 각각 27년여의 세월을 사셨습니다. 전반 27년은 일관되게 제도권 학교에서 공부하는 '학생'으로 살았고, 감옥 생활을 마치고 돌아온 후반 27년은 성공회대를 중심으로 '선생'으로 사셨습니다. 감옥도 대학이라고 하시니, 결국 평생 학교에서 사신 셈입니다. 그러니까 이 책은 신영복 선생이 평생 거치신 학교에 관한 이야기기도 합니다.

이 책은 크게 네 부분으로 구성되었습니다. 1부에서는 선생의 삶, 2부에서는 선생의 사상, 3부에서는 선생의 주요 저술, 4부에서는 '인간 신영복'을 조명해 보았습니다.

1부 '쇠귀의 삶'에서는 선생의 가정환경과 유년 시절, 학창 시절, 통혁당 사건과 감옥 생활, 석방과 성공회대 교수 시절 이야기를 시간 순서로 정리했고, 마지막 부분에서 서예와 강연을 포함해 출소한 후 선생이 펼친 다양한 사회 활동과 실천에 대해 정리했습니다. 우리 사회 곳곳에 선생의 글씨가 남아 있습니다. 그리고 많은 사람이 선생의 잔잔하면서도 단호한 목소리를 아직도 기억하고 있습니다.

2부 '쇠귀의 사상'에서는 신영복 사상의 형성 과정을 돌아보고 그 핵심을 '성찰적 관계론'으로 정리했습니다. 선생은 유년 시절 의리와 실천을 중시하는 유교 집안에서 성장했습니다. 대학 이후 정치경제학을 비롯한 비판사회과학을 공부하면서 자본주의 사회의 문제와 인간 해방을 고민했고, 감옥에서는 깊은 성찰을 통해 인간이 관계의 산물이라는 깨달음을 얻습니다. '성찰적 관계론'은 공부, 화동, 양심, 변방 개념으로 압축할 수 있습니다. 선생은 감옥에서 서예의 형식과 내용을 고민하며 '민체' 혹은 '연대체'를 만들어 한글 서예의 새로운 세계를 열었습니다. 선생에게 서예는 관계이자 삶이며 실천이었습니다. 선생의 '서도 관계론'은 신영복 사상의 핵심인 '성찰적 관계론'의 모태라고 할 수 있습니다. 선생은 감옥에서 동양 사상과 조선 시대 이후 한국의 근현대사를 공부하면서 모든 사회 변화는 '사상 투쟁'에서 시작한다는 사실을 깨닫습니다. 출감한 후 처음 시작한 강의가 '동양철학'일 정도로 선생은 사상사에 깊은 관심을 가졌습니다. 유교 사상(성리학)과 조선 역사에 대한 선생의 생각은 '사상사로 본 한국사' 부분에 담았습니다.

3부 '저술의 세계'에서는 『감옥으로부터의 사색』(1988) 등 선생이 쓰셨거나 관여했던 주요 저술의 사회적 문맥과 핵심 내용을 정리했습니다. 선생의 책들은 오랫동안 많은 사람으로부터 꾸준한 사랑을 받고 있습니다. 사형수 시절 남한산성에서 쓰신 『청구회 추억』, 선생의 존재를 세상에 알린 『감옥으로부터의 사색』과 한국의 역사를 새롭게 성찰한 『나무야 나무야』, 근대 이후 서구 문명을 돌아본 『더불어숲』, 동양 사상을 관계론의 관점에서 정리한 『강의』, 선생이 자신의 사상을 세계 인식과 인간 이해 그리고 자기 성찰이라는 관점에서 정리한 최후의 저서 『담론』, 병상에서 마무리하신 서화 에세이집 『처음처럼』, 그 밖에 『사람아 아, 사람아!』를 비롯해 번역하거나 출판에 관여한 책들을 다루었습니다.

4부 '숲으로 간 나무'에서는 선생의 삶과 사상이 현실 속에서 드러난 모습, 즉 주변 사람들 눈에 비친 인간 신영복의 모습을 담았습니다. 모든 면에서 '유능'할 뿐만 아니라 때로는 '유치'할 줄도 아는 인간 신영복의 여러 '숨겨진' 면모를 우리의 경험을 바탕으로 재구성했습니다.

신영복 선생의 삶과 사상, 저술의 세계는 분리되어 있지 않습니다. 많은 사람이 말하고 이 책에서도 여러 번 언급하는 것처럼 선생은 말과 글과 삶이 어긋남 없이 일치하던 분입니다. 그렇다 보니 이 책에서는 비슷한 내용이 서로 다른 맥락에서 반복되는 경우도 있습니다. 우리는 75년을 살다 가신 선생의 삶을 정리하면서 험난하고 굴곡진 우리 현대사의 여러 현장과 마주쳤고, 그 과정에서 우리의 삶도 돌아볼 수 있었습니다. 우리가 그분 가까이서 오랜 세월을 함께할 수 있었다는 것이 얼마나 큰 행복이었는지 거듭 느낄 수 있었습니다.

이 책에서 우리는 신영복 선생을 '쇠귀'라 호칭했습니다. 여러 고민이 있었습니다. 평전의 객관성을 고려하면 신영복이라는 이름을 쓰는 것이 맞겠지만, 선생과 우리의 관계에서 느껴지는 감정 때문에 걸리는 부분이 있었습니다. 그렇다고 신영복 선생이라 호칭하는 것도 적절치 않았습니다. 선생이 별세하신 지 3년이 훌쩍 지났지만 여전히 그분과 '거리 두기' 하는 건 쉽지 않았습니다. 고심 끝에 쇠귀란 아호로 호칭하기로 했습니다.

평전을 펴내는 데 많은 분이 음으로 양으로 도움을 주셨습니다. 이 지면을 빌려 특별히 감사드리지 않을 수 없는 몇 분만 기록해 두고자 합니다.

먼저 인터뷰에 수차례 응해 주시고 자료 수집 과정에도 도움을 주신 부인 유영순 선생님, 신영복 선생의 장형 신영대 선생님께 감사드립니다. 신영복 선생을 성공회대로 모셔 우리와 평생 함께할 수 있게 해 주신 전 성공회대 총장이자 현 경기도 교육감이신 이재정 선생님, 선생의 후배로 함께 옥고를 치렀고 평생 도반이셨던 신남휴 선생님, 부산상고 시절 신영복 선생의 미술 선생님이셨던 김영덕 화백께도 감사드립니다. 끝으로 신영복 선생의 저술을 전담 출판하는 돌베개 한철희 사장과 김수한 주간, 그리고 이 책을 만든 편집자와 디자이너께도 감사드립니다.

선생의 장례식 날, 서로 만날 일이 없는 수천 명이 모여 오열하던 모습을 잊을 수 없습니다. 그 많은 사람이 저마다 선생과 자기만의 친밀한, 은밀한, 깊숙한 기억의 그림을 가지고 있다는 생각이 들었습니다. 많은 사람이 선생을 통해 간직하게 된 그림은 이후 각자가 계승해야 할 '숙제'라고 생각합니다.

이 책은 우리의 경험과 신영복 선생의 글을 바탕으로 그린 작은 그림에 불과합니다. 역사가 계속 새로 기록되어야 하듯이 선생에 대한 기억도 이후 가능한 한 여러 사람에 의해 계속 '생환'되어야 할 것이라고 생각합니다.

2019년 12월
최영묵·김창남

차례

일러두기

1. 이 책에서 인용하는 주요 문헌의 약어와 판본은 다음과 같다.
   (집필 시기순. 개정되었을 경우 개정판을 인용)

청구회   신영복, 『청구회 추억』, 돌베개, 2008/1969년 집필
사색   신영복, 『감옥으로부터의 사색―통혁당 사건 무기수 신영복 편지』, 햇빛출판사,
                 1988
-엽서93   신영복, 『엽서―신영복 옥중사색』(영인본), 너른마당, 1993
-사색98   신영복, 『감옥으로부터의 사색―신영복 옥중서간』, 돌베개, 1998
-엽서03   신영복, 『신영복의 엽서』(영인본), 돌베개, 2003
-사색18   신영복, 『감옥으로부터의 사색―신영복 옥중서간』(3판), 돌베개, 2018
사람아   다이허우잉, 신영복 역, 『사람아 아, 사람아!』, 다섯수레, 1991(2005년 개정)
루쉰전   왕스징, 신영복·유세종 역, 『루쉰전―기꺼이 아이들의 소가 되리라』, 다섯수레,
                 1992(2007년 개정)
역사속에서   나카지마 아츠시, 신영복 감역, 『역사속에서 걸어나온 사람들』, 다섯수레, 1993
시가선1   기세춘·신영복 편역, 『중국역대시가선집 1』, 돌베개, 1994
시가선2   기세춘·신영복 편역, 『중국역대시가선집 2』, 돌베개, 1994
시가선3   기세춘·신영복 편역, 『중국역대시가선집 3』, 돌베개, 1994
시가선4   기세춘·신영복 편역, 『중국역대시가선집 4』, 돌베개, 1994
나무야   신영복, 『나무야 나무야』, 돌베개, 1996
강의   신영복, 『강의―나의 동양고전 독법』, 돌베개, 2004
읽기   여럿이 함께 씀, 『신영복 함께 읽기』, 돌베개, 2006
여럿이   신영복, 『신영복―여럿이 함께 숲으로 가는 길』, 서울대학교출판문화원, 2010
변방   신영복, 『변방을 찾아서』, 돌베개, 2012
담론   신영복, 『담론―신영복의 마지막 강의』, 돌베개, 2015
숲   신영복, 『더불어숲―신영복의 세계기행』(개정판), 돌베개, 2015
처음   신영복, 『처음처럼―신영복의 언약』(개정판), 돌베개, 2016
냇물아   신영복, 『냇물아 흘러흘러 어디로 가니―신영복 유고』, 돌베개, 2017
손잡고   신영복, 『손잡고 더불어―신영복과의 대화』, 돌베개, 2017

2. 『감옥으로부터의 사색』은 다섯 가지 판본이 있기에 모두 제시한다.

3. 위의 저서에 포함되지 않은 쇠귀의 글은 참고문헌에 제시하고 직접 인용한다.

〈처음처럼〉

쇠귀의 삶

1부

'청년 혁명가' 쇠귀는 1988년 8월 15일 20년의 감옥 생활을 마치고 "초로(初老)의 붓다"[신남휴, 읽기, 289]가 되어 돌아왔다. 쇠귀의 삶은 교도소 생활 이전과 이후로 나눌 수 있다. 그는 출옥한 직후 한 신문에 쓴 글에서 자신의 삶을 세 길에 비유해 설명했다. 첫 번째 길은 학교 사택에서 태어나 책과 교실에서 이어진 28세까지의 삶이다.

1941년 고읍(古邑)인 밀양을 고향으로 나는 국민학교의 교장 사택에서 태어났다. 학교의 사택과 교실 그리고 학교 운동장에서 시작된 나의 어린 시절은 당시의 가난하고 어려웠던 식민지의 시절과 해방 전후의 격동으로부터 일정하게 보호된 환경이었다. 이러한 환경은 대체로 4·19를 맞은 대학 2학년까지 이어졌다. 그러나 이 시기까지의 나의 길은 내가 걸어온 나의 길이 아니었다. 누군가에 의해서 닦여진 길이었으며, 누군가에 의해서 주어진 책과 교실이었다. 생각하면 이것은 나의 선택은 아니었다. 심부름 같은 길이었다.[냇물아, 22]

밀양초등학교, 밀양중, 부산상고를 졸업하고 서울대 경제학과에 진학한 후 2학년 때 4·19혁명을 체험한다. 그에게 4·19는 잠시 푸른 하늘을 본 시절이었다. 군사 쿠데타로 그 푸른 하늘에는 곧 먹구름이 덮었고, 쇠귀는 우리를 구속하는 실체가 무엇인지 뼈저리게 느낀다. 이후 한국 사회의 변혁을 위해 치열하게 공부하고 실천하는 길로 나아갔다. 하지만 그 길은 군사 정권에 의해 강제 차단되었고, 쇠귀는 긴 감옥살이를 시작한다. 기나긴 감옥살이는 독재 권력이 강요한 두 번째 길이었다. 쇠귀는 20년 20일 동안 유폐되었고, 인간에 대한 새로운 희망을 가지고 돌아온다.

세 번째 길은 감옥살이보다 좀 더 긴 시간 이어졌다. 첫 번째 길이 학교와 책 그리고 관념의 세계로 이루어진 심부름 인생, 두 번째 길이 사형수–무기수로 이어지는 강요된 형극의 길이었다면, 세 번째 길은 성공회대에서 이 시대의 정직한 사람들과 함께 가는 길이었다.

쇠귀의 삶은 이렇듯 감옥살이 전 학생 시절, 감옥살이 20년, 출감 후로 확연하게 구분할 수 있다. 이 글에서는 쇠귀의 삶을 유년 시절, 초중고 시절, 대학 시절, 통혁당 사건, 감옥살이, 대학교수 시절의 여섯 시기로 구분했다.

밀양의 유년 시절은 쇠귀의 이후 행위와 사유의 바탕이기 때문에 주목해서 볼 필요가 있다. 밀양에서 초등학교와 중학교를 마치고 부산상고를 다니던 시절 쇠귀는 늘 '응원단장'이었다. 대학 시절은 신영복 심부름 인생의 절정이라 할 수 있을 정도로 분주했다. 4·19혁명 이후 근본적인 공부에 매진했던 학부와 대학원 시절, 석사 학위를 받고 숙명여대와 육군사관학교에서 교관을 지낸 시기까지를 대학 시절로 묶었다. 강사, 교관 생활을 했지만 쇠귀의 사유와 생활의 터전은 대학이었다.

쇠귀의 삶을 요동치게 한 것은 '통일혁명당 사건'이다. 통혁당 핵심 인사들과 다소간의 친분이 있고 시대를 고민하는 청년 학생으로서 양심에 충실했을 뿐이지만, 그 사건은 쇠귀의 삶을 전혀 다른 세계로 이끌었다. 이 사건은 물론 조작되고 과장된 면이 있지만 사회 변혁을 위한 쇠귀의 실천이라는 측면에서 주목해 볼 부분도 있다. 쇠귀의 감옥살이 전모가 『감옥으로부터의 사색』에 담겨 있는 것은 아니다. 쇠귀는 교도소 당국의 검열 속에서 가족을 안심시키기 위해 여러 상념을 반듯하게 편지로 써 보낸다.

쇠귀는 출옥 직후부터 성공회대에서 시간강사 생활을 시작했고, 1998년 사면 복권된 뒤에야 비로소 정규직 교수가 되어 2006년 정년 퇴임한다. 이후에도 석좌교수로서 작고할 때까지 성공회대와 인연을 이어 갔다. '변방' 성공회대에서 쇠귀는 새로운 세상을 꿈꾸며 많은 사람과 더불어 살았다.

쇠귀는 자신의 삶에 대한 기록을 많이 남기지 않았다. 사람은 타인과 관계를 맺으며 살아가는 존재라는 확고한 소신 탓으로, 자신에 대해 이야기하는 것을 즐기지도 않았다. 이 책은 쇠귀가 남긴 여러 글과 지인들과 나눈 이야기, 주변 사람들의 회고담, 기타 신문 기사나 기록 등을 바탕으로 쇠귀의 삶을 재구성하는 것으로 시작한다.

1. 남천강과 영남루

> 아버님은 그 책에서 사람은 그 부모를 닮기보다 그 시대를 더 많이 닮는다고 하였지만 내가 고향에 돌아와 맨 처음 느낀 것은 사람은 먼저 그 산천을 닮는다는 발견이었습니다.[나무야, 14]

'그 책'이란 1982년 부친 신학상 선생이 쓴 『사명당 실기』를 말한다. 부친은 오랜 시간 사명당의 삶을 연구하면서 시대의 영향으로부터 자유로운 사람은 없다는 의미에서 "사람은 그들의 부모보다 그들의 시대를 닮는다"고 말했다. 사명당의 본명은 임유정(任惟政)이고, 밀양의 삼강동에서 태어나 13세 때 번뇌에서 벗어나기 위해 불자가 되었다. 49세 되던 해인 1592년 임진왜란이 발발하자 승병장이 되었고, 1610년 입적할 때까지 승려이자 변방을 지키는 '장수'로 평생을 살았다. 쇠귀는 감옥에서 『사명당 실기』를 정독한 후 교열하고, 제목을 붓글씨로 써서 보낸다.

쇠귀가 출옥한 뒤 1996년 한 신문사의 요청으로 국내 여행기를 쓸 때 처음 찾아간 곳이 밀양의 얼음골이었다. 당시 부친과 모친은 모두 작고한 후였다. 중학교 때 부친을 따라 얼음골에 왔던 기억을 떠올리면서 '사람은 시대를 닮는다'는 부친의 화두에 '사람은 산천을 닮는다'는 자신의 생각을 덧붙인다. 40년이 지난 뒤 얼음골에 다시 갔을 때, 산의 능선이나 나무와 흙빛에서 말로 표현하기 어려운 친근감과 일체감을 느꼈기 때문이다.

형님이나 조카 등 가족들에 따르면 쇠귀는 부친과 생각이나 행동 심지어 모습까지도 많이 닮았다고 한다. 부친은 전형적인 조선 시대의 선비였다. 고향 산천과 부모 형제를 비롯해 마주치며 살았던 사람들 그리고 자신의 의지와 무관하게 엄습하게 마련인 동시대의 상황은 한 인간의 삶과 사상에 결정적인 영향을 준다. 쇠귀는 부모와 고향 산천뿐만 아니라 시대 상황까지 고루 닮았다. 유년 시절부터 대학 입학 전까지는 부모를 닮았고, 4·19 이후에는 시대를 닮았고, 말년에는 산천을 닮았다. 선비였던 부친과 유교적인 집안 분위기, 1950년대와 1960년대의 시대 상황, 밀양의 고향 산천이 쇠귀의 삶 속에 깊숙이 들어와 있었다. 공자의 집에 살다 마르크스의 세상으로 가서 큰 곤욕을 치르고 노자의 자연으로 돌아온 셈이다. 쇠귀는 훗날 자신에게 큰 영향을 끼친 책으로 『논어』, 『자본』, 『노자』를 들기도 했다.

쇠귀는 경남 의령에서 태어났지만 고향은 밀양이다. 밀양은 〈밀양아리랑〉의 고장이고, 최근에는 10년 넘게 끈질기게 이어졌던 밀양 송전탑 투쟁으로 우리의 기억 속에 자리하는 곳이다. 쇠귀는 1941년 의령에 있던 부친이 재직하는 학교(유곡공립보통학교) 사택에서 태어났다. 본가는 밀양군 무안면 중산리에 있었다. 세 살 되던 해인 1943년 부친이 부북초등학교로 전근하면서 밀양군 부북면으로 온다.

1941년생이라는 점도 주목할 만하다. 한국 현대사에서 1940년 대에 태어난 집단은 독특한 정체성을 가지고 있다. 주요 성장 시기가 1950~1960년대고, 독립된 대한민국에서 민주주의 교육을 받으며 자랐고 그들이 이 나라의 주인임을 자각하고 있었다. 해방 직후 사상적으로 혼란하던 시기를 경험하지 않았으며, 해방 전 일제 군국주의의 피해를 몸소 겪지 않았고, 조선 왕권 정치의 전통적 지배도 받지 않았기 때문이다.[김진균, 349]

조선 시대에 경상좌도에 속했던 밀양은 사방이 산으로 둘러싸여 있다. 남쪽으로 남천강(밀양강)이 흐르지만 곳곳에 솟은 산과 산 사이에 깃든 분지에 사람들이 모여 산다. 널리 알려진 영남알프스의 주능선인 가지산(1,240m)과 천황산(1,189m), 재약산(1,108m), 운문산(1,188m)이 밀양을 에워싼 형국이다. 영남알프스로 오르는 길목이 산내면인데, 이곳에 얼음골이 있다. 밀양은 이러한 특유의 분지 지형 때문에 여름에 유난히 기온이 높다. 밀양(密陽)은 한문으로는 '빽빽한 햇볕'이란 뜻으로, '햇볕이 빽빽한 고장'을 의미한다.

부북면 집은 영남루와 남천강에서 그리 멀지 않은 곳이었다. 남천강이 밀양 사람들의 삶의 터전이라면 영남루는 정서적 은신처 같은 곳이다. "아리아리랑 쓰리쓰리랑 아라리가 났네"라는 후렴구로 유명한 〈밀양아리랑〉에는 "남천강 굽이쳐서 영남루를 감돌고/벽공에 걸린 달은 아랑각을 비추네"라는 소절이 있다. 아랑은 조선 명종 때 밀양 부사를 지냈던 윤씨의 딸이고, 아랑각은 절개를 지키려다 억울한 죽음을 당한 아랑 낭자를 추모하기 위해 지은 사당이다.

남천강은 울주군에서 발원해 S곡선으로 흘러 밀양을 수직으로 관통한 후 삼랑진에서 낙동강과 합류하는 풍성한 하천이다. 지류가 많고 하구에 넓은 평야 지대를 만들어서 일찍부터 관개를 통한 농업이 발전할 수 있었다. 삼한 시대에 만들어진 것으로 알려진 수산제(守山堤)는 김제의 벽골제, 제천의 의림지와 함께 우리나라 3대 저수지로 꼽힌다.

밀양은 유별스럽게 신기한 일이 많이 벌어지는 곳이기도 하다. 무안면에 있는 표충비(사명당비)가 나라에 큰일이 있을 때마다 땀을 흘리고, 산내면 천황산 중턱의 얼음골은 한여름에 냉기를 술술 뿜고, 심지어는 꽁꽁 얼음을 얼리기도 한다.[한국문화유산답사회 엮음, 경남 (답사여행의 길잡이 14) 72]

쇠귀의 집에서 볼 때 밀양초등학교와 밀양중학교가 모두 남천강 건너편에 있었기 때문에 늘 강가를 걷고 다리를 건너 학교에 다녔다. 남천강이 밀양 사람들 삶의 젖줄 같은 거였다면, 영남루는 밀양 정신, 절개와 선비 정신의 상징이라 할 수 있다.

지금도 가장 기억에 남는 건, 할아버님과 친구 두세 분이 봄철에 강가로 놀러 가시던 기억입니다. 고향에는 깨끗한 모래사장이 길게 펼쳐진 한적한 강변이 있었습니다. …… 강변 모래사장에서 보행서(步行書) 하던 기억이 새롭습니다. 그 시절이 얼마나 그리웠으면 감옥에서도 그 강변을 꿈꾼 적이 있습니다.[담론, 307]

쇠귀의 어린 시절은 남천강을 빼놓고 설명할 수 없다. 여름철부터 가을 무렵까지 친구들과 강물에서 놀았고, 겨울이 지나고 봄이 오면 가장 먼저 강으로 뛰어들었다. 겨울에도 내내 강에서 얼음지치며 놀았다. 쇠귀는 마지막 저서 『담론』에서 "나는 생각의 많은 부분을 강물의 이미지에 의탁하고 있기도 합니다"[담론, 131~132]라고 했다.

영남루는 밀양의 상징이다. 진주의 촉석루, 평양의 부벽루와 함께 조선의 3대 누각으로 꼽힌다. 영남루는 진주에 있는 촉석루와 자주 비교가 된다. 밀양 출신의 법학자 안경환(安京煥, 1948~)[1]은 그의 저서 『황용주─그와 박정희의 시대』에서 "아랑각을 거느린 영남루 누각 끝에 서서 아래로 은어 떼가 유영하는 남천강을 내려다보노라면 촉석루를 우러러 받드는 의암과 남강의 잔잔한 물결이 연상된다"[14쪽]고 썼다. 밀양과 진주는 비슷하면서도 다르다. 영남루와 촉석루, 남천강과 남강, 아랑과 논개, 〈밀양아리랑〉과 〈진주난봉가〉를 대비해 보면 두 고장의 정서와 풍토의 차이를 이해할 수 있다.

조선 시대에는 경상도에 선비가 많았다. 과거 급제자가 많았고 요직에도 다수가 진출했다. 선산의 길재(吉再, 1353~1419), 밀양의 김종직(金宗直, 1432~1492), 하동의 정여창(鄭汝昌, 1450~1504), 현풍의 김굉필(金宏弼, 1454~1504), 안강의 이언적(李彦迪, 1491~1553), 안동의 이황(李滉, 1501~1570), 합천의 조식(曹植, 1501~1572), 상주의 노수신(盧守愼, 1515~1590) 등이 대표적이다. 광해군 2년

---

1   현재 서울대학교 법과대학 명예교수인 안경환과 쇠귀는 잘 아는 사이였다. 안 교수의 부친이 세종고(밀양 소재) 2대 교장이었고, 쇠귀의 부친이 3대 교장을 지냈다. 초대 교장은 황용주였다.

(1610) 문묘에 종사(宗祀)된 5현(김굉필, 정여창, 조광조, 이언적, 이황) 중 한성의 조광조(趙光祖, 1482~1520)를 제외한 4인이 경상도 사람이다.

이중환(李重煥, 1691~1756)은 『택리지』(擇里志)에서 고려와 조선으로 이어지는 천 년의 세월 동안 경상도는 유·불·선 모든 영역에서 경지에 이른 사람을 많이 배출한 '인재의 광'이라고 했다. 밀양을 비롯한 경상좌도(낙동강 동쪽 지역)는 토지가 메마르고 백성이 가난하지만 선비가 많았다고 했다. 그러면서도 왜국과 가깝기 때문에 살 만한 곳은 못 된다고 했다. 다산(茶山) 정약용(丁若鏞, 1762~1836)도 전국에서 경상도의 장원과 별장이 가장 아름다웠기 때문에 사대부들이 수백 년간 벼슬은 못 했어도 토지와 부를 바탕으로 선비의 기품과 지위를 보존할 수 있었다고 했다.[이장희, 87]

세종 때 편찬한 『경상도지리지』(慶尙道地理誌)는 밀양에 대해 "토지가 비옥하고 물이 풍부하며 기온이 온화하다. 사람들은 농사에 힘쓰고 학문을 숭상하나 투쟁을 좋아한다"라고 기록했다. "투쟁을 좋아한다"(好鬪爭)는 말이 특히 눈길을 끈다. 고은 시인은 『만인보』에 실은 「밀양 백중놀이」란 시에서 이렇게 읊었다.

밀양땅 본디 변한인데 가락국인데
신라에 합해지고 말았다
신라 한 고을이 되고 말았다
그동안 거슬렸던 일이 한두 번이 아니다
그렇게 거역의 땅으로 내려오다가
고려 충렬왕 때

고을 원을 때려죽이고

의병을 모아

진도 삼별초에 가담한 죄

(중략)

밀양 아랑 아씨

어디 그냥 있겠는가

참으로 조선팔도에서 여기만큼 고비 많은 데 없음이여

(후략)

오랜 역사 속에서 밀양은 왜구가 수시로 침략하는 땅이었고, 밀양 사람들은 스스로 무장해서 고향과 가족을 지킬 수밖에 없었다. 역사 기록을 보면 밀양은 고려 때부터 크고 작은 민란과 관련해 이름이 자주 등장한다. 고은 시인이 노래했듯이 주민이 모진 관리를 처단했다는 기록도 심심치 않게 등장한다. 삼별초 항전과 임진왜란 의병 승병의 봉기지고, 일제강점기에 많은 항일 투사와 독립운동가를 배출한 지역이기도 하다. 밀양시가 공식 인정한 항일 독립운동가만 해도 58명에 이른다.[이승환·남석형, 91] 대표적인 인물이 약산(若山) 김원봉(金元鳳, 1898~1958)과 석정(石正) 윤세주(尹世冑, 1901~1942)[2]다.

2   밀양 태생으로 본명은 윤소룡(尹小龍)이다. 보통학교를 자퇴한 후 밀양의 민족주의적 사립학교인 동화중학에 입학해 약산과 함께 개천절 행사를 주도했다. 이 사건으로 동화중학은 폐쇄된다. 1919년 경성에서 3·1운동에 참여한 뒤 귀향해 밀양의 만세 운동을 주도한다. 이후 중국으로 망명해 신흥무관학교에 다닐 때 약산과 재회해서 의열단을 조직한다. 1932년에는 조선혁명간부학교를 개설하고,

밀양의 역사와 인물은 쇠귀의 삶과 직간접적으로 연결되어 있다. 쇠귀의 본적지인 무안면 삼강동에서 사명대사(四溟大師, 1544~1610)가 태어나 자랐고, 나중에 이주한 부북면은 조선 성리학의 태두 점필재 김종직의 고향이다. 점필재의 부친 김숙자(金叔滋, 1389~1456)³의 집인 추원재(追遠齋)가 지금도 부북면에 남아 있다. 약산은 부북면과 인접한 부내면(현 밀양시 내이동) 사람이다. 부북면 제대리에는 약산의 부인 박차정(朴次貞, 1910~1944)⁴ 의사가 묻혀 있다. 해방 직후 약산이 박 의사의 유골을 안고 귀국해 이곳에 안장했다. '의열단 13인' 중 한 명인 석정은 「광야」의 시인 이육사(李陸史, 1904~1944)⁵를 의열단에 가입시키고 독립투사로 이끈 선배이자 그

1938년에는 조선의용대 정치위원을 맡았다. 1942년 일본군과 싸우다 전사했다. 1982년에 건국훈장 독립장이 추서되었다.

3 　본관은 선산(善山), 호는 강호(江湖)다. 12세 때부터 길재에게 『소학』을 비롯한 유교 경전을 배웠다. 세종 때 과거에 급제해 고령 현감 등을 지낸 후 처가가 있던 밀양에서 살다 죽었다. 효성이 지극했으며 상중에도 틈을 내어 후학을 가르칠 정도로 교육에도 힘썼다. 야은의 학통이 김종직으로 이어지는 가교 역할을 했다.

4 　부산 출신으로 1929년 일신여학교(현 동래여고)를 졸업한 뒤 항일 여성 운동 단체인 근우회에서 활동했으며, 광주학생운동 동조 시위 혐의로 체포되었다가 병보석으로 풀려난 후 베이징으로 건너가 의열단원이 된다. 1938년에는 조선의용대 부녀복무단 단장을 맡아 항일 투쟁에 주력했다. 1939년 장쑤성 쿤룬산에서 일본군과 교전하다 부상을 입고 그 후유증으로 고생하다가 1944년에 사망했다. 1995년에 건국훈장 독립장이 추서되었다.

5 　고향은 경북 안동군 도산면이고, 퇴계 이황의 14세손으로 태어났다. 본명은 이원록(李源祿)이었으나 이활(李活)로 개명했다. 나중에 주로 육사(陸史)라는 호를 써서 이육사로 알려졌다. '육사'는 '잘못된 역사를 죽이겠다'(戮史)는 뜻이 있다. 어려서는 조부에게서 한학을 익히고, 보통학교에 진학해 신학문을 배웠다. 1925년 대구로 이사한 뒤 형제들과 함께 의열단에 가입했고, 1927년 조선은행 대구지점 폭파 사건에 연루되어 처음 투옥된 후 무려 17차례나 일제에 체포되었던

가 가장 존경했던 인물로 알려져 있다.[김성장, 2018, 57]

밀양은 일제강점기 아나키즘의 본산으로 통할 만큼 여러 실천적 애국지사를 배출했다. 약산과 석정을 비롯해 백민(白民) 황상규(黃尚奎, 1890~1941),[6] 김대지, 고인덕, 김병환, 윤치형, 전홍표, 최수봉 등이 대표적이다. 부산과 가까운 밀양에는 식민지 시절에 일찍부터 일본인들이 몰려들었다. 백민은 약산의 고모부로 약산에게 배일사상을 철저하게 고취시킨 인물이다.[염인호, 15] 약산과 석정은 골목 하나를 사이에 두고 호형호제하던 사이였다.

쇠귀의 부북면 집은 약산과 석정의 집, 백민 황상규의 집과 그리 멀지 않은 곳에 있었다. 백민은 개화기 밀양의 대표적인 인물로 의열단 창설을 유도하고 지도한 것으로 알려졌다. 백민의 아들 황용암은 밀양농잠학교 재학 시절인 1930년에 동맹 휴학을 주도해 퇴학을 당하기도 한다.

약산은 중앙학교에 다니다 중국으로 망명해 난징의 진링(金陵)대학을 다녔다. 3·1운동이 일어났던 1919년에는 의열단을 조직해 국내의 일제 수탈 기관을 파괴하고 요인을 암살하는 등 무정부주의 투쟁을 주도한다. 일제의 통치가 갈수록 강고해지자 일본 제국

것으로 알려졌다. 1944년 1월 16일 베이징 주재 일본 총영사관 감옥에서 39세로 사망했다.

6   일찍이 교육 사업에 뜻을 두고 밀양에서 동화학원을 인수해 청년 학도 200여 명을 배출했다. 일경의 탄압으로 1918년 만주의 길림으로 망명했다. 그곳에서 김동삼(金東三), 김좌진(金佐鎭) 등과 함께 3·1독립선언서에 앞서 독자적으로 대한독립선언서를 발표하고, 1919년 약산과 의열단을 조직해 침략자와 매국노를 처단하는 일에 앞장섰다.

주의에 맞서 싸울 군대를 양성해야 한다고 생각한 약산은 의열단원 24명과 함께 황푸군관학교[7]에 입교한다. 1935년 조선민족혁명당을 지도하면서 중국 관내 지역 민족 해방 운동을 주도하고 '조선의용대'라는 군사 조직도 편성한다. 1942년 광복군 부사령관에 취임하고, 1944년 대한민국 임시정부의 군무부장을 지내다가 광복 후에 귀국했다. 하지만 1947년 친일 경찰 노덕술(盧德述, 1899~1968)[8]에게 체포되어 모욕과 조롱을 당한 후 풀려났고, 그해 7월 19일 여운형 (呂運亨, 1886~1947)이 암살되자 장례위원장을 맡는다. 장례식이 끝난 뒤 좌익 대검거와 암살 위협이 계속되자 월북한 것으로 보인다.[9] 그 후 약산의 집안은 멸문에 가까운 참화를 당한다. 한국전쟁 당시

7   개교할 때의 정식 명칭은 '중국국민당 육군군관학교'로 쑨원(孫文)이 소련의 적군 조직을 본떠 1924년 6월 16일에 설립했다. 광저우의 황푸(黃埔)에서 설립식을 개최했기 때문에 황푸군관학교라고 불렀다. 초대 교장은 장제스(蔣介石)였고, 저우언라이(周恩來)가 교관으로 있었다. 약 3년간 1만 5,000여 명의 졸업생을 배출했다. 중국 국민당과 공산당 간부의 상당수가 이 학교 출신이었다.

8   울산에서 태어나 울산공립보통학교를 중퇴한 뒤 1920년 6월 경상남도 순사에 임명되었다. 울산경찰서 순사부장을 거쳐 의령·김해·거창·통영 서의 사법주임을 맡았다. 그 뒤 종로경찰서 사법주임을 지낸 후 평안남도 경찰부 보안과장을 맡았다. 독립운동가에게 혹독한 고문을 일삼아 악명이 높았다. 해방 후 수도경찰청 수사과장으로 있을 때 '반민특위'에 체포되었으나 이승만 대통령이 석방을 종용해 무죄로 풀려난다. 이후 헌병으로 전직해 육군본부 제1사단 헌병대장, 제2육군범죄수사단 대장 등을 지내다 1955년 뇌물죄로 파면되었다.

9   약산은 월북한 후 1948년 8월 최고인민회의 1기 대의원을 거쳐 9월 국가검열상이 된다. 이어 최고인민회의 상임위원회 부위원장 등 고위직을 두루 역임했으나 1958년 모든 직책에서 해임된 뒤 숙청된 것으로 알려졌다. 황푸군관학교에 입교한 후 장제스와 맺은 친분이 국제 간첩 혐의로 둔갑해 제거의 빌미가 되었다고 한다.[정희상, 45]

9남 2녀였던 약산의 형제 중 친동생 네 명과 사촌 동생 다섯 명이 학살되었고, 부친은 유폐된 뒤 굶어죽었다.[10] 당시 여고생이던 약산의 누이동생 김학봉(1932~2019) 할머니는 정보기관의 감시 속에서 자식들을 고아원에 보내고 거리를 전전하며 살다 지난 2019년 2월에 작고했다.

약산과 석정은 얼마 전까지도 입에 올릴 수 없는 이름이었다. 약산과 의열단[11]의 이야기가 널리 알려진 것은 최동훈 감독의 영화 〈암살〉(2015)과 김지운 감독의 영화 〈밀정〉(2016) 덕분이기도 하다. 세상이 변해 지금 밀양에는 백민, 약산, 석정의 이름을 딴 거리가 생겼다. 성공회대는 지난 2017년 1학기부터 약산 김원봉 기념 교양 강좌를 개설했다. 한홍구 교수가 '한국독립운동사' 등을 강의한다. 약산의 조카(김학봉 할머니의 아들)로 현재 미국에 거주하는 김태영 박사가 운영하는 '의열단 약산 김원봉 장학회'에서 후원했다.

밀양은 이렇듯 일제강점기 저항적 민족주의의 '본산'이었다고 할 만큼 독립운동사에서 큰 비중을 차지한다. 조선 팔도 많은 지역 가운데 유독 밀양이 저항의 거점 중 하나가 된 것은 밀양의 오랜 역사와 관련이 있다. 역사학자 김기승은 「밀양 민족해방운동의 역사

10　『오마이뉴스』 2015년 9월 23일 자 김태영 박사 인터뷰 참조.

11　약산과 백민 등 13인이 모여 1919년 11월 9일 길림성 한 중국인 농부의 집에서 창단했다. 의열단은 비폭력 투쟁이었던 3·1운동의 실패를 교훈 삼아 주로 상하이의 프랑스 조계지에서 요인 암살과 기관 파괴를 목표로 활동했다. 파괴 대상은 5개소의 왜적 기관(조선총독부·동양척식주식회사·매일신보사·경찰서·기타 왜적 중요 기관)이었고, 살해 대상은 7악(조선 총독 이하 고관, 군부 수뇌, 대만 총독, 매국노, 친일파 거두, 적의 밀정, 반민족적 토호열신)이었다.[염인호, 38~41] 총독부 자료에 따르면 의열단원은 한때 1,000여 명에 달했다.

적 의미」라는 논문에서 밀양 독립운동의 특징으로 다음 세 가지를 들었다.[12]

먼저, 밀양의 독립운동은 지역 주민 대부분의 참여로 민중적 토대 위에서 시기별로 다양한 형태로 발현되었다. 구한말의 개화 교육 운동과 구국 계몽 운동, 1910년대의 비밀 결사 운동과 3·1운동, 1920년대의 의열단 투쟁과 노동 농민 운동, 1930년대의 국내 대중 운동과 국외 조선민족혁명당의 통일 전선 운동 등이 그것이다.

다음으로, 부문과 계층이 다양한데도 혼란과 분열보다는 단합과 국내외의 유기적 연계성이 두드러진다. 특히 밀양 사람들은 3·1운동 때 통합된 역량에 바탕을 두고 세대, 종교, 계층에 따라 다양한 운동을 전개했다.

끝으로, 밀양의 민족 해방 운동은 20세기 전 시기에 걸쳐 이어졌고 시종일관 통일 전선 운동의 성격이 강했다는 점이다. 구한말에 시작된 교육과 계몽 운동은 유교 전통에 바탕을 둔 주체적 근대화 운동의 성격이 강했고, 다른 지역에 비해 보수파와 개화파의 갈등이 거의 없었다는 점도 지적해 둘 만하다. 이러한 밀양 지역의 공유된 경험과 신념은 1940년대 이후 지역 인사들이 통일 민족 국가 수립이라는 단일 목표를 향해 결집하도록 만들었다. 이들에게 해방과 통일은 하나였다.

한글 연구 서클과 일본인 교장 배척 운동으로 한때 교직에서 쫓겨났던 아버님과 아버님의 친구들, 어둠 속에 묻혀 들어와

12　안경환, 『황용주—그와 박정희의 시대』, 18~19쪽에서 재인용.

서둘러 밤참을 해 먹고 어디론가 사라지던 장정들의 두런두런 하던 말소리와 발자국 소리, 남천교의 난간에 매달려 하굣길을 공포에 떨게 했던 빨치산의 머리들……. 나는 4·19 때에야 뒤늦게 그 당시를 추체험하게 된다.【냇물아, 22~23】

밀양 산천과 밀양 사람의 기질을 닮은 쇠귀의 삶에 시대가 들어오기 시작한 것은 대학에서 4·19혁명을 체험한 뒤다. 4·19를 겪으며 유년 시절에 만났던 사람이나 겪었던 사건의 의미를 또렷하게 이해한다. 이후 쇠귀는 분단 현실을 타개하기 위해 새로운 삶을 준비한다.

2. 응원단장의 애환

교장 사택에서 태어나서 고등학교 졸업까지 거의 전 기간을
계속 사택에서 생활했습니다. 학교 사택에서 '교장 선생님의
아들'로 성장했다는 사실이 한마디로 표현하기는 어렵지만 저
의 삶에 상당한 영향을 미쳤으리라 생각됩니다.[손잡고, 63]

쇠귀의 본관은 황해도 평산(平山)'이고 1941년 8월 23일 경남

---

1   평산 신씨의 시조는 고려의 건국 공신 신숭겸(申崇謙)이다. 쇠귀의 가문은
임진왜란 때 전북 임실에서 밀양으로 이주했다고 한다. 평산 신씨는 전주 이씨와
함께 정제두(鄭齊斗)의 양명학(陽明學, 강화학)을 계승한 가계기도 하다. 정조 때
의 문신 신대우(申大羽, 1735~1809)는 정제두의 손자사위로 강화도로 이주해 양
명학을 공부한다. 신대우는 순조를 보필하며 공조참판과 호조참판을 지낸 후, 정
제두의 유작을 정리한다. 그의 둘째 아들 신작(申綽, 1760~1828)은 순조 때 장
원급제했으나 평생 벼슬길에 나가지 않고 학문에 몰두해 일가를 이루었다. 양명
학과 실학을 절충하려 했고, 경학(經學)과 노장(老莊)에도 해박한 독보적 인물이
었다. 셋째 아들 신현(申絢, 1764~1827)은 정조 때의 초계문신(抄啓文臣)으로
정조가 학문을 진작하는 데 힘을 보탰다. 신현의 증손자가 해공 신익희(申翼熙,
1894~1956)다. 시인 신동엽(1930~1969)과 신경림(1936~)도 평산 신씨다.

의령 유곡공립보통학교 교장 사택에서 태어났다. 말이 보통학교지 교사가 한 명뿐인 간이학교였다.

쇠귀는 유교적 분위기의 선비 집안 둘째 아들이었다. 위로 두 분의 누이와 형이 있고, 아래로 남동생이 있었다. 자식 많은 집의 둘째가 으레 그렇듯이 어린 시절에는 집에서 크게 주목받지 못했고, 조부의 사랑방에서 붓글씨로『천자문』등을 쓰며『소학』,『격몽요결』같은 유교의 기본 학습서를 배운다.

부친 신학상(申鶴祥, 1909~1994) 선생은 대구사범학교를 졸업하고 평생 교육자로 산 꼿꼿한 선비였다. 경북 금릉공립보통학교에 근무할 때 일본인 학교장이 조선 학생을 차별하는 것에 항의했던 일이 신문에 보도되고, 또 한글 연구 모임을 했다는 이유로 1932년 파면되었다. 주변에서 대구사범을 1등으로 졸업한 사람인데 아깝다고 구명 운동을 해 준 덕분에 1934년 1, 2학년만 있던 간이학교인 의령의 유곡공립보통학교에 촉탁으로 다시 발령을 받는다.〔옛 스승들의 회고, 읽기, 260〕

부친은 해방 후에도 밀양 세종고등학교를 비롯한 몇몇 학교에서 교장을 지냈고, 전쟁 직후인 1954년 5월 제3대 국회의원 선거에 무소속으로 출마해서 낙선하기도 했다. 1950년대와 1960년대에 두 차례 밀양 교육감을 지냈고, 1966년부터 1969년까지 국사편찬위원회 교서원으로 일했다.

모친 이이구(李以九, 1908~1989) 여사는 여주 이씨 지주 집안의 외동딸로 어린 시절에『천자문』을 암송할 정도로 한학의 기초를 배운 사람이다. 활달하고 낙천적인 여장부였다고 한다.

어머니가 시집올 때 판소리 「춘향가」, 「적벽부」, 집안의 제문 (祭文)까지 두루마리를 여러 개 가지고 오셨습니다. 밤중에 숙모님과 시댁 여자분들, 때로는 이웃 아주머니들까지 안방에 둘러앉혀 놓고 낭랑하게 그걸 읽던 어머니의 모습이 떠올랐습니다. 지금 생각하면 시댁 식구들을 장악하는 방식이었던 것 같습니다.[담론, 313]

어머니는 「춘향가」나 「적벽부」[2]를 1인극 하듯 어조와 속도, 분위기를 조절하며 낭송했다고 한다. 쇠귀는 감옥에서 어머니가 이따금씩 보내온 편지를 읽으며 그 글씨 속에 전통적인 한글 궁체와 다른 서민의 미학이 담겨 있다는 사실을 깨닫는다. 모친은 쇠귀가 출감하고 이듬해인 1989년 말에 작고한다. 20년 만에 '자유인'이 된 쇠귀와 1년 남짓 함께 살았다. 당시 모친은 병상에서 움직일 수 없는 상태임에도 그 시절 방송국에 근무하던 며느리의 지인들이 문병을 오면, 낭랑한 목소리로 "아-는 몇인고?"라고 물으며 활발하게 이야기를 나누었다고 한다.

쇠귀는 1943년 부친이 전근함에 따라 밀양 부북초등학교 관사로 이사한다. 조부의 사랑방은 늘 손님으로 붐볐다. 쇠귀는 형제들 가운데 유일하게 할아버지 사랑방으로 불려갔다. 조부가 작고한 초등학교 6학년 때까지 계속 불려가서 『소학』 같은 초보 경전과 붓글

2　　소동파의 「전적벽부」(前赤壁賦)에 익산 출신의 판소리 명창 정정렬(丁貞烈, 1876~1938)이 곡을 붙인 것이다. 소동파가 배를 타고 적벽을 돌아본 후 조조와 주유의 '적벽대전'을 회상하며 지었다. 정정렬의 판소리 단가 「적벽부」는 장중하고 품격이 있으면서도 긴장을 풀 수 없는 재미가 느껴진다.

씨를 배우고 조부 친구 분들의 말동무가 되기도 했다. 다섯 살이 되는 1945년에 해방이 되었고, 이때부터 쇠귀가 경험한 몇 가지 사건이 뇌리에 각인된다.

아버지의 관사 사랑방에는 의령 출신의 이극로(李克魯, 1893~1978)[3]와 안호상(安浩相 1902~1999),[4] 산청 출신의 류렬(柳烈, 1918~2004)[5] 등 저명한 학자들이 드나들었다. 그중 한 분이 어린 쇠귀에게 장래희망을 물었을 때, 일본 총독이 되어 일본인에게 한글을 가르치고 싶다고 말하기도 했다. 해직 교사였던 아버지, 그리고 그의 민족주의자 친구들의 장난기 어린 조기 '의식화' 교육을 받으며 쇠귀는 세상과 만나기 시작했다.[한홍구, 읽기, 45]

3   1893년 의령군 지정면에서 태어났다. 중국을 거쳐 독일 베를린대학에 유학해 경제학 박사 학위를 취득한다. 우리 민족이 일제의 압박에서 벗어나는 방법은 우리말과 한글을 수호하고 발전시키는 길밖에 없다고 생각했다. 1942년 '조선어학회사건'으로 징역 6년을 선고받고 함흥형무소에서 복역하다가 광복 후에 석방된다. 1945년 8월 25일 조선어학회 간사장으로 선출되었고, 1948년 4월 '남북 제정당사회단체 연석회의' 참석차 평양에 갔다가 돌아오지 않았다.
4   1902년 의령에서 태어나 서울 중동중학교에 다닐 때 대종교에 입교했다. 1929년 독일 예나대학에서 철학 박사 학위를 받은 후 귀국해 보성전문학교 교수를 지낸다. 조선어학회사건 등으로 수배자가 되어 숨어 지내다 해방을 맞는다. 초대 문교부 장관을 지낸 교육자이자 사상가다. 홍익인간이 대한민국 교육 이념이 되는 데 주도적인 역할을 했다. 서울대 문리대 교수, 국회의원, 경희대·한성대 재단이사장 등을 역임했다. 1995년 개천절에는 정부의 허가 없이 방북해 큰 물의를 일으키기도 했다.
5   홍익대 교수로 있다가 1948년 『훈민정음 옮김과 해설』, 『풀이한 훈민정음』을 펴낸 뒤 월북했다고 한다. 북한에서도 최고 권위의 한글 학자로 김일성종합대학 교수로 있으면서 국어사전을 처음으로 편찬한 것으로 알려졌다. 사회과학원 언어학연구소장을 하던 지난 2000년 이산가족 상봉 때 서울을 방문하기도 했다.

해방되던 날 학교에 놀러 갔다가 일본 군마대의 병사들이 나눠 주는 건빵을 받아먹기도 했고, 그들이 총칼을 모아 학교 우물에 집어넣는 현장을 목격하기도 한다. 그날 밤의 일이다. 해방이 되자 그날 저녁 동네 청년들이 자연스럽게 쇠귀의 집으로 모여 부친과 마을의 일을 상의했다. 동네 청년들은 무슨 이유에선지 어린 쇠귀에게 교장이 도망가고 없는 빈 관사를 지키고 있으라고 '명령'한다. 다섯 살이던 쇠귀는 비바람 치는 밤, 누군가가 중요한 물건만 급하게 챙겨 떠난 그 을씨년스러운 다다미방을 밤새도록 지킨다.[손잡고, 64] 밤중에 동네 청년 몇 명이 이상 유무를 확인하고는 보급품으로 자두를 몇 개 주고 가기도 했다. 그날 저녁의 '임무 완수'는 뿌듯한 기억으로 남았다.

쇠귀는 계속 관사에서 살았기 때문에 입학 전에도 학교가 놀이터였다. 매일 학교에 가서 형과 누나들이 배우는 교실에 들어가 앉아 있기도 했다. 한 시간 정도 지나면 교장 선생의 아들이 부담스러운 선생님들이 어린 쇠귀를 다른 반으로 보냈다. 그렇게 반을 순례하면서 하루를 보내곤 했다. 그런 탓인지 부모는 쇠귀를 일곱 살 때 초등학교에 입학시킨다.

쇠귀는 정부 수립 전인 1947년 밀양초등학교에 입학했고, 4학년 때 한국전쟁이 발발했으며, 휴전 협정이 체결되는 1953년에 밀양중학교에 진학한다. 밀양 지역은 낙동강 방어선 아래쪽에 위치했기 때문에 전쟁의 극단적인 참화는 겪지 않았다. 하지만 쇠귀의 집이 있던 부북면의 화악산(930m)과 영남알프스 쪽의 천황산(1,189m) 같은 깊은 산중에는 전쟁이 발발하기 전부터 야산대(野山隊)가 작은 공화국을 형성하고 있었다. 야간 보급 투쟁을 나온 빨치산들이 부잣집을 강탈하고 지서를 습격하는 일도 잦았다. 이따금씩 경찰서 정문이나 남천강 배다리 난간에 공비들의 잘린 목이 걸리기도 했다.[안경환, 263]

하루는 학교를 파하고 돌아오는 하굣길에 참으로 끔찍한 광경을 목격하게 되었습니다. 남천교의 난간 양쪽으로 사람의 머리를 잘라서 달아 놓았는데, 하도 무서워서 그 다리를 건널 수가 없었어요. 아마 10개가 넘었다고 기억됩니다. 중고등학교 여학생들은 남천교를 건너지 못한 채 울고 서 있었습니다. 양쪽 귀를 관통해서 철사로 꿰어 달아 놓은 머리도 있고, 아래에서 올려다보면 잘린 목통 속이 보이는 것도 있었습니다. 머리카락은 형편없이 헝클어져 얼굴을 덮고 있었는데, 하나같이 핏기가 가셔서 종잇장처럼 새하얀 얼굴을 하고 있어서 그나마 덜 무서웠습니다. 그 달아 놓은 머리의 뺨을 때리며 욕하는 노인도 있었습니다. 그러나 거기서 우는 가족은 하나도 없었습니다. 그 끔찍한 일이 있은 후부터 저는 무슨 뚜렷한 이유도 없이 해방 당시의 그 청년의 머리가 그 속에 있었다는 확신에 가까운 믿음을 갖게 되었습니다.[손잡고, 65]

어린 쇠귀에게 팽이를 깎아 주고 개천이나 들에서 말동무를 해 주던 청년이 있었다. 쇠귀는 마을에서 별로 주목을 받지 못하던 이 청년이, 해방이 되었을 때 횃불을 들고 마을을 돌아다니는 모습을 목격하고 뿌듯했다. 동네 토박이는 아니고, 떠돌이로 동네에 흘러들어와 궂은일 해 주고 밥을 얻어먹는 청년이었다. 늘 천대받던 청년의 기세등등한 모습을 보고 세상이 바뀐 걸 실감할 수 있었다. 그러나 미군이 들어오고 사라졌던 친일파들이 다시 나타난 뒤 그 청년을 다시 볼 수 없었다. 앞장서서 친일파 집을 때려 부수던 그 청년은 달아난 친일파가 미군을 앞세워 돌아오면서 사라진다. 전쟁 중에 남천교에서 효수된 여러 사람의 머리 가운데 그 청년의 머리를 본 것은 아니지만, 어린 쇠귀의 뇌리에는 그 청년도 그곳에 있었으리라는 확신이 자리 잡는다.

당시 쇠귀에게 전쟁보다 더 '중요한' 사건은 3학년이던 1949년 말에 일어난다. 같은 반이던 이선동이라는 친구와 얽힌 이야기다. 이선동은 동급생보다 두세 살 많은, 일본에서 귀환한 동포였다. 3학년 말 통지표(성적표)를 받아 들고 친구들과 함께 집으로 가는 길이었다. 쇠귀를 본 이선동이 길을 막고는 따갑게 쏘아붙였다. 사실은 자기가 1등인데 쇠귀가 교장 아들이라서 1등이 되었다는 이야기였다. 당시 부친은 밀양초등학교 교장도 아니었고, 다른 친구들도 이선동의 말이 터무니없다는 사실을 잘 알고 있었다.[손잡고, 66] 그럼에도 그 사건은 어린 쇠귀에게 큰 충격이었다.

4학년이 되었을 때 이선동은 학교에 나오지 않았다. 담임선생은 쇠귀에게 이선동의 집에 가 보라고 한다. 물어물어 찾아가 이선동의 집을 본 쇠귀는 큰 충격을 받는다. 이선동은 신작로보다 낮은 허술한 집의 먼지 자욱한 마루에 동생 둘을 데리고 앉아 햇볕을 쬐고 있었다. 모두 굶주린 표정이 역력했다. 쇠귀는 전기가 들어오는 교장 사택에 사는 자신의 처지와 이선동의 집을 비교하며 이선동이 1등인 것이 맞다고 생각한다.

그 후부터였다고 생각된다. 나는 되도록 1등을 하지 않아야겠다는 생각을 했던 것 같다. 그리고 선생들로부터 벌을 자초하는 장난을 저지르는 일을 계속했다. 운동장 한가운데 그려 놓은 동그라미 안에 꿇어앉아 있는 벌을 받기도 하고, 심지어는 아침 조회 시간에 운동장을 달리는 벌을 자초하기도 했다. 교단의 교장 선생과 앞에 줄지어 선 선생들의 뒤를 돌아 학생들의 뒤까지 크게 운동장을 몇 바퀴 달리는 동안 전교생이 머리를 돌려 바라보기도 했다. 어수선한 조회 분위기 때문에 교장 선생이 벌을 중지한 적도 있었다. 전교생을 상대로 하는 이벤트였던 셈이다.[냇물아, 94]

그 사건 이후 쇠귀는 우등생을 거부하고 장난꾸러기가 된다. 이 무렵 또 다른 사건도 있었다. 가까운 친구가 다른 애한테 자주 괴롭힘을 당하는 것을 알게 된 쇠귀는 괴롭히는 녀석과 맞장을 뜨라며 친구를 부추겨 싸움 연습을 시킨다. 그리고 날을 잡아 학교 뒤 남천강변 백사장으로 간다. 거기서 쇠귀의 친구와 친구를 괴롭히던 녀석이 싸움을 벌이지만 오래지 않아 쇠귀 친구의 코피가 터지고, 승부는 싱겁게 끝나 버린다. 코피가 터지자 친구가 항복해 버렸기 때문이다. 쇠귀는 친구를 강물로 데려가 코피를 씻어 주며, 옳은 사람이 이기는 것도 아니고 싸움의 승패가 문제를 해결하는 것도 아니라는 사실을 깨닫는다.

당시 초등학교 담임선생의 눈에 어린 쇠귀는 어떻게 비쳤을까? 지난 2006년 신영복 선생 정년 퇴임 기념 영상물('우리 시대의 아름다운 나무')을 만들 때 촬영팀이 밀양초등학교를 방문해 쇠귀의 학적부를 찾아본 적이 있다.

> "쾌활하고 예민한 성질을 가진 씩씩한 학동이다."(1학년)
>
> "예리하고 치밀하고 명랑, 쾌활하며 항상 연구하는 연구자
> 다."(3학년)
>
> "첫인상이 좋고 장난(作亂)을 좋아하며 진취성이 많고 발표력
> 이 좋으며 언어 똑똑함."(4학년)
>
> "쾌활 명랑하고 예의적 방면이 깊다. 예민하고 언어 명확하며
> 연구심도 강하다."(5학년)
>
> "쾌활 명랑하며 잘 웃김. 언어 명료하고 영리하며 발표력 우수
> 함."(6학년)

3학년 때까지는 쾌활하고 명랑하고 씩씩한, 그리고 늘 세상일
에 대해 연구하기를 좋아하는 학동이었다. 4학년이 되자 장난을 좋
아하고 진취적이라는 표현이 등장한다. 이선동의 집에서 충격을 받
은 뒤다. 쇠귀는 장난과 벌서기로 유명세를 얻어 5학년이 되었을
때 밀양초등학교 응원단장으로 전격 발탁된다. 이후 밀양중학교와
부산상고에서도 응원단장을 맡는다.

쇠귀는 환갑이 지난 2000년대 중반 밀양에 갔을 때, 모처럼 초
등학교를 돌아본다. 그 학교 건물에 들어섰을 때 맨 처음 쇠귀의 눈
에 들어온 것은 복도였다. 그때 얼마나 벌을 많이 섰으면 50여 년
의 세월이 흐른 뒤에도 그 기억이 또렷하게 남아 있을까? 쇠귀가
응원단장을 맡은 데는 '교장 선생님 아들'이 가졌던 가슴 아픈 사연
【냇물아, 93】이 숨어 있다.

전쟁이 끝나 갈 무렵인 1953년 밀양중학교에 진학한다.

중학교 1학년 때 신년식이 끝나고 교실에서 담임선생이 모든 학생에게 새해 각오를 한마디씩 이야기하라고 했다. 난로도 피우지 않은 추운 교실에서 쇠귀와 친구들은 별로 내키지 않아 하며 지루한 말들을 이어 갔다. 모두 이 상황을 빨리 끝내야 한다고 생각했는지, 속도가 붙기 시작했다. 요령이 생기자 학생들의 발언은 일사천리로 이어졌다. 앞의 친구가 "숙제 잘하겠습니다" 하면 그다음 친구는 이를 받아 "심부름 잘하겠습니다" 하고 이어 가는 식이었다. 숙제, 심부름, 거짓말 등 몇 개의 '각오'가 번갈아 리듬을 타고 거침없이 빠르게 진행되었다. 중간쯤에 한 친구가 그러한 리듬을 끊고 주섬주섬 이야기를 시작한다. "저는 각오할 게 없는데요?" 선생님은 왜 없냐고, 아무거나 대라고 다그쳤다. 그 친구가 각오할 것이 없다고 한 이유는 이랬다.

세월이란 강물처럼 흘러가면 그만인 것, 굳이 1월 1일이라고 무엇을 각오하라는 것이 잘 이해가 안 된다는 그런 내용이었습니다. 어렸던 우리들도 충격이었습니다. 어린이들이었지만 우리 교실은 그 말이 갖는 철학(?)적 깊이에 충격을 받았습니다. …… 공부도 운동도 전혀 눈에 띄지 않는 평범한 친구였습니다. 신나게 리듬을 타고 '숙제' 아니면 '심부름'을 댔던 나로서는 뼈아픈 후회로 남았습니다.〔담론, 414〕

중학교 2학년 시작 무렵, 새 학년이 되어서 분단을 나눌 때였다. 담임선생이 "아무개 1분단" 하고 호명하면 친구들의 박수를 받으며 1분단 줄로 뛰어가는데, 인기가 많을수록 박수 소리가 컸다. 쇠귀는 공부와 운동을 잘하고 나름 친구들과도 잘 지낸다고 생각했기에, 선생님이 자신을 부르면 같은 분단 친구들로부터 큰 박수를 받을 것으로 지레짐작을 하고 있었다. 하지만 박수 소리는 크지 않았다. 그런데 공부 못하는 한 친구가 호명되자 그 분단 아이들이 열광적으로 함성을 지르며 박수를 쳤다. 그 친구는 선생님이 시키지 않아도 늦게까지 남아 청소를 열심히 하는 친구였다. [냇물아, 266]

쇠귀는 중학교 때도 밀양 읍내에 있는 학교 사택에서 살았다. 무안면 본가가 있는 마을에는 농사짓는 삼촌이 살고 있었다. 언젠가 고향에 갔을 때다. 삼촌은 공부 잘한다는 큰집 조카 앞에서 당신이 무식한 것이 마음에 걸렸는지 쇠귀를 데리고 정자나무 아래로 갔다. 정자나무 밑에는 럭비공같이 생긴 '들돌'이 놓여 있었다. 크기는 럭비공보다 훨씬 컸다. 이 돌을 들어서 어깨 위로 넘기면 마을에서 한 사람의 일꾼으로 인정해 주는, 일종의 통과 의례 도구였다. 삼촌은 그 돌을 들어 보라고 했다. 중학생 주제에, 땅에서 떼지도 못했다. 삼촌은 그 돌을 무릎 위로 그리고 가슴께까지 들어 올려 보였다.

힘자랑만으로는 부족하다고 생각했는지 이어서 당신 이름을 한자로 땅바닥에 썼다. 삼촌의 이름자 중에 목숨 수(壽) 자가 있다. 목숨 수 자는 획이 복잡해서 정확하게 쓰기 어려운 글자다. 삼촌은 목숨 수 자를 쓰면서 무슨 노래를 흥얼거렸다. 나중에 한문 공부를 하면서 그 노래가 목숨 수 자를 기억하기 위한 노래라는 사실을 깨닫는다. 노래 가사는 대충 "사일(士一)이하고 공일(工一)이는 구촌(口寸)간이다"라는 것이었다. 사일이가 지식인이고, 공일이가 노동

밀양중학교 시절 친구들과 함께(위 가운데)
부산상고 시절 3·1절 기념식 직후의 가장행렬 경연에서 친구들과 함께(아래 가운데)

자라면 9촌이 아니라 2촌 정도가 좋지 않을까 하는 생각을 하기도 했다.[담론, 234]

　그 삼촌과 관련한 기억 중에 '손'에 관한 것도 있다. 명절 때 차례 지내고 둘러앉아서 함께 밥을 먹을 때면 뜨거운 국그릇을 시침 뚝 떼고 어린 조카들에게 넘겨준다. 무심코 뜨거운 국그릇을 받아 들다가 질겁하고 떨어뜨리면 회심의 미소를 지으며 아이들을 바라보면서 당신 손을 만져 보게 했다. 굳은살 박인 딱딱한 손바닥은 농기구와 다름없었다. 노동자의 손, 노동하는 손에 대한 최초의 기억이다. 쇠귀는 감옥에서 '공장 노동자'로 변신한 후 자신의 손에 굳은살이 박였을 때 삼촌 손에 대한 기억을 떠올린다.[담론, 235]

　쇠귀가 밀양중학교 2학년이던 1954년, 밀양 교육감으로 재직하시던 부친이 민의원 선거에서 낙선하면서 가세가 급격하게 기울었다. 대학은 고사하고 고등학교도 제대로 보내기 어려운 상황이었다. 당시 부산상고(현 개성고)에는 쇠귀의 자형이 재직했기 때문에 누님 집에서 기식하는 형태로 고교 생활을 시작한다. 누님 집도 학교 사택이었기에 쇠귀는 특이하게도 태어나서부터 고등학교 졸업할 때까지 거의 학교 관사에서 지낸 셈이다.

　무뚝뚝하기 짝이 없던 자형 김진수 선생은 부산과 별 인연이 없는 사람이었다. 서울대 경제학과를 졸업했지만 한국전쟁 때문에 부산으로 피란을 왔고, 그곳에서 고등학교 선생으로 주저앉았다는 좌절감이 밑바탕에 깔려 있었던 것으로 보인다.[냇물아, 92] 쇠귀는 고교 시절 부산의 명물이라는 영도다리나 자갈치시장도 가 보지 못하고 교실과 사택을 오가며 지낸다.

　하지만 고교 생활이 우울했던 것만은 아니다. 친구들의 회고에 따르면 쇠귀는 흔히 말하는 팔방미인과는 격이 다르게 다재다능하고 재기 발랄한 학생이었다. 시와 그림, 글씨에 모두 탁월한 솜씨를 발휘했을 뿐만 아니라 삽화나 만화 솜씨도 이미 기성 작가 뺨칠 수준이었다고 한다. '이상한 부채'라는 제목의 만화책을 만들어 친구들에게 보여 주기도 했다. 그렇다고 시서화에만 능한 백면서생도 아니어서, 축구와 씨름 같은 운동 실력도 빼어났다.

> 고교 시절의 신영복을 회상하면 왠지 동자승의 이미지가 먼저 떠오른다. 이는 까까머리에 단아하고 동글동글한 느낌을 주는 외양 탓도 있겠지만, 그보다는 그의 티 없이 맑고 밝은 분위기 때문이 아니었을까 싶다. 또 그가 교직원 사택에 유숙하고 있어 행동반경이 학교와 그 언저리로 매우 제한되었던 점과도 무관하지 않으리라 여겨진다.【배진, 읽기, 268】

부산상고 시절 가깝게 지냈던 친구 배진과 쇠귀는 1학년 때 같은 반이었다. 두 사람 모두 키가 작았기 때문에 배진은 2번, 쇠귀는 5번이었다. 당시 고교생들 사이에는 그룹을 만드는 것이 유행이었다. 쇠귀와 배진 등 여섯 명의 친구가 모여 은린(銀鱗)이라는 소모임을 만들어 즐겁게 지내기도 했다.

대학 진학이 아니라 취직을 위한 고교 진학이었기에 다소의 좌절감이 깔려 있었고, 교직원 사택에 살다 보니 생활도 단조로웠다. 시와 그림, 삽화나 만화 등 '잡기'에 더 몰입한 이유도 그러한 단조로움 때문이 아니었을까. 부산상고 시절 백일장에 두 번 참가했던 일은 그 시대의 삽화처럼 쇠귀의 기억 속에 남아 있다.

쇠귀는 문예반 학생은 아니었지만 한글날 기념 교내 백일장 대회에 제출한 시가 살매 김태홍(金泰洪, 1925~1985)[6] 선생의 눈에 띄어 부산시가 주최하는 백일장에 참가한다. 학교 수업을 면제받는 것이 신나서 문예반 친구들과 백일장이 열리는 용두산공원으로 간 쇠귀는 정작 시 쓰기에는 그리 큰 관심이 없었다. 당시 주어진 시제는 '지도'(地圖)였다. 그런대로 시상을 잡아 다듬어서 완성한 시를 제출하고 친구들과 함께 미화당백화점에 있는 문화극장으로 영화를 보러 간다. 애초부터 마음은 극장에 가 있었다. 관사와 학교만 오가며 지내는 처지에 극장 구경은 모처럼의 신나는 일이었다. 다음 날 학교에 갔을 때 부산상고에서는 쇠귀가 유일하게 입상했고, 수상자를 호명해도 나오지 않자 그때까지 남아 있던 문예반 친구가 대신 국어사전을 상품으로 받아 왔다는 사실을 알게 된다. 꾸지람을 들었음은 물론이다.

두 번째는 마산문화제 시 백일장에 참가한 이야기다. 이번에도 살매 선생의 추천이었고, 마산까지 살매 선생과 함께 열차를 타고 간다. 당시 살매 선생은 마산문화제에 내걸릴 시제를 예상하고 미리 시를 써 오게 했고, 열차에서 쇠귀의 시를 보며 여기저기 수정을 해 주었다. 살매 선생이 예상했던 시제가 그대로 나왔지만 쇠귀는 수정해 준 것을 무시하고 자신이 처음 썼던 그대로 써서 제출한다. 결과는 장원이 아닌 차상(次上)이었다. 이번에도 다음 날 교무

---

6   '황소'라는 별명을 가졌던 살매 선생은 1950년 『땀과 장미와 시』라는 시집을 내며 등단한 부산 지역의 유명 시인이었다. 4·19 때 교원 노조 결성을 주도해 5·16 이후 구속되기도 한다.

실에 불려가 살매 선생에게 심한 꾸중을 듣는다. 부산상고 재학 시절 백일장에 두 번 나가 두 번 다 입상했지만 쇠귀에게는 별로 유쾌한 기억으로 남지 않는다.

당시 쇠귀는 글쓰기보다는 그림에 더 관심이 많았다. 미술부원도 아니면서 틈나는 대로 미술실에 드나들었다. 미술 선생은 김영덕(金永悳, 1931~)[7] 화백이었다. 살매 선생에게 꾸중을 들은 날도 미술실에 가서 김영덕 선생을 만난다. 김 선생은 쇠귀가 자신의 시를 고치지 않은 것이 잘한 일이라고 격려해 주었다고 한다. 김영덕 화백은 1957년 부산상고에 부임해 1961년까지 재직했다. 김 선생은 미술 수업 시간에 인상파를 중심으로 한 미술 사조(유럽 미술사) 등을 가르치며 미술과 현실적인 삶의 불가분의 관계를 강조했던 것으로 기억한다. 김 선생의 회고에 따르면 쇠귀는 앞에서 두 번째 줄

---

[7] 충남 서산에서 태어났다. 네 살 무렵 서울로 이주해 재동초등학교를 다녔다. 부친이 갑작스럽게 서거하면서 가세가 기울어 초등학교를 졸업한 후 경성철공조합에 사환으로 취직한다. 공부를 해야 한다는 주변의 권유로 어렵게 덕수상고 야간부에 진학한다. 당시 미술 교사였던 장욱진, 이순동 화백을 만나 화가의 꿈을 키우며 미술 공부에 매진한다. 고교 2학년이던 1949년 김구 선생을 옹호하고 이승만을 비판했다는 등의 이유로 종로경찰서로 끌려가 혹독한 고문을 받는다. 경찰의 날조로 '남로당의 학생 세포'가 되어 2년형을 선고받고 덕수상고에서 제적된다. 1950년 미술 공부를 할 목적으로 일본에 밀항하기 위해 부산으로 갔다가 6·25전쟁을 맞는다. 전쟁이 발발한 후 『국제신보』(『국제신문』의 전신) 기자가 되어 전쟁의 참상을 취재 보도하며 1955년까지 근무한다. 화가의 꿈을 버릴 수 없어 신문사를 그만두고 그림 공부에 매진하다 1957년 부산상고에 미술 교사로 부임한다. 5·16군사정변 직후 해직되었고, 이후 서울 근교에 정착해 현재까지 창작에 몰두하고 있다. 1955년에 그린 〈전장의 아이들〉이나 1976년에 그린 〈인혁당의 사람들〉 같은 작품은 1980년대 이후 활발했던 민중 미술 운동의 선구적 작업이었다는 평가를 받는다.

에 앉았는데, 언제나 '환하게 앉아' 수업에 집중했다고 한다.

당시 부산상고 미술실에는 〈전장의 아이들〉, 〈삶, 네 여인〉 등 김영덕 화백의 초기 대표작을 포함해 많은 작품이 걸려 있었다. 그림뿐만 아니라 만화나 삽화에도 관심이 많았던 쇠귀는 김영덕 선생의 미술에 대한 열정과 미술 사조와 미학 등에 대한 해박한 지식에 매료되었고, 미술실에서 본 김영덕 화백의 작품에서도 깊은 인상을 받았다. 쇠귀는 1963년 수유리에 있던 김 화백의 화실로 불쑥 찾아가기도 했고, 출감 직후인 1990년 6월에는 김 화백 개인전에 찾아가 오랜 시간 이야기를 나누기도 한다. 지난 2008년에 펴낸 『청구회 추억』 단행본에는 이 회고담의 모티브가 되었던 김영덕 화백의 그림 〈전장의 아이들〉이 실려 있다.

> 부산상고 3년은 이러저러한 이유로 상당한 정도의 좌절감이 바탕에 깔려 있는 기간이었고, 또 그 때문만은 아니라고 하더라도 당시 유행하던 지적 유희에 일정하게 포섭된 시기였다고 할 수 있다. 그리고 몇 분 선생님들의 교과서 외의 메시지를 통하여, 그리고 우리가 살았던 가난하고 불행한 시대를 통하여 낮은 수준의 정서적 민족의식을 맹아 형태로 지닌 정도였다고 기억된다.[냇물아, 104]

고교 시절 내내 학교 울타리 밖으로 나갈 일이 별로 없어 휴일에도 교실에서 책을 읽으며 보낸 시간이 많았다. 일요일에 햇볕 따스한 빈 교실에 앉아 책 읽는 일은 그 시절 쇠귀에게는 일종의 해방이었다. 독서는 어릴 때부터 익힌 습관이기도 했다. 형님과 누님들은 주로 아버님 서재에서 책을 꺼내 와서 읽었고, 쇠귀도 따라 읽었다. 초등학교 시절 박계주의 『순애보』, 이광수의 『흙』이나 『유정』 같은 소설을 많이 읽었다. 부친 서재에는 유학과 동양 고전뿐만 아니라 이시첸코의 『철학사전』, 보차로프의 『세계사 교정』, 최영철·전석담·허동이 공역한 『자본론』[8] 1권도 있었다.[손잡고, 68] 쇠귀의 조숙한 독서 습관은 고교 시절의 단조로운 생활을 견딜 수 있는 버팀목이었다.

쇠귀의 유소년 시절은 해방과 3년간의 미군정, 한국전쟁과 휴전, 이승만 독재 체제로 이어지는 시기다. 밀양은 낙동강 방어선 안쪽이지만 전쟁의 비극으로부터 자유로울 수 없었다. 집안이 자작농 수준이고 부친이 교직에 있었기 때문에 상대적으로 안정된 환경에서 유년 시절과 초·중학교 시절을 보냈지만, 경찰의 횡포가 극에 달해 일명 '곤봉선거'라 불리는 제3대 총선에서 부친이 낙선하는 바람에 가세가 기울어 부산상고에 다니게 된다. 부산상고를 졸업한 쇠귀는 집안의 기대를 '저버리고' 1959년 서울대 경제학과에 입학한다.

---

8   1947년 서울출판사에서 낸 국내 최초의 『자본』 번역판으로 일어판을 저본으로 삼았다. 역자들이 월북하는 바람에 1~2권만 번역되었다.

3. 혁명을 꿈꾸며

어쩌면 우리는 오늘의 현실 생리(現實生理)에 맞지 않는 이국인(異國人)일지 모른다. 우리는 오만한 자들에 의해 우리의 영토(領土)를 틀림없이 짓밟히고 있다. ······ 우리는 한낱 그늘진 곳에서만 울 수 있는 슬픈 인간군(人間群)들인지도 모른다. ······ 나는 이제부터는 새로운 나의 생명(生命)을 호흡(呼吸)할 작정이다. ······ 과감히 피의 정화를 기해야겠다.(대학 시절 친구에게 보낸 편지)【배진, 읽기, 269】

대학에 입학하는 과정부터 순탄치 않았다. 가족들은 쇠귀가 상고를 졸업했으니 은행에 취직해 집안에 도움이 되기를 바라는 상황이었다. 대학 진학의 꿈을 버리지 않았지만 자신의 힘만으로 대학에 진학하기는 어려웠다. 그러던 중 한국은행 입사 시험을 보았다. 1차 시험을 보고 왔을 때 쇠귀의 실력을 아까워한 김태홍 선생과 수학 선생 등이 쇠귀에게 대학 진학을 권한다. 결국 한국은행 2차 시험을 포기하고 서울대 상대 경제학과에 응시했다.

특별한 이유가 있어서 경제학과에 진학한 것은 아니었다. 김태홍 선생이 경제학은 돈 벌어 자기 혼자 잘살기 위한 학문이 아니고 미국의 구호물자나 식량 원조는 실제 원조가 아니라는 등의 이야기를 들려주었다고 한다. 자형인 김진수 선생이 서울대 경제학과를 졸업한 것도 영향을 미쳤다.

쇠귀는 입학시험을 본 후 고향으로 곧바로 돌아가지 않고 도보로 무전여행을 떠난다. 강원도 쪽으로 가서 동해안을 따라 밀양으로 가는 여정이었다. 그렇게 10여 일을 떠돌다가 고향 집으로 돌아가니 서울에서 합격했다는 연락이 왔다고 했다.[1] 등록금을 준비할 수 있는 형편이 아니었기 때문에 수석 합격을 기대했지만 뜻대로 되지 않았다. 입학을 포기하고 취직해야겠다고 생각했지만 미련을 떨치기는 어려웠다. 평생을 교육자로 지낸 부친이 마음이 편치 않으셨던지 입학금을 마련해 준다.[냇물아, 99]

쇠귀의 대학 생활은 4·19혁명, 5·16군사정변, 6·3사태를 거쳐 1968년 통혁당 사건으로 감옥에 가는 시기까지 이어진다. 1959년 당시 서울대 상과대학은 지금의 성북구 종암동 홍릉 솔밭에 있었다. 쇠귀는 종암동에 하숙을 구한다. 등록금을 마련해야 했기 때문에 2학년인 1960년부터 1년 정도 입주 가정교사를 하는 등 어려운 시기를 겪지만, 3학년 때부터 한국은행 총재 장학금을 받아 비교적 편하게 대학 생활을 할 수 있었다.

1 　감옥 동료 박상은 씨 인터뷰(2018년 11월 20일 '더불어숲' 기록). 박상은 씨는 쇠귀와 육군교도소에서 사형수로 만나 평생 호형호제하며 가깝게 지냈다. 현재 은평구에서 한의원을 운영하고 있다.

쇠귀가 대학에 입학한 1959년은 이승만(李承晚, 1875~1965)의 독재가 극에 달한 시기였다. 이승만 정권은 먼저 언론에 재갈을 물렸다. 1959년 4월 30일, 당시의 대표 야당지『경향신문』이 이승만 정권을 비판했다는 이유로 전격 폐간 조치된다. 7월에는 진보당 당수 조봉암(曺奉岩, 1898~1959)[2]을 사형하고 폭압 통제를 강화한다. 민주당은 1960년 정부통령 선거를 앞두고 1959년 11월에 정부통령 후보로 조병옥(趙炳玉, 1894~1960)과 장면(張勉, 1899~1966)을 선출하지만, 야당 대통령 후보 조병옥 박사는 신병 치료차 건너간 미국에서 1960년 2월 15일 돌연 사망했다. 당시 합동통신 외신부 기자였던 리영희는 그의 자서전『역정―나의 청년시대』에서 이렇게 기록했다.

전국 방방곡곡에 한숨이 가득 찼다. 사람들은 한 줄기 희망의 빛이 사라져 버린 하늘에 두꺼운 먹구름이 다시 무겁게 깔리는 것을 보았다. '망연자실'이란 말은 그날 아침 조 박사 사망을 알리는 호외를 받아 쥔 서울 시민들의 표정과 심정을 말하

2   강화에서 태어나 강화초등학교와 농업보습학교에 다녔다. 3·1운동 후 상하이로 망명해 임시정부에서 일하다 모스크바로 가서 공산대학을 수료한다. 1925년 조선공산당 중앙위원장을 맡았고, 이후 상하이 코민테른 한국인 대표에 임명된다. 1932년 9월 상하이에서 일본 경찰에 체포되어 신의주 형무소에서 7년간 복역했다. 1948년 제헌국회의원에 당선되었고, 헌법 제정에 참여한 뒤 제1대 농림부 장관과 제2대 국회부의장을 지냈다. 농림부 장관 재직 시 지주에게 예속된 농지를 농민들에게 분배하는 농지 개혁을 성사시켰다. 1958년 진보당 사건에 연루되어 구속되었고, 1959년 교수형을 당했다. 2011년 1월 20일 대법원의 무죄 판결로 복권되었다.

는 것이리라. 새벽에 출근하여 그 제1보에 접한 그날, 나는 아무 일도 하지 못했다. 그날의 통신이 신문사에 나가건 말건, 원고지에 손을 댈 심정이 아니었다. 새벽 첫 뉴스를 듣고 편집국으로 달려나온 기자들은 서로 마주 보면서 아무 말이 없었다. 사태는 너무도 분명했다. 나라는 어떻게 되며, 정부는 어디로 갈 것이며, 국민은 또 몇 해를 비탄 속에서 살아야 하는가?【리영희, 299】

조병옥 박사의 돌연사로 민심이 흉흉해졌음에도 자유당의 폭정은 계속되었다. 2월 28일 대구에서 장면 박사 유세가 예정되자 일요일인데도 고등학생을 강제 등교시켰다. 2월 28일 경북고 학생 800여 명이 시위에 나선다. 3월 15일 부정 투표가 이어지자 민주당은 선거 무효를 선언하고 대정부 투쟁에 나섰고, 마산에서는 대규모 시위가 발생한다. 4월 11일 마산 앞바다에서 눈에 최루탄이 박힌 김주열(金朱烈, 1944~1960)[3] 학생의 시체가 발견되었다. 이 소식을 전해 들은 시민의 분노는 하늘을 찔렀고, 마산에서만 15만 명이 모여 시위를 시작했다. 4월 혁명의 시작이었다.

대학 2학년이 된 쇠귀는 여전히 아르바이트를 하며 분주한 나날을 보냈다. 성북동 심상준(沈相俊, 1917~1991)[4] 회장 집에서 입주 과

---

3   전북 남원에서 태어나 초등학교, 중학교를 졸업하고 1960년 마산 용마고등학교에 입학한다. 그해 3월 3·15부정선거 규탄 시위에 참가했다가 행방불명된다. 실종 27일 만인 4월 11일 마산 앞바다에서 최루탄이 눈에 박힌 변사체로 발견되었다. 그의 죽음은 4·19혁명의 도화선이 되었다. 사후 50년이 지난 2010년 4월 11일 고 김주열 열사를 기리는 범국민장이 마산 중앙부두에서 거행되었다.

외를 시작한다. 심 회장은 대한민국 원양 어업의 개척자로 1957년 부산에서 국내 최초로 원양 어선 지남호를 출항시킨 사람이다. 심 회장은 슬하에 다섯 자녀를 두었고, 쇠귀는 그 집 입주 가정교사가 되었다. 심 회장의 딸로 당시 유치원에 다니던 심실(현 동의건축 디자인 회장)은 쇠귀가 가정교사로 자기 집에 오던 날을 이렇게 회상했다.

> 오빠는 후배 두세 명과 함께 손수레를 끌고 와서는 대문 앞에서 "문 열어 주세요"라고 크게 소리를 질렀다. 검게 염색한 군복을 입고 목에 수건을 척 하니 두르고는 군화 같은 것을 신고 있던 모습. 유치원을 다니던 어린 나에게도 오빠는 굉장한 멋쟁이였다. 지금 생각해 보면 오빠는 일종의 이벤트를 한 것 같다. …… 성북동까지 오는데 일부러 남산 쪽으로 돌아서 명동 성당 근처에서 냉차를 한 잔씩 사 먹고 왔다니 의도적으로 연출한 것이 아니었겠는가. 그런 차림으로 "짐이요, 짐"이라고 외치며 다녔다니 정말 이벤트도 그런 이벤트가 없지 싶다.[심실, 읽기, 376]

당시 쇠귀와 친구들은 이사하거나 짐을 옮길 때 손수레를 주로 이용했다. 돈암동 창고에서 남산 기슭에 있는 야학으로 칠판을

---

4   함경남도 삼수에서 태어나 함흥고등보통학교를 졸업한 후 일본으로 건너가 1941년 메이지대학(明治大學) 상과를 졸업했다. 대원기업, 제동산업, 한국수산개발공사 등의 대표이사와 전국경제인연합회 부회장을 역임했다.

옮길 때도 손수레를 이용한다.[담론, 294] 한번은 친구가 동대문에서 노량진으로 이사할 때 쇠귀와 친구 네 사람이 손수레에 이삿짐을 싣고 가다가 명동에서 냉차를 마신 후 한강 인도교를 건너가기도 했다.[김문식, 읽기, 273] 쇠귀가 심 회장 집에서 입주 과외를 한 것은 1년 남짓이지만 그 집안과의 관계는 평생 계속되었다. 이 무렵 쇠귀의 부친과 모친도 밀양 생활을 정리하고 종암동 달동네 방 두 칸짜리 집으로 이사한다.

4월 혁명 전까지 대한민국 사회는 절망적이었다. 쇠귀는 일제 식민지 잔재에서부터 해방 후의 예속적 정치권력, 부정과 부패 그리고 한국전쟁의 처참한 파괴와 상처가 채 가시지 않은 환경에서 대학 생활을 시작한다. 친구들과 어울릴 시간도 없이 생존을 위해 분주하게 아르바이트를 하던 시절, 쇠귀는 4월 혁명을 만난다.

쇠귀의 기록에 따르면 서울대 문리대의 경우 사전에 조직이 되어 체계적으로 시위를 진행했던 반면 상대 쪽에는 사전 준비가 없었다.[손잡고, 75] 4·19혁명 당일 쇠귀는 친구들과 종암동 서울대 상대 캠퍼스에서 출발해 도심의 시위대에 합류한다. 경무대(현 청와대) 앞 효자동 전차 종점에서 발포가 시작되어 사상자가 속출하는 시간, 쇠귀는 국회의사당(현 서울시청 건너편 서울시의회 자리) 앞에서 연좌하고 있었다. 누군가가 피 묻은 셔츠를 펼쳐 보이며 "텅 빈 의사당에 앉아서 뭘 하느냐"고 울며 소리치자, 설왕설래하다가 많은 학생이 경무대 쪽으로 몰려가기 시작했다. 그곳에서 쇠귀 선배 한 사람이 숨진다.

혁명은 오래가지 못했고, '푸른 하늘'은 잠시뿐이었다. 곧이어 5·16군사정변을 만나고, 모두 '겨울 공화국'의 시민으로 전락한다.[냇물아, 28] 하지만 4·19와 5·16 사이 잠시 푸른 하늘을 봤던 그 4월 혁명의 환희는 쇠귀가 감옥살이라는 길고 어려운 시기를 견딜 수 있게 해 준 힘의 원천이었다. 정확하게 30년이 지난 1990년 4월 19일 자 『한겨레』에 쇠귀는 다음과 같이 썼다.

> 형들의 책가방을 챙겨 든 국민학생이 있는가 하면, 총총히 유서를 남기고 뛰어나가 총탄에 쓰러진 중학교 여학생이 있었으며, 젊은이들의 대열 속에 유독 딸의 모습이 보이지 않음을 통탄하는 아버지가 있었다. 학생, 노동자, 농민, 상인, 회사원, 실업자, 간호원, 이발사, 요리사에 이르기까지 4·19는 거대한 공감의 토대 위에 이룩된 진실이었다. …… 8·15의 해방 공간에 넘치던 감격이 질식당하고 6·25의 참화가 그나마의 남은 역량을 초토화해 버린 황량한 들녘에 4·19는 유산된 민족·민주 운동을 계승하는 새봄의 진달래꽃이었다.[냇물아, 208~209]

이어 민중 투쟁은 당장의 승패와 상관없이 언제나 승리라고 말한다. 쇠귀는 4월 혁명을 몸으로 겪으며 자신이 과거에 의미도 모른 채 맞닥뜨렸던 해방 이후 여러 사건을 반추하면서 남한 사회의 민족 모순과 계급 모순에 눈을 뜬다. 하지만 5·16 군사 정권은 4·19를 계기로 진전된 일정한 혁명 성과를 궤멸하며 한국 사회를 신속하게 친미, 반공을 기조로 한 '조국 근대화' 이데올로기로 포박해 버린다.

3학년이 된 쇠귀는 공부에 집중하며 새로운 활동을 시작한다. 먼저 서울대 경제학과 학생 소모임인 경우회[5]에 4기로 가입한다.

쇠귀가 대학 시절 『상대신문』에 그린 만화 〈감초군〉

CCC라는 종교 단체 산하의 경제복지회, 정읍 출신이 모여 만든 동학연구회 등 서울대 서클뿐 아니라 고려대, 연세대, 이화여대의 독서 모임도 정기적으로 지도한다. 이러한 독서 서클 활동은 통혁당 사건이 터질 무렵까지 이어졌는데, 당시 쇠귀가 작사한 〈경우회가〉는 지금도 서울대 경제학과의 노래로 남아 있다.

> 맨발로 어깨동무 돌마당에 살더라도
> 흙빛에 묻어나는 찬 이성 더운 가슴
> 빛바랜 가슴마다 끓는 횃불 아쉬워라
> 찢긴 혼이 아무는 날 동터오는 새벽에
> 경우야 이 강산에 빛을 비추자

당시 쇠귀는 서울대 『대학신문』의 단골 필자였고, 상대 교지 『상대평론』의 편집위원이었고, 『상대신문』 기자였다. 기독교 학생 동아리에서 운영하는 공장 야학에도 적극 관여한다. 『상대신문』의 명기자로 문재(文才)를 드날렸음은 물론, 삽화와 만화를 게재하고 각종 시화전이나 문학 서클이 주관하는 문학의 밤, 시 낭송 행사에도 빠지지 않고 참가한다. 시 암송과 낭송에서도 독보적이었고, 또 축구나 농구 등 못하는 운동이 없을 정도로 재능을 발휘했다.【홍재영, 읽기, 279】

---

5   1959년 5월에 창립되었다. 경우회의 창립 목적은 다음과 같다. "경제학 일반의 학술을 연마하고 사회과학 전반에 걸친 학리를 광범하게 연구함과 아울러 회원 간의 교우를 돈독히 함을 그 목적으로 한다."(회칙 2호) 쇠귀가 가입할 당시 박희범, 이현재, 강명규, 임종철 교수가 고문으로 있었다.【『대학신문』 473호, 1963. 5. 2.】

대학 시절의 쇠귀

(1962년·위/1961년 경제학과 토론 대회·중간 앞줄 왼쪽/1965년 대학원 졸업식에서 최문환 교수와 함께)

4·19혁명 직후에는 고려대에서 열린 전국 경제학과 토론 대회에 1년 선배인 안병직과 함께 참가해 대상을 차지하기도 한다. 5·16 이후 암담한 상황이 이어지던 1962년 10월 18일 자 서울대 『대학신문』을 보면 당시 상과대학 학장이던 최문환 교수와 신영복 학생의 대담이 실려 있다. 주제는 '후진국과 경제 이념'이었는데, 당시 4학년이던 쇠귀의 생각과 5·16 직후 한국 현실에 대한 예리한 문제의식을 엿볼 수 있다.

> 이념이란 것은 현실적인 것의 데미우르그(Demiurg: 창조자)라고 하는 입장이 있고 이와 정반대로 사유에 대해서는 실재의 본원성을 주장하는 입장이 있습니다. 이러한 상이한 두 가지 입장을 어떠한 관점에서 보아야 하겠습니까?
> 후진국의 사회적 구조와 사상 일반 사이에 야기되는 여러 문제 중에서 기존해 온 왜소한 후진국 자체의 하부 구조에 비해서 선진국과의 문화적 경제적 정치적 교접으로 인하여 상부 구조가 불비례적으로 팽대화함으로 말미암아 후진국 자체 내에서 상·하부 구조의 괴리가 생기는 것이 사상 혼란 원인의 하나가 된다고 보시지 않습니까?

쇠귀는 대학을 졸업할 무렵 고민 끝에 대학원에 진학하기로 결정한다. 공부를 더 하기 위해서였지만 보다 근본적인 이유는 양심 문제였다.[손잡고, 85] 동기들이 대부분 기업, 은행, 관공서 등에 취업하는 상황이었다. 학부 졸업 후 바로 사회로 나간다는 것은 친구들과 비슷한 코스를 밟아 가는 것을 의미했다. 사회 변혁을 모색해야 한다는 문제의식을 갖고 공부하던 쇠귀 입장에서는 받아들일 수 없는 길이었다. 그 무렵 쇠귀는 앞으로 어떻게 살아가야 할 것인지에 대한 근원적 고민을 하고 있었다.

당시 서울대 경제학과 학부 정원은 150명이었는데, 대학원에 진학한 학생은 세 사람뿐이었다. 그나마 두 사람이 중간에 장교로 입대해 쇠귀 혼자 남는다. 한 기수 위에는 현재 서울대 명예교수인 신용하(1937~)와 뉴라이트재단 이사장을 지낸 안병직(1936~)이 재학하고 있었다. 당시 경제학과에는 나중에 서울대 총장을 지낸 최문환(1916~1975) 교수, 충남대 총장을 지낸 박희범(1922~1981) 교수, 총리를 지낸 이현재(1929~) 교수, 진보 경제학자인 변형윤(1927~) 교수 등이 재직했다. 교수들과는 두루두루 가깝게 지냈다. 연구실을 쓰는 것은 기본이고 이따금 댁에 놀러 가서 밥 먹고 자고 오기도 했다. 하지만 대학원생 수가 적다 보니 공부와 일에 쫓기며 살 수밖에 없었다. 당시에 남긴 단상에서 1960년대 초반 가난한 대학원생의 고단했던 일상을 엿볼 수 있다.

> 일에 눌리고, 시간에 쫓기느라고 미아리의 전깃줄 사이로 여울처럼 흐르는 하늘을 두어 번 쳐다본 것뿐으로 가을은 이제 완전히 갔다.【미발표 에세이 「가을」 냇물아, 137】

당시 쇠귀는 다재다능할 뿐만 아니라 주변에서 요구하는 모든 일에 적극 참여해 주도하는 재기 발랄한 대학원생이었다. 성향 자체가 감성적이고 여린 데가 있었기 때문에 누구의 부탁도 거절할 줄 몰랐다. 이런 쇠귀이기에 모친은 걱정이 많았고, 친구들이 집으로 오면 "영복이 너는 똑똑하긴 한데 자신의 재능을 숨길 줄 모른 다"고 이야기하기도 했다.[김문식, 읽기. 273] 1963년 5월 2일에는 『대학 신문』에 「민족자본」(民族資本)이라는 시를 발표하기도 한다.[6]

'朝興銀行'에 불이 났는데 / 消防員 온통, 구경꾼 온통이 법석 이다.
봄비가 내려 안 날 법도 한데 / 여하튼 나기는 났다.
……
풍채도 별 보잘 것이 못 되게 / 그래도 근 예순 해나 아랑곳없 었는데
가슴 안쪽에 피가 맺혀 질퍽였는지 / 지금은 피를 말리나? 몸 을 태우나?
……
네온이 곱고 / 찻집 음악이 흐르는 거리,
미도파 위쪽 / 新新百貨店
반도호텔이 보이는 짬에 / 朝興銀行은
애드벌룬도 없이 / 殘骸가 섧다

수업과 프로젝트 과제 수행 등 분주한 와중에도 후배들의 독 서 세미나 지도에 박차를 가했고, 다른 학교로 독서 지도를 하러 가 는 일도 많았다. 쇠귀는 군사 정권의 배후에 미국이란 강력한 외세 가 버티고 있기 때문에 장기적인 진지전이 필요하다고 생각했다.

---

6 필자의 이름은 대학원 상학과 신위경(申葦經)으로 되어 있다.

유월 보름밤에.

바깥에서는 낙숫물소리가 아까보다 훨씬 성글게
들리는데도 벽시계 초는 연신 바쁘기만 하다.
검은 중절모를 쓴 외삼촌의 회중시계도 이렇게 숨막는
회회 해를 움직였을런지. 담너머집 라디오가 죽은지 이미
한참인데 누구하나 말벗도 없으니 솟는 원고지 위를
산책할 수밖에.

오늘은 유월 流歌. 東流개에 머리를 감으면
一年 내내 厄運이 가신다지만 어디 東流개가
쉬워야지. 하는수 없이 뽐뿌 물을 동쪽으로 돌려고
한바탕 세수를 하라.

또 비가 쏟긴다. 청개구리는 비만 오면
어미 무덤을 생각하며 뉘우쳐 운다는데 내게는
별로 뉘우칠 게 없나?
심심 풀이로 오지랖에 청개구리 한마리 받쳐들고
빗속에 나가 동무해서 울어 볼까.

그대 마침 보름밤이고 달이나 밝았으면
열십 넘은 비 風紙에 墨畵 한폭을 휘둘렀을텐데.

錄院거리 下宿에서.

쇠귀가 20대에 쓴 단상「유월 보름밤에」

1964년 미국의 압력에 따른 일본과의 굴욕적인 국교 정상화가 추진되면서 국내 정치 상황이 복잡해지기 시작한다.

쿠데타로 집권한 박정희는 미국의 승인이 필요했다. 집권 직후 일본을 거쳐 미국을 방문한 박정희는 케네디와 회담해 한일 국교 정상화와 민정 이양을 조건으로 권력을 보장받고 돌아온다. 미국 입장에서는 일본을 축으로 한 동북아 대중국 방어선 구축을 위해 한일 국교 정상화가 시급한 외교적 과제였다. 1964년 들어 미국의 압력은 더욱 거세졌고, 국내 경제 개발 자금도 필요했던 박정희는 김종필을 일본으로 보내 비밀리에 국교 정상화를 모색했다.

'3월 타결, 4월 조인, 5월 비준'설이 퍼지기 시작하자 지식인과 대학생들의 반발이 폭발했다. 3월 24일에는 서울대를 중심으로 4·19 이후 최대의 학생 시위가 일어났다. 이 시위는 정치학과 학생이던 김중태, 현승일 등이 주도했다. 5월 20일에는 동숭동 서울대 문리대 교정에 학생 3,000여 명이 모여 '민족적 민주주의 장례식'을 거행했다. 학생들은 4월 혁명의 참다운 가치는 '반외세, 반매판, 반봉건'이라며 5월 쿠데타는 4월 혁명에 대한 정면 도전이라고 선언했다. 관을 앞세우고 정문을 나선 학생들은 경찰과 정면충돌해 65명이 중경상을 입는다. 6·3사태의 시작이었다.

6월 2일, 서울대와 고려대 학생 3,000여 명이 가두시위를 시작했다. 이날 서울대 상대 학생들은 종암동 교정에서 가식적 민주주의(신부), 매판 자본(신랑), 제국주의(주례) 등의 화형식을 거행하고 가두시위에 나선다.[이종오, 59~60] 쇠귀는 이날 상대 시위의 선언문 초안을 작성하는 데 관여한 것으로 보인다. 6월 3일, 전국적으로 10만 명이 넘는 학생과 시민이 시위에 참여한다.

박정희는 1964년 6월 3일 저녁 9시 40분을 기해 비상계엄령을 선포한다. 이날 하루 동안 수백 명이 부상을 당하고 1,200여 명이 체포된다. 신변의 위협을 느낀 쇠귀는 경남 울산의 일산지해수욕장 근처로 피신한다. 비상계엄은 55일간 계속되었다. 다른 곳으로 가기도 어렵고 마땅히 할 일도 없던 쇠귀는 매일매일 바다에 나가 해변의 파도와 자갈만 바라보며 지낸다. 그리고 파도 속에서 자갈들이 서로 부딪치면서 아름답게 다듬어진다는 사실을 새삼 깨닫는다.[냇물아, 81] 친구와 동료가 함께 일하면서 부대끼는 과정에서 얻는 것이 진정한 배움이라는 깨달음이었다. 7월 29일, 비상계엄이 해제될 때까지 학생과 시민, 언론인 등 348명이 구속되었다. 쇠귀는 비상계엄이 해제된 후 무사히 서울로 돌아온다. 이후 박정희는 굴욕적인 한일 국교 정상화를 일사천리로 밀어붙여 1965년 6월 한일기본조약을 체결한다.

대학 연구실로 돌아온 쇠귀는 미루었던 석사 논문을 집필하는 데 매진한다. 석사 논문 제복은 '봉건제 사회의 해체에 관한 고찰―노동력의 사회적 존재 양식을 중심으로'였다. 봉건제 사회 해체의 동인(動因)을 노동 양식의 변화, 농민의 의식화와 봉기에서 찾고자 한 연구다. 대학원을 졸업하던 1965년부터 숙명여대에서 강의를 시작한다. 과목은 '후진국개발론'이었고, 영어 원서 강의였다.

당시 서울대 경제학과에 함께 입학했던 쇠귀 동기들이 제대 후 복학한 상황이었기에 학과 교수들이 쇠귀에게 서울대 강의를 배정하지 않았다고 한다. 1966년 6월에는 육군사관학교 교관으로 임용되어 '경제원론'과 '근대경제사'를 강의한다. 당시 쇠귀는 제1보충역으로 병역이 면제되었기 때문에 육사 교관 '3년 복무'를 통해 병역 의무를 해결해야 하는 상황은 아니었다. 육사 교수부에서 서울대 상대에 교관 요원 추천을 의뢰하자, 당시 상대 학장이던 최문환 교수가 쇠귀에게 권유한 것이다. 쇠귀는 소정의 군사 훈련을 마친 뒤 육사에서 중위로 임관해 교관 생활을 시작한다.

숙대 강사를 거쳐 육사 교관 생활을 하면서도 쇠귀는 경우회나 이화여대의 '청맥회' 같은 독서 서클 지도 활동을 중단하지 않았다. 1966년 4월, 육사 교관으로 임관하기 직전 서울대 문우회 초청으로 서오릉에 답청놀이를 가는 길에 '청구회' 소년들과 만난다. 『청구회 추억』은 이 소년들과의 만남을 기록한 글이다. 임관 후인 9월에는 찰스 P. 킨들버거의 『외국무역과 국민경제』를 번역 출간한다. 쇠귀는 역자 후기에서 "원고료 때문에 잡은 펜이었는데도 차츰 써 내려갈수록 펜 잡은 손에 힘이 오르더라"라고 적었다. 육사에서 쇠귀는 재미있으면서도 깊은 울림이 있는 강의를 하는 인기 교관이었다. 쇠귀 강의를 들은 당시 육사생도의 회고다.

경제학을 세상살이와 연관 지어 쉽게 설명해 주셨기 때문에 일반 사회와 격리된 생활을 하는 생도들로서는 참으로 흥미로운 시간이었으며, 특히 칸트의 순수이성비판, 헤겔의 변증법 등 철학을 경제학과 연관시켜 많은 이야기를 들려주셔서 경제학 시간인지 철학 시간인지 분간을 못하기도 했던 기억이 새롭다. 강의 중에 "미네르바의 올빼미는 석양에 난다"는 내용을 설명하신 적이 있는데 40여 년이 지난 지금까지도 나의 머릿속에는 선생님의 말씀이 뚜렷이 각인되어 있다.[김학곤, 읽기, 305]

긴 감옥살이가 시작되기 직전인 1967년은 모처럼 평온한 시기였다. 2월에 등촌동 수도육군병원에 입원해 담낭 절제 수술을 받았고, 6월에는 청구회 회원 6명과 이화여대 청맥회 회원 8명, 육사생도 6명이 모여 수유리로 소풍을 가기도 한다. 『청구회 추억』에 당시 상황이 상세하게 기록되어 있다. 그러다가 1968년 6월 통혁당 사건이 터지고, 7월 25일 동대문구 휘경동에 있던 자택에서 체포되어 긴 감옥살이를 시작한다.

4. 통혁, 삶과 죽음의 갈림길

일찍 죽을 예감(豫感)에 소스라쳐 인생을 서두르기 때문에 제법 정신적 포만감으로 벅차 있다면? …… 초가지붕 참새 둥지에 손을 찔러 넣다가 그 속에 먼저 도사리고 있는 뱀의 싸늘한 냉한(冷寒)에 섬찟해진 경험이 있는가?【미발표 에세이 「교외선을 내리며」, 냇물아, 145】

1968년 벽두에 1·21사건이 터졌다. 1월 21일, 북한의 무장 공비 31명이 박정희의 '목을 따기' 위해 청와대 500미터 앞까지 접근했다가, 김신조를 제외한 30명이 사살된다. 그 상황에서 푸에블로호가 나포되었고 미국은 곤경에 빠진다. 푸에블로호에는 83명의 승무원이 타고 있었다. 미국이 소련을 통해 압력을 행사했지만 북한은 미동도 하지 않았다. 박정희는 1968년 4월 1일 향토예비군을 창설했고, 주민등록을 의무화한다. 이해 5월 10일에 통과된 '주민등록법 개정안'을 근거로 모든 시민에게 주민등록번호를 부여했고, 18세 이상의 시민은 지문 날인을 하고 주민등록증을 발급받았다.

그해는 지구촌 전체의 격동기기도 했다. 프랑스에서는 파리에서 발생한 베트남전쟁 반대 시위를 시작으로 5월까지 프랑스 전역에서 대학생과 노동자 천만 명 이상이 대규모 시위와 파업 투쟁을 벌인다. 노동자와 청년, 학생이 주축이 된 프랑스의 대대적인 시위는 미소의 냉전과 베트남전쟁 등 시대 문제와 결부되면서 미국, 독일, 체코, 스페인, 일본 등으로 확산되었다. 1968년 세계의 젊은이들은 저항과 해방에 대한 열망으로 들끓었다.

1968년 지구촌 혁명의 시대

당시 북한의 사정도 여의치 않았다. 1960년대 초반 경제 원조를 빌미로 소련의 간섭이 심해지자 북한이 반발하면서 조소 갈등이 격화된다. 중국과의 관계도 원만치 않았다. 중국은 북한을 수정주의라 비난했고, 북한은 중국을 교조주의라 비난했다. 김일성은 중국의 문화대혁명 여파를 우려하면서 본격적으로 유일사상 체제를 구축하는 데 나선다. 북한은 1967년 4월, 조선노동당 전원회의를 계기로 이전과는 질적으로 다른 유일사상 체제로 전환하면서 김일성 개인숭배가 시작된다.[강준만, 2004, 「1960년대편 3권」, 193~196] 경제 문제도 심각했다. 중국, 소련과 각을 세운 이후 원조가 거의 중단되면서 경제 구조가 심각하게 뒤틀렸다.

1965년 한일 국교 정상화에 이은 남한의 베트남 파병은 북한의 위기감을 자극하기에 충분했다. 북한은 한·미·일 군사 동맹 체제가 강화되면서 일본의 군국주의 부활과 미국의 북한에 대한 무력 도발 가능성을 우려할 수밖에 없었다. 북한 내에 강경파가 득세하고 전쟁불사론이 대세가 되면서 군사분계선을 중심으로 남북의 충돌 회수도 1966년 80여 건에서 1967년에는 784건, 1968년에는 985건으로 급증했다. 남파 간첩 수도 1966년에는 50명에서 1967년 543명, 1968년 1,248명으로 크게 늘었다.[강준만, 앞의 책]

　　박정희는 종신 집권을 위해 1967년 총선에서 대대적인 부정 선거를 자행했고, 선거 결과 공화당이 개헌선(117석)을 웃도는 130석을 얻었다. 박정희의 대통령 임기는 1971년까지였다. 박정희는 삼선 개헌을 통해 다시 한 번 집권하고, 이어 유신 체제를 선포하면서 영구 집권을 획책한다. 한편으로는 미국의 신임을 얻기 위해 베트남에 전투병 파병을 계속 늘렸다. 1973년까지 한국은 베트남에 연인원 35만 5,000명을 파병한다. 당시 중앙정보부장이던 김형욱(1925~?)[1]은 박정희의 종신 집권을 위해 선거 때마다 대규모 간첩 사건을 발표하는 등 수단과 방법을 가리지 않았다. 1차 인혁당 사건(1964), 1~2차 민족주의비교연구회 사건(1965~1967), 그리고 전 세계를 경악시키며 재독 작곡가 윤이상(尹伊桑, 1917~1995)[2]과 재불

1　　황해도 신천에서 태어나 월남한 뒤 육군사관학교 8기로 입학해 1949년에 졸업했다. 5·16군사정변에 가담해 국가재건최고회의 최고위원을 거쳐 1963년부터 1969년까지 중앙정보부장을 지냈다. 1971년 제8대 국회의원에 당선되었으나 유신 선포 후 미국으로 망명한다.
2　　경남 산청에서 태어나 통영에서 성장했다. 다섯 살 때부터 3년간 서당에 다녔고, 여덟 살에 보통학교에 입학했다. 열세 살 때 바이올린과 기타를 배웠고 직접 작곡도 시작했다. 1935년 일본으로 건너가 오사카 음악학교에 다녔고, 통영으로 돌아와 초등학교 교사와 통영여고 음악 선생을 지냈다. 한국전쟁 후 베를린으로 가서 음악 공부를 한 뒤 세계적인 작곡가로 명성을 얻는다. 1967년 동백림 간

화가 고암 이응로(李應魯, 1904~1989)[3] 등을 구속했던 동백림 사건 (1967)이 대표적이다.

쇠귀의 삶을 벼랑 끝으로 몰고 간 통일혁명당(이하 통혁당) 사건은 이렇게 국내외 정세가 혼란스러운 시기에 일어난다.

임자도 간첩 사건과 통일혁명당

통혁당 사건은 '임자도 간첩 사건'으로 세상에 알려지기 시작했다. 임자도는 전남 신안군 최북단에 있다. 섬 전체가 모래로 덮여 있어 마치 사막 지역을 연상케 하는 척박한 땅이다. 조선 후기 추사(秋史)의 제자인 서예가 조희룡(趙熙龍, 1789~1866)이 3년간 유배 가 있던 섬이기도 하다. 임자도는 한국전쟁 때 도서(島嶼) 지역 중 가장 많은 인명 피해가 난 곳이다. 1950년 7월부터 9월까지 석 달 동안 1만여 명의 주민 중 2,000~3,000명이 좌우익의 극한 대립으로 희

첩단 조작 사건에 연루되어 구속되었다가 1969년 특사로 석방된다. 그 뒤 독일로 귀화했고, 하노버 음대와 베를린 예술대에서 강의했다.
3   충남 홍성에서 태어나 예산군 덕산면에서 성장했다. 그림을 그리기 위해 17세 때 가출해 단청을 그리는 상엿집 칠장이로 전전하기도 했다. 여러 선생을 만나 묵화, 서예, 사군자 등을 배운다. 일본에 유학을 다녀온 뒤 홍익대 미대에서 근무하다 1958년 파리로 가서 정착한다. 1967년 중앙정보부 요원들에 의해 동백림 간첩단 사건이 조작되었고, 그는 한국전쟁 때 헤어진 아들을 만나기 위해 동독의 동베를린에 갔다가 납치되어 감옥 생활을 한다. 1969년 사면되어 파리로 돌아갔으나 1977년 또 다른 정치적 사건에 연루되어 1989년 작고하기 전까지 국내 활동 및 입국이 금지되었다.

생되었다고 한다. 임자도 간첩 사건은 이런 배경 속에서 발생한다.

김형욱 중앙정보부장은 1968년 7월 20일 기자들을 불러 놓고 '임자도 간첩단 사건'을 발표한다. "관련자 118명. 정태묵, 최영도, 윤상수 등 거물급만 27명으로…… 1961년부터 임자도를 중심으로 서해안과 전라남도 일대에 지하당을 조직하고 결정적 시기에 대비한 유격 활동과 근거지 구축을 기도하며 서울과 목포를 비롯한 각지에서 위장 기업을 운영하면서 각계각층에 대거 침투했다."【『경향신문』1968. 7. 20.】

관계 기관 기록에 따르면 '임자도 간첩단' 관련자들은 고기잡이를 가장해 1962년부터 6년간 모두 13회에 걸쳐 북한을 왕래하면서 지령을 받고 공작금 1,845만 원을 수령했다. 월북해서 북한의 지령을 직접 받은 정태묵, 최영도, 윤상수, 김종태 등은 임자도를 북한이 무력 도발할 때 '통일혁명당'을 뒷받침할 후방 기지로 설정하고, 1961년부터 활동했다고 한다.

김대중(1924~2009) 전 대통령도 임자도 간첩단 사건에 연루되어 곤욕을 치른다. 1967년 7월의 제7대 국회의원 선거 최대 관심 지역은 김대중이 출마한 전남 목포였다. 김대중의 잠재력이 두려웠던 박정희는 김대중을 낙선시키기 위해 총력을 기울였다. 선거 운동 기간 중 두 번이나 목포를 방문하기도 했다. 김대중은 2,000여 표 차이로 당선되었다. 임자도 간첩단 사건의 주모자 중 한 사람인 정태묵과 연관된 사람이 당시 김대중 선거사무소의 사무장을 맡고 있었다. 정태묵은 김대중의 목포상고 1년 선배였다. 『김형욱 회고록』에 김대중을 비밀리에 소환해 조사한 이야기가 나온다.[4]

당시 중앙정보부는 임자도 간첩단 사건을 '통일혁명당 전남위

원회 사건'이라 불렀다. 이 사건의 중심인물은 남로당에서 정치공
작대 대장을 지낸 정태묵(鄭泰黙)[5]을 비롯해 통혁당준비위 전남위
원회 위원장이자 신안군 임자면 면장을 지낸 최영도(崔永道)[6]와 해
남 화원중학교 교사 윤상수(尹相守)[7]다.

　임자도 사건이 밝혀진 것은 공안 당국의 '치밀한 수사' 결과
가 아니라 주범 정태묵의 동생 정 모 씨의 '밀고'에 의해서다.[8] 정
모는 '무안 정부대여양곡 횡령 사건' 관계자 7명과 함께 서울에 도
피 중이었으며, 임자도에 살 때도 중증 아편 중독자였다. 정 모 씨

4　　김형욱이 야당 거물인 김대중의 체면을 봐서 사건을 크게 확대하지 않았다
는 이야기다. 5·18 이후 전두환은 김대중을 제거하기 위해 임자도 간첩단 사건을
다시 끄집어낸다.

5　　1919년 목포에서 태어나 목포상고를 졸업한 후 보성전문에 다니다가 중퇴
한다. 1952년 남로당에 입당한 뒤 영광 불갑산에서 빨치산으로 활동하다 1953년
지리산에서 체포되었다. 1960년 7년 만에 출옥한 뒤 고향 임자도에 칩거하던 중
동생의 권유로 통혁당 창당준비위원회에 참여했다. 전남도당위원회 위원으로 활
동하면서 서울에서는 삼창산업, 목포에서는 동성서점을 운영하다가 1968년 7월
에 검거된 후 1972년 7월 28일에 처형되었다.

6　　1923년 전남 무안에서 태어났다. 해방 전후 인민위원회를 결성하기 위해 투
쟁했고, 한국전쟁 때는 반미 투쟁을 한 것으로 알려졌다. 임자면 면장을 지냈으
며, 1964년 통혁당 창당준비위원회에 참여해 전남도위원장이 되었다. 1968년 7월
에 체포되어 1969년 1월 옥중에서 죽었다.

7　　1918년 전남 강진에서 태어나 해남 화원중학교 교사로 있으면서 1964년 통
혁당 창당준비위원회에 참여해 전남도위원회 지도원이 된다. 1968년에 체포되어
1969년 11월 28일에 처형되었다.

8　　김형욱은 김경재가 대필한 회고록에서 당시 고발자를 최영길(최영도)의 동
생 최 모 씨로 기록했다. 하지만 2001년 임자도를 취재하고 기사를 쓴 김대호는
밀고자가 최영도의 동생이 아니라 정태묵의 동생 정 모라는 사실을 현지 조사를
통해 확인했다.『오마이뉴스』 2001. 1. 2. 「지워진 역사 '임자도 통일혁명당 사건'을 찾아서」]

는 목포 문태중학교 재학 시절 국기 게양대에 인공기를 걸어 퇴학을 당했고, 북한에도 자주 왕래했다고 한다. 정 모 씨는 1968년 6월 도피 자금이 끊어지자 술이 취한 상태에서 경찰서에 전화를 걸어 금전을 조건으로 임자도 사건의 모든 것을 털어놓았다.

김형욱은 정보원들을 엿장수로 변장시킨 후 임자도 일대에 대거 투입해 7월 2일 목포에서 정태묵과 최영도를 체포한다. 정 모 씨의 제보 내용을 바탕으로 이들을 신문하는 과정에서 김종태의 존재를 확인하고 7월 4일에 체포했다. 김질락도 이 무렵 체포된 것으로 보인다. 김형욱은 7월 20일 이들의 구속 만료 기간이 다가오자 먼저 임자도 사건 관련자 27명의 혐의 사실만 발표한다.[김경재, 112] 이후 김종태 집에서 찾아낸 난수표를 해독해 이문규와의 관련성을 확인하고 긴급 수배에 나선다. 그가 북한과 비밀 접촉을 해서 도피해 버릴 가능성이 있다고 판단했기 때문이다. 이문규는 7월 24일 포항에서 검거되었고,[세계사 편집부, 64] 쇠귀는 7월 25일 새벽 휘경동 자택에서 연행된다.

『김형욱 회고록』에 따르면, 중앙정보부는 이문규 체포 사실을 비밀에 붙이고 압수한 난수표를 해독해서 북한에 구원을 요청하는 '가짜 전보'를 보낸다. 첩보전을 벌인 것이다. 한두 차례 우여곡절을 겪은 끝에 북한에서 이들을 구출하기 위해 1968년 8월 21일 저녁 10시 서귀포 앞바다로 간첩선을 보낸다. 북한 간첩선은 육해공군이 합동으로 펼친 '독 안에 든 쥐 작전'(일명 Z작전)에 걸려 순식간에 침몰하고, 공작원 14명 중 12명이 현장에서 사살된다. 물에 뛰어들었던 2명은 생포되었다가 나중에 통혁당 관계자 3명과 함께 처형된다.

김형욱은 생포된 무장간첩 이승학과 김일용을 '동원해' 대대적인 공안 몰이를 한 후, 8월 20일 통혁당 사건의 전모를 발표한다. 핵심을 요약하면 다음과 같다.

가칭 '통일혁명당'은 1970년대 무력 적화 통일을 위해 재남 지하당을 망라하여 민중 봉기와 국가 전복을 꾀했던 사건으로 관계자 158명을 타진했고, 그중 1차로 73명을 검찰에 송치했다. …… 가칭 통일혁명당 간첩 사건(이하 간첩단)은 건국 후 북괴의 지하당 조직으로는 최대 규모의 사건이며 북괴는 이들의 보고를 과신하고, 평화 통일을 무력 통일로 전환했다. 북괴는 핵심 조직인 지도부는 은폐해 놓고 지식인, 학생, 청년층을 포섭하여 학술 연구를 가장한 9개의 위장 단체를 조직하고 용공적인 조직 형태로 발전시켜 북괴의 적화 통일을 위한 무장 봉기에 이용하려 하고 있다.

간첩단은 모택동식 전법과 '베트콩'의 '게릴라' 전법에 동학란식 민중 봉기 전법을 수용, '민족해방전선' '조국해방전선'을 구성했고 산하에 학사주점, 새문화연구회, 청년문학가협회, 불교청년회, 동학회, 청맥회, 민족주의연구회, 기독청년 경제복지회, 경우회 등 9개의 '서클'을 갖고 있었다. 고정간첩인 김종태를 두목으로 김질락, 이문규를 중심으로 서울 문리대를 비롯, 각 대학 출신 혁신적 엘리트로 구성돼 있었다. 이 중 주모급들은 전후 4차례나 북괴를 왕래하면서 김일성을 만났고 북괴 대남 사업 총국장 허봉학[9]으로부터 지령과 미화 7만 불, 한화 2,350만 원, 일화 50만 원의 공작금을 받았다. 혁신 정당으로 위장해 각계각층에 침투, 반정부 반미 데모를 벌이게 하는 등 대정부 공격과 반정부적 소요를 유발시키라는 지령을 받았다.

이 간첩단의 주요 임무와 공작 사항은 ①민중 봉기, ②간첩의 무장 집단 유격화, 무력 투쟁에 있어서 수도권 장악을 위한 준비, ③북괴로부터 인수할 무기 수령 양륙 지점 정찰 및 특수 전술 교관 요원의 포섭, 월북 등 14개 항에 달한다. 『청맥지』를 기관지로 운영, 혁신적인 지식인과 학생층의 사상 적화에 중점을 두는 한편, 전 남로당계 인물을 포섭, 정예 조직으로 지하에 잠복시키고 9개 서클을 표면 활동시켜 각종 정보를 수집, 북괴에 제공했다. 이문규 부부로 하여금 서울 명동과 광화문에 학사주점을 경영케 해서 청년 학생을 선동하는 집합 장소로 썼다. …… 북괴는 이 대규모 지하 간첩단을 계속 유지·강화하기 위해 지난 20일 제주도 서귀포에 어선을 가장한 공작선에 무장 공비 14명을 특공대로 남파시켰다가 일망타진되었다.〔『서울신문』 1968. 8. 24.〕

김형욱의 통혁당 관련 발표문에는 당시 대부분의 공안 사건과 마찬가지로 일정 정도의 사실과 조작한 내용이 뒤섞여 있다. 주목해야 할 것은 이 사건이 중앙정보부의 수사 결과로 밝혀진 것이 아니라 관계자의 변심으로 드러났다는 점이다. 김질락이 남긴 것으로

---

9   허봉학(許鳳學)은 한국전쟁 때 인민군 4군단장을 지냈고, 1968년에는 조선 노동당 대남 사업 총책을 맡았다. 1969년 3월 숙청된 것으로 알려졌다.

되어 있는, 그가 세상을 떠난 뒤에 출간된 옥중 수기 『주암산』(酒岩山)[10]을 봐도 통혁당이 북한과 직접 연결되어 있었다는 정황을 찾아보기는 어렵다. 당시 통혁당 사건 재판을 참관하기도 했던 소설가 이병주도 사건 조작(frame up) 측면에 주목한다.

이렇게 저렇게 하겠다. 한다는 것만 있지 했다는 사실은 하나도 없다. 그들이 저지른 완료형 현재진행형의 사실은 하나도 없었다. …… 학사주점에선 술이나 팔았지 뭘 했겠어. '청맥'에 무슨 불온한 내용이라도 있던가?[이병주, 253~254]

통혁당과 남민전 등 1960년대 이후의 '비합법적 전위 조직' 연구로 박사 학위를 받은 조희연은 통혁당 사건에도 실체 측면과 조작 측면이 공존한다고 보았다.[11] 대표적인 조작 방식으로 별 관련 없는 조직들을 하나로 엮거나 한 사람의 관련자가 있을 경우 그 사람이 만난 모든 사람을 포섭된 행위자에 포함하는 것을 들 수 있다.

중앙정보부 발표에 따르면 이 '간첩단' 조직에 통혁당 서울시 창당준비위원회 구성원들(김종태, 김질락, 이문규, 신영복 등), 임자도

10   김질락은 '7·4남북공동성명' 직후인 1972년 7월 15일에 처형된다. 그의 옥중 수기 『주암산』은 북한연구소에서 내는 『북한』지에 1975년 3월부터 21회에 걸쳐 연재된다. 이 수기는 1991년 『어느 지식인의 죽음―김질락 옥중 수기』라는 제목으로 행림출판사에서 출판된다. 2011년에는 '사이버안보감시단 블루아이즈'라는 단체가 조갑제의 서문을 새로 넣어 비매품으로 다시 출판해 배포했다.
11   이 논문을 일부 수정해서 출간한 책이 『현대 한국 사회운동과 조직』(1993, 한울)이다.

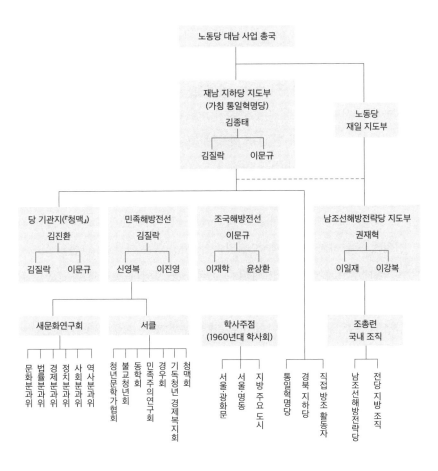

〈그림 1〉 중앙정보부의 가칭 '통혁당 조직도'

조직인 통혁당 전라남도 창당준비위원회 구성원들(최영도, 정태묵, 김수상 등),[12] 남조선해방전략당 구성원들(권재혁, 이일재 등)이 관련된 것으로 되어 있다. 서울시 창당준비위원회와 전남 창당준비위원회, 남조선해방전략당은 크게 보면 전후에 잔존한 좌파 소그룹에 해당한다. 잔존 좌파 소그룹은 북한과 연계되는 조직과 연계되지 않는 조직으로 대별되는데, 서울시 창당준비위원회와 전남 창당준비위원회는 연계하에 활동을 한 경우고 남조선해방전략당은 북한과 관계없이 존속했던 소규모 좌파 모임이었는데, 통혁당의 조작된 그림 속에 포함된 것이다.[조희연, 읽기, 69~70]

다음으로 박정희 시절 다른 공안 사건과 마찬가지로 하나의 전위적 행위자가 있을 때 이 행위자가 만난 모든 사람을 '접선과 포섭'의 대상으로 설정하고 거대한 조직도를 그렸다는 점이다. 통혁당에는 이질적인 세 층위가 존재한다. 첫째는 김종태 등 통혁당의 상층 지도부로 해방 후 이어져 온 좌익 운동 잔존 그룹이다. 둘째는 신영복으로 상징되는 4·19 이후 성장한 학생 운동 선진 그룹이다. 셋째는 경우회나 기독학생회 같은 서클 리더 그룹이다. 첫째 그룹은 1964년경부터 김종태를 중심으로 본격적인 비합법적 혁명 전위 조직을 결성하려 했다. 물론 북한의 '지원을 받았지만', 북한의 노동당과는 구별되는, 남한의 독자적인 전위 조직을 건설하려 했다.

그럼에도 중앙정보부는 두 번째 그룹과 세 번째 그룹을 모두

12　김형욱은 수사 결과를 발표하며 통혁당 간첩 사건과 앞선 임자도 사건은 별개의 것이라고 선을 긋는다. 별개의 두 사건이 있었다는 뜻이다. 『김형욱 회고록』을 보면 서귀포 간첩 사건과 통혁당 서울시 창당준비위원회 설립 시도 사건만 연결해 자신의 '공적'을 부풀리는 데 주력하고 있다.

통혁당의 조직 체계와 인적 연관

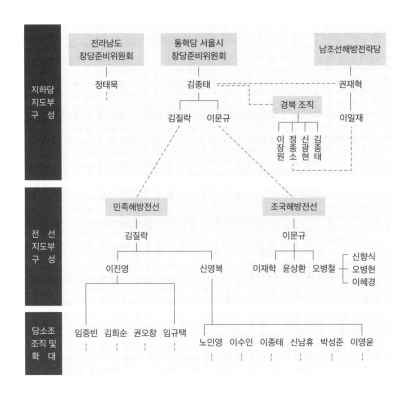

〈그림 2〉 1967년경 통혁당 조직 구도
【조희연, 1993, 287】

친북 지하당 조직의 중간책 및 하부 조직원으로 단정했다. 쇠귀는 첫째 그룹과 연결된 사람과 관련이 있는 것만으로 엄청난 지하당 조직의 핵심 멤버로 규정된다. 기독청년 경제복지회의 박성준 같은 경우 대학가에 무수히 존재하는 비판적인 학회 내지는 기독교 소모임의 리더였다. 그 조직들은 때로는 마르크스주의 저작도 읽고, 정권에 대해서 울분도 토로하고, 때로는 데모도 기획하는 그러한 연구 모임이자 조직이었다.

물론 통혁당 사건은 실체 측면도 존재한다. 공안 기관의 발표를 보면 김종태 등은 남한의 독자적인 지하 전위 조직을 건설하고자 했음을 알 수 있다. 김종태, 김질락, 이문규는 북한에 다녀왔으며, 북한의 지원도 받고 자금도 받았던 것으로 보인다. 통혁당 준비 모임의 핵심 인물은 김종태와 그의 친조카 김질락, 이문규, 이진영이다. 여러 자료를 종합해 네 사람의 이력을 정리해 보면 이렇다.

서울시위원회 위원장 김종태(金鐘泰). 1926년 경북 영천에서 태어났다. 해방 전에는 대구에서 '반일독서회'를 조직해 투쟁했고, 해방 후에는 안동사범과 포항고에서 잠시 교사로 지내다가 1954년 3대 국회의원 선거 때는 둘째 형 김상도의 선거 운동을 돕고 1958년까지 김 의원의 개인 비서로 일한다. 1956년에는 노동자와 농민, 진보 학생을 조직하기 위한 '청맥회'를 결성하기도 했다. 4월 혁명 때는 '청년돌격대'를 조직했고, 이후 경북노동연합회 지도 고문, 경북피학살자유족회 고문을 지낸다. 1964년 이후 네 차례 월북했으며, 1968년 7월에 체포되어 1969년 7월에 처형되었다. 처형된 지 이틀 후 북한은 김종태에게 영웅 칭호를 내리고, 이후 기념우표도 발행한다.

민족해방전선(민해전) 책임비서 김질락(金瓆洛). 1934년 경북 영천에서 태어났다. 서울대 문리대 사회학과를 졸업하고, 경남매일신문사 논설위원 등을 지내다가 친삼촌 김종태의 제안으로『청맥』(靑脈)을 창간하면서부터 통혁당에 관여했다. 1964년 3월 김종태, 이문규 등과 통일혁명당 창당을 결의하고 발기인이 되었으며, 1966년 2월 서울대 사회학과 후배인 이진영 등과 민해전을 구성했다. 1967년 5월 2일 월북해 20일간 체류한다. 1968년 7월경 체포되어 1972년 7월에 처형되었다. '옥중 수기'를 남겼다.

조국해방전선 책임비서 이문규(李文奎). 평북 출신으로 해방 후 월남해 서울에 거주하다가 대구 경북고를 거쳐 서울대 문리대 정치학과를 졸업했다. 만주에서 독립운동을 하던 할아버지의 영향으로 민족의식이 투철했다. 재학 중『정치학회』지 편집을 맡았고, 이념 서클인 '신진회'의 핵심 멤버였던 것으로 알려졌다. 1964년 3월 통혁당 창당준비위원회에 참가한 후『청맥』지 초대 편집장을 맡았고, 이후 명동과 대학로에서 학사주점을 운영했다. 1967년 5월에 월북해 밀봉교육을 받았고, 1969년 7월에 체포되어 그해 11월 6일에 처형되었다.

김질락이 주도한 민해전 지도부 이진영(李鎭永). 경북 성주 출신으로 서울대 문리대 사회학과를 졸업하고 상공회의소와 연구소의 연구원을 지냈다. 외삼촌이 인민위원회 부위원장을 지냈고, 외사촌 형은 4·19 직후 경북교원노조 부위원장을 지냈다고 한다. 이진영은 4·19 이후 독자적인 이념 서클을 이끌었으며, 조총련과의 연계 운동도 시도했다고 한다. 관계 기관 자료에 따르면 이진영은 1968년 4월 22일 특수 전술을 습득하기 위해 오병현과 함께 월북

1966년 육군사관학교 강사 시절(위)
1968년 통혁당 재판 당시(아래 왼쪽 첫 번째)

했다가 통혁당 사건이 터지자 북한에 머문 것으로 되어 있다. 김질
락 수기에 따르면, 이진영이 1966년 초에 쇠귀를 김질락에게 소개
했다고 한다.

신속한 재판! 5명 사형, 5명 무기징역

통혁당 관계자에 대한 수사와 기소, 재판은 신속하게 진행되었다.
1969년 1월 25일 서울형사지법 합의6부는 기소된 관계자 30명 전
원을 유죄 판결했다. 김종태·김질락·이문규·이관학·송승환 등
5명에게 국가보안법·반공법·형법상의 간첩죄·내란예비음모죄
등을 적용해 사형을 선고하고, 이재학·신광현·정종소·오병철 등
4명에게 무기징역을 선고했다. 박성준, 노인영 등 나머지 21명에
는 징역 15년에서 징역 2년까지 선고했다. 항소심[13]은 1969년 5월
26일 서울고법 형사부에서 진행되었다. 사형과 무기징역에는 변화
가 없었고, 나머지 피고에 대해서는 형량이 조정되었다. 김질락·이
문규·이관학·송승환은 사형, 신광현·정종소·이재학·오병철은 무

---

13   김종태는 항소를 하지 않아 1심 후 1969년 7월에 사형이 집행된다. 한승헌
변호사에 의하면 형사소송법을 잘못 이해해서 발생한 '비극'이었다고 한다. 형사
소송법에는 "사형 또는 무기징역이 선고된 판결에 대해서는 상소(항소 또는 상
고)를 포기할 수 없다"는 규정이 있다. 이 조항의 뜻은, 설령 상소 기간(판결 선고
후 7일) 내에 상소를 포기했다 하더라도 그 기간 내에는 (포기 의사를 바꾸어) 상
소를 제기할 수 있다는 취지인데, 김종태는 이 조항을, 상소를 하지 않고 가만히
있어도 자동적으로 상소심으로 넘어간다는 뜻으로 알고, 기간을 그냥 넘겼던 것
이다.[『한겨레』 2014. 1. 30.]

기징역, 박성준은 징역 15년과 자격정지 15년, 임영숙은 징역 12년과 자격정지 12년, 윤상환은 징역 5년과 자격정지 5년, 이종태는 징역 4년과 자격정지 4년 등이다. 같은 해 9월 대법원은 피고인들의 상고를 기각했다.

당시 현역 육군 중위였던 쇠귀는 '이적단체구성죄'로 사형수가 된다. 쇠귀는 군사재판 1심과 2심에서 모두 사형 선고를 받는다. 쇠귀가 대학과 대학원 시절에 참여했던 서클이 모두 민족해방전선의 산하 기구가 되었고, 현역 육사 교관이었기 때문에 군대 내에 통혁당 조직을 만들려 했다는 혐의가 추가되었다. 쇠귀에 따르면, 김종태는 아예 모르는 사람이고 이문규는 학생 운동 선배라서 이름만 아는 정도였다. 중앙정보부 그림 속의 핵심 조직인 민해전의 조직책 김질락과는 다섯 번 내외, 이진영과는 서너 번 정도 만난 것이 전부라고 한다.

가칭 통혁당 사건은 실체가 전혀 없었던 것은 아니지만 중앙정보부에서 조작하고 부풀린 사건이다. 쇠귀는 육사 교관이면서 현역 육군 중위였다는 점이 '치명적'이었다. 건국 이후 최대 규모의 지하당 조직 사건이라며 대대적인 여론 몰이가 이어졌다. '고정간첩'이 서울대를 중심으로 서울 시내 주요 대학에 거점을 마련해 침투했고, 심지어 육사를 비롯한 군대에도 침투해 체제 전복을 꾀했다고 과장 선전되었다. 쇠귀는 서울대 경우회와 경제복지회, 이화여대 청맥회 등 여러 대학 동아리와 인연을 맺고 있었다. 게다가 서울대 동기, 선후배가 운동권에 다양하게 포진하고 있었기 때문에 통혁당 준비 모임의 핵심 행위자로 몰릴 수밖에 없었다.

해방 이래 국내 최대의 지하당 사건

김형욱은 간첩 사건 부풀리기와 공안 몰이를 통해 삼선 개헌에 반대하는 야당과 시민 사회를 압박했다. 그 와중에 통혁당 사건이 터졌다. 거물급은 쟁쟁한 일류 대학 출신이고, 정계·학계·군부 등에 인맥을 가지고 깊숙하게 침투한 간첩 사건이라고 연일 신문과 방송을 도배했다. 통혁당 조직과 관련해 서울대 운동권 출신의 현직 육사 교관이던 쇠귀의 역할이 부풀려질수록 선전 효과는 커졌다. '간첩'이라는 딱지 한 장으로 충분했다.

쇠귀는 석사 논문의 실질적인 지도 교수였던 박희범 교수의 집에서 '통혁당' 인사들과 처음 인연을 맺었다. 박희범 교수는 당시 『청맥』지의 단골 필자 중 한 사람이었기 때문에 편집진이 원고를 청탁하기 위해 박 교수의 자택을 방문한 자리였다. 이후 숙대 강사를 하던 1965년 말을 전후해 『청맥』지 필자 모임인 새문화연구회에 대학원 선배들을 따라 나갔다가 김질락을 만났다고 한다. 새문화연구회에는 젊은 대학 강사급 인사가 2, 30명 참여하고 있었다. 당시 쇠귀는 경우회, 청맥회 같은 서클을 지도하는 데 주력했기 때문에 새로 나온 잡지 『청맥』의 편집에 관여해 그것을 서클의 교재로 이용할 수 있겠다는 생각이었다.[손잡고, 93]

월간 『청맥』은 6·3사태와 관련한 계엄령이 해제된 다음 날인 1964년 8월 1일 창간호를 낸 후 통혁당 사건으로 문을 닫는 1967년 6월호까지 통권 35호, 4만 5,000부 정도를 발행했다. 창간사[14]를 보

---

14 창간사의 주요 내용은 다음과 같다. "…… 단순한 시간의 누적만으론 참역

면 민족사가 요구하는 미래를 위해 현실 비판과 변혁을 추구하겠다
는 정도의 이론적이고 온건한 의지를 천명하고 있었다.

『청맥』의 내용을 봐도 특별히 과격하거나 용공적인 색채는 없
었다. 오히려 상업주의에 영합하는 흔적이 전혀 없는 데다가 기획
이 신선하고 젊은 필자의 참신한 글이 많아 『신동아』나 『사상계』에
식상해하던 학생과 지식인에게 큰 인기가 있었다. 한국의 대외 관
계나 미국 문제, 지배 세력에 대한 비판, 경제 계획이나 원조 등과
관련한 경제 관련 평론이 많았다. 서울대 경제학과의 박희범 교수,
임종철 교수뿐만 아니라 농대 유달영 교수, 국문학과 정병욱 교수,
나중에 서울대 교수가 된 조동일 교수 등도 필진이었다.

쇠귀는 『청맥』지 필자 모임인 새문화연구회에서 김질락, 이진
영 등과 몇 차례 만나 한국 사회와 변혁 운동 등에 대한 여러 의견
을 나누고 일부 문서의 초안을 만들었다. 군 검찰이 쇠귀를 기소할
때 핵심 죄목이 '민족해방전선 조직 비서'였다. 함께 일한 것으로
되어 있는 이진영이 월북한 상황이고, 김질락이 먼저 체포되었기
때문에 쇠귀는 꼼짝없이 당할 수밖에 없었다. 1968년은 김신조 사
건이 나고, 미 정보함 푸에블로호가 나포되고, 예비군이 창설되고
주민등록증 제도가 실시되고 삼선 개헌이 추진되던 시기다. 이런
시기에 간첩단 사건이 터졌는데, 거기에 청년 학생 운동이 동일 사
건으로 엮인 것이다.[『중앙일보』 2011. 1. 15.]

사일 수 없다. 일체 사상의 발전과 변동 변혁을 그 실재 내용으로 한 시간 탑을 역
사의 개념으로 규정하는 한! 청맥은 이러한 뜻의 역사의 내용을 충실화하고 현실
적인 제 과제를 파헤쳐 민족사적 요청에 순응하는 한편 발전과 전환의 구심적 대
역을 다해 보려고 오랜 진통기를 거쳐 이제 겨우 고고지성을 울린다."

통혁당 관련자 가운데 북한에 다녀온 김종태, 정태묵, 최영도, 김질락, 이문규, 윤상수 등은 모두 사형을 피하지 못했다. 쇠귀는 당시 육사 교관으로 상근하고 있었음에도 북한에 다녀온 사실을 시인하라는 고문을 받아야 했다. 월북한 사실이 없다는 점이 확인된 후 쇠귀에 대한 수사의 초점은 민족해방전선 참여를 통한 통일혁명당 결성 관여 여부, 북한 지령 수수 여부, 체제 전복을 위한 투쟁 계획(PS 문건) 작성 여부로 모아졌다. 쇠귀는 1992년 10월 경제학과 후배였던 정운영과 가진 인터뷰에서, 통일과 혁명이 서로 돕는 관계여야 한다는 정도의 논의는 있었으며, 민족해방전선이라는 조직의 명칭도 명시적으로 합의한 적은 없지만, 분단된 베트남을 보면서 그런 성격의 조직이어야 한다는 논의는 있었다고 회고했다.

민족해방전선은 잘 아시다시피 당 수준보다는 낮은 강령과 규약을 기초로 하여, 다양한 세력을 결집할 수 있는 소위 통일전선체를 건설하기 위한 전위 조직으로서 구상된 것입니다. 식민지반봉건사회론에 근거한 전술이라고 할 수 있습니다.[손잡고, 93~94]

'민족해방전선'이라는 명칭에 대한 합의는 없었지만 관련 논의는 있었으며, 다만 그 내용이 식민지반봉건사회론에 입각해 사회 제반 세력을 결집할 수 있는 통일전선체 건설을 위한 전위 조직이 필요하지 않겠는가 하는 정도였다는 것이다. 당시 베트남 민족해방전선도 미국 앞잡이 티우 정권에 반대해 통일 운동을 벌이고 있었기 때문에 한국에서도 민족해방전선이 필요하다는 생각을 피력한 정도였다.

1960년대 중반은 해방 전후, 한국전쟁과 시간적 거리가 멀지 않다. 한국전쟁 전의 구(舊)빨치, 신(新)빨치 같은 구(舊)좌파 혁명가들과 쇠귀 같은 학생 운동 1세대들이 자연스럽게 만나 함께 일하는 경우가 많았다. 구좌파 혁명가들의 반미 의식이나 남한 체제에 대한 비판, 북한 체제에 대한 입장은 4·19혁명 세대와는 다를 수밖에 없었다.[15]

쇠귀는 자신이 연루된 통일혁명당 준비 모임과 조선노동당은 전혀 관계가 없었다는 사실을 여러 차례 강조했다. 통혁당의 건설 논의 자체가 기본적으로는 남북 간에 서로 다른 체제와 독자적인 정치적·경제적 토대가 구축되어 있다는 것을 전제했기 때문이다.[손잡고, 94~95] 쇠귀는 김질락이 북에 다녀온 사실도 전혀 몰랐다. 김질락은 북한이 지나치게 관료적이며 남한 실정을 잘 모른다는 비판적 입장이었다. 당연히 남한 혁명은 남한 사정을 잘 아는 사람들이 구심이 되어 진행해야 한다는 점에 합의하는 상황이었다.

쇠귀가 쓴 것으로 알려진 이른바 혁명당 무장 투쟁 계획 PS (paper to steel) 작전 문건은 과대 포장된 것이다. 당시 공안 당국은

15　김동춘은 구좌파와 새로 성장한 학생 운동 1세대의 차이를 이렇게 평가했다. "전쟁 후 남한 사회에서 성장한 신영복 같은 4·19 세대가 이들과 같은 생각을 견지할 수는 없었을 테고, 그것은 평생 거리를 두고 진행되지 않았을까 생각된다. 사형수인 김질락이 비록 옥중에서기는 하나 사상적 동요를 겪으면서 쓴, 자신의 과거를 비판하는 글에서 확인된다. 그리고 안병직 등 당시에 가장 진보적인 입장을 취했던 사람들이 이후에 사상적 변신을 겪은 사실을 통해서도 전쟁 체험, 혁명 세대와 이후 학생 운동 세대의 분명한 차별성을 확인할 수 있다."[김동춘, 읽기, 242]

실적을 과장하기 위해 대학 노트에 적은 혁명과 무장력에 관한 검토 정도의 문서를 '무장 투쟁 계획'으로 부풀린 것으로 보인다. 공안 당국뿐만이 아니다. 1989년 대동출판사 편집부에서 엮은 『통혁당』이라는 책을 보면, 1966년 말에 관계자들이 모여 당 기관지 『혁명전선』 제1호를 발간한 이야기를 하면서 PS 문건에 대해서도 상세하게 언급하고 있다. 그 핵심 내용은 "반제민족해방투쟁의 가장 적극적이고 결정적인 형태는 무장 투쟁이다. 방대한 폭력에 의거해 식민지 독재 지배를 하는 적과 투쟁해서 민족적 자주권을 쟁취하는 데는 수천만 대중을 각성시켜 하나의 정치 대군으로 묶어 세워…… 우리 통일혁명당은 그러므로 당연히 정권 전취를 위한 결정적 시기에 대비해 무장 투쟁 준비에 힘을 기울이지 않으면 안 된다……"[16]라는 것이다. 이에 대해 쇠귀는 다음과 같이 입장을 밝힌 바 있다.

소위 PS 계획이란 문건은 없습니다. 저는 다만 무장력을 혁명의 원칙 문제로 제기했을 뿐입니다. 게바라의 『게릴라 전투』라는 책, 그리고 마오쩌둥의 「항일유격전쟁에 있어서의 전략

---

16   이어 쇠귀가 한 해군 소위를 만나서, 남산과 북한산에 박격포를 몇 문 설치해 청와대와 미국 대사관부터 폭격하는 방식으로 적의 중추신경을 마비시키는 작전이 필요하다고 말하는 대목도 나온다.【대동 편집부, 92】'통혁당 관련자들'이 모여 1966년 초에 창간했다고 하는 『혁명전선』이 실제로 있었던 저널인지 확실하지 않다. 공안 당국이 수년간 수사해서 제시한 관련 증거물 목록 어디에도 『혁명전선』은 보이지 않기 때문이다. 김형욱도 이 사건을 가칭 통일혁명당 건설 기도 사건 정도로 표현한 바 있다.

문제」와 「항일통일전선 전술의 현재적 문제」라는 논문이 저한테서 압수한 것으로 기억되는데, 저는 다만 유격 전쟁의 조건을 베트남의 정글, 라틴아메리카의 농촌 배후지, 중국의 정강산(井崗山)과 같은 자연적 조건에 국한해서 사고하는 것이 온당한가라는 정도의 문제 제기를 하는 데 그쳤습니다.〔손잡고, 96~97〕

1960년대는 혁명의 시대였다. 프랑스에서는 68혁명의 바람이 몰아쳤고, 당시 39세였던 쿠바의 혁명가 체 게바라(Che Guevara, 1928~1967)는 1967년 10월 9일 볼리비아에서 전투 중에 체포되어 처형당한다. 베트남에서는 미 제국주의 침략에 맞서 전 인민이 투쟁했다. 쿠바나 다른 라틴아메리카, 베트남에서의 반제 투쟁은 모두 무장력에 기초하고 있었다. 중국 혁명도 유격 투쟁의 산물이다. 쇠귀는 자신의 노트에 이런 무장 투쟁 사례를 검토한 후 한국은 어떠한지 문제를 제기한 정도였다.

쇠귀는 구타와 고문 속에서 수개월 수사를 받고 사형수가 되었다가 무기수가 된다. 쇠귀와 인연이 닿았던 사람들도 무사할 수 없었다. 기독교 관련 연합 서클인 기독청년 경제복지회를 이끌던 박성준은 징역 15년과 자격정지 15년, 동학연구회 노인영은 징역 7년과 자격정지 7년, 경우회 회장 이종태는 징역 4년과 자격정지 4년, 경제복지회 회원 박경호는 징역 3년과 자격정지 3년, 이화여대 동아리 청맥회 고문 격이던 이영윤은 집행유예, 상과대학 후배 신남휴도 집행유예를 선고받았다.

통혁당 재판 당시 노인영, 허정길, 박경호의 변론을 맡았던 한승헌 변호사는 당시의 재판이 얼마나 무모한 견강부회로 일관했는지 다음과 같이 증언했다.

> 검찰은 노인영 씨가 신 아무개와 함께 독서회를 만든 것을 반국가 단체 구성이라고 했다. 그러나 그것은 어디까지나 공부를 하려는 학구적인 모임이었다. 민족해방전선이라는 단체는 이름도 들어 본 적이 없었다. 친구들과 만나 사회상에 대한 불만을 이야기한 것을 '사회주의 혁명 사상의 고취'라고도 했다. 허정길 씨에 대한 혐의도 이해하기 어려웠다. 예컨대, 농촌 문제에 관심이 있는 이 아무개와 알고 지낸 것을 불고지죄로 몰았다든지, 육군대학 교수가 쓴 책을 빌려 본 것을 '이적 표현물 취득'으로 기소한 부분 등이 그러했다. 박경호 씨 부분도 비슷했다. 그는 기독 학생들의 모임인 경제복지회 회원들과 만나서 학문과 현실에 대한 의견을 나누며 지냈을 뿐이어서, 이것을 반국가적이라고 볼 수는 없는 일이었다. 그럼에도 그들은 다른 피고인들과 함께 중형에 처해졌으며, 복역을 마치고 석방된 뒤에도 큰 좌절의 세월을 보내야 했다.[『한겨레』 2014. 1. 30.]

쇠귀와 잘 안다는 이유만으로 경우회, 경제복지회, 동학회, 청맥회 등과 관련을 맺었던 수많은 선후배가 당시 남산 중앙정보부에 끌려가 고초를 당했다. 이화여대 출신의 약사 최영희는 청맥회 회원으로 1966년 강화군 서도면 말도 여름 수련회에 참가했다가 큰 봉변을 당한다. 통혁당 사건이 터지자 검찰에 끌려가, 전혀 무관할 뿐만 아니라 한자도 다른 청맥(靑麥)회와 잡지『청맥』(靑脈)의 관계, 말도에서 적화 통일을 위한 사격 연습을 했는지 여부에 대해 추궁을 당했을 뿐만 아니라 강제 구금을 당하기도 한다. 한 달여 만에 기소 중지로 석방되지만 최종 판결이 나기까지 무려 5년간 수시로 소환되는 고통을 감수해야 했다.[최영희, 읽기, 311] 경제학과 대학원 선배 안병직도 남산에 끌려가 신영복과 민족주의 연구 모임을 했는지 여부를 추궁당했다.[안병직 편, 164]

쇠귀는 군인 신분이었기 때문에 군형법에 따라 군사재판을 받았다. 군형법에 따르면 1심(일반 군사법원)은 국방부나 사단급 이상 각 군 예하 부대에서 진행되고, 2심(고등군사법원)은 국방부에서 진행된다. 쇠귀는 1~2심에서 모두 사형을 선고받았으나 1970년 5월에 열린 파기환송심에서 무기징역이 확정된다.

5. 유배지에서 보낸 20년

나는 나의 내부에 한 그루 나무를 키우려 합니다. 숲이 아님은
물론이고, 정정한 상록수가 못 됨도 사실입니다. 비옥한 토양
도 못 되고 거두어 줄 손길도 창백합니다. 염천과 폭우, 엄동한
설을 어떻게 견뎌 나갈지 아직은 걱정입니다. 그러나 단 하나,
이 나무는 나의 내부에 심은 나무이지만 언젠가는 나의 가슴
을 헤치고 외부를 향하여 가지 뻗어야 할 나무입니다.【「고성(古城)
밑에서 띄우는 글」, 사색18, 68】

쇠귀는 자신의 음력 생일인 1968년 7월 25일 새벽 중앙정보부
에 연행되어 구속된 뒤, 1988년 8월 15일 새벽 가석방으로 출소했
다. 출소한 날도 음력 생일이었다. 양력으로는 20년 20일, 음력으
로는 꼭 20년을 감옥에서 살았다. 연행 후 1년 9개월 10일이 지난
1970년 5월 5일 무기징역이 확정된다. 구속된 후 형 확정에 이르는
기간은 비인간적인 수사와 재판을 받으며 삶과 죽음 사이에서 임사
체험을 강요받은 형극의 세월이었다.

쇠귀는 1968년 7월 20일 임자도 사건 보도에 김질락이라는 이름이 등장하는 것을 보고 그가 체포되었다는 사실을 알게 된다. 7월 25일 새벽 휘경동 자택에서 부친, 장형(신영대)과 함께 지금 남산 유스호스텔 자리에 있는 중앙정보부로 끌려간다. 중앙정보부의 '콘센트 막사'에서 경우회 회원들과 함께 조사를 받는다. 모두 서로에게 상황을 문의했지만 사건을 정확하게 파악하고 있는 사람은 없었다.

먼저 체포된 김질락의 말을 확인하는 차원의 짜맞추기식 수사에 가까웠다. 때로는 김질락의 자술서를 보여 주면서 거기에 맞춰서 진술하라고 압박을 하기도 했다. 개인적으로 한두 번 책을 빌려 읽은 사람들 또는 전혀 기억에 없는데 책을 빌려 읽었다며 끌려온 사람도 있었다. 독자적으로 서클을 지도한 경우는 구속, 기소, 재판을 거쳐 실형을 선고받았고, 단순하게 책만 빌려 읽은 경우는 대부분 조사를 받은 후 풀려났다.

처음 수사를 받을 때는 엄청난 구타를 당했고, 나중에는 두세 차례 전기고문을 당하기도 한다. 그들은 쇠귀가 북에 다녀왔다는 자백을 받아 내기 위해 혈안이었다. 남산 콘센트 막사에서 3, 4일간 철야로 고문을 받으며 몇 차례 실신하기도 했다. 그 후 서대문구치소에 수감되어 수시로 불려 다닌다. 7월 말경 구속되었고, 8월 15일 이후에는 수도경비사령부 20헌병대 지하 영창으로 이감된다.

---

1   군부대나 공사장 등에 함석 따위를 이용해서 임시로 지은 건물을 말한다. 냉난방이 되지 않아 여름에는 덥고 겨울에는 춥다. 콘센트란 '퀸셋'(Quonset)을 잘못 쓴 말이다.

현역 장교 이영윤(공군)과 신남휴(해군)도 그곳에 있었다.

이후 군 검찰에 불려가 재차 확인 신문을 받는다. 조서와 공소장에서 가장 큰 죄목은 국가보안법상의 '반국가단체구성음모죄'였고, 간첩죄는 적용 대상이 아니었다. 반공법상의 고무찬양, 불온서적 은닉 반포, 불고지죄 등도 적용되었다. 군 검찰은 사형을 구형했고, 수경사의 1심 재판부도 사형을 선고한다. 당시 쇠귀의 변론을 맡은 사람은 강신옥(姜信玉, 1936~)[2] 변호사와 박한상(朴漢相, 1922~2001)[3] 변호사였다. 변호인들은 학생 서클 운동의 경우 일본에서 소요죄로 걸기도 어려운데 '반국가단체구성음모죄'로 거는 것은 부당하다고 주장했지만 소용없었다.

내가 겪은 최대의 곤욕은 이번의 전 수사 과정과 판결에 일관되고 있는 이러한 억지와 견강부회였다. 이러한 사례를 나는 법리 해석의 문제로 이해하는 것이 아니라 정치권력 그 자체의 가공할 일면으로 이해하고 있는 것이지만 이는 특정한 개인의 불행과 곤욕에 그칠 수 있는 사소한 문제가 아니라는 점

2   경북 영주에서 태어나 경북고와 서울대 법대를 졸업했다. 재학 중 고등고시에 합격해 판사가 되었지만 1년 만에 그만두고 인권 변호사의 길을 걸었다. 인혁당 사건, 민청학련 사건, 부천서 성고문 사건 등을 변론했다. 이돈명, 홍성우, 조영래 등과 함께 대표적인 1세대 인권 변호사라 할 수 있다. 12~14대 국회의원을 지냈다.

3   함경남도 안변 출신의 정치인이자 변호사다. 신민당 최고위원과 제 6, 7, 8, 9, 10, 12대 국회의원을 지냈다. 1969년 삼선 개헌을 저지하기 위해 국회 상임위원회에서 10시간 15분 동안 의사 진행 방해 발언(필리버스터)을 한 것으로 유명하다.

에서 심각한 사회성이 복재(伏在)하고 있는 것이다.[사색18, 51]

쇠귀는 당연히 항소했고, 항소심은 해가 바뀐 1969년 1월 육군본부의 고등군사법원에서 열린다. 항소심에서도 재차 사형이 구형되었고, 1월 22일 남한산성 육군교도소로 이송되어 그곳에서 1970년 5월 5일 무기로 형이 확정될 때까지 사형수 신분으로 보낸다.

중앙정보부에 연행된 후 6개월간 이어진 구속, 취조, 재판, 사형 언도 등의 과정은 심신을 피폐할 대로 피폐하게 만들었다. 쇠귀가 수감된 남한산성 1동 8호는 사형수와 무기수만 수용하는 중수형자 전용 감방이었다. 이곳에서 쇠귀가 맞닥뜨린 것은 '죽음'이었다. 쇠귀가 그 방에 있는 동안 함께 생활하던 사형수 중 다섯 명의 형이 집행되었고, 한 사람은 다른 사형수에게 살해되었다. 당시 남한산성에서 7개월간 오며 가며 쇠귀와 마주쳤던 신남휴의 회고다.

이 시절 그는 별로 말이 없었다. 예전에 즐겨 하던 예지(叡智) 넘치는 유머나 해학도 없었고, 사건과 관련된 언급도 별로 없었다고 기억된다. 그는 이미 삶의 문제가 아닌 죽음의 문제와 대면하고 있는 듯 보였고 언어 너머 침묵에 드는 시간이 길어졌다. 이러한 상황에서도 같은 방에 수감된 병사들의 한 많은 사연이나 억울한 하소연을 들어주는 데는 후했고, 억울하게 중형을 받고도 변호사 구할 형편이 못 되는 병사들을 위하여 '항소 이유서'를 써 주는 데는 시간을 아끼지 않았다.[신남휴, 읽기, 289]

당시 쇠귀가 먼저 떠올린 것은 매월 마지막 주에 만나던 청구회 친구들이었다. 영문도 모른 채 오지 않는 자신을 기다렸을 아이들을 생각하며 「청구회 추억」을 정리한다. 다른 재소자들의 항소이유서를 대필하거나 영어나 수학을 가르치기도 했다.

쇠귀는 『담론』의 「푸른 보리밭」에서 당시 만났던 사형수의 이야기를 상세하게 기록했다. 당시 8호실에 있던 병사들의 사연은 어느 것 하나 절절하지 않은 것이 없었다. 그중 한 자살 미수자 이야기와 대필한 다른 사형수의 「항소 이유서」가 1993년에 나온 『엽서─신영복 옥중사색』에 남아 있다. 누런 재생 휴지에 적은 원본을 영인한 것이라서 글 쓸 당시의 분위기가 남아 있다.[엽서93, 72~91] 「○일이가 알 수 없는 일들」이라는 제목의 글이 전형적이다.

○일이는 전남 수산고를 졸업하고 일본을 내왕하는 외항선의 3등 항해사로 일하다가 입대했다. 그는 이등병 때 헌병으로 근무하던 중 어떤 지프차를 세우고 근무 수칙대로 검문을 했다. 차에 타고 있던 김 대위가 화를 내며 구타했다. 들어갔다가 나오면서 또 여러 사람이 보는 가운데 개 패듯이 ○일이를 구타하기 시작했다. ○일이는 맞고 나서 저만큼 걸어가는 김 대위를 향하여 별로 죽일 생각이 없이 1발을 쏘았다. 당연히 빗맞았고 앞서가던 김 대위가 총을 빼앗기 위해 달려들 때 빼앗기지 않으려 하다 2발을 쏘았다. 김 대위의 머리를 관통했다. 3발은 분노하여 쓰러져 있는 김 대위를 안면을 향해 쏘았다. ……죽어 넘어져 있는 김 대위의 얼굴을 보았을 때 겁이 나지 않고 분노가 치밀어 오른 이유를 알 수 없었다.

총알이 떨어질 것 같아 서둘러 자신의 목에다 총구를 대고 자살을 기도했다. 수도육군병원으로 이송되어 살아난다. 자신이 깨어났을 때 제일 먼저 스친 생각은 "이를 어쩔 것인가? 죽지 않고 살아나다니?" 절망감이 엄습했다. 그때 피해자와 같은 대위 계급장을 단 군의관이 나타났는데 온몸에 전율이 흐를 정도로 경악을 금치 못했다. ○일이는 그 이유를 알 수 없었다. 간병을 하던 죽마고우에게 '안락사'를 도와 달라고 부탁했는데, 놀라며 냉정하게 거절하는 것을 보고 또 이유를 알 수 없었다. 병원에서 수술을 받을 때 피해자에 대한 미안함 때문에 신음조차 내지 않으며 인내하고 있는데, 집도한 군의관이 "이 환자는 참 인내력이 강하다"라는 이야기를 듣고 눈물이 주르륵 흘러내렸다.

상관 살인죄로 1심에서 사형이 언도되었다. 피해자의 약혼자가 면회를 오자 충격을 받고 항소를 포기했다. 주변에서 항소를 권유했지만 거부하고 오히려 안구를 기증했다. 상황을 고려하여 군 검찰이 대리 항소했고 2심에서 15년형으로 감형되었다. ○일이는 징역살이는 사람이 사는 것이 아니라고 생각한다. 그러면서도 자신이 하루하루 살아가고 있는 이유가 무엇인지 알 수 없다고 말했다.

이 시절 쇠귀는 '골고다'라는 별명을 얻는다.〔엽서93, 77~78〕 골고다(Golgotha)는 예수가 십자가에 못 박혀 죽은 언덕의 이름이다. 뼈만 남은 듯 야윈 채(骨) 자신들의 일까지 떠맡아 고생이 많으니(苦多) 골고다가 제격이라는 것이 동료 수인들의 말이었다. 본래는 '개

'뻑다구씨'로 정하려는 움직임이 있었으나 신 중위의 여러 체면과 위신을 고려해 골고다로 정했단다. 거머리, 쪽제비, 몽달이, 마귀할멈, 번데기…… 등 다른 수인들의 별명과 비교해 볼 때 확실히 '배려'한 흔적이 역력했다.

당시 1동 8호에는 박상은 일병도 수감되어 있었다. 박 일병은 군대에서 선임 하사에게 찍혀 '월북 기도자'가 되었고, 쇠귀와 비슷한 과정을 거쳐 무기수가 되었다. 쇠귀와 박상은은 남한산성, 안양교도소에 이어 대전교도소까지 6년 정도 함께 지낸다. 박상은 일병은 쇠귀가 나오고 2년이 지난 후에 출소했고, 아내와 한의원을 경영하며 쇠귀와의 인연을 평생 이어 갔다.

1969년 7월 23일에 열린 항소심 결심 공판에서 다시 사형이 언도되었을 때 정말 사형을 당할 수도 있다는 생각이 밀려왔다. 처음에는 지은 죄가 별로 없기 때문에 사형을 당할 것이라고는 전혀 생각하지 않았지만 1심(구형-언도-확정), 2심(구형-언도-확정)에서 여섯 차례 '사형!' 소리를 듣고 실제로 죽을 수도 있다는 생각에 사로잡힌다. 그때 쇠귀는 만 28세도 되기 전이었다. 아직 더 공부해야 하고, 세상에 태어나서 다른 사람을 위해서건 자기를 위해서건 무언가 만들어 놓고 가야 한다는 소망이 완전히 무너질 수도 있다는 생각이 들었다. 억울한 마음, 서운한 마음을 누르며 실제 죽을 것에 대비해 두 가지 생각을 한다.[손잡고, 18]

하나는, 마지막으로 시 한 편을 남기고 싶다는 생각이었다. 스페인이 지배하던 시절 필리핀 해방 운동을 벌이다 공개 처형된 호세 리살(José Rizal, 1861~1896)[4]이 감옥에서 남긴 「사랑하는 나의 필리핀」[5]이라는 시가 생각났다. 시 자체도 좋지만 호세 리살의 삶도 쇠귀와 비슷한 면이 있었다. 그래서 죽기 전에 조국과 민족에 대한 생각을 시로 표현하고 싶었다.

4   스페인의 식민지 시절 필리핀의 독립운동가이자 시인, 교육가다. 1861년 라구나 지방의 칼람바에서 2남 9녀 중 일곱째로 태어났다. 열두 살이던 1872년 카비테에서 필리핀 군인과 노동자 폭동이 일어났는데, 리살의 형이 이 사건으로 처형된 신부의 제자였다. 리살은 이 사건을 계기로 스페인 폭정에 대항해 싸우기로 결심한다. 마닐라의 산토토마스대학에서 의학을 전공하고 스페인으로 유학을 떠나 마드리드 센트럴대학에서 의학 박사 학위를 받는다. 소설「나를 만지지 마라」, 「훼방꾼」과「필리핀 젊은이들에게」등 많은 시를 남겼다. 유럽과 홍콩 등지에서 독립운동을 하다 1892년 5월 귀국했으나 7월에 체포된다. 1896년 12월 30일 스페인 식민지 군에게 총살당했다.

5   『담론』에서는 이 시의 제목을「마지막 인사」(210쪽)라고 표기했다. 리살은 1896년 사형을 앞두고 면회를 온 여동생에게 알코올버너를 건네주었는데, 그 속에 스페인어로 쓴 제목이 없는 이 시가 숨겨져 있었다. 필리핀 사람들은 이 시를「마지막 인사」라고 부른다. 마닐라의 호세 리살 기념관 입구에는 한국어를 비롯한 각국의 언어로 번역된「마지막 인사」가 걸려 있다. 한국어「마지막 인사」는 1998년 필리핀 독립 100주년을 기념해 한국 대사관에서 민용태 교수에게 의뢰해 번역, 기증한 것이다.[호세 리살, 204]「마지막 인사」는 14연 70행의 비교적 긴 시다. 첫 연과 마지막 연은 다음과 같다.

잘 있거라, 사랑하는 나의 조국, 사랑받는 태양의 고향이여,
동방 바다의 진주, 잃어버린 우리의 에덴동산이여!
나의 이 슬프고도 암울한 인생을, 기꺼이 너를 위해 바치리니,
더욱 빛나고, 더욱 신선하고, 더욱 꽃핀 세월이 오도록
너를 위해서도, 너의 행복을 위해서도, 이 한 목숨 바치리라.
．．．．．．．．．．．．．．．．．．
안녕히 계세요, 어머님 아버님; 잘 있거라, 형제들아,
내 영혼의 피붙이들아, 잃어버린 조각에 사는 내 어린 시절의 친구들아,
피로하고 지친 날을 내 이제 쉬게 되었음을 감사드려다오,
잘 있어요, 다정한 이국의 아가씨, 나의 친구, 나의 즐거움이여,
잘 있어요, 사랑하는 사람들, 죽는다는 건 쉬운 것.

또 하나는, 탈옥이었다. 감옥에 앉아 이렇게 죽음을 기다리느니 뚫고 나가 억울함과 결백을 세상에 알리기라도 해 봐야 하지 않을까 하는 생각이었다. 탈옥은 물론 가능한 일도 아니었거니와 대법원 확정 판결을 기다려 봐야 했다. 그래서 우선 시 한 편을 쓰기 위해 준비한다. 자신이 군인이라서 교수형이 아니라 총살형을 당한다는 '시적인' 현실이 위안거리였다.

상고심은 같은 해 11월 11일 11시 대법원에서 열렸고, 피고인 쇠귀는 대법원 재판정에서 삶과 죽음의 기로에 선다. 경제학과 재학 시절 많은 도움을 주었던 박희범 교수와 나중에 서울대 총장과 국무총리를 지내는 이현재 교수가 증인으로 출석했다. 살벌한 당시 상황에서 쉽지 않은 일이었다. 변호인들은 군 검찰이 '반국가단체구성음모죄'로 기소했음에도 1심 재판부에서 '반국가단체구성죄'를 적용한 것이 형사소송법 위반이라는 사실을 부각했다. 결과는 육군고등법원으로의 파기환송이었다.

원심이 유지한 제1심 판결 중 나(2) 다(1)의 각판시 반국가단체 구성 음모 사실은 검찰관이 이를 국가보안법 제1조의 반국가단체 구성죄로 공소하였음이 기록상 명백한바, 공소장 변경의 절차를 밟음이 없이 위와 같이 그 음모죄로 판단한 원판결은 공소 원인으로 되어 있지 아니한 사실을 심판한 것이라고 보아야 할 것임이 본원 종래의 견해(대법원 1968.7.30. 선고 68도739 판결 1968.9.30. 선고 68도1031 판결 참조)에 비추어 명백한 바이므로 이 점에 관한 상고 논지는 이유 있고 기타 상고 이유에 판단을 기다릴 것 없이 피고인 1에 대한 원판결은 파기를

泥土 위에 쓰는 글

다시 출발점에서 첫발을 딛고 일어선다.
視界주에는 잎이 진 裸木뿐로 겨울하늘이 차다.
머지 않아 初雪에 묻힐 낙엽이 흩어지고 있는 泥土에
나는 고달픔 그러나, 새로운 또 하나의 나를 세운다.
진펄에 꺼리박는 泥魚의 삶이라도 그것이 然衰章이
아닌 한, 아직은 忍冬 寒梅의 생리로 살아가야할
여러가지의 이유가 있다.
지금부터 걸어서 건너야 할 혹독의 벌판 저쪽에는
애타게 기다리는 사람들의 얼굴이 등댄불처럼 명멸한다.
그렇다. 일어서서 걸어야한다. 고달픔 다리를 끌고
氷山 氷河라도 건너서 「눈물겨운 再會」로 향하는
이 출발점에서 강한 첫발을 짚어야 한다.

       x   x

칠풀 판자의 마루바닥에 싸늘하게 겨울이 깔리는데
나는 등거의 복숭아뼈로 나의 허리중을 지탱하면서
부처처럼 無念의 자세로 앉았다.

"어물러 추워봐라 내가 내복을 사입나!"
이것은 약전밭 지켓꾼들만의 오기가 아니다.
겨울은 아직도 貧者의 季節는 아니다.

黃金의 流域에서 한줌의 흙을 만나는 기쁨의
유별난 것이듯, 因人의 群集속에서 흙처럼
변함 없는 人情을 만난다. 이러한 人情의

면치 못할 것이다.【대법원 1969.11.11. 선고 69도1517 판결】

　　대법원 판결 다음 날인 1969년 11월 12일에 쓴 「니토(泥土) 위에 쓰는 글」에서 "머지않아 초설(初雪)에 묻힐 낙엽이 흩어지고 있는 동토(冬土)에 나는 고달픈 그러나 새로운 또 하나의 나를 세운다"【사색18, 53】라고 표현했다. 이어 진펄에 머리 박은 니어(泥魚)의 삶이라도 인동한매(忍冬寒梅)의 생리로 살아가야 할 여러 이유가 있다며, "지금부터 걸어서 건너야 할 형극의 벌판 저쪽에는 애타게 기다리는 사람들의 얼굴이 등댓불처럼 명멸한다. 그렇다. 일어서서 걸어야 한다. 고달픈 다리를 끌고 석산빙하(石山氷河)라도 건너서 '눈물겨운 재회'로 향하는 이 출발점에서 강한 첫발을 짚어야 한다"며 마음을 다진다.

　　파기환송심에서 군 검찰은 죄목을 '반국가단체구성죄'에서 '반국가단체구성음모죄'로 변경하고도 쇠귀에게 다시 사형을 구형한다. 죄목을 잘못 적용했음에도 '사형'이라는 희한한 논리였다. 하지만 군 고등군법회의는 정상을 참작해 무기징역으로 감형한다. 쇠귀는 다시 대법원에 상고하려 했으나 학생 서클이 반국가단체가 되는 나쁜 대법원 판례를 남기는 것은 바람직하지 않다는 강신옥 변호사의 조언을 받아들여 상고를 포기한다.

　　해방 이후 북한과 연계된 최대 규모의 조직 사건에 연루된 현역 육군 장교가 사형을 면했다는 것은, 당시 정치 상황으로 볼 때 기적에 가까운 일이었다. 1심 재판부가 형사소송법을 위반한 것은 분명했다. 하지만 박정희 파시즘 체제에서 육군참모총장과 국방부 장관이 확인하고 날인한 판결을 대법원에서 파기한 사례는 전무하다.

쇠귀는 훗날 한 인터뷰에서 자기가 살 수 있었던 것은 은사님들의 구명 운동 덕분이라고 했다.【손잡고, 98】 물론 부친과 장형 신영대 선생의 헌신적인 구명 운동이 결정적이었음은 이론의 여지가 없다. 쇠귀 가족은 쇠귀가 구속된 뒤 이웃의 눈총 때문에 휘경동 집에서 살 수 없어 이사를 해야 했다. 구속 직후 이문동 성당에서 석방 기도회가 열리기도 했지만 세상은 냉담했다. 다행히 쇠귀의 상고심 확정 판결이 나올 무렵 국내 정치권은 급변하고 있었다.

영구 집권을 꿈꾸던 박정희는 2인자 김종필을 강제 퇴진시키고, 1969년 10월 17일 삼선 개헌안을 국회에서 통과시킨다. 박정희는 야당을 달래고 민심을 수습하기 위해 10월 20일 당시 넘버투를 다투며 악명을 날리던 비서실장 이후락(李厚洛, 1924~2009)과 중앙정보부장 김형욱을 동시에 해임한다.[6] 통혁당 사건을 부풀리며 진두지휘하던 김형욱의 후임으로 육군참모총장 출신 김계원(金桂元, 1923~2016)이 임명되었다.

부친과 장형은 쇠귀를 살리기 위해 갈 수 있는 모든 곳을 찾아갔고 만날 수 있는 모든 사람을 만났다.[7] 부친이 전형적인 선비고,

---

6   이후락은 해임된 후 주일 대사를 거쳐 1970년 12월 중앙정보부장으로 복귀했지만, 김형욱은 유신 선포 이후 새로운 유정회 국회의원 명단에서 자신이 빠지자 1973년 4월 미국으로 전격 망명한다. 이후 미국에서 '김대중 납치 사건' 등 박정희 정권의 비리를 폭로하다가 1979년 10월 실종된다.

7   신학상 선생은 사형의 위협이 눈앞에 닥쳤던 아들의 목숨을 구하러 백방으로 피맺힌 호소를 하러 다녔다. 그 호소에 응답해 마음을 내준 사람 중에는 황용주도 포함되었고, 소설가 이병주도 적극 동참했다고 한다.【안경환, 259】황용주는 박정희와 대구사범 동기(4기)였다. 이병주도 기록을 남겼다. 학병 출신으로 당시 외대 교수였던 쇠귀의 친척 박 모 씨가 김계원, 이병주, 당시 정권 실세 L씨를 만나

밀양에서 살았음에도 가족 중에 좌익에 가담한 사람이 없었다는 사실도 긍정적으로 작용한 것으로 보인다. 결국 쇠귀는 그를 아는 모든 사람의 노력이 결집되어 죽음을 면한다.

> 무기징역을 시작하면서 나는 끝이 보이지 않는 어두운 동굴로 들어서는 막막함에 좌절했습니다. 동굴의 길이는 얼마나 되는지, 동굴의 바닥은 어떤지, 그리고 동굴에는 어떤 유령들이 살고 있는지 아무것도 모른 채로 걸어 들어가야 하는 암담한 심정이었습니다. 그러나 한편으로 차라리 잘된 일이라는 생각이 들었습니다. 우선 이 어둠 속에서는 모든 것을 잊을 수 있겠다는 체념이 마음을 편하게 했습니다. 일체의 망각 속으로 걸어 들어가는 것이 마치 시체를 남기지 않고 세상을 떠나는 것처럼 마음 편했습니다. 시골의 폐가가 소멸해 가는 풍경이 떠올랐습니다.[담론, 218]

군인도 기결수가 되면 민간인 신분이 되어 민간 교도소로 이관된다. 상고를 포기해 무기징역으로 확정된 후에도 몇 달 더 남한산성에 있다가, 1970년 9월 안양교도소로 이감되어 특별사 독방에 수감된다. 사형수 시절에는 죽음만 면하면 원이 없겠다고 생각하지만, 막상 무기수가 되면 더 막막해져서 자살하는 경우도 많다. 쇠귀도 무기수가 되었을 때 끝이 안 보이는 어두컴컴한 동굴 속으로 걸

구명 운동을 했고, 그 덕분에 쇠귀가 구사일생으로 살 수 있었다는 이야기다.[이병주, 267~268]

어 들어가는 느낌이 들었지만, 시골의 폐가처럼 세월 속에서 소멸해 가겠다는 '담담한' 심정으로 수형 생활을 시작한다.

안양교도소에 있던 기간은 6개월이 채 되지 않았다. 쇠귀는 안양교도소에서 1970년 10월 수신인이 있는 첫 편지를 보냈고, 그해 말 '전향서'를 제출한다. 일본 군국주의가 제도화한 사상전향제란 국가 권력이 개인의 사상이나 생각을 바꾸도록 강요하는 것이다. 사상의 자유와 양심의 자유를 정면으로 침해하는 반인권적 악습이다. 일본에서 전향이란 국가 권력이 공산주의 사상 포기를 강요하는 것을 의미했다. 1933년 당시 일본의 대표적인 사회주의자 사노 마나부(佐野學, 1892~1953)가 '전향성명서'를 발표한 뒤 일반화된 용어다. 당시에는 '공산주의 실천 운동'을 포기하는 것을 전향으로 인정했으나 1937년 중일전쟁 이후에는 천황제를 개인의 내면적 가치로 받아들일 것을 강요한다. 이러한 행동을 구체적으로 표현하지 않을 경우 전향자로 인정하지 않고 예방구금법으로 계속 감시했다.[후지타 쇼조, 297~298]

1993년 김영삼 정부에서 대표적 비전향 장기수였던 리인모 (李仁模, 1917~2007)[8] 노인을 북송하면서 전향 제도 문제가 널리 알려진다. 일제가 만든 악습인 전향제를 두고 여러 논란이 벌어진 후

---

8   함경남도 풍산 출신으로 한국전쟁 때 인민군 종군기자로 참여했다가 체포된다. 이후 34년간 복역하면서 전향을 거부해 비전향 장기수가 되었다. 1952년에 체포되어 7년간 복역했고, 1959년에 출소했지만 1961년 6월 부산에서 지하당 활동 혐의로 붙잡혀 15년 '실형'을 살았다. 이후에도 두 차례나 더 복역하는 등 총 34년간 옥살이를 한 뒤 1988년에 석방되었다. 김영삼 정부는 1993년 3월 19일 리인모 노인을 북한으로 송환했다.

1998년 김대중 정부 때 준법서약제도[9]로 바뀌었다가 노무현 정부 출범 직후 폐지된다. 통혁당 무기수 신영복의 '전향 이유'에 대해서도 궁금해하는 사람들이 있었다. 국내에서 전향 논란이 한창이던 1998년 중반 쇠귀는 한 잡지와 가진 인터뷰에서 이렇게 말했다.

언제 전향했나?: 무기수로 확정된 1970년 말쯤 안양교도소에서였다.(중략)

전향 논리는?: 우리는 한 번도 우리 스스로를 사회주의자라고 말한 적이 없다. 따라서 그 논리대로라면 바꿔야 할 사상도 없었던 거다. 별로 큰 의미를 두지 않았다.

본인의 판단 기준은?: 전향서를 썼느냐 안 썼느냐가 문제의 본질은 아니라고 생각한다. …… 형식보다 내용에 집중해야 한다고 본다. 그런 의미에서 순교자적 입장보다 실천적인 자세가 더 중요하다고 본다.(중략)

전향하는 순간 운동가의 사회정치적 생명이 끝나는 것이라는 견해도 있다.: 감옥에서 전향하지 않은 장기수들을 많이 만났다. 그때마다 어떻게 하는 것이 옳은 태도냐고 물어봤다. 그분들은 자기 조건에 맞게 하라고 대답했다. 실천 경험이 풍부한 사람들일수록 유연했다.【월간 『말』 1998년 8월호, 40~44】

9　김대중 정부는 '가석방 심사 등에 관한 규칙'을 개정해 사상전향제를 전면 폐지하는 대신 부작용을 의식해 '준법서약제도'를 도입했다. 준법서약서에는 기존 사상에 대한 자아비판, 체제에 대한 충성 등 사상에 관한 내용이 모두 삭제되고 "대한민국의 헌법과 법률을 준수할 것"이라는 내용만 남았다.

사실 안양교도소에 있을 때 쇠귀는 전향 문제의 정치적 의미에 대해 심각하게 생각하지 않았다. 육군교도소에서는 전향 문제에 대한 권유도 없었다. 안양교도소에는 사상범이 쇠귀뿐이라서 이야기해 줄 선배도 없었다. 교도소 당국은 다른 모든 관련자도 전향했다며 전향을 강권했고, 가족들도 마찬가지였다. 쇠귀가 '간첩'으로 몰려 사형당할 위기에서 무기수가 될 수 있었던 것은 그가 간첩이 아니라는 사실, 즉 북한과 무관하다는 사실을 '입증'했기 때문일 것이다.

쇠귀가 전향 문제를 다시 생각하는 것은 1972년 2월 초 대전교도소로 이감된 후였다. 당시는 박정희 정권의 강제 전향 공작[10]이 본격화될 때였고, 그곳에서 그는 비전향 장기수들을 만난다. 그는 한 사람이 자기의 사상을 끝까지 견지하는 일의 중요성을 새삼 깨달으면서, 반성도 하고 고민도 하고 자기 합리화도 했다. 당시 쇠귀는 쉽고 편의적으로 생각하긴 했지만, 그 중요성을 일찍 깨달았다고 해도 자신은 결국 전향하지 않을 수 없었을 것이라고 생각했다. 조직원이었다면 좀 더 심각하게 고민했을지도 모르나, 쇠귀는 조선노동당원도 아니고 통혁당 당원도 아니었다.〔한홍구, 읽기, 54~55〕

쇠귀는 1971년 2월부터 1985년 2월까지 대전교도소[11]에서 꼬박 15년을 보낸다. 대전교도소는 '한국의 모스크바'라 불릴 정도로 사상범이 많이 수감되어 있었다. 전향을 했기 때문에 비전향 장기수가 있는 특별사동에 수감되지 않고 일반수 방에서 1년간 독거 또는 혼거한다. 당시 대전교도소에는 통혁당 관련 수감자 30여 명 중 10여 명이 수감되어 있었다. 선후배들이 함께 수형 생활을 하면서 처음 논란을 벌인 것은 일반 재소자를 어떻게 볼 것이냐 하는 문제였다. 재소자가 무산 계급이기는 하지만 사회 개혁 의지는 물론 노동 의욕마저 없는 룸펜에 지나지 않는다는 견해가 주류를 이루었다. 사회 변동기에는 오히려 반동적 입장에 가담할 가능성이 많다는 거였다. 그들과 함께 생활한다는 것은 무의미하다는 결론을 내리고 아예 독방에서 책만 보겠다는 사람들도 있었다. '룸펜 프로'는 러시아 혁명사의 교훈이라는 것이었다.[담론, 227~228] 상당수가 공장에 출역하는 것보다 열심히 독서나 하자는 태도를 취했다.

쇠귀는 그런 다수의 주장에 내심 동의하지 않았다. 대부분의 재소자에게서 사회 변혁 의지나 노동 계급으로서의 건강한 자부심 같은 것은 찾아보기 어려웠지만 그들 역시 민중이었고, 우리 사회 억압 구조의 희생자들이라고 생각했기 때문이다. 그 생각은 대전교도소에서 재소자들을 만나 속 깊은 이야기를 들으며 확고해진다.

---

11   일제가 3·1운동 직후인 1919년 5월 1일 만세 운동 관련자들을 수감하기 위해 대전시 중촌동에 개소했다. 안창호, 여운형, 김창숙 등 비중 있는 독립운동가들이 수감되어 있었다. 6·25전쟁 때는 좌익수 수천 명이 학살되기도 했다. 이후 권위주의 정권 시절에는 사상범과 전쟁 포로, 남파 공작원들이 많이 수감되었다. 1984년에 유성구의 현 위치로 이전했다.

쇠귀는 대전교도소에 수감된 수많은 노인 재소자를 보면서 깜짝 놀란다. 그 노인들의 파란만장한 인생사를 들으며 개인의 성격과 범죄를 연결시키던 단순 논리를 반성한다. 내가 저 입장이었다고 해도 크게 다르지 않았을 것이라는 생각이 들었기 때문이다. 결국 범죄라는 것이 개인 성향의 산물이 아니라 시대나 사회적 조건을 반영하는 것이라는 생각을 하게 된다.

한 노인 재소자 이야기다. 그는 신입자가 들어오면 언제나 불안해하는 신입자를 불러서 자기 옆에 앉혀 놓고 자신의 과거에 대해 시시콜콜 이야기했다. 자신이 그 방에서 '별 볼일 없는 위치'에 있다는 사실을 신참이 알면 이야기를 듣지 않기 때문에 반드시 첫날 이야기했다. 쇠귀는 그 노인과 몇 년 같은 방에 있다 보니, 어떤 이야기를 할지 훤히 알 수 있었다. 노인의 이야기는 가급적 창피한 이야기는 빼고 미담은 부풀리는 식으로 계속 각색되었다. 어느 날 쇠귀는 그 각색된 내용에 자기변호만이 아니라 반성과 이루지 못한 소망이 담겨 있다는 생각이 들었다. 그 노인이 다시 삶을 산다면 각색된 이야기대로 살려고 하지 않을까? 그렇다면 그 노인을 원래 이야기의 주인공으로 받아들여야 하는가, 아니면 각색된 이야기의 주인공으로 받아들여야 하는가, 이는 결코 간단한 문제가 아니었다.

젊은 재소자가 있었다. 절도 전과 3범으로 이름은 정대의(鄭大義)였다. 그 이름을 듣는 순간 이름 지어 준 아버지가 얼마나 속상할까 생각했다. 나중에 이름 내력을 듣고 실소한다. 그는 고아였고, 돌이 되기 전에 광주시 대의동 파출소 앞에 버려졌다. 당직 순경은 자신의 성에 대의동에서 대의를 따 '정대의'라고 이름을 붙였다. 그와의 만남은 문자를 통해서 우선 판단하고 생각하는 창백한 관념성을 반성하는 계기였다.

교도소는 사회에서처럼 만나서 좋은 이야기 나누고 악수하고 헤어지는 그런 일면적인 관계를 맺는 공간이 아니다. 함께 지내는 동안 모든 재소자는 서로의 모든 것을 파악한다. 쇠귀는 함께 사는 좁은 공간에서 재소자들을 접하며 과거 자신의 인간 이해 방식을 반성한다. 더불어 우리 사회의 가장 밑바닥을 사는 사람들이 인식하는 사회의 모습은 전혀 다르다는 사실도 깨닫는다.

쇠귀는 책과 교실을 통해 세상을 인식해 온 자신의 관념성을 반성하며 독방을 나와 공장에 출역하기로 결심한다. 하지만 교도소 당국은 통혁당 무기수를 바로 공장에 출역시키지 않았다. 6개월 가까운 관찰 기간이 지난 1971년 7월에야 공장으로 출역한다.

지난 9일부터 제5공장(염색 공장)에 출역(出役)하고 있다. 근 3년 만의 출역이라 좀 어색하기도 했지만 전 공정이 완전히 기계화되어 있기 때문에 특별히 힘들여 할 일이 없는 셈이다. 다만 염색에 전혀 문외한인 내가 작업 부서에 좀 서투른 게 흠이지만 이것도 곧 숙련되리라고 생각된다.「「공장 출역—동생에게」, 사색18, 79」

이렇게 쇠귀는 거의 3년 가까운 독방 시대, '왕따 시대'를 청산한다. 먼저 기술자가 되어야 했다. 공장의 필수 요원이 돼야 이리저리 떠밀리며 구박받지 않고 지낼 수 있기 때문이다. 양화, 양복, 목공, 영선(營繕), 페인트 등의 기술을 배우며 자기 개조를 시작한다.

공장에 출역하면서 나머지 시간에는 열심히 동양 고전을 읽는다. 동양 고전은 유년 시절 할아버지 사랑방에서 만난 경험이 있어 친숙했다. 대학 시절에는 오직 근대화를 종교로 삼고 달려가는 한국 사회에 큰 문제의식을 가지고 마르크스주의 정치경제학을 비롯한 비판사회과학 연구에 몰두하느라 동양 고전을 제대로 읽어 볼 여유가 없었다. 모처럼 무기한의 시간이 확보된 쇠귀는 동양 고전 세계에 빠져든다.

서구 자본주의 체제의 대안을 동양 고전 속에서 찾아보고 싶었다. 당시 교도소 재소자는 세 권 이상의 책을 소지할 수 없었다. 웬만한 책은 하루에 한두 권씩 읽을 수 있었기 때문에 오래 두고 읽을 책이 필요하기도 했다. 몇 권으로 엮은 사서삼경류의 동양 고전은 교도소에서 두고 보기 안성맞춤이었다. 1973년 3월 22일 부친에게 보낸 편지의 일부다.

그동안 아버님께서 보내 주신 『중용』을 여러 번 읽어 보았습니다. 물론 제가 그 깊이를 깨닫지 못하는 대목도 많이 있었습니다만, 역시 그 중후한 고전적 가치에 새삼 경탄하였습니다. 앞으로도 동양 고전과 한국의 근대 사상에 관한 독서를 하고 싶습니다. 『맹자』, 『춘추』 그리고 율곡의 「공론」, 허균의 「호민론」, 「실학」 등 시간이 나는 대로 정독해 보려고 합니다.[사색 18, 92]

그러던 중 1975년 무렵부터 한학의 대가 노촌(老村) 이구영(李九榮, 1920~2006) 선생과 4년간 같은 방에서 지내게 된다. 노촌 선생의 이력은 놀라울 정도로 드라마틱하다. 한홍구는 그의 삶을 이렇게 요약했다.

구한말 토착 양반가의 종손으로 태어나 일제강점기를 거쳐 전쟁을 겪으며 월북해 사회주의 사회를 몸소 겪고, 분단의 현실 속에서 남파된 후 일제 때 그를 체포했던 형사가 알아보는 바람에 다시 체포되어 20여 년을 감옥에서 보내고, 1980년대의 자본주의 한국 사회로 다시 돌아왔다.[한홍구, 읽기, 58] 한학자인 노촌 선생은 개방적이고 넉넉한 품성을 가진 분이었다. 더불어 사는 세상에 대한 꿈을 간직하고 있었고, 동양 고전에 해박할 뿐만 아니라 해석도 아주 진보적이었다. 쇠귀는 노촌 선생과 여러 중국 고전을 함께 읽으며 새로운 지평을 연다. 『강의』는 이때의 경험이 온축(蘊蓄)된 책이다.

쇠귀는 어릴 때도 붓글씨를 잘 쓴다는 말을 들었다. 학창 시절에는 시화뿐만 아니라 만화에도 탁월한 재능을 보였다. 하지만 체계적으로 붓글씨 교육을 받은 적은 없었다. 1970년대 중반 대전교도소에 서도반이 생긴다. 그 전에도 쇠귀는 이따금씩 행정실에 불려 가서 '동상 예방', '재소자 준수 사항' 같은 글씨를 썼다. 서도반에는 7~8명이 참여했고, 가능한 시간에 자유롭게 글씨를 쓸 수 있었다. 1977년 10월 부친에게 보낸 편지를 보면 "저는 낮으로는 줄곧 공장수(工場囚)들이 출역하고 난 빈방에 건너와서 종일 붓글씨를 쓰며 혼자 지내고 있습니다"라는 대목이 있다.

1982년 2월, 쇠귀는 또 한 명의 스승 정향(靜香) 조병호(趙柄鎬, 1914~2005) 선생을 만난다. 정향 선생은 할아버지가 평안 감사를 지낸 노론(老論) 집안의 자제였다. 1939년 조선서도전에서 입선한 뒤, 일본인이 주관하는 전시회에 참여했다는 이유로 비판을 받자

十月이라 靑瓷빛 우리나라 하늘을 만고에 순하디 순한 우리네 許松씨는 일찍이 한 자도 그것에 무섭어지만

아들딸 서울묻 향해 발 돋움 許 松씨는 깊었을 적엔 머슴도 했다 小作도 했다 그랬고 고향 찾아 돌아오던

날 범 잡던 저 울건부터 흙으로면서 느물 씹던 許 松씨는 愛國이라던 저 굴도 순천당 닷 바치기는 빼미에 魂을

죽선 햇살 받아 열글 검은 許 松씨는 國法을 조심하고 國土를 중히 하여 전라도순천당 닷 바치기는 빼미에 魂을

거두는 草野의 갑초보다 질 긴 심줄 許 松씨는 이마에 흐르는 땀이 푸르딩딩 벌드거린 혀 허 청 칼도 밝은 이 한

밤 김 차러 열에 꾹 그려 지성으로 낫을 가는 許 松씨는 조선낫이사 잘 들어야 지야 암 잘 들어야지야 다 점한며 칼토

서음 오금 박힌 손 바닥에 탁탁 침뱉는 許 松씨는 날아야 복(福)안 게 먹어야 복(福)안 게 푹국 맛 잎어서 먹이는 소

리로 한양게 하양게 밤이슬에 젖어드는 늘래가 選甲 이신우리네 許 松씨는. 許烱萬詩 細香

이후 서예계와 관계를 끊다시피 했다고 한다. 정향 선생은 1982년 교도소장의 초청으로 대전교도소에 들렀다가 교도소에 잡범들만 있는 것이 아니라 사상범도 다수 있다는 사실을 알고 난 후 쇠귀가 전주로 옮길 무렵까지 매주 지도하러 왔다. 액자 글씨나 큰 글씨를 잘 쓰는 만당(晚堂) 성주표(成柱杓) 선생도 몇 차례 방문해 지도해 주었다.

독방에서 나와 출역을 하고, 다른 재소자들과 훈훈한 관계를 만들어 가면서 감옥 생활도 점차 익숙해졌다. 사서오경을 비롯한 동양 고전을 수차례 반복해서 읽으며 새로운 관계론(關係論)으로서의 세계관도 정리되는 상황이었다. 하지만 '꿈의 세계'는 여전히 험난했다. 급히 가야겠는데 고무신 한 짝이 없어 애타게 찾다가 깬다든가, 거울을 들여다보면 거울마다 거기 모르는 얼굴이 버티고 섰다든가, 다른 사람들은 닭이나 오리, 염소, 사슴같이 얌전한 짐승들을 앞세우고 가는데 나만 유독 고삐도 없는 사자 한 마리를 끌고 가야 하는 난감한 입장에 놓이기도 하고……. 1980년 2월 계수씨에게 보낸 편지에서 "징역살이 10년을 넘으면 꿈에도 교도소의 그 거대한 인력(引力)을 벗지 못하고 꿈마저 징역 사는가 봅니다"라고 썼다.[사색18, 176]

1981년 6월에는 자그마한 보따리를 하나 들고 2급 우량수 방으로 옮긴다. 1968년 서대문형무소에서 시작해 수경사 영창, 남한산성 육군교도소, 안양교도소, 대전교도소로 이어진 징역살이가 어느덧 15년이 되었다.

열다섯 해는 아무리 큰 상처라도 아물기에 충분한 세월입니

1980년 대전교도소(위 왼쪽)
1988년 8월 15일 출소 당일(아래)

다. 그러나 그 긴 세월 동안을 시종 자신의 상처 하나 다스리기에 급급하였다면, 그것은 과거 쪽에 너무 많은 것을 할애함으로써 야기된 거대한 상실임이 분명합니다. 세월은 다만 물처럼 애증을 묽게 함에만 그치는 것이 아니라 옛 동산의 '그 흙에 새 솔이 나서 키를 재려 하는 것' 또한 세월의 소이(所以)입니다.[사색18, 259]

감옥에서 15년 세월이 상처를 치유하는 데만 급급한 것은 아니었는지 반성하면서, 내부에 새로운 희망의 싹을 키우고 있었다. 다산의 저작을 읽으면서 자연스럽게 강진에서의 18년 유배 생활과 자신을 비교해 보기도 한다. 부러웠던 것은, 다산이 생사별리(生死別離) 등 갖가지 인간적 고초로 가득 찬 18년에 걸친 유형의 세월을 빛나는 창조의 공간으로 삼은 '비약'(飛躍)이었다.[사색18, 318] 그 비약은 어느 날 갑자기 화려하게 나타나는 것이 아니라 하나씩 하나씩 쌓아 가는 '덧셈의 누적'이라는 생각이 들었다.

감옥살이가 길어지면서 쇠귀는 감옥의 본질을 확실하게 깨닫는다. 일단 교도소는 최소한 의식주가 해결되는 사회다. 빈손으로 왔다가 빈손으로 떠나는 곳이기 때문에 바깥 사회와 같은 치열한 생존 경쟁이 없다. 흉악하고 파렴치한 범죄인이 모여 있는 곳이라는 선입견을 내려놓고 보면 교도소의 분위기는 사회보다 오히려 훨씬 부드럽고 인간적이기도 하다.

반면 교도소 생활 전반에 깃든 어두운 그림자도 보였다. 출소하기만 하면 만사가 해결될 것 같은 환상이 각자의 가능성과 의지를 잠재워 버리는 일종의 종교적 문화, 수인들을 한없이 움츠리게 하는 수많은 규칙들, 노동의 자세를 왜곡하고 노동의 의의를 흐리는 징역, 긍지는커녕 작은 기쁨도 허락하지 않는 부단한 경멸과 혐오와 반성을 강요하기 때문이다. 결론적으로 교도소는 지옥도 천국도 아니다. 분명한 것은 밑바닥이라는 사실이다. 무엇보다 중요한 것은 자신을 가장 낮은 밑바닥에 세울 냉정한 시선과 용기였다.[사색 18, 444]

처음 대전으로 갔을 때 쇠귀는 교도소 기준으로 보면 C급의 요시찰 '교정극난자'(矯正極難者)였다. 사건도 두어 번 있었다. 어떤 재소자가 쇠귀가 누구한테 무슨 이야기를 했다고 보안과에 신고했다. 그런 신고를 받으면 신고 받은 사람 선에서 묵살할 수 없었다. 반공법이나 국가보안법 관련 사안이기 때문이다. 기소와 재판까지 가지는 않았지만 일종의 요시찰 상태였다. 처음 공장으로 출역을 나갔을 때 작업반대(作業班隊)에서 다른 수인들이 쉽게 받아 주지 않았다. 그들의 태도는 아주 냉랭했고 쇠귀는 여전히 '왕따'였다. 다른 수인들과 인간적인 관계를 만들기까지 5년이 넘는 시간이 필요했다.

배려해 주고 부드럽게 대해 주는 식의 외적 태도 변화만으로 다른 수인들과의 간극을 줄일 수는 없었다. 일상적 언어와 정서를 바꾸는 것이 더 중요하고 더 어려웠다. 지식인의 언어와 먹물 근성을 버리는 것이 급선무였다.[담론, 235] 대체로 교도소 생활 10년쯤 되었을 때 다른 수인들과 지내는 생활이 편하고 자연스러워졌다.

1970년대 중반 대전교도소에서 함께 지냈던 '대전대 동창생'의 회고에 따르면 일반수들이 사상범 쇠귀를 선생님이라 부르며 잘 따랐다고 한다.[이승우, 읽기, 314] 하지만 쇠귀는 선생님이 아니라 형이라 불리기를 원했고, 무기수 신분임에도 늘 자신의 기득권을 포기하며 다른 수인의 복지와 처우 개선을 위해 싸웠다. 자기는 추위에 떨면서도 부모 형제가 넣어 준 옷가지들은 늘 남에게 나눠 주었고, 그러다 보니 쇠귀의 사물 보따리는 항상 가장 가벼웠다.

> 호송차 뒤에 실어 놓은 나의 징역 보따리 외에 내가 가지고 가는 가장 가슴 뿌듯한 '성장'은 무엇인가. 숱한 기억 속에서 가장 잊을 수 없는 것은 역시 '사람들'에 대한 추억입니다. 탈의실까지 따라와 이송 보따리 져다 주며 작별을 서운해 하던 친구들, 그리고 그들로서 대표되고 그들과 꼭 닮은 사람들, 사람들……. 그것은 15년의 황량한 세월을 가득히 채우고도 넘칠 정도의 부피와 뜨거움을 갖는 것이었습니다. 그들 한 사람 한 사람은 징역살이가 아니었더라면 결코 내가 만날 수 없었던 사람들이었으며 또 징역살이가 아니었더라면 결코 내가 얻을 수 없었던 나 자신의 '변혁' 그 실체이었습니다.[사색18, 415]

쇠귀는 대전교도소를 떠나며 수많은 친구의 삶과 고뇌를 자신의 내면에 육화해 그것이 자신의 일부가 될 수 있도록 하겠다고 다짐한다. 그것이 자신을 지탱해 주는 긍지가 되고 자신을 거대한 바다로 인도해 주는 물길이 될 것이라고 확신한다.

훗날 쇠귀는 감옥을 산(山)이라고 말하곤 했다.[담론, 269] 김애란의 소설『두근두근 내 인생』을 보면, 높은 산에는 사계절이 다 있다며 조로증을 앓고 있는 아이를 산이라고 부르는 대목이 있다.[김애란, 184] 쇠귀는 감옥이 사회의 축소판일 뿐만 아니라 사회적 약자들이 쫓겨 더 이상 갈 곳이 없을 때 가는 곳이기 때문에 산이라고 했다. 임꺽정은 강자가 아니다. 기름진 들판에서 살 수 없어 산으로 갔다. 화전민, 산사람을 비롯해 천주교도, 동학농민군, 빨치산도 모두 산으로 갔다. 신동엽(申東曄, 1930~1969)[12]은 1959년에 발표한 「진달래 산천」에서 이렇게 노래했다.

> 기다림에 지친 사람들은 / 산으로 갔어요
> 볏섬은 썩어 꽃죽 널리도록
>
> 남햇가, / 두고 온 마을에선
> 언젠가, 눈먼 식구들이 / 굶고 있다고 담배를 말며
> 당신은 쓸쓸히 웃었지요.

대전교도소는 1984년 봄 중촌동에서 대정동으로 신축, 이전한다. 대정동의 옛 이름은 도적골이다. 무슨 이유인지 그곳에 '새로운 도적들'을 가둘 동양 최대 규모의 교도소를 지었다.

임꺽정이가 산채를 이룰 만한 험준한 산세도 못 되고, 어디 울창한 숲이 있었을 성싶지도 않은 그저 평범한 야산들의 능선

---

12 충남 부여 출신으로, 본관은 평산이고 호는 석림(石林)이다. 1948년 전주사범 재학 시절 이승만 정권의 토지 개혁 미실시와 친일 행각에 항의하는 동맹 휴학 건으로 퇴학당했다. 6·25전쟁 당시 국민방위군에 징집되기도 한다. 『학생혁명시집』을 집필하며 4·19혁명에 온몸으로 뛰어들어 '4·19 시인'으로 자리매김한다. 『아사녀』, 『누가 하늘을 보았다 하는가』 등의 시집과 장편 서사시 「금강」이 있다.

몇 개가 이리저리 엎드려 있을 뿐이었습니다. 아마 옛날 이곳에 근거했던 선배들도 실은 오늘 묶여 온 후배들과 마찬가지로 변변찮은 좀도적에 불과하였으리라는 생각에 잠시 쓸쓸한 마음이 됩니다.[사색18, 342]

하지만 대전교도소가 도적골로 옮겨 간 것은 쇠귀에게 '구원'이었다. 교도소가 산자락에 있어 다른 산들이 잘 보였기 때문이다. 창에 귀를 대고 새소리를 듣다가 눈으로 새를 볼 수 있게 되었다. 구속된 후 16년 만의 일이었다. 특히 수감된 곳이 3층이라서 구봉산 아홉 봉우리가 가슴에 와 안겼다. 달리는 산줄기를 바라보는 것만으로도 행복했다.

쇠귀는 1986년 2월 전주교도소로 이감된다. 전주시 평화동에 자리한 전주교도소는 학산에 안겨 있어서 산이 손에 잡힐 듯 지척이었다. 그뿐만 아니라 민족 신앙의 요람이라 할 수 있는 모악산(母岳山)이 교도소의 전경을 가득히 채우고 있었다. 모악산은 미륵 신앙의 종조인 신라 고승 진표 율사(眞表律師)[13]가 입산하고 입적한 곳이며, 동학농민운동의 패배로 무참하게 좌절된 농민들의 황폐한 정신에 '후천개벽'의 사상을 심어 준 증산교의 본산이다. 그야말로 '역사성'이 넘치는 곳이었다.

오른편으로 갑오농민전쟁의 격전지였던 완산칠봉(完山七峰)

13   완산주 만경현(전북 김제) 출신의 신라 중기 고승이다. 경덕왕(재위 742~765) 때 금산사에서 유가론(瑜伽論)과 유식론(唯識論)을 중심 교학으로 하는 법상종을 개종했다. 진표 율사는 미륵 신앙을 통해 법상종을 실천적인 종교 운동으로 끌어올려 대중의 큰 지지를 받았다.

일곱 봉우리를 모두 볼 수 있는 위치였다.[냇물아, 300] 좀도둑의 소굴에서 미륵불의 모태 모악산이 전경에 깔리고 오른쪽에는 동학 혁명 격전지가 보이는 곳으로 옮긴 것이다. 평화동 교도소는 농민 혁명 정신과 미륵의 희망이 살아 있는 산속이었다. 다음은 1987년 말에 보낸 연하장에 적은 「완산칠봉」 전문이다.

완산칠봉 바라볼 때마다 / 전주성 밀고 들어가던
농군(農軍)들의 함성들이 / 땅을 울리며
가슴 한복판으로 / 달려왔었는데
금년 세모의 완산칠봉에는 / '전주화약'(全州和約) 믿고
뿔뿔이 돌아가는 / 농꾼들의 여물지 못한
뒷모습 보입니다. / 곰나루, 우금치의
처절한 패배도 보입니다. / 그러나 우리는 다시 봅니다.
강물은 끊임없이 흐르고 / 해는 내일 또다시 떠오른다는
믿음직한 진리를 / 우리는 다시 봅니다.

쇠귀는 이곳에서 2년 반을 지내고 출소한다. 전주는 "아픈 기억을 송별하는 별리(別離)의 장소이면서 8월의 햇볕을 만나는 새로운 시작의 장소"[변방, 16]로 오래 기억에 남는다.

쇠귀는 교도소에서 보낸 20년을 '나의 대학 시절'이라고 했다. 실제로 대학에 다닐 때 어렵게 구해 읽은 막심 고리키(1868~1936)[14]

14 본명은 알렉세이 막시모비치 페시코프로 러시아 볼가강가의 소도시에서 태어났다. 1892년 자신의 첫 작품 「마카르 추드라」를 발표한 뒤 여러 단편소설을 쓴

의 『나의 대학』에서 따온 말이다. 『나의 대학』은 『어린 시절』, 『세상 속으로』에 이은 고리키의 자전 소설 3부작의 마지막 권이다. 고리키는 어려서 부모님을 여의고 볼가강에서 뱃사공 돕는 일을 하다가 그 배의 요리사에게서 책을 빌려 보는 것으로 공부를 시작했다. '학문에 비상한 재주'가 있었던 청년 고리키는 대학에 가기 위해 카잔에 가지만 대학은 다닐 수 없었고 노동자 합숙소에서 대학생이나 노동자 등 동시대의 많은 러시아 사람을 만나며 세상에 눈을 뜬다. 돌아다니며 만난 세상과 사람들이 곧 대학이고 학문이었다.

　　우리 사회의 모순 구조를 이론적이고 관념적으로 해석하고 추구하려 했었음을 교도소에 들어가서 비로소 확연하게 깨달았습니다. 교도소는 사회의 모순을 가장 집약적으로 보여 주는 곳이지요. 그곳에 있는 사람들을 통해 처절한 삶의 현장을 만나는 일은 저에게 또 다른 배움의 시간이었습니다. 외롭고 혹독하긴 하지만 우리가 처해 있는 암울한 현실과 시대를 체험하고 배우는 소중한 계기였지요. [김은정, 읽기, 417]

　　쇠귀는 교도소에서 사람과 세상을 보는 눈을 새롭게 키우고, 생생한 역사의식을 길렀으며, 양화·봉제·목공·영선 등 온갖 기술

다. 1905년 제정러시아 군대의 민중 학살 사건에 항의하는 글을 발표한 후 투옥된다. 1906년 석방된 뒤 이탈리아 카프리섬으로 망명을 떠난다. 1913년에 귀국해 프롤레타리아트 작가 양성에 힘을 쏟았다. 1932년 소련작가동맹 제1회 대회 의장을 지냈고, 후진 작가 육성과 노동자 지식인들을 위해 일하다 사망했다. 사회주의 리얼리즘 문학의 창시자로 꼽힌다.

도 배웠다. 다른 면에서 교도소는 변방이며 각성의 땅이었다. 교도소에서 수많은 비극의 주인공들, 성찰의 얼굴, 환상을 갖지 않은 냉정한 눈빛[담론, 264]을 만났다.

그런 이유로 쇠귀는 자신의 20년 감옥 세월을 사회학, 역사학, 인간학을 '전공한' 대학 시절이라 말한다.[담론, 255~258] 대못처럼 한 곳에 박혀 있었던 20년이지만 역설적이게도 다양한 사람들을 만났다. 그것도 목욕탕 수준의 적나라한 만남이었다. 그 한 사람 한 사람을 주인공의 자리에 앉히자 사회가 보였다. 다음으로 역사 현장에 있던 사람들로부터 많은 이야기를 들을 수 있었다. 수감 당시 감옥에는 구빨치, 신빨치, 남파 간첩 등 여러 좌익 사범을 포함한 현장의 인물들이 많았다. 수많은 사람과 만남을 누적하며 '사람 공부'를 할 수 있었고, 그들과 이야기를 나누며 한국 현대사를 생생하게 재구성할 수 있었다.

6. 출옥 후의 '대학 생활'

세 번째 대학인 성공회대학이 내게 각별한 감회를 안겨 주는
것은 나의 힘겨운 여정의 바로 이 지점에 성공회대학이 있었
기 때문이다. 생각하면 성공회대학은 비록 작은 대학이기는
하지만 땅이 있고 숲이 있는 곳이었다. 그만큼 나로서는 그때
까지의 고뇌를 조금이나마 내려놓을 수 있는 제3의 대학이었
다. 이 점에서는 성공회대학의 많은 구성원들도 크게 다르지
않다고 생각한다. 학교 공간이 실천적 공간으로서는 왜소하지
않을 수 없지만 그것은 나무가 나무를 만나서 숲을 이룰 수 있
는 가능성의 땅이기도 하였다.[냇물아, 130]

쇠귀가 감옥에 있던 20년간 가족은 밖에서 감옥살이를 한 것
이나 다름없었다. 쇠귀 가족은 쇠귀가 구속된 뒤 이웃의 눈총을
견딜 수 없어 '숨어 살면서' 구명 운동을 벌인다. 무기수가 된 뒤
18년여의 세월은 감옥 뒷바라지와 석방을 위한 '탄원'의 시간이었
다. 10·26 이후 새로운 가능성이 보였지만 곧바로 신군부가 집권했

다. 부친과 형은 쇠귀를 구명하기 위해 호소문을 작성해 여러 인권 변호사나 종교·사회 단체를 찾아다녔다.

1984년, 당시 천주교 인권 운동을 하던 김정남은 인권 변호사로 활약하는 강신옥 변호사 사무실에 갔다가 쇠귀의 부친 신학상 선생과 쇠귀의 형 신영대 선생을 처음 만난다. 강 변호사 사무실에는 쇠귀가 쓴 충무공의 한시가 걸려 있었다. 신학상 선생은 쇠귀의 석방을 위해 직접 쓴 호소문과 유림(儒林)에서 나온 탄원서를 가지고 다녔다. '좌익 사범' 구명 운동에 유림이 나선 것은 보기 드문 일이었다. 신영대 선생은 한 달에 한 번 있는 쇠귀 접견을 거르지 않고 챙기면서, 쇠귀의 구명을 위해서라면 어떠한 수모도 마다하지 않고 땅 끝까지라도 찾아다녔다.[김정남, 읽기, 342] 김정남은 당시의 모습을 이 세상에서 가장 아름다운 형제의 모습이고, 가족의 우애와 화목은 곤궁과 간난 속에서 더욱 빛났다고 회고한다.

사회 민주화와 가석방, 보호관찰

쇠귀의 석방은 한국 사회에서 "금단의 활동이 당당한 사회 운동 혹은 운동 정치로 인식되어 가는 과정"이었다.[조희연, 읽기, 74] 신영복으로 상징되는 비합법 운동가들이 추구한 활동들이 독재에 저항해 정치와 사회의 괴리, 정치와 국가의 반사회적 성격에 분노하고 저항하는 사람들이 벌이는 도덕적 활동으로 이해되는 과정이었다는 이야기다. 박정희 정권이 몰락한 후 신군부의 철권통치가 이어졌지만 1987년 6·10민주항쟁 이후 사상의 지평이 확대된다.

쇠귀가 감옥에서 나오기 전에 그의 엽서들이『평화신문』을 통해 먼저 세상에 나온다. 당시 김정남은 1988년 5월에 창간된 가톨릭계 주간 신문『평화신문』의 편집 책임자였다. 쇠귀의 엽서는 이를 읽어 본 친구들을 통해 주변에 알려지기 시작했고, 소문을 들은 김정남이 어느 날 쇠귀의 집을 찾아간다. 신학상 선생은 감옥에서 온 아들의 편지를 돌려 가며 읽은 후 모두 수거해 부모에게 보낸 것, 형수에게 보낸 것, 계수에게 보낸 것으로 구분해서 보관하고 있었다.

김정남은 양심수 신영복의 석방을 돕기 위해 엽서 중 일부를 『평화신문』에 한두 번 게재할 생각이었다. 그런데 편지가 실린 신문이 나가자 독자의 반응이 폭발적이었다. 하는 수 없이 연재를 2회, 3회로 늘려 결국 모두 4회를 내보낸다. 주간 신문이었으니, 한 달 동안 연재한 셈이다. 전주교도소에 있던 쇠귀는 그 사실을 알지 못했다. 아는 교도관이 안기부에서 쇠귀 서신 대장을 조사하고 갔다고 전해 주었다. 얼마 후 그 교도관이 쇠귀의 옥중 엽서가 실린 『평화신문』한 장을 몰래 보여 준다.

『감옥으로부터의 사색』은 1988년 9월 1일 햇빛출판사에서 발간된다. 본래 쇠귀가 출소하는 8월 15일 전에 출간할 계획이었다. 햇빛출판사는 통혁당 사건에 연루되어 무기징역형을 받았던 오병철의 부인이 운영하고 있었다. 오병철은 쇠귀보다 앞서 1988년 6·29선언 1주년을 맞아 가석방으로 출소해 있었다.『감옥으로부터의 사색』은 이미 가조판까지 마친 상태였지만 관계 기관에서 감옥에 있는 동안 책이 나오는 것은 곤란하다고 노부모를 '협박'해 출간이 미루어진다. 가족들은 1987년 3·1절 특별 사면에 쇠귀가 포함되지 않았고, 1988년 6월 대사면 때도 빠졌기 때문에 전전긍긍할 수밖에 없었다. 1987년 3월 2일 어머님께 보낸 편지다.

> '혹시 이번에는……' 하고 기대하시다가 어머님 낙심하시지나
> 않으셨는지 걱정됩니다. 진작 편지 올리려다가 편지 받아 드
> 시고 도리어 상심하실까 염려되어 느지막이 필을 들었습니다.
> 너무 상심 마시고 항상 심기를 넉넉히 하시기 바랍니다. 20년
> 이 결코 짧은 세월이 아닙니다. 어차피 바람만 불면 나가게 됩
> 니다. 휠체어에 어머님 모시고 석촌 호숫가로 봄나들이 갈 날
> 도 머지않았습니다.[사색18, 440]

말기의 전두환 정권은 1987년 1월에 발생한 '박종철 고문치사
사건'으로 치명타를 입고 몰락하고 있었다. 전두환의 4·13호헌조치
는 불에 기름을 부은 격이었고, 6·10항쟁의 막이 올랐다. 대통령직
선제가 관철되었지만 양 김의 분열로 1987년 12월 3대 대통령 선거
에서 민주정의당 노태우가 당선되어 군사 정권의 '명줄'이 연장된
다. 모친의 건강이 악화된 상태라 더욱 조심스러울 수밖에 없었다.

형 신영대 선생에 따르면 석방되기 며칠 전에 모처에서 광복
절 가석방에 포함될 거라는 이야기를 들었지만 반신반의했다고 한
다. '이번에는 틀림없다. 15일 0시에 석방된다'는 이야기를 반복 확
인한 후 부친과 친지들에게 석방 소식을 알린다. 1988년 8월 15일
부친과 형, 통혁당 사건으로 함께 옥고를 치른 이영윤, 오병철 부
부, 노인영 씨 등이 전주교도소로 간다. 도착하니 오전 10시였다.
쇠귀가 탁 트인 곳에 가고 싶다고 해서, 지금 서해대교가 놓인 아산
쪽 해변으로 나가 바람만 쐬고 곧바로 서울로 올라온다. 중구 필동

에 있는 중앙대 부속병원에 모친이 입원해 있었기 때문이다.

> 20년의 옥살이를 끝내고 세상의 첫 밤을 맞은 곳은 놀랍게도
> 그때 그곳이었다. 1988년 8월 14일 내가 돌아온 곳은 남산 기
> 슭의 중앙대학교 필동 부속병원에 있는 아버님의 병실¹이었는
> 데, 병실 창밖으로 그때의 중앙정보부 자리가 바로 지척이었
> 다.[냇물아, 21]

이렇게 쇠귀는 세상으로 돌아왔다. 무기수들은 20년 정도 모
범적으로 지내면 대체로 특사로 풀려난다. 가석방의 순간까지 권력
의 자비는 없었다. 쇠귀는 양력으로 20년 20일, 음력으로 만 20년,
이견의 여지가 없는 20년을 채우고 출소했다. 하지만 석방되었다
고 쇠귀가 자유의 몸이 된 것은 아니었다.

우선 2000년 5월 5일까지 가석방 처분을 받았다. 가석방은 석
방이 아니라 일시적인 형 집행 정지다. 감호 경찰서장의 허가를 받
지 않고 주거지를 이전하거나 10일 이상 여행을 한 때, 사회적 불
안을 야기할 우려가 있는 집회나 시위, 기타 파괴 활동에 참가하거
나 이를 지지, 성원하는 등 법질서를 어지럽히는 행위를 할 경우 즉
시 가석방이 취소되고 잔여 형기가 집행된다. 동시에 보호관찰 처
분도 받았다. 보호관찰 대상자는 3개월마다 주요 활동 사항 및 통
신·회합한 다른 보안관찰 처분 대상자의 인적 사항과 그 일시 장

---

1   쇠귀의 기고문인 「나의 길」(『동아일보』 1990. 12. 2.)에는 아버님의 병실로
쓰어 있지만 내용상 어머님의 병실이 맞다.

소, 내용 그리고 여행에 관한 사항도 파출소장을 거쳐 관할 경찰서장에게 신고해야 한다.

> 1988년 여름, 20년 20일의 옥고를 치르고 세상에 나오는 신영복을 기다리며 우리는 상당히 복잡한 생각을 했다. 세실극장 지하의 카페에 나타난 그를 본 순간 내가 느낀 충격은 엄청났다. …… 오랜 기간 감옥에서 고통과 번뇌, 고독과 절망의 세월을 보낸 사람의 얼굴이 아니라, 마을 뒷산에서 길을 잃고 헤매다가 돌아온 립 밴 윙클처럼 옛날 그대로의 얼굴을 하고 우리 앞에 다시 서 있었던 것이다.【홍재영, 읽기, 276】

쇠귀와 대학 동기로 함께 경우회 활동을 하고, 덕분에 통혁당 사건 때 잠시 끌려가 고초를 치르기도 했던 홍재영의 회고다. 출소했지만 정치 활동은 불가능했고, 거주 이전도 자유롭지 않았다. 오랜 친구 이영윤은 당시 마당세실극장의 고문으로 일하고 있었다. 당장 마땅히 할 일이 없던 쇠귀는 마당세실극장에 '출근'하면서 간판을 그리며 지낸다. 어느 날인가는 '취직자리'를 알아보기 위해 당시 공장을 운영하던 친한 후배를 찾아가기도 한다.【신남휴, 2018】

> "나 미싱 A급인데 여기서 일 좀 할 수 있을까?"
> "네? 형은 징역살이 기록도 남겨야 하고 다른 글도 쓰셔야지, 그게 무슨 말씀이에요?"
> "왜? 나 미싱 하면서도 글 쓸 수 있어. '미싱사 신영복 씀' 하면 책도 더 잘 팔릴 텐데."

"아이고 안 됩니다. 신문사, 방송사 찾아오면 시끄러워 일 안 돼요. 회사 망해요!"

결혼과 성공회대 출강

이영윤 등 친구와 후배들은 쇠귀의 세상살이 매니저 역할을 자처하고 나섰다. 마침 성공회 교단의 이재정 신부가 캐나다 토론토대학에서 신학 박사 학위를 취득하고 돌아와 성공회대성당 구내에 있는 세실극장에 자주 들렀다. 이영윤과 이재정 신부는 고교 동문이라서 이전부터 친분이 있었다.

이영윤은 1988년 9월에 출간된 『감옥으로부터의 사색』과 그 책을 쓴 쇠귀를 이재정 신부에게 소개한다. 이 신부는 1988년 10월, 당시 '각종학교'였던 천신신학교(성공회대학교의 전신) 교장으로 취임한다. 이사장은 김성수 주교였다. 이영윤의 추천으로 『감옥으로부터의 사색』을 읽고 신영복을 만난 이 신부는 쇠귀를 천신신학교 강사로 초빙하기로 결심한다. 이 신부는 20년을 되돌려 "그가 감옥 이전에 서 있던 자리에 다시 서도록 하는 것이 바깥에 있었던 사람들의 도리이며 군사 정권의 청산"[냇물아, 125]이라고 생각했다.

이영윤을 비롯한 친구들은 당시 쇠귀의 모친이 위독했기 때문에 어머니 생전에 쇠귀가 결혼하는 모습을 보여 주어야 한다고 생각했다. 쇠귀의 출소가 확실해지자 친구들이 신부를 '점지'해 소개했다. 몇 다리를 건너 소개가 성사되었고, 몇 차례의 만남 후 결혼식을 올린다. 신부 유영순 아나운서는 통혁당 사건 때 이화여대 '청맥회' 회원이라는 이유로 연루되어 큰 고초를 겪었던 최영희 약사의 올케(오빠의 부인)와 친구 사이였다.

유영순 여사는 1969년 옛 중앙매스컴 공채 6기로 동양방송(TBC)에 입사해 아나운서와 라디오 PD로 활동하고, 동양방송에서 유명한 클래식 소개 프로그램을 진행하기도 했다. 1980년 방송 통폐합으로 TBC가 문을 닫고 KBS 2채널로 재편되는 과정에서 직장이 KBS로 바뀐다. 두 사람은 이대 '청맥회' 출신 최영희 약사가 운영하는 약국에서 처음 만났다. 유 여사 입장에서 막 출감해 사면 복권도 요원한 통혁당 무기수와 결혼한다는 것은 큰 모험이 아닐 수 없었다.

쇠귀는 1989년 1월 10일 서울시 중구 정동에 있는 천주교성프란치스코회수도원 교육회관에서 정양모 신부의 주례로 결혼식을 올린다. 유 여사가 가톨릭 신자였기 때문에 성당에서 식을 올린 것이다. 출감 당시 쇠귀 부모는 우이동에 살고 있었다. 쇠귀는 1989년 초 목동 신시가지 아파트로 이사할 때까지 잠시 우이동에서 지낸다. 그래서 호를 쇠귀(혹은 우이牛耳)²라고 지었다. 쇠귀는 결혼한 뒤에도 지병으로 오랫동안 병석에 있던 모친과 목동에서 함께 살며 극진하게 간병했지만, 모친은 1989년 12월 초에 별세한다.

쇠귀는 1989년 3월 1일 자로 교명이 바뀐 '성공회신학교'에서 강의를 시작한다. 3월 6일 첫 강의를 했는데, 과목명은 '동양 철학'

---

2   쇠귀는 대학 시절 최문환 선생이 지어 준 '위경'(葦經)이라는 호를 쓴 적이 있고, 감옥에서는 만당 성주표 선생이 지어 준 '소당'(紹堂)이라는 호가 있었다. 1988년 출감한 후 우이동에 살면서 '우이'(牛耳) 또는 '쇠귀'라고 쓰기 시작했다.

이었다. 20년 수형 생활을 한 무기수 출신 강사의 첫 강의라는 소문을 듣고 많은 사람이 몰려들었다. 당시『월간중앙』의 허문영 기자도 취재를 하러 왔고, 첫 강의를 참관한 뒤 현장 보고 형식의 기사를 쓴다.

지난 3월 6일 오전 10시, 초봄의 햇볕이 따사롭다. 서울 구로구 항동에 있는 성공회신학교에선 89학년도 입학식이 열렸다. …… 이 학교는 학부생이 137명, 연구원이 29명 정도 되는 조그만 신학교지만 그 역사는 깊다. …… 본관 바로 옆의 205호 강의실, 방금 입학식에 참석하고 첫 강의인 동양 철학 강좌를 들으러 온 40여 명의 학생이 자리 잡고 있다. …… 이날은 조금 색다른 날이기도 하다. '통혁당 사건'에 연루되어 20년 동안 옥살이한 신영복(申榮福, 49) 씨가 바로 이 강의실의 강단에 처음 서는 날이기 때문이다. …… "저는 여기서 철학적인 사변을 여러분과 이야기하고 싶은 마음은 없습니다. 그건 책을 보면 잘 정리되어 있습니다. 다만, 우리가 동양의 고전과 사상을 새로운 각도에서, 우리 시대의 문제의식을 가지고 어떻게 조명해 보는가 하는 시각이 훨씬 중요하리라고 봐요."【허문영, 1989, 338~340】

허 기자는 이후「청구회 추억」원고가 발견되었다는 소식을 듣고 이를『월간중앙』1991년 12월호에 게재했고, 2006년 쇠귀의 정년을 기념해 출판한『신영복 함께 읽기』에「게으른 경배자의 변」이라는 제목의 글을 기고하기도 한다.

이후 쇠귀는 '한국 사상사'와 '중국 고전 강독' 같은 과목을 강의한다. 감옥에서는 경제학 서적을 읽는 것조차 허용되지 않았다. 쇠귀는 옥중에서 중국 고전과 조선 역사에 대해 많이 읽을 수밖에 없었고, 그 경험이 강의로 이어졌다. 1991년 정운영과 나눈 대담에서 '한국 사상사' 강의의 성격을 이렇게 설명했다.

> 한국 사상을 지배 계층의 사상과 민중 사상으로 대별하고, 가능한 한 그것을 사회경제적 토대와 연관시키려 하고 있습니다. …… 이를테면 불교 사상을 철학으로서의 불교, 호국 사상으로서의 불교, 민중 사상으로서의 미륵불 신앙으로 대비하기도 합니다. 그리고 풍수 사상의 경우에도 그것이 기본적으로는 자연과 인간의 관계 형식이지만 지기쇠왕설(地氣衰旺說)과 같이 지배 이데올로기로서의 성격, 개벽 사상 이데올로기로서의 역할, 그리고 현재의 생태주의 운동과 관련시켜 보는 방법 등입니다.[손잡고, 106]

쇠귀가 강의를 시작한 1989년은 소련과 동구권 사회주의가 붕괴되는 시점이었다. 폴란드, 헝가리에 이어 1989년 11월 베를린장벽이 붕괴되고 불가리아, 체코, 루마니아도 차례로 무너졌다. 결국 1991년 말에는 조지아,[3] 우크라이나 등 11개국이 독립을 선언함으로써 소련도 붕괴되었다. 전 세계는 충격에 휩싸였고, 한국도 사상의 혼돈 시대를 맞는다.

---

3   '그루지야'로 불리다가 2010년부터 공식적인 국가 이름을 '조지아'로 바꿨다.

당시 쇠귀의 강의를 들었던 유낙준 성공회 신부의 회고에 따르면, 강의실에는 학부생, 신학원생, 타 대학 학생과 대학원생이 함께 있었다. 동유럽과 소련이 무너진 뒤 어디에선가 길을 찾고 싶었던 수많은 학생이 모여들었다. 쇠귀는 개인의 길과 집단의 길을 구분하지 않고 현장과 교실을 구분하지 않는 실사구시적인 동양 사상에서 그 길을 제시하고자 했다. '2부 수업'은 신학대학원 기숙사에서 이어졌다. 각 성당에서 가져온 감자, 고구마, 꿀, 차 등을 함께 먹고 마시면서 자유 토론을 벌였다. 가끔은 2부 수업의 연장으로 쇠귀의 감옥 '동창생'들까지 불러 합수리(양수리)로 가서 합숙하며 지내기도 했다. 사상범과 일반범과 예비 사제들이 함께한 시간은 모두에게 일상에서의 탈출이라는 해방감을 만끽하게 했다.〔유낙준, 읽기, 354~366〕 당시 학장이던 이재정 신부의 말이다.

나는 신 교수님께 연구실을 마련해 드리는 한편, 학교의 모든 일에 자문을 구하고 싶다고 부탁드렸다. 신 선생님과의 만남 이후 불과 5~6년 사이에 성공회신학교에서 성공회 신학대학으로, 그리고 다시 성공회대학교로 성장 발전하면서, 신 교수님은 언제나 그 한가운데에서 정신적 지주 역할을 하였다.〔이재정, 읽기, 340〕

당시 성공회대에서 쇠귀의 법적 지위는 비정규직 시간강사였지만 이후 성공회대의 '진보적 학풍'이 형성되는 데 결정적인 역할을 했다. 이재정 학장은 성공회대 운영 전반에 대해 쇠귀와 긴밀하게 논의한다. 1989년 성공회대는 교육법상 '각종학교'인 신학교였다. 1992년 교육부로부터 '신학대학'으로 인가를 받고, 1994년에는 4년제 종합대학 '성공회대학교'로 승격된다. 1995~1996년에는 기존의 신학과와 사회복지학과에 이어 사회학과, 영어학과, 전산정보학과, 신문방송학과, 정보통신공학과, 일어일본학과, 중어중국학과 등 새로운 학과들이 속속 신설되었다. 현재 서울시교육감으로 재직하는 조희연(사회학) 등 변혁 운동을 하다가 감옥살이를 했거나 사회 운동에 적극적이던 진보적 교수들이 속속 충원되었다.

쇠귀가 성공회대에서 강의하면서 초기에 집중한 일 중 하나는 무연고 가석방 장기수들을 후원하는 것이었다. 당시 유낙준 신부는 대전 중촌동에서 김책공대를 나온 최인정 할아버지 등 장기수 돕는 일을 하고 있었다. "신 선생님은 두 차례에 걸쳐 당신의 글씨 50점을 최인정 할아버지 후원 사업을 위해 주셨다. 선생님 덕분에 유성에 장기수들의 쉼터인 사랑의 집을 세울 수 있었고, 이후 나는 대전 성남동에 나눔의 집을 세워 빈민 사목을 하게 되었다. 2000년 9월에는 그제껏 함께한 장기수 63분의 북 송환이 이루어졌다."[유낙준, 읽기, 357] 최인정 할아버지뿐만 아니라 대부분의 장기수분들이 쇠귀를 존경했다고 한다.

성공회대에서 쇠귀에게 배우고 1990년대 초부터 봉천동에서 나눔의 집을 운영하며 빈민 운동을 했던 송경용 신부도 쇠귀의 지속적인 장기수 할아버지 지원과 만남에 대해서 증언한다. 당시 30년 가까이 감옥에 있던 무연고 장기수들의 경우 누군가가 신원 보증을 하고 석방되었을 때 머물 곳이 있어야 나올 수 있었다. 그러던 중 장기수 석방 운동이 거세지고 엠네스티에서 항의하자 시골에 있는 폐쇄 요양원으로 보내기도 했다. 1992년 송 신부는 쇠귀의 부탁으로 온양에 있는 요양원에 가서 김석형 선생, 조창손 선생을 봉천동 나눔의 집으로 모셔 왔다.[4] 쇠귀는 석방된 장기수 할아버지들을 위해 글씨를 썼을 뿐만 아니라 가능한 모든 방법을 동원해 도움을 주고자 했다.

쇠귀는 자신이 출감한 직후 만들어진 '더불어숲' 모임에도 큰 관심을 기울였다. '더불어숲' 모임은 1988년 후반 『감옥으로부터의 사색』을 읽고 감동한 독자들이 자발적으로 결성했다. 쇠귀는 1989년부터 글쓰기와 서예, 강연 등을 매개로 그들을 만나기 시작했고, 1990년부터 주말에 산에 가는 모임으로 발전한다. 1996년에는 쇠귀가 살던 목동 파리공원에서 만남을 이어 갔고, 그해 스승의 날을 맞아 열성 회원이던 이연창 씨가 더불어숲 홈페이지(www.shinyoungbok.pe.kr)를 선물하면서 온라인으로 확장되었다.[이혜민, 207] 1998년부터 홈페이지 이용자가 늘고 온라인에서 만나던 사람들이 강원도 철원이나 인제로 소풍을 가면서 더욱 활성화된다. 2001년에는 더불어숲 홈페이지에 실린 글을 중심으로 『나무가 나무에게』라는 책을 내기도 한다. 쇠귀는 이 책 발문에 이렇게 적었다.

> 나로서는 많은 사람들을 만나게 해 준 홈페이지라는 선물에 뒤늦게 감사드리지 않을 수 없다. 그리고 홈페이지를 감옥이 아니라 '집'(home)으로 만들어 준 여러 사람의 애정과 수고에 감사드리지 않을 수 없다. 그러면서도 내게는 '더불어숲'과 함께 어김없이 켕겨 오는 고민이 있다. "이제는 좋아하는 사람들

---

4   송경용 신부 인터뷰.【2018. 7. 29. '더불어숲'】

만 만나지 말라"는 충고가 떠오르기 때문이다. 이 충고는 칭찬보다는 꾸중에, 동의보다는 비판에 귀 기울이라는 뜻이며 나아가서는 모름지기 전장(戰場)에 나서라는 뜻이기도 하다.[신영복, 2001d]

더불어숲 홈페이지는 지금까지 쇠귀의 저작과 관련 기사, 서화 작품, 소식 등을 갈무리해 많은 사람과 소통하고 있다. 홈페이지를 연 후 더불어숲 모임의 구성원은 초기의 독자와 온라인 독자, 성공회대에서 청강한 사람, 개인적으로 인연을 맺은 사람 등 다양하게 확대되었다. 2006년에는 더불어숲의 두 나무(고 이승혁 씨와 장지숙 씨)가 쇠귀의 서화 에세이를 모아 『처음처럼』이라는 책을 펴내기도 했다. 더불어숲 모임의 구성원들은 언제부터인가 쇠귀 관련 행사의 드러나지 않는 조력자로 왕성하게 활동했다. 현재 오프라인 활동에 적극 참여하는 더불어숲 회원은 80여 명, 쇠귀의 장례에 적극 참여한 회원은 200여 명, 다음 카페(cafe.daum.net/together.forest)에서 활동하는 회원까지 포함하면 500명 가까이 된다.[이혜민, 210] 주요 회원은 주부, 교사, 회사원, 강사, 노동운동가에서 CEO까지 다양하다. 쇠귀의 장례식 때도 주도적인 역할을 했고, 지금도 성공회대 관련자 등과 함께 활발하게 추모 사업을 벌이고 있다. 지난 2016년 스승의 날을 맞아 더불어숲 모임은 사단법인으로 재출범했다.

대안 문명 사색과 사면 복권

성공회대에 자리를 잡았지만 쇠귀는 여전히 가석방 상태의 '수인'이었다. 다른 직업을 갖거나 정규직 교수가 되는 것은 불가능했다. 자신의 생각을 글로 표현하는 것도 조심스러웠다. 하지만 외국 책을 번역하는 것은 큰 문제가 되지 않았다. 1960년대 이후 한국의 많은 진보 지식인은 여러 조건상 집필이 불가능할 때 자신의 생각을 대변할 수 있는 외국 책을 번역, 소개하는 것으로 '실천'하는 경우가 많았다. 쇠귀는 1990년대 중반까지 번역 작업에 집중한다.

쇠귀는 1991년 중국 최고의 현대 작가 중 한 사람인 다이허우잉의 장편소설 『사람아 아, 사람아!』를 번역 출간한다. 이 책은 베스트셀러 반열에 오를 정도로 장안의 화제가 된다. 1992년에는 한신대 유세종 교수와 함께 왕스징이 지은 『루쉰전─루쉰의 삶과 사상』을 공동 번역했고, 1993년에는 일본의 요절한 천재 작가 나카지마 아츠시가 쓴 『역사속에서 걸어나온 사람들』의 번역 출판을 주선하고 감역(監譯)했다. 1994년에는 또 다른 통혁당 관련자인 한학자 기세춘 선생과 『시경』 이후 중국의 시가(詩歌)를 엄선해서 번역한 『중국역대시가선집』(전 4권)을 펴낸다.

1988년 11월 친구들의 주선으로 세실레스토랑에서 첫 서예전을 열었고, 1995년 3월에는 인사동의 학고재 화랑에서 서화전을 개최했다. '서예가 신영복'이 한국 사회에 공식적으로 자신의 모습을 드러낸 것이다. 이후 쇠귀의 '글씨 노동'은 작고하기 직전까지 쉼 없이 이어졌다.

그 무렵 친구들이 쇠귀의 사면 복권을 위한 '공작'을 시작했

1989년 성공회신학교 강사 시절 외부 강연 모습(정진상교육관 585회 월요강좌)

다. 사면 복권이 되지 않는 한 쇠귀가 안정적으로 활동하기 어려웠기 때문이다. 이 일은 본인의 의사와 관계없이 이영윤 등이 주도했다. 그 방법의 한 가지로 주요 일간지 하나를 골라 쇠귀의 '여행기'를 연재해 보기로 했다. 사람들에게 쇠귀의 진면목을 알리는 게 중요하다고 생각했기 때문이다. 하지만 쇠귀는 연로한 부친이 병상에 계시기 때문에 집을 떠나 여행할 수 없다며 거절했다.

부친이 돌아가신 후 여행기 연재 계획이 다시 추진되었고, 『중앙일보』가 대상 신문으로 결정된다. 쇠귀는 1995년 11월부터 25주간(1996년 8월까지) 국내 여행기 '역사의 뒤안에서 띄우는 엽서'를 연재한다. 독자의 호응에 힘입어, 1996년 말에는 외국의 여러 유적지를 돌아다니며 인간과 문명에 대해 성찰한다. 가석방 상태라서 매번 단수 여권을 받아야 했다. 이렇게 국내와 국외 여행지에서 보낸 편지를 엮은 것이 『나무야 나무야』와 『더불어숲』이다.

이름 없는 작은 신학대학이던 성공회대는 비록 시간강사 신분이지만 쇠귀가 강의하는 곳으로 알려지면서 확고한 사회적 정체성을 갖게 되었다. 성공회대는 실천적이고 진보적인 지식인들이 모인, 『월간조선』의 다분히 악의적인 표현에 따르면 '좌파 사관학교'로 발전한다. 쇠귀는 한홍구 교수와 나눈 인터뷰에서, 이들 젊은 사회과학자들이 성공회대에 모인 것이, 자신이 주도해서 그렇게 된 것은 아니었지만 참 잘된 일이라고 평가했다. 쇠귀는 이들로부터 위로도 받고 힘도 얻으며 잘 지낼 수 있었다고 고마워했다.〔한홍구. 읽기, 62~63〕

1997년 IMF 위기 속에서 김대중이 대통령으로 당선되었고, 1998년 2월 25일 취임한다. 쇠귀는 1998년 3월 13일 사면 복권되고, 5월 1일 성공회대 사회과학부 정교수로 임용된다. 가석방 9년 8개월 만의 일이다. 이후 쇠귀는 민주사회교육원장(2000), 동아시아 문화공동체포럼 대표(2002), 대학원장(2004) 등을 역임하고 2006년 8월 정년 퇴임한다.

복권된 쇠귀는 2000년 3월 사회과학부 교수들과 '노동대학'이 라는 특별 과정을 만든다. '노동대학'은 IMF 사태 이후 위축된 노동 운동의 역량을 성장시키고 활동가들의 소양을 키우기 위해 마련한 교육 프로그램이다. 2000년 3월, 1기 수강생을 모집할 당시 공식 명칭은 '성공회대 민주사회교육원 노동전문 교육과정 노동대학' 이었다. '노동대학'은 우여곡절 끝에 2013년 2학기부터 '노동아카데미'로 명칭이 변경되었다.[5]

노동대학은 사회 분위기에 따른 부침도 겪었다. 1기에 110명이 등록할 정도로 많은 사람이 관심을 가졌지만, 이후 20기를 지나면서 등록 학생이 20~30명 정도로 줄어든다. 전·현직 노동대학 학장들과 동문 모임인 '느티나무' 회원들, 수강생들로 꾸린 자치회를 중심으로 노동대학 활성화 논의가 이어진다. 그 결과 2011년 가

---

5   2013년 1학기 말 누군가가 익명으로 '정식 대학도 아닌데 대학이라는 명칭과 학장이라는 직함을 사용하고 있으니 시정해 달라'는 내용의 민원을 국민신문고(www.epeople.go.kr) 민원게시판에 올렸다. 교육부는 '평생교육원 과정에 대학이라는 명칭을 사용하면 안 되며, 시정되지 않을 경우 행정 조치를 할 수 있다'는 입장을 성공회대에 전달한다. 수강생 모두 정규 학위 과정이 아님을 알고 있어 오인의 여지도 없고, 일반적으로 '대학'이라는 명칭이 널리 통용되고, 타 대학이나 기관에서도 정규 학위 과정이 아님에도 '대학'이라는 명칭을 사용하니 '노동대학'이라는 명칭 사용이 고등교육법에 위배되지 않는다는 내용의 변호사 의견서도 전달했지만, 결국 '노동아카데미'로 명칭을 변경할 수밖에 없었다.[신상명, 2016]

을 학기에 노동운동가 하종강이 학장으로 부임했고, 24기 이후부터 50~60여 명의 수강생을 꾸준히 유지하고 있다.[신상명, 2016]

이어 2003년에는 인터넷 언론『프레시안』과 함께하는 '더불어숲 학교'가 시작되었다. 쇠귀의 대학 후배이며 통혁당 사건 당시 함께 고초를 겪은 신남휴 선생이 소유한 인제 내린천의 개인산방(開仁山房)을 이용해 한 달에 한 번 공개 강연을 여는 프로그램이었다. 『중앙일보』 기자 시절 쇠귀의 국내·해외 여행을 기획해『나무야 나무야』,『더불어숲』같은 책이 나올 수 있도록 산파 역할을 한 바 있는『프레시안』의 이근성 고문이 강사 섭외와 학생 모집 등을 주도했다. 쇠귀는 초대 교장을 맡아 2년여의 기간을 함께했다. 두 시간 정도 강의하고 토론이 끝나면 마당에 나가 모닥불을 피우고 밤새 뒤풀이를 하는 식이었다. 요즘 여러 대학이나 단체에서 다투어 개설하는 '인문 공부' 모임의 원조라고 할 만했다.

정년 퇴임 그리고 자유인 9년

성공회대학교의 교육 이념으로 자리 잡고 있는 '더불어숲'은 나의 개인적 편력뿐만 아니라 우리 사회의 실천적 과제와도 튼튼히 연결되고 또 나아가서 21세기의 문명사적 과제와도 맥락이 닿아 있는 소중한 그림이라고 생각한다. 한 그루 한 그루의 튼튼한 나무를 길러 내는 학습의 장(場)이면서 개별적인 나무 중심의 사고를 뛰어넘는 미래의 공간이기 때문이다.[냇물아, 131]

쇠귀는 2006년 8월 성공회대에서 정년 퇴임한다. 6월 8일 오전 성공회대 대학성당에서 '희망의 언어 석과불식(碩果不食)'이라는 주제로 고별 공개 강연을 했다. 쇠귀는 지금의 위기 상황에서 마지막 과실의 씨가 이듬해 봄에 새싹이 되어 땅을 밟고 일어서는 석과불식의 지혜로 진정한 희망 찾기에 나서야 한다고 강조했다. 동시에 세상이 어려울수록 우리 사회가 사람을 기르는 데 힘써야 한다고 말했다. 이어 1989년 성공회대에서 처음 강의를 시작한 후 자신과 성공회대 그리고 세상의 변화에 대해 이야기하며, 한국 사회는 쉽게 변하지 않기 때문에 긴 안목을 가지고 변화를 추구해야 한다고 강조했다.

쇠귀는 8월 7일부터 일주일간 성공회대 교수, 더불어숲 회원 등과 함께 러시아 바이칼 일대로 여행을 다녀온다. 평생 학교에서 지내고 정년 퇴임하는 쇠귀로서는 진정한 의미의 '졸업 여행'이었다.

쇠귀가 정년 퇴임할 무렵 성공회대는 '진보학자의 본산'(『월간중앙』)과 '좌파 사관학교'(『월간조선』)라는 상반된 평가를 받았다.[6] 『월간중앙』은 당시 한명숙 의원이 국무총리로 지명되었을 때 성공회대에 주목했고, 『월간조선』은 이재정 의원(전 성공회대 총장, 현 경기교육감)이 통일부 장관이 되자 성공회대를 집중 해부했다. 두 매체는 공통적으로 쇠귀의 말을 인용했는데, 그 뉘앙스는 사뭇 다르다.

우리 사회에서 좌파적 생각과 전력을 가진 사람이 따뜻하게

6   오효림, 「'뻐딱이' 교수 천국, 성공회대 해부」, 『월간중앙』 2006년 5월호. 김성욱, 「집중취재, '좌파 사관학교'」, 『월간조선』 2007년 1월호.

있을 수 있는 곳은 많지 않다. 그럼에도 성공회대는 참 따뜻한 공간이었다. 그뿐만 아니라 같은 생각을 가진 후배 학자들과 비판적 담론을 만들어 내는 데 참여할 수 있는 사회적 일터였다는 점에서 참으로 고맙게 생각한다.【『월간중앙』 2006년 5월호】

좌파 이데올로그의 대부 격인 신영복 교수는 2006년 6월 2일 정년 퇴임 시 교단을 떠나면서 "진보적 학풍의 성공회대였기 때문에 좌파 색깔이 확실한 나 같은 사람이 안정적으로 학문에 매진할 수 있었다"고 말했다.【『월간조선』 2007년 1월호】

정년퇴임식은 2006년 8월 25일 성공회대 일만광장에서 시민과 학교 관계자 등 1,500여 명이 참석한 가운데 진행되었다. 먼저 쇠귀의 삶을 담은 〈우리 시대의 아름다운 나무〉라는 제목의 영상물이 상영되었고, 이어 윤도현(YB)·안치환·한영애·강산에·나팔꽃(백창우, 김현성, 홍순관, 이지상, 이수진) 등 가수들이 무대에 올라 노래를 불렀으며, 그 사이사이에 『태백산맥』의 저자 조정래 등 지인들의 회고담이 이어졌다. 유명 인사뿐만 아니라 쇠귀와 친분이 있는 사람 누구나 나누고 싶은 추억들을 회고하는 자리, '더불어숲'이 되는 자리였다.

특히 이날 행사에는 이례적으로 삼성그룹 이학수 부회장과 현대그룹 현정은 회장 등 기업인들, 고 김근태 열린우리당 대표 등 정치인도 참석해 눈길을 끌었다. 성공회대 제자와 관계자, 더불어숲 회원들, 가족과 동창 등 친지뿐만 아니라 연예인, 정치인, 대기업 인사, 노동계 인사, 책으로만 아는 독자 등 분야나 성향과 무관하게 많은 사람이 참여했다. 쇠귀가 어떤 삶을 살아왔는지 잘 보여 주는 자리였다.

쇠귀는 퇴임식 기자 간담회에서 "내 인생은 감옥에 들어가기 전 20년, 감옥에 들어가 있는 20년, 그리고 나온 뒤 20년인데, 감옥도 학교로 치면 나는 평생 학교에서 살았던 셈이다"라고 말했다. 또 퇴임 후에도 학교라는 공간 속에서 조용히 저술 활동에 몰두하고 싶다고 말했다. 기회가 되면 두 번째 『강의』가 될 '나의 대학 생활', 세 번째 『강의』가 될 '현대사 60년'과 관련된 책을 쓰고 싶다고 했다.[김형찬, 읽기, 22] '나의 대학 생활'은 사회와 인간과 역사에 대해 가장 많은 것을 배우고 가장 깊이 성찰할 수 있었던 감옥 시절을 회상하며, 이 시대의 젊은이들과 공유하고 싶은 이야기들을 정리하려는 구상이었다. '현대사 60년'은 경제학자 혹은 사회과학자로서 세상을 보는 시선을 담을 것이라고 했다. 현대사에 대한 본격적인 역사 서술이 아니라 자신이 감옥에서, 그리고 살면서 만났던 사람들의 이야기 속에 현대사를 담는 방식이었다. "제가 정치경제학과 사회과학개론을 오래 강의했고 한국 사상사를 강의한 적도 있어서, 이런 사회과학적 담론을 내가 만났던 사람들의 삶과 정서와 어떻게 결합시켜 나갈 것인가를 고민하고 있습니다."[손잡고, 261]

세상 속으로, 숲속으로

쇠귀는 퇴임 후 성공회대 석좌교수로 한 학기에 한 과목만 강의하며 한결 여유를 가질 수 있었다. 이 시기에 쇠귀는 본격적으로 인문학 대중화에 나섰다. 먼저 2007년에는 기업의 지원금과 기부금 등을 모아 '우이기금'(신영복 석좌교수기금)을 마련하고, 첫 석좌교수로 서울대에서 정년 퇴임한 고 김수행 교수를 초빙했다. 김수행 교수는 석좌교수로 있으면서 성공회대 대학원의 '정치경제학' 교육을 주도했다.

쇠귀는 2008년 9월 성공회대 인문학습원 원장에 취임했고, 이해부터 본격적인 인문학 대중화에 나선다. 2008년 9월 22일부터 'CEO를 위한 인문공부' 프로그램을 시작했다. 인문 공부는 기업체 임원, 정치인, 변호사, 의사, 한의사, 회계사, 벤처 기업 CEO, 교수, 연예인 등 이른바 흔히 '사회 지도층'으로 불리는 사람들에게 동서양의 고전과 역사, 예술, 철학 등 인문학 강의를 제공하는 프로그램이다. 제1기 과정은 12주 36시간 진행되었는데, 이 프로그램은 관계자들의 인맥으로 첫 번째 수강생들을 모은 후 광고나 홍보 없이 수강생들의 추천으로 수강생 모집이 이어질 만큼 좋은 평가를 받았다. 쇠귀가 별세한 후인 2017년 1학기까지 총 18기의 수료생을 배출한 뒤 1차 종료되었다가 2019년 3월부터 '처음처럼 인문 공부'란 이름으로 다시 재개되었다. 인문학습원을 거친 수강생들은 동문회를 통해 공감과 연대의 네트워크를 형성하고 있다.

쇠귀는 '인문 공부'를 통해 우리 사회에 인문학 열풍을 일으키는 계기를 만들었고, 한국 사회 전반에 인문학적 가치를 높이는 데 크게 기여했다.[이재정, 2018, 19] 쇠귀는 또 다른 인문 공부의 일환으로 성공회대 교수 및 시민 사회 사람들과 서예 공부도 시작한다. 쇠귀에게 서예를 배운 성공회대 교수들은 2007년 2월 인사아트센터에서 '인권과 평화의 교실'이라는 주제로 쇠귀와 합동 전시회를 열었다. 이어 2008년 6월에는 시민공간 '나루' 건립을 위해 성공회대 교수, 시민운동가 등의 작품을 모아 상명아트홀에서 전시회를 열었다. 이어서 2011년 8월에는 성공회대 미등록 학생들을 위한 서화전('아름다운 동행')을 열었다.

쇠귀는 2008년 청명문화재단에서 주는 제3회 임창순상[7]을 수상했다. 임창순상 심사위원회는 쇠귀의 수상 이유를 이렇게 밝혔다.

> 자본과 권력이 주인공이 되어 존재의 자기 증식 운동이 인간의 삶을 지배하는 이 시대에, 인간됨의 주요 측면이기도 한 '자유라는 가치의 최대치로서의 평등'을 향한 신영복의 문명론적 사회 변화 설계가 더욱 구체적인 내용을 채워 가리라는 것을, 그리고 우리는 믿습니다. [http://www.chungmyung.org/]

쇠귀는 2008년 4월 7일 세종문화회관에서 열린 시상식에서 "한 개인이 할 수 있는 일은 크지 않다. 나무가 가장 아름다울 수 있기 위해서는 낙락장송이 될 것이 아니라 숲이 되어야 한다는 얘기를 한다. 나무의 최고 형태, 나무의 완성은 숲이라는 생각을 하고

---

7   임창순(任昌淳, 1914~1999)은 충북 옥천에서 태어났다. 성균관대 사학과 교수로 재직하다 4·19가 일어나자 '4·25 교수 데모' 당시 이승만 대통령의 하야를 강력하게 주장했으며, 민족자주통일중앙협의회 활동 등을 이유로 1962년 군사 정권에 의해 해직되었다. 1963년 '태동고전연구소'를 설립해 후진 양성에 힘썼으며, 1964년에는 '인민혁명당' 사건에 연루되어 옥고를 치렀다. 임창순상은 청명 임창순 선생이 평생 추구했던 평등·자유·인권을 실현하고 평화·통일을 촉진하는 데 학술 또는 실천으로 기여한 사람이나 단체에 수여하는 상이다.

있고, 그래서 저도 출소한 후 20년을 성공회대에서 학생들을 가르치고 많은 동료 교수들과 여러 가지 문제를 고민하고 의논해 오늘에 이르렀다. 앞으로도 제가 있는 성공회대학교가 우리 사회에서 작지만 따뜻하고 푸른 숲이 될 수 있도록 여러분도 많이 격려하고 지도해 주시길 바란다"라고 소감을 전했다.(『프레시안』 2008. 4. 8.) 쇠귀는 이날 받은 상금 2,000만 원 전액을 성공회대 인문학 프로그램 운영 기금으로 기부했다.

쇠귀는 대중 강연에도 능했다. 그가 성공회대에 자리 잡은 1989년 이후 석좌교수로서 마지막 강의를 진행한 2014년까지 그의 강의는 성공회대에서 가장 인기 있는 강좌였다. 특히 야간에 진행하는 대학원 강좌에는 재학생뿐 아니라 직장에 다니는 외부 청강생까지 몰려들었다. 그의 강의는 징역살이의 다양한 에피소드와 동서양의 고전과 지혜, 최첨단의 다양한 이론들이 자유롭게 구사되는 데다 특유의 유머 감각이 곳곳에 숨 쉬고 있어 재미있고 감동적이었다. 그의 강의는 어떤 이론이나 지식이 아니라 성찰의 자세와 삶의 지혜를 전달하는 것이었기에 들을 때마다 새로운 배움을 얻곤 했다.

쇠귀는 정년 퇴임 후 전국을 다니며 강연을 하기 시작한다. 시민 사회의 요청도 있었지만 쇠귀 자신도 보다 직접적인 방법으로 우리 사회 곳곳에 변화의 씨앗을 뿌려야 할 필요성을 느꼈다.

7. 예인 신영복의 미학과 '실천'

역사에 길이 남는 사람들이 있다. 그것은 그들의 인생이 길어
서가 아니라 그들 내면 깊숙이에서 발산된 '공간을 넘어서는
섬광'과 '시간을 벗어나는 울림' 때문일 것이다.[도진순, 3]

쇠귀는 학자이자 사상가였지만 예인(藝人)이기도 했다. 잘 알
려져 있다시피 그는 수많은 서예 작품을 남겼다. 쇠귀의 책을 읽어
보지 못했거나 심지어 그 이름조차 잘 모르는 사람이라도 그의 글
씨는 봤을 가능성이 높다. 유명한 소주 브랜드 '처음처럼'도 그의
작품이다. 그래서 어떤 사람들에게 쇠귀는 '서예가'로 기억되기도
한다. 하지만 쇠귀 본인은 서예가를 자처한 적이 없다. 오히려 그는
서예가라는 호칭을 애써 거부했다. 그는 서예를 직업으로 삼지도
않았을뿐더러 이른바 '서예계'라는 장에 몸을 담거나 관계를 맺지
도 않았다.

쇠귀는 누구든 원하는 사람에게 글씨를 써 주었고, 후배나 제
자에게 아낌없이 선물하곤 했다. 수많은 시민 단체가 그의 서예 작

품으로 재정적 도움을 받았지만, 정작 그는 글씨에 대한 사례를 한 사코 마다했다. 강연 갈 때는 늘 몇 점의 작품을 들고 가 관객들에게 선물했다. 전국 곳곳의 현판과 묘비에 그의 글씨가 새겨졌고, 많은 단체의 사무실, 가정의 거실 벽에 그의 글씨가 걸렸다. 수많은 책의 제호, 달력은 물론이고 그의 글씨체가 컴퓨터 폰트로 출시된 뒤에는 거리 곳곳의 상호와 간판을 통해서도 그의 글씨를 만날 수 있다. 많은 사람이 낯선 단체를 방문하거나 모르는 사람을 만났을 때 거기에 쇠귀의 글씨가 걸려 있으면 '아, 이 사람도 나와 같은 부류의 사람이구나' 하는 안도감과 동질감을 느끼곤 했다. 지금도 그의 서예 작품은 사람과 사람을 잇고 인연과 인연을 연결하는 매개 역할을 하고 있다.

쇠귀는 또한 화가이기도 했다. 그는 감옥에서 가족에게 보낸 많은 엽서에 그림을 그려 넣곤 했다. 일간지에 국내 및 해외 여행기를 연재할 때는 직접 삽화를 그려 넣었다. 강의할 때 사용하는 PPT에 들어가는 그림도 포토샵으로 직접 그렸다. 웬만한 젊은이보다 능숙하게 컴퓨터 그래픽을 활용했다. 서예 작품에도 그림을 함께 넣는 경우가 많았다. 그래서 그의 작품은 그냥 서예가 아니라 서화로 표현되는 경우가 많다. 그의 그림은 때로 대상을 리얼하게 묘사하기도 하지만 때로는 함축적으로 추상화하기도 한다. 가끔은 간결하면서 풍자적인 만화를 연상시키기도 한다. 물론 그는 화가, 삽화가 혹은 만화가를 자처한 적이 없다. 그에게 그림은 글씨와 마찬가지로 자신의 생각을 구체화해서 표현하는 커뮤니케이션 수단이었을 뿐이다.

쇠귀는 무엇보다도 가장 아름답고 함축적인 에세이를 쓰는 작가였다. 소설가 조정래는 쇠귀를 피천득이나 법정에 비견할 만한 수필가라 칭하기도 했다.[조정래, 읽기, 82] 그의 글은 간결하면서도 함축적이다. 화려한 수사나 미사여구 대신 깊은 사색과 정갈한 사유가 담겨 있다. 쇠귀 수필의 진가를 처음으로 세상에 알린 책은 물론 『감옥으로부터의 사색』이다. 감옥 생활 20년 동안 한 달에 한 번 가족에게 보낸 편지를 모은 서간문집이다. 감옥에서 만난 밑바닥 세상에 대한 공감과 연민을 바탕으로 인간과 사회에 대한 깊은 사색과 성찰을 담아 많은 사람에게 깊은 감동을 주었다. 감옥에서 전혀 다른 세계의 사람들을 만나며, 지식인의 창백한 관념성에서 벗어나 자신의 의식과 삶을 재구성하고 성찰적 사상가로 거듭나는 과정이 이 책에 담겨 있다.

그가 쓴 모든 글은 비교적 평이한 문장으로 물 흐르듯 유려하게 읽히지만 어떤 현학이나 수사로 장식한 글보다 긴 여운을 남기며 깊은 사색의 실마리를 제공한다. 하지만 쇠귀는 스스로 수필가 혹은 에세이스트란 호칭을 수용한 적이 없다. 나아가 그는 자신이 책을 쓴 적이 없다고까지 말한다.[담론, 6] 그는 단지 가족들에게 편지를 썼을 뿐이며 신문에 여행기를 연재하고 강의를 했을 뿐, 작정하고 어떤 책을 저술한 적은 없다고 말한다.

쇠귀는 서예가지만 서예가이기를 거부했고, 화가지만 화가를 자처한 적이 없으며, 수필가지만 스스로 수필가라 생각해 본 적이 없다. 예인 신영복의 정체성은 이렇게 무엇이면서 그 무엇도 아닌, 어떤 정해진 예술의 규범과 관습 혹은 예술 장(場)의 논리와도 무관하게 한 사람의 지식인으로서 다양한 예술적 표현을 자유롭게 구사했던 바로 그 지점에 존재한다. 그는 특별히 체계적인 문화 예술론 혹은 미학 이론을 이야기한 바 없지만 그의 글과 강연에는 문화 예술과 문학, 또는 미학에 관한 다양한 논의가 담겨 있다. 이를 통해 문화 예술에 관한 쇠귀 특유의 관점을 찾아볼 수 있다.

변화와 창조-아름다움의 의미

쇠귀가 공부를 이야기하면서 강조했던 '변화와 창조'의 의미는 문화 예술에도 똑같이 적용할 수 있다. 변화와 창조를 위해 가장 먼저 필요한 것은 소외되고 억압된 사람들, 아무에게도 존중받지 못하고 단 한 번도 주인공인 적이 없는 사람들이 스스로 말하게 하는 것이다. 엑스트라로 사는 사람을 주인공으로 만드는 것, 말할 기회를 갖지 못한 사람이 말하게 하는 것. 이것이야말로 예술이 가져야 할 첫 번째 사회적 역할이다.

> 예술은 사물이나 인간을 전혀 다른 방식으로 재구성합니다. 그 특징의 하나가 클로즈업하는 것입니다. 야생화 한 송이를 확대경으로 들여다보는 것과 같습니다. 유심히 주목하면 하찮은 삶도 멋진 예술이 됩니다. 우리가 미처 몰랐던 수많은 사연을 담고 있습니다. 훌륭한 회화는 우리가 무심히 지나친 것을 액자에 넣어 사람들에게 들어 보이는 것이라고 합니다. 예술의 본령은 우리의 무심함을 깨우치는 것입니다.[담론, 252]

하찮고 평범한 대상을 클로즈업함으로써 새로운 인식의 대상으로 변화시키고 우리의 무심함을 깨우친다는 예술의 개념은 러시아 형식주의자들의 '낯설게 하기'나 브레히트(Bertolt Brecht, 1898~1956)의 '소외 효과'(Verfremdungseffekt) 이론을 떠올리게도 한다. 평범하고 하찮은 삶에 주목함으로써 무심하게 넘어갔던 삶에 새롭게 주목하고 이를 통해 새로운 앎에 다다르는 것은, 무대 위의 사건을 낯설게 체험하면서 마치 목격자처럼 상황을 객관적으로 인식하게 한다는 것과 유사하다. 예술에 대한 쇠귀의 관점에서 핵심은 '인식'의 확장, 즉 새로운 앎의 추구라는 가치에 있다. 그는 미(美), 즉 '아름다움'의 의미를 이렇게 해석한다.

> 미(美)는 아름다움입니다. 그리고 '아름다움'은 글자 그대로 '앎'입니다. 미가 아름다움이라는 사실은 미가 바로 각성이라는 것을 의미합니다. 인간에 대하여 사회에 대하여 삶에 대하여 각성하게 하는 것이 아름다움이고 미입니다. 그래서 나는 아름다움의 반대말은 '모름다움'이라고 술회합니다. 비극이 미가 된다는 것은 비극이야말로 우리를 통절하게 깨닫게 하기 때문입니다. 마치 얇은 옷을 입은 사람이 겨울 추위를 정직하게 만나는 것과 다름이 없습니다. 추운 겨울에 꽃을 피우는 한매(寒梅), 늦가을 서리 맞으며 피는 황국(黃菊)을 기리는 문화가 바로 비극미를 소중하게 생각하는 문화입니다. 우리가 비극에 공감하는 것은 그것을 통하여 인간을, 세상을 깨닫기 때문입니다.[담론, 252~253]

아름다움을 '앎'에서 온 말이라고 보는 건 아름다움의 어원에 관한 여러 설 가운데 하나다. 아름다움의 의미를 앎, 즉 지(知)에서 찾는 데서 쇠귀의 예술관이 분명히 드러난다. 예술이란, 좋은 예술이란, 앎 혹은 깨달음, 다시 말해 인식의 확장과 성찰에 기여하는 예술이다. 오토 딕스(Otto Dix, 1891~1969)나 케테 콜비츠(Käthe Schmidt Kollwitz, 1867~1945)의 작품 세계에 대한 언급이 쇠귀의 예술관을 잘 보여 준다.

시서화 그리고 음악 역시 세계 인식이라고 했습니다. 그런 점에서 예술은 아름다움을 추구하는 것입니다. 그러나 '아름다움'이란 불편하게 하거나 부담을 주지 않는 것, 가까이하고 싶은 것이라고 이해하고 있다면 그것은 잘못입니다. 아름다움을 그렇게 생각한다면 오토 딕스의〈전쟁〉이나 케테 콜비츠의〈죽은 아들을 안은 어머니〉는 아름답지 않습니다. 그 앞에 서 있는 사람에게 편치 않은 마음을 안겨 주고 고통과 긴장 상태로 이끌고 갑니다. 통상적 의미로 아름답지 않습니다. 그러나 우리가 여기서 다시 한 번 생각해야 합니다. '아름다움'이란 뜻은 '알다', '깨닫다'입니다. 진정한 아름다움이란 세계와 자기를 대면하게 함으로써 자기와 세계를 함께 깨닫게 하는 것입니다. 불우한 처지의 생명을 위로하기보다는 그것을 냉정하게 직시하게 함으로써 생명의 위상을 새롭게 바꾸어 가도록 합니다. 그런 뜻에서 '아름다움'은 우리가 줄곧 이야기하고 있는 '성찰', '세계 인식'과 직결됩니다. 〈죽은 아들을 안은 어머니〉는 우리의 마음을 아프게 하는 그림이지만 우리가 처한 세계의 실상을 대면하게 한다는 점에서 '아름다운' 그림입니다.[담론, 253]

오토 딕스는 독일의 화가다. 제1차 세계대전에 참전한 그는 전쟁의 참상을 목도하고 전쟁의 비참함과 인간의 극한 상황을 고발하는 '전쟁' 연작 시리즈를 그린다. 이 연작에 담긴 반전 메시지 때문에 나치의 탄압을 받아 퇴폐 미술가로 낙인찍혔고, 작품 수백 점을 압수당하기도 했다. 그의 작품들은 우리가 흔히 이야기하는 아름다움과는 거리가 멀다. 케테 콜비츠는 억압과 착취에 저항하는 민중을 형상화하고 전쟁의 광기를 고발하는 작품으로 유명한 독일의 판화가다. 그의 판화 작품들에는 전쟁과 폭력으로 인한 처참한 파괴와 그에 따른 민중의 고통이 담겨 있다. 케테 콜비츠는 제1차 세계대전에서 아들을 잃었고, 제2차 세계대전에서 손자를 잃는 아픔을 겪었다. 그의 작품에서 보이는, 아들을 잃은 어머니의 비통한 표정은 전쟁의 광기를 직접 묘사한 어떤 그림보다도 절절히 반전의 메시지를 전한다. 케테 콜비츠의 작품 역시 통상적인 의미로 아름답지 않다. 집 안 거실에 장식용으로 걸어 놓기에는 적절하지 않다. 바로 그런 오토 딕스나 케테 콜비츠의 그림이야말로 아름다운 것이라고 쉬귀는 말한다. 우리로 하여금 '성찰'의 경험을 갖게 하고, 그를 통해 새로운 '세계 인식'에 도달하게 하기 때문이다.

쉬귀의 이러한 예술관은 1980년대 민주화 운동의 흐름 속에서 형성된 민중예술 운동의 예술관과 그리 다르지 않아 보인다. 1980년대 민중예술 운동은 기존의 장식적이거나 관변적인, 혹은 예술 지상주의적인 예술관을 배격하고자 했다. 민중예술 운동의 흐름 속에서 현실의 모순을 비판하고 억압받는 민중의 비참한 상황을 고발하며 권력과 부를 가진 자들의 탐욕과 무능, 부패를 공격하는 많은 예술 작품이 생산되었다. 이런 예술 작품들은 대중으로 하여금 현실

공부의 순서를 설명한 그림 〈머리-가슴-발〉

을 비판적으로 인식하게 하고 새로운 세계에 대한 전망을 형성하게 하는 것으로 여겨졌다.

쇠귀는 장식적이거나 형식적인 아름다움을 추구하는 예술에 비판적이었고(그가 서예가라는 호칭을 거부한 것도 그런 의식과 무관하지 않았다), 예술이 주는 현실적 각성의 가치에 의미를 두었다는 점에서 일정하게 민중예술 운동의 예술관과 궤를 같이한다고 할 수 있지만 결정적인 차이가 있다. 그것은 쇠귀가 예술의 성찰성을 중요하게 생각했다는 점이다. 그가 이야기하는 예술을 통한 인식의 확장에서 핵심은, 모르는 사람들을 깨우친다는 계몽에 있는 것이 아니라 스스로 성찰하고 그 성찰을 기반으로 변화하는 데 있다. 독자와 관객, 수용자를 계몽의 대상, 선전 선동의 대상으로 보는 것이 아니라 스스로 성찰하고 변화하는 실천적 존재로 본다는 뜻이다. 대중을 변화의 주체가 아니라 변화의 대상, 객체로 간주했던 1980년대 민중예술 운동의 미학과 명백히 대비되는 지점이다.

공부를 통한 변화와 창조는 만년의 쇠귀가 가장 강조한 대목이다. 그는 이를 머리에서 가슴으로, 다시 가슴에서 발로 가는 '가장 먼 여행'이라 불렀다. '타자화'에서 '공감'으로, 그리고 '실천'으로 가는 여정이다. 예술의 의미도 다르지 않다. 예술 역시 인식의 확장이고 변화와 창조의 과정이며 타자화에서 다시 공감과 연대로, 실천으로 나아가는 '먼 여행'인 것이다.

글씨 쓰기와 강연을 통한 실천

출감했어도 사면 복권이 되지 않은 그가 할 수 있는 일은 극히 제한적일 수밖에 없었다. 여전히 군사 정권 시대였고, 언제 어떻게 꼬투리를 잡혀 재수감될지 알 수 없는 상황이었다. 시민운동 단체와 직접적으로 관련을 맺고 어떤 직함을 맡는다든가 권력에 저항하는 행동에 직접 나선다든가 하는 일은 할 수 없었다. 주변 사람도 이를 잘 알고 있었다. 조직이나 단체에 이름을 올리거나 직접적인 행동에 나서는 대신 그는 글을 쓰고 강연을 하고 서화 작품을 그렸다. 그리고 수많은 사람들과 대화를 나누었다. 그것이 그에게 허용된 활동의 형식들이었고, 그는 이를 부지런히, 쉼 없이 실천했다.

사면 복권된 뒤에도 크게 다르지 않았다. 성공회대에서 학내 보직을 맡은 적은 있지만 대외적으로 특정 단체나 조직 활동에 참여하지는 않았다. 더러 단체의 대표나 고문 자리에 모시고 싶어 하는 사람들도 있었지만, 그를 아끼는 주변 사람들은 "신 선생 같은 분은 조직 활동보다는 사상가, 스승으로서 자리를 지키시는 게 좋다"고 얘기하곤 했다. 결국 출소 후 쇠귀의 삶은 온전히 자신의 생각을 가다듬고 글과 글씨, 그리고 강의와 강연을 통해 다른 사람들에게 전하는 일에 집중되었다고 말할 수 있다.

쇠귀가 출소한 뒤 가장 많이 한 일 가운데 하나는 글씨를 쓰는 것이었다. 어린 시절 할아버지 슬하에서 글씨를 익히고 감옥 생활을 하는 동안 당대의 선비들로부터 한학과 서도를 배운 그의 솜씨는 이미 주변 사람들에게는 널리 알려진 터였다. 출소 후 얼마 되지 않은 1988년 11월 친구들의 주선으로 세실레스토랑에서 조촐한 서예전을 열었다. 당시 한 신문은 전시회 소식을 다음과 같이 전했다.

서울 중구 정동 성공회 건물 지하 레스토랑. 이곳에서는 지금 아직은 그렇게 잘 이름이 알려지지 않은 한 무명작가의 서예 전시회가 열리고 있다.(30일까지) 무슨 무슨 전시회라는 거창한 타이틀이나 현수막 포스터 같은 것도 없고 그 흔한 도록 한 권도 없다. 그래서 들르는 사람도 없고 어쩌면 쓸쓸한 분위기까지 감돈다.

'처음으로 쇠가 만들어졌을 때 세상의 모든 나무가 두려움에 떨었다. 그러자 어느 깨어 있는 나무가 이렇게 말했다. 두려워할 것 없다. 우리가 자루가 되어 주지 않는 한 쇠는 결코 우리를 해칠 수 없는 법이다.'

전서 예서 행서 해서 초서 한글 한자……, 벽면에 걸린 40여 점의 작품은 그 내용이 다양하다.

이 작품을 쓴 주인공은 신영복 씨(48). 지난 1968년 이른바 '통혁당 사건'으로 감옥에 들어가 무기수가 됐다가 감형, 지난 8월 20년 만에 출소한 사람이다. 전시된 글씨는 모두 옥중에서 쓴 작품들이다. 12쪽짜리 병풍에 담겨 있는 1만 5,000자가 넘는 장시 〈남한강〉(신경림 시)은 그의 따듯하면서도 꼼꼼한 마음, 민주주의를 향한 열정을 보여 준다.〖『동아일보』 1988. 11. 26.〗

당시 쇠귀와 일면식도 없었고 초대받지도 않은 유홍준은 그의 서예 작품을 처음 접한 소회를 이렇게 이야기한다.

나는 비록 초대받지 못한 객이었고 그 모임에서는 아는 얼굴을 한 분도 만날 수 없었으나 그분의 글씨에 대한 호기심 때문에 첫날 기념식에 참여했다. …… 그리고 그의 글만큼이나 맑고 오롯한 기품의 글씨를 맘껏 즐겼다. 나는 당시 『한국일보』에 미술 평을 기고하고 있었기에 그의 글씨와 최종태의 조각전을 묶어 '구도하는 마음의 예술'이라는 제목 아래 단평을 실었다. 그 글에서 나는, 지금 내가 『감옥으로부터의 사색』의 저자 신영복의 글씨에 대하여 무언가를 말하고자 함은 결코 어떤 감상에서 시작하는 것이 아님을 강조하였다. 비록 그의 작가 경력이 이채롭고 그의 전시 방식이 본격적인 것이 아닐지라도, 나의 비평적 안목에 간취된 그의 독자적인 서풍(書風)은 예술 그 자체로서 높이 평가받을 만한 것이고 본격적인 것이었다는 내용이었다.〖유홍준, 읽기, 106~107〗

이 전시회를 계기로 쇠귀의 글씨가 조금씩 세상에 알려지기 시작했다. 여기저기서 글씨를 부탁하는 일도 늘어났다. 쇠귀는 자신의 글씨를 세상과 나누는 데 조금도 인색하지 않았다. 그의 글씨를 원하는 사람들은 대부분 작품을 받을 수 있었다. 1995년 학고재에서 개인전이 열린 후 그의 글씨는 '시장'에서 인정받는 상품으로 인식되기 시작했다. 그의 작품을 기증받아 판매 수익을 얻어 운영에 도움을 받는 시민 단체들도 늘어났다. 시민 단체를 돕는다거나 명분 있는 일을 위해 모금 활동을 할 때 쇠귀의 글씨는 판매가 보장된 인기 품목이었다.

쇠귀가 생전에 쓴 서화 작품들은 헤아릴 수 없이 많다. 전시용 혹은 선물용으로 쓴 작품들도 있고, 책이나 잡지의 제호도 있고, 다양한 공간의 현판과 묘소의 비문도 있다. 2011년 『경향신문』에 연재한 '변방을 찾아서'는 쇠귀의 글씨가 있는 공간을 찾은 기록이다. 저 땅끝에 위치한 해남군 송지면 송지초등학교 서정분교의 '꿈을 담는 도서관', 강릉의 '허균·허난설헌 기념관' 같은 전형적인 비주류 공간부터 서울시장실, 봉하마을의 노무현 대통령 묘소에 이르기까지 그의 글씨가 자리한 곳은 다양하다. 이 연재는 아쉽게도 3개월여 만에 중단되었고, 개인적으로라도 글씨 있는 곳을 찾아보겠다던 쇠귀의 다짐은 지켜지지 못했다.

쇠귀의 모든 작품을 다 찾아보기란 어차피 불가능한 상황에서, 지난 2000년부터 쇠귀의 기록과 저작을 아카이빙해 온 더불어숲 홈페이지 게시판에 정리되어 있는 작품들을 통해 쇠귀의 서화가 한국 사회에서 자리한 곳이 어디인지를 대강 살펴볼 수 있다.

현판, 재야 단체에서 국가기록원까지

전국 곳곳의 수많은 단체와 기관의 현판들이 쇠귀의 글씨로 되어 있다. 더불어숲 게시판에 수록된 현판들만 대강 살펴봐도, 쇠귀의 글씨를 현판으로 쓴 공간이 많기도 많지만 그 성격도 매우 다양함을 알 수 있다.

가장 많이 보이는 건 민주주의와 평화, 진보의 가치를 내건 기관이나 공간, 단체의 현판이다. 부산 민주공원의 '민주항쟁기념관', '전국민족민주유가족협의회', '민주화운동유가족협의회', '민주화운동기념사업회', '민주공원묘역추진위원회', '부산경남 통일교육센터', 민주노동당 부설 '새 세상을 여는 진보정치연구소', '녹색연합', '민주언론운동협의회', '여성 평화의 집' 등을 포함해 이루 헤아릴 수 없을 만큼 많은 단체와 기관이 쇠귀의 글씨로 현판을 달았다. 민주주의 혹은 생명과 평화, 진보 등의 가치를 표방하는 새로운 단체가 결성될 경우, 건물을 새로 짓거나 이전할 경우, 단체의 현판은 쇠귀에게 부탁하는 게 자연스럽게 여겨졌다. 예컨대 지난 2014년 동물보호시민단체 KARA의 결성을 주도한 영화감독 임순례는 자연스럽게 쇠귀에게 글씨를 부탁했고, 선생의 작품으로 현판을 제작하고 단체의 로고로 삼았다.

쇠귀의 글씨는 단지 재야 민주 단체의 현판에만 있지 않다. 국가기록원의 〈대통령기록관〉 현판은 2008년 개관 당시부터 쇠귀의 글씨로 제작되었는데, 2014년 극우 단체가 문제를 제기함에 따라 현판이 교체되었다가 문재인 정부가 들어선 후 제자리를 찾기도 했다. 경기도 의회의 현판 '사람중심 민생중심 의회'는 쇠귀가 별세하기 석 달 전에 써서 기증한 유작이다. 그런가 하면 전라남도 순천시는 〈대한민국 생태수도 순천〉이라는 글씨를 쇠귀로부터 받아 상표권 특허를 얻기도 했다. 나주시청은 입구의 현판을 쇠귀의 글씨로 장식하기도 했다.

역사적인 인물이나 문화 예술의 업적을 기념하는 공간의 현판에서도 쇠귀의 글씨를 많이 찾아볼 수 있다. 유한대학의 '유일한기념홀', 경남 남해시의 '남해유배문학관', 강릉의 '허균·허난설헌 기념관', '민족시인 김남주 생가', 그런가 하면 '인도미술박물관', '울릉도·독도해양연구기지' 같은 조금 뜻밖의 장소에서도 그의 글씨를 볼 수 있다. 물론 제주 '곶자왈 작은 학교' 같은 변방의 소박한 공간이야말로 쇠귀의 글씨가 가장 잘 어울리는 곳이다.

제호와 비문, 각성과 민주주의

쇠귀는 사적인 인연을 통해 글씨 부탁을 받아도 거절하는 법이 없었다. 오랜 단골 식당 '용금옥'의 경우도 그렇고, 독립영화사 '두타연', 방송영상프로그램독립제작사 '코리아루트', 인터넷 대안언론 '뉴스타파' 등의 로고를 써 주기도 했다. TV 드라마 '좋은사람'·'발효가족', KBS의 다큐멘터리 '차마고도'·'인물현대사', 미디어 비평 프로그램 '암니옴니', 영화 '황진이'·'해후'·'그라운드의 이방인'(감독 김명준) 등의 제목도 그의 작품이다. 10년 동안 재일 조선인 거주 지역 우토로에 대해 기록한 김재범 감독의 다큐멘터리 '아름다운 게토'도 그의 글씨로 제목을 삼았다. 록 밴드 YB는 8집 앨범 '공

2012년에 쓴 제호 〈뉴스타파〉, 30×35cm
2008년에 쓴 옥호 〈용금옥〉, 37x59cm

존'(共存)의 타이틀을 쇠귀에게 부탁해서 받았고, 미국 투어를 다룬 다큐멘터리 '나는 나비'의 제호도 쇠귀의 글씨로 제작했다.

물론 쇠귀의 글씨체를 가장 자주 볼 수 있는 건 책의 제호를 통해서였다. 본인의 저서는 물론이고 공저자로 함께한 많은 책들, 그리고 그와 인연을 맺은 수많은 저자의 책 제호가 그의 손으로 쓰였다. 인터넷 신문인 민중언론 '참세상'·'전국노동자신문'·'전국농민신문', 민주화운동기념사업회 학술지 '기억과 전망', 건강한 사회를 위한 치과의사회의 기관지 '건치', '시흥자치신문' 등 지역에 기반을 둔 많은 단체의 기관지와 신문 등의 제호도 그의 글씨로 이루어졌다. 한국대중음악학회 학술 저널 『대중음악』의 제호도 쇠귀의 글씨다.

쇠귀의 글씨로 제작된 상품 로고도 꽤 있다. 그 가운데 가장 유명한 건 소주 '처음처럼'이다. '처음처럼'은 쇠귀가 오래전부터 자주 쓰고 그리던 서화 작품이다. "처음으로 하늘을 만나는 어린 새처럼……"이라는 글은 많은 사람이 좋아하는 문구기도 하다. 가수 안치환은 이 작품으로 노래를 만들기도 했다. 이 작품이 소주의 로고가 된 건 2006년 브랜드 디자인 회사 '크로스포인트'를 운영하던 손혜원, 당시 사장의 아이디어에서 비롯된다. 쇠귀는 "상업적인 목적으로 글씨를 사용하는 것이 맞는 일인지 고민했지만, '처음처럼' 글씨체가 서민의 삶을 표현하는 '민'(民)체고 소주도 서민적인 술이기 때문에 서로 잘 어울린다고 생각해서 동의했다"고 술회한 바 있다. 쇠귀의 작품을 소주의 로고로 쓰면서 당시 주조 회사와 손혜원 대표가 함께 모두 1억 원의 장학금을 성공회대에 기탁했다. 쇠귀 본인은 단 한 푼도 받지 않았다. 소주 '처음처럼'은 출시된 후 큰 화제를 모았고, 지금은 대표적인 소주 브랜드의 하나가 되었다. 일부 극우 세력 사이에서는 이 소주를 마시면 매출의 일부가 북한으로 흘러간다는 따위의 황당한 유언비어가 나돌기도 했다.

쇠귀의 글씨는 다양한 비석에 새겨진 비문으로도 남아 있다. 민족 민주 인사의 묘비와 추모비(문익환 목사 묘비, 권종대 선생 추모비, 김주열 열사 추모비, 한영현 열사 추모비, 우종원 김성수 추모비, 민주 열사 이한열 추모비, 이세종 열사 추모비, 김개남 장군 추모비, 노무현 대통령 묘비 등), 민족 문학인들의 문학비와 시비(벽초 홍명희 문학비, 김학철 김사량 문학비, 서정인 김승옥 문학비, 박봉우 시비 등), 역사적인 공간의 의미를 기억하는 기념비(여순사건 위령탑, 유월민주항쟁진원지, 부마항쟁기념비, 서울시립대학교 학생운동탑, 모란공원 민주열사 추모비, 성공회 순교 추모비, 부마민주항쟁 발원지 표석, 부산 한진중공업 노동자 추모 공원, 통감관 저터 등) 등 수많은 비석에서 신영복체의 독특한 풍격을 만날 수 있다. 이 가운데 가장 유명한 작품은 봉하마을 노무현 대통령 묘역의 받침대에 새겨진 글일 것이다. "민주주의 최후의 보루는 깨어 있는 시민의 조직된 힘입니다." 노무현 전 대통령의 어록에서 뽑은 이 문장은 '각성'을 이야기한다.

우리의 현대사에 있어서 광주와 노무현(1946~2009)은 시대를 가르는 아이콘이다. 누구도 광주의 비극으로부터 자유로운 사람이 없듯이 누구도 노무현의 죽음으로부터 자유로운 사람은 없다. 그 이전과 그 이후를 확연히 나누는 역사의 분기점이 아닐 수 없다. 500만 애도의 물결이 보여 준 것은 한마디로 '회한'(悔恨)이었고 '각성'(覺醒)이었다. 지켜 주지 못해서 미안하다는 회한이었고, 권력이 얼마나 비정한 것인가를 깨닫고, 좋은 정치란 과연 어떤 것인가를 깨닫는 통절한 '각성'이었다. 이곳을 찾아오는 수많은 사람들이 생환(生還)하는 것이 바로 그 회한과 각성이었다.[변방, 134~136]

서화 전시회와 기금 나눔

쇠귀의 서화는 곳곳의 현판과 제호, 비문 속에도 남아 있지만, 가장 많은 부분은 서화 작품의 모습으로 액자에 담겨 있다. 쇠귀는 인연을 맺은 수많은 사람에게 서화 작품을 선물했다. 대통령부터 평범한 노동자, 학생에 이르기까지 그의 글을 필요로 하는 사람이라면 누구에게든 글씨를 선물했다. 그의 작품들 가운데 일부는 『처음처럼』 같은 책을 통해 갈무리되어 있고, 더불어숲 게시판에도 정리되어 있으며, 인터넷상에도 무수히 많은 이미지로 남아 있다.

쇠귀는 생전에 몇 차례의 전시회를 가진 바 있다. 출소 직후 친구들이 세실레스토랑을 빌려 열어 준 전시회가 있었고, 1995년에는 학고재에서 개인전을 가진 바 있다. 이후 자신의 작품을 따로 전시하는 행사를 가진 적은 없지만 성공회대 교수들과 함께 몇 차례 전시회를 열고 수익금을 장학금으로 기탁했다. 첫 전시회는 2007년 2월 7일부터 13일까지 인사동 인사아트센터 4층에서 열린 '함께 여는 새날'이라는 이름의 전시회다.

몇몇 성공회대 교수가 쇠귀에게 서예를 배우기 시작한 건 쇠귀가 정년 퇴임을 앞두고 있던 2006년 1학기 무렵부터다. 더 늦기 전에 글씨를 배워 보자고 모인 사람이 10여 명 되어, 교수휴게실에 서예실을 마련하고 매주 수요일 오후 시간을 정해 글씨 연습을 시작했다. 수요일에 글씨를 쓴다는 의미로 '수서회'라는 그럴듯한 이름까지 지었다. 가르치는 쇠귀는 늘 제시간에 나와 글씨를 쓰고 있는 반면, 배우는 교수들은 제시간에 나오는 법이 없었다. 그래도 의욕은 넘쳐서 전시회를 열어 보자는 아이디어가 나왔고, 그해 가을부터 겨울까지 연습 시간을 거쳐 2007년 2월 첫 번째 전시회를 연 것이다. 다음은 성공회대 수서회 회장 김창남 교수가 쓴 '함께 여는 새날' 도록의 여는 글(「신영복 따라 쓰기」) 일부다.

성공회대 교수 몇 사람이 신영복 선생님께 서예를 배우기 시작한 것이 3년쯤 전의 일입니다. 딱히 시 서 화 어느 것에도 별 재능이라곤 없는 제자들이었지만 선생님께서는 누구 하나 내치지 않으시고 열과 성을 다해 지도해 주셨습니다. …… 제법 붓놀림에 재미를 붙이면서 회원의 수가 늘어갈 즈음 누군가의 입에서 신영복 선생님의 정년 퇴임에 맞추어 전시회를 열어 보자는 이야기가 나왔습니다. 우리의 서툰 솜씨나마 모아 보면 선생님께 드리는 선물이 될 수도 있지 않겠는가 하는 갸륵한 뜻에서 나온 이야기였습니다만, 결과적으로 그것은 선생님께 엄청난 고통과 불면의 시간을 안겨 드린 셈이 되어 버렸습니다. …… 재능도 솜씨도 성실성도 부족한 제자들을 일일이 붙잡아 글씨를 쓰게 하고 그림에 방서까지 직접 넣어 작품의 모양새를 만들어 내시느라 선생님께서 겪으신 고생이 이만저만이 아닙니다. '성공회대 교수 서화전'이라는 제목이 붙어 있기는 하지만 이 전시회의 진짜 제목은 '신영복 따라 쓰기'라 해야 할 것입니다. 우리 모두 선생님의 글자 하나하나, 획 하나하나를 따라 쓰며 그 깊고 넓은 정신세계를 조금이나마 배우고 싶었습니다.

이 전시회를 통해 3,000만 원이 넘는 판매 대금이 모였고, 그 돈은 전액 장학금으로 기부했다. 물론 대부분의 수익은 쇠귀의 작품을 판매해서 얻었다. 2008년 6월에는 시민공간 '나루' 건립 기금을 마련하기 위한 서예 전시회가 대학로 상명아트홀 갤러리 1관에서 열렸다. 쇠귀를 포함해 성공회대 교수 서예 회원 15명과 시민운동가 하승창, 윤정숙 등이 작품을 낸 이 전시회의 모든 작품이 판매되어 모인 기금은 전액 시민 단체들이 함께 쓸 공간 '나루'를 짓는 데 쓰였다. 역시 대부분의 수익금은 쇠귀가 출품한 여섯 작품의 판매를 통해 얻은 것이었다.

2011년 8월 24일부터 30일까지는 한국공예디자인문화진흥원에서 또 한 번의 '합동' 전시회를 열었다. '아름다운 동행'이라 제목 붙인 이 전시회는 미등록 학생의 장학금을 마련하기 위한 취지로 이루어졌다. 당시 수서회 김창남 회장은 이 전시회의 취지를 이렇게 썼다.

성공회대 교수들이 신영복 선생님께 붓글씨를 배우기 시작한 게 벌써 6, 7년쯤 됩니다. 당구풍월(堂狗風月)이라고 그 정도면 서예의 이치를 조금이나마 깨우칠 법도 하건만 게으르기 짝이 없는 제자들은 몇 년이 지나도 늘 똑같은 자리에서 한 치도 벗어나지 못하고 있었습니다. 그렇게 게으르고 염치없는 초짜들이 문득 서화전을 열기로 했습니다. …… 요즘 우리 젊은 제자들이 겪는 아픔을 함께하면서 조금이나마 도움을 주고 싶은 마음 때문입니다. 이번 서화전이 '미등록 학생 장학금 마련을 위한 성공회대학교 교수 서화전, 아름다운 동행'이라는 제목을 갖게 된 까닭이 여기에 있습니다. 서화전을 준비하면서 또다시 신영복 선생님께 엄청난 고생을 안겨 드렸습니다. 신 선생님께서는 말 안 듣는 제자들을 일일이 불러 붓을 잡게 하고 글을 쓰게 하셨습니다. 작품마다 방서를 쓰고 그림을 그려 넣으셨습니다. …… 이번 서화전에는 성공회대학교의 전현직 총장과 교수 외에 여러분이 함께 뜻을 모아 주셨습니다.

이 전시회에는 쇠귀와 교수 서예회 회원뿐 아니라 성공회대 경비실의 김창진, 총학생회장 문정은, 당시 성공회대 신문방송학과에 재학 중이던 김제동, 시민운동가 하승창 등이 함께했다. 이 전시회를 통해 1억 3,000만 원가량의 장학금이 마련되었다. 대형 병풍 등 쇠귀의 작품을 판매해서 얻은 후원금이 대부분을 차지했음은 물론이다.

쇠귀는 별세하기 얼마 전인 2014년 10월 14일, 성공회대 개교 100주년을 기념해 개최된 '일만 벗의 아름다운 동행 후원의 밤 및 서화전'에 틈틈이 썼던 서화 작품 24점을 기부했다.

강연 콘서트, 만남과 마음 나눔

쇠귀가 정년 퇴임한 뒤 석좌교수로서 강의를 하던 시절, 야간 강의 청강생이 더욱 늘어나 늘 대형 강의실을 써야 했다. 공짜로 귀한 강의를 듣는 청강생들이 미안함과 감사한 마음을 담아 종강 콘서트를 마련한 것이 2007년 12월이다. 청강생 가운데 당시 KBS 아나운서였던 고민정이 사회를 맡고, 청강생 일부와 성공회대 교수로 구성된 '더숲트리오'가 출연해 노래를 부르는 조촐한 자리였다. 이후 종강 콘서트는 성공회대의 1년을 마감하는 상징적인 행사가 되었다. 학부생, 대학원생, 청강생, 교수, 인문학습원 수강생 등 성공회대 '가족'들이 함께 한 해의 마무리를 축하하는 콘서트가 이루어졌다. 2008년부터는 성공회대 졸업생인 탁현민이 기획을 맡아 좀 더 체계적인 콘서트의 모습을 갖추었다. 더숲트리오, 그리고 쇠귀와 인연을 맺은 다양한 출연자들, 가수 정태춘, 김C 등이 함께하기도 했던 이 행사는 쇠귀의 마지막 강의가 진행된 2014년 겨울까지 계속되었다.

쇠귀는 정년 퇴임 무렵부터 외부 출강을 줄였다. 체력적으로 감당하기 어려운 경우가 많았고, 특히 지방 강의를 혼자 다니는 일은 더욱 힘들었다. 2009년 여름 무렵, 한동안 강연을 다니지 않던 그에게 시민운동가 하승창이 찾아왔다. 그는 2008년 대선 이후 시민 사회 전반이 침체하고 내부 갈등도 많은 상황에서 쇠귀의 강연을 통해 심기일전하는 계기를 만들고 싶다며, 지역별로 시민을 모아 볼 테니 한 번씩만 방문해 강의를 해 달라고 부탁했다. 이에 쇠귀는 혼자 강연 다니는 건 힘들기도 하고, 그저 강연만 듣는 건 재미없기도 하니 더숲트리오와 함께하는 강연 콘서트 형식으로 해 보자고 제안했다. '신영복 교수와 더숲트리오가 함께하는 강연 콘서트'는 그렇게 시작되었다.

첫 강연 콘서트는 2009년 10월 9일 전라남도 강진에서 열린 전국시민운동가대회에서 이루어졌다. 시민운동의 성찰과 변화를 화두로 한 이 행사 첫날 저녁, 쇠귀의 강연과 더숲트리오의 공연이 전국에서 모여든 시민운동가의 열렬한 호응 속에 열렸다. 10월 23일에는 이화여고 100주년 기념관에서 '김제동, 신영복에게 길을 묻다'라는 제목으로 강연 콘서트가 열렸다. 쇠귀의 강연과 김제동의 진행(서울과 제주)으로 이루어진 대담, 그리고 더숲트리오의 공연은 관중의 열띤 반응을 얻었다. 이후 2010년 2월 26일까지 청주, 춘천, 울산, 제주, 전주 등에서 강연 콘서트가 이어졌다. 2년 후인 2011년 가을 다시 시민운동 진영의 강연 콘서트 요청이 왔고, 그해 11월 4일부터 2012년 1월 10일까지 두 번째 전국 순회강연 콘서트가 인천, 수원, 광주, 도봉구청, 부산, 서대문구청, 양산 등에서 이루어졌다.

전국 순회강연 콘서트와 무관하게 대학이나 단체, 기관 등의 요청으로 이루어진 강연 콘서트도 꾸준히 이어졌다. 2011년 2월 15일에는 『주간경향』이 주관하는 시사 콘서트가 중구 정동 이화여고 100주년 기념관에서 열렸고(여기에는 신영복, 더숲트리오 외에 '일단은 준석이들', '좋아서 하는 밴드' 등이 함께 출연했다), 2011년 10월 7일에는 목포대, 2012년 11월 27일에는 조선대에서 강연 콘서트가 열렸다. 이 밖에도 대체로 2014년 상반기까지 여러 단체에서 주관하는 '신영복 교수와 더숲트리오가 함께하는 강연 콘서트'가 열렸다.

더숲트리오와 무관하게 쇠귀의 단독 강연 행사도 다양하게 이루어졌다.

두 편의 토크와 두 편의 다큐

쇠귀는 TV에 자주 등장하지 않았다. 이런저런 요청이 없었을 리 없지만 대체로 거절하는 편이었다. KBS 1TV 교양 프로그램 〈TV 책을 말하다〉에 두 번 나가 『더불어숲』(2001년 9월 6일)과 『강의』(2005년 1월 20일) 두 권의 저서를 주제로 이야기한 정도다.

그런 쇠귀가 두 편의 TV 다큐멘터리에 출연한 바 있다. 하나는 20세기가 저물던 1999년 12월 25일과 26일에 걸쳐 2부작으로 방송된 KBS 일요스페셜 '신영복 교수의 20세기 지구 마지막 여행 —희망 찾기'다. 이 다큐멘터리는 1997년 『중앙일보』에 연재되었던 '새로운 세기를 찾아서'(단행본 『더불어숲』으로 출간)의 영상판 후기라고 할 수 있다. 신문 연재 당시에 찾았던 지역 중 일부와 쿠바, 케냐 난민촌 등을 순례하며 20세기 인류가 남긴 역사의 아픔을 돌아보고 새로운 세기를 여는 희망을 탐색한 다큐멘터리다. 이 프로그램을 위해 쇠귀는 10월 말부터 35일간 10개국 30여 곳을 누비는 강행군을 했다. 쇠귀는 20세기를 인간의 이성에 대한 신뢰가 무너진 오만과 광기의 시대로 묘사한다. 경제 발전과 과학 기술의 약진에도 지구촌은 제국주의, 민족 분쟁, 전쟁과 환경 파괴 등으로 얼룩졌기 때문이다. 1부에서는 러시아의 상트페테르부르크와 모스크바, 아우슈비츠, 케냐의 난민촌 그리고 체르노빌, 인도의 갠지스강을 찾는다. 20세기 역사의 다양한 그늘을 간직한 장소에서 인간을 억압하고 파괴한 역사를 성찰하고 새로운 희망의 씨앗을 찾기 위해서다.

2부는 멕시코에서 출발해 제3세계의 실상을 확인하고, 쿠바와 중국에선 사회주의가 새롭게 변신하려는 노력을 포착한다. 미국에서는 인디언들을 짓밟으며 시작된 미국 패권주의의 역사를 성찰한다. 그리고 여행의 끝에서는 이데올로기 분단의 상징인 판문점에서 우리의 통일은 물론 지구촌 전체의 화합과 연대를 소망한다. 이 프로그램은 쇠귀와 함께 세기말의 지구를 사색하는 뜻깊은 시간으로 좋은 평가를 받았다.

쇠귀를 주인공으로 한 또 한 편의 TV 다큐멘터리는 SBS가 제작했다. 2007년 7월 1일에 방송된 '신영복 교수의 금강산 사색'이다. 금강산 관광이 시작된 지 9년 만에 내금강 문이 열리는 시점을 맞아 쇠귀가 직접 외금강, 내금강, 해금강을 보름간 여행하며 건져 올린 사색을 담은 다큐멘터리다.

별이 된 등대 혹은 숲이 된 나무

2011년에는 만 70세가 넘은 나이에 『경향신문』의 '변방을 찾아서' 연재를 위해 매주 전국을 누벼야 했다. 전국 순회강연 콘서트도 이어졌다. 육체적인 피로를 느껴 잠시 휴식의 시간을 가진 뒤 2014년부터 다시 활동을 재개했다. 그해 9월부터 네이버 포스트에 '신영복의 언약'을 연재했고, 여기저기 특강도 새로 시작했다. 그러던 중 10월경 목과 어깨에 이상 증상을 느껴 병원을 찾았다가 흑색종이라는 진단을 받고 투병을 시작한다.

쇠귀는 생이 얼마 남지 않았다고 판단하고 그해 가을 마지막 강의를 마친 후 저서 출간에 박차를 가한다. 그간의 강의 노트와 녹취록을 바탕으로 한 마지막 저술 작업에 집중해 2015년 4월 『담론―신영복의 마지막 강의』를 출간한다. 신약을 복용해 몸 상태가 다소 호전된 상황에서 5월에는 『담론』 출판 기념 북콘서트를 성황리에 마친다. 이 북콘서트에는 김제동, 윤도현, 이은미, 더숲트리오 등이 함께했다.

2015년 8월 12일에는 강원도 인제에 있는 만해마을에서 만해 문예대상을 공동 수상한다. 어렵게 투병하다가 건강이 조금 호전된 시기였다. 쇠귀는 상금 3,300만 원 전액을 성공회대 장학 기금으로 기부했다. 다음은 쇠귀의 만해문예대상 수상 소감 중 일부다.

이번의 수상은 나로서는 기쁜 것이기보다는 상처가 되살아나는 아픔이었습니다. 행여 모순의 현장과 아픔의 유역을 비켜 가지 않았을까 하는 반성을 안겨 주었기 때문입니다. 그리고 개인적으로 나는 상을 받기보다는 벌을 받는 것으로 일생을 끝마치려고 하고 있기도 합니다. 벌을 받고 떠나는 삶이 우리 시대의 수많은 비극의 사람들에게 그나마 덜 빚지는 것이 아닐까 생각하기 때문입니다. 더구나 이러한 반성과 아픔을 다스릴 만한 세월이 내게 남아 있지 않습니다.

쇠귀는 2016년 1월 15일 21시 30분경 자택에서 별세했다. 쇠귀의 장례는 성공회대학교장으로 치러졌다. 혹독한 추위에도 16일

3,500여 명, 17일 4,000여 명이 조문했고, 영결식 당일에는 수많은 사람이 눈물 속에서 쇠귀를 떠나보냈다.

영결식은 18일 오전 11시 성공회대 대학성당에서 엄수되었다. 학교장으로 치러진 이날 영결식은 성당만으로는 자리가 좁아 성당 아래층 강당에 중계 화면을 띄워 놓고 진행되었다. 두 곳 모두 복도까지 추모객들로 가득 찼다. 영하의 기온에 눈발이 날리는 날씨에도 유족과 동료 교수, 제자, 일반 시민 등 1,000명이 넘는 인파가 모여 고인의 마지막 길을 배웅했다. 특히 당시 더불어민주당 대표였던 문재인 대통령은 전날 문상을 한 데 이어 영결식 당일에도 참석해 심심한 조의를 표했다. 방송인 김제동의 사회로 진행된 영결식은 성공회대 김기석 교목실장의 기도, 5인의 추도사와 추모 영상 시청, 유족 인사말, 가수 정태춘의 송별 노래(《떠나가는 배》) 순으로 이어졌다.

선생님의 75년 삶 그 자체는 한 편의 담론이었습니다. 이 시대 사람들에게 주신 그 언약, 이제 우리가 꽃으로 피워야 할 차례입니다. 오늘은 선생님과 이별의 자리가 아니라 언약의 자리입니다.(이재정)

벗이 된 수많은 나무들과 함께 서로 위로가 되어 주며 한 걸음씩 떼겠습니다. 그 먼 나라에서도 저희를 보아 주십시오. 살펴 주십시오. 쓰다듬어 주십시오.(고민정)

"이 세상 살아 있는 모든 것은 자연을 통해 영원으로 간다"는 셰익스피어의 말이 있습니다. 오늘 이 자리는 자연인 스승을 보내는 자리지만 반대로 영원한 스승 신영복을 맞는 자리입니다.(진영종)

쇠귀의 영정 사진과 운구는 9인의 더불어숲 회원이 맡았다. 쇠귀의 유해는 밀양의 영취산 남봉 산마루의 소나무숲에 수목장으로 안장되었다. 구로구와 성공회대는 쇠귀 서거 1주기를 맞아 성공회대 뒷산(천왕산) 일대에 쇠귀 '신영복선생 추모공원'과 '더불어숲길'을 조성해 공개했다. 2019년 1월 쇠귀 서거 3주기를 맞아 서울시와 구로구는 항동 소재 '푸른수목원' 내에 신영복을 기념하는 '더불어숲도서관' 건립 계획을 발표했다.

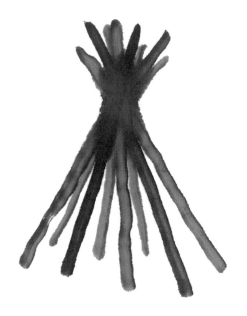

〈서도 관계론〉

쇠귀의 사상

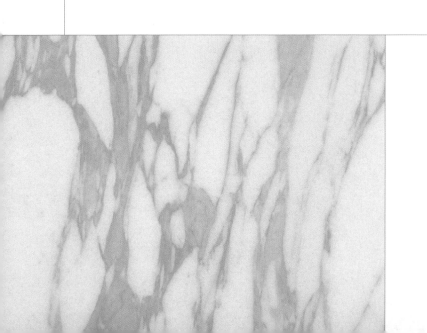

모든 사상은 기본적으로 기존의 관념으로부터 우리를 해방시키는 것이어야 하며, 궁극적으로는 개념적 인식으로부터 우리를 해방시키는 것이어야 한다.[강의, 460]

쇠귀를 널리 알린 『감옥으로부터의 사색』의 핵심 내용은 관계론적 인간학이다. 삶 자체의 파란만장함 때문인지 쇠귀의 사상에 대한 논의는 상대적으로 빈약하다. 쇠귀가 감옥살이 20년과 이후 삶을 통해 일관되게 이야기하고자 했던 것은 우리 사유 체계의 점검과 삶과 사상의 통일 문제였다.

쇠귀에게 사상이란 현실에 대한 압축적 인식이다. 인간의 현실 인식 자체가 자신의 사유 작용이라는 점에서 사상은 현실의 산물이다. 한 시대의 지배적 사상도 그 시대 상황의 산물일 수밖에 없다. 인간이 제대로 된 사상을 갖기 어려운 이유는 사상 자체가 난해해서가 아니라 그 사상이라는 것이 생활 속에서 실천됨으로써 비로소 완성된다는 사실 때문이다.[사색18, 360] 사상과 시대, 사상과 사회,

사상과 사람이 분리될 수 없다. 사상이 삶의 현장에서 분리되는 과정이 관념화이고 물신화다.[강의, 456] 매일매일 마주하는 일상과 마주치는 사람들과 맺는 관계 속에서 검증되고 구현되어야만 사상이라 할 수 있다.

동양인의 사유는 사상이라 하고, 서양은 흔히 철학이라 부른다. 사상(思想)이라는 한자는 마음 심(心)을 공유한다. 사상이란 '밭에서 일하며 서로를 생각하는 마음'이다. 복잡하고 추상적인 개념이 들어설 여지가 별로 없다. 반면에 철학(philosophy)이란 지혜(智)를 사랑(愛)한다는 의미다. 동양 사상의 기본 개념인 도(道)는 길이다. 길은 삶 가운데 있고 여러 사람이 밟아서 다져진 통로(beaten pass)다. 동양의 도란 결국 일상적으로 '걸어가며 생각하는 것'이다.[강의, 36] 선험적이거나 귀납적인 사유와는 거리가 있다. 사상은 일상생활이나 인간관계와 분리될 수 없다.

쇠귀가 동양 사상에 몰입한 이유는 오리엔탈리즘이나 옥시덴탈리즘과 무관하다. 동양 사상의 인간주의적인 특징에 주목한 것이다. 인간주의 사회란 그 사회가 인문학적 가치를 지향한다는 뜻이다. 인성의 고양을 최고의 가치로 설정하는 사회라는 의미다. 동양에서 삶의 최고 목표는 성인(聖人)이 되는 것이며, 모든 사람이 성인이 될 수 있다. 신이나 절대자 같은 초월적 가치를 상정하고 그 밑에 인간적 가치를 배치하는 구도가 아니다.[강의, 40~41]

쇠귀에 따르면 한 사람의 사상은 그가 주장하는 논리 이전에 그 사람의 연상 세계, 그 사람의 가슴에 있다.[냇물아, 65] 가령 평화, 통일, 자본주의라는 말을 생각할 때 관련된 어떤 사람이 아니라 추상적 가치나 개념만이 떠오른다면 자기의 사상은 없는 셈이다. 개인의 삶에 시대가 얼마나 들어와 있느냐가 사상을 평가하는 중요 기준이라는 말이다. 어떤 개념이나 말, 사건에서 떠오르는 연상 세계는 대체로 개인의 삶에 들어와 있는 '시대의 양'과 관련이 있기 때문이다. 쇠귀의 이러한 사상관은 긴 감옥살이에서 체득한 것이다. 김호기가 적절히 지적했듯이 쇠귀 사상의 근간은 인간 해방이다.

> 선생이 품고 있는 인간 해방 사상은 인간에 대한 따뜻한 시선과 현실에 대한 정치경제학적 분석이 변증법적으로 결합된 것이다. 이 인간 해방 사상은 추상적인 인간주의와 협애한 마르크스주의와는 사뭇 다르다. 그것은 인간의 얼굴을 강조하는 점에서 마르크스의 경직성을 넘어서면서도, 동시에 과학적 분석을 강조하는 점에서 추상성을 아우르는 구체성을 획득한다.[김호기, 읽기, 24~25]

이 책에서는 선비 정신과 마르크스주의, 동양 사상을 쇠귀 사상의 원류로 보았다. 가계로 전승된 영남 유림의 선비 정신, 대학 이후 식민지 반봉건 사회를 극복할 비전을 만들고자 하는 문제의식으로 공부한 마르크스주의와 한국 근현대사에 대한 새로운 인식, 감옥에서 만난 사람들과 동양 고전을 통해 얻은 각성을 밑바탕으로 새로 구성하는 성찰적 관계론이 그것이다. 쇠귀의 사상은 그의 주요 저작과 강연, 서화 작품에 잘 나타나 있다.

먼저 훈습된 선비 정신, 학습한 마르크스주의와 비판사회과학, 감옥에서 깨달은 관계론을 정리했다. 이어서 쇠귀 사상의 요체를 '성찰적 관계론'으로 재구성했다. '성찰적 관계론'의 구체적인 내용은 공부, 화동(和同), 양심, 변방 개념으로 정리할 수 있다. 쇠귀는 자신의 평생 화두에 대한 온축(蘊蓄)이라 할 수 있는 『담론』에서 인간은 공부하는 존재고, 그 공부의 목적은 나와 타자(세계)의 관계를 이해하고 발견하는 것이라고 했다. 이어 사람의 근본 바탕은 양심이고, 공부하고 실천하는 장은 변방이라고 했다. 서도 관계론과 쇠귀의 조선 역사와 사상에 대한 논의도 정리했다.

1. 사상의 형성

쇠귀는 '인생의 책'으로 『논어』, 『자본』, 『노자』를 꼽았다. 『논어』는 인간주의 선언이고, 『자본』은 자본주의 사회 구조에 관한 이론이고, 『노자』는 자연에 대한 최고 담론이라고 생각했다. [담론, 103~104] 『논어』와 『자본』은 사회관계를 중심에 놓았다는 점에서 공통점이 있다. 그리고 『노자』를 인생의 책에 넣은 이유는 반자연적 서구 문명을 극복할 전망을 찾고자 하는 문제의식과 관련이 있다.

쇠귀 사상의 궤적을 보면 왜 세 권의 책을 꼽았는지 짐작할 수 있다. 『논어』는 중국 최고의 고전이자 '인간관계론의 보고'고, 『자본』은 자본주의 사회의 인간관계를 규명한 최고의 책이다. 흔히 '도덕경'이라 부르는 『노자』는 기본적으로 인간의 욕망이 만든 '건축 의지'를 깨기 위한 책이다. 앞서 정리했듯이 쇠귀 사상을 형성한 세 축은 훈습된 유교적 사유와 선비 정신, 4·19혁명을 겪으며 학습했던 '마르크스주의와 비판사회과학', 감옥 속에서 각성을 통해 재구성한 '관계로서의 인간학'이다. 쇠귀가 꼽은 세 권의 책은 각각 훈습, 학습, 각성을 대표하는 책인 셈이다.

늘 타자를 배려하고 큰 그림을 보려는 쇠귀의 성향은 생득적이라 할 만하다. 유년 시절 붓글씨와 여러 유교 경전을 공부하는 과정에서 이웃이나 친구에 대한 관심과 양심의 목소리에 귀 기울이며 살아야 한다는 사실을 체득한다. 대학 2학년 때 '운명적으로' 4·19혁명에 참여하고 잠시 감격하기도 했지만, 그 혁명은 구체제의 머리를 날린 것이 아니라 모자만 날린 '실패한' 혁명이었다.

5·16군사정변으로 다시 '겨울 공화국'이 되었을 때 쇠귀는 당시 대한민국이 사실상의 '식민지' 상태라는 사실을 자각한다. 외세뿐만 아니라 분단과 식민성 문제에 대해서도 심각하게 고민한다. 과거 경험을 돌아보며 훈습된 역사관이나 생각을 비판적으로 극복하기 위해 공부를 시작한다. 그 연장선에서 쇠귀는 식민지반봉건사회론 혹은 사회주의 혁명 이론에 심취한다. 당시 마르크스주의는 인간 해방과 사회 변혁을 위한 비전이자 '사상 투쟁의 무기'였다.

쇠귀는 서클 활동을 통해 학생 사회의 의식화와 사상을 무장하는 데 힘썼다. 그 결과로 1년여의 사형수 시절을 포함해 20년간 감옥에 유폐되었다. 그리고 감옥에서 인간을 재발견하고 삶과 사상이 실천으로 통합되어야 한다는 소중한 깨달음을 얻는다. 절망 속에서 성찰과 반성, 각성을 통해 자신의 사유 체계를 돌아보고, 사상은 주변의 모든 인간과 더불어 실천하는 가운데 검증되고 진화해야 한다는 결론에 도달한다. 관념적 인간 이해와 이론 연역적 변혁 운동의 한계를 절감하고 진정으로 인간을 해방하는 방법에 대해 고민한 결과다.

쇠귀 사상의 기반은 대학에 입학할 때까지의 훈습된 유교적 소양과 선비 정신, 대학과 대학원을 다니며 치열하게 공부해서 축적한 마르크스주의 정치경제학과 감옥을 통해 각성한 성찰적 휴머니즘으로 정리할 수 있다. 훈습, 학습, 각성의 과정은 변증법적이다. 유년 시절 할아버지 사랑방에서 배운 붓글씨와 동양 고전은 주어진 조건이었다. 어린 시절의 문화적 경험은 평생 큰 영향을 미친다. 사람은 보고 듣고 배운 대로 생각하고 행동하게 마련이다.

쇠귀는 대학과 대학원에 다니면서 공부를 통해 기존의 인식틀을 재구성한다. 감옥에서의 면벽 명상과 인간관계를 실천하는 과정은 머리에 각인된 훈습과 학습된 세계를 넘어서는 과정이었기 때문이다. 정리하자면 쇠귀는 훈습된 성리학적 세계관을 기본 바탕으로, 대학 시절에 마르크스주의 정치경제학과 인간해방론을 체계적으로 학습했고, 감옥에서 훈습된 것과 학습한 것을 성찰하며 여러 부류의 사람과 만나면서 새로운 '성찰적 관계론'을 형성한다.

(1) 훈습: 선비 정신

우리들의 사상도 글이나 말로 표현된 것보다는 더 깊숙한 곳에 그것의 뿌리가 있습니다. 자기가 분명하게 의식하지는 못하지만 우리의 생각과 언설 속에 무의식중에 녹아 들어가는 그러한 정신적 연원이 있습니다.[담론, 410~411]

많은 사람이 쇠귀를 보면서 조선 시대의 선비를 떠올렸다. 시서화에 모두 능할 뿐만 아니라 언제나 단정한 자세와 절제된 언어로 선비 같은 삶을 살았기 때문일 것이다. 하지만 축구를 비롯한 운동과 노동을 즐기며 경우에 따라서는 잡기와 농담에도 능했다는 점에서는 조선 시대 선비와 차이가 있다. 선비 정신을 계승한 비판적 지식인의 모습이라 할 수 있다.

영남 남인 가풍과 조부의 조기 교육

실제로 쇠귀는 유교 가풍에 강한 영향을 받았다. 선택이나 판단이 개입될 여지가 없이 그의 기억 속에 각인된 여러 기억이 있었다. 성리학적 세계관 혹은 선비 정신이라는 쇠귀 사유의 바탕은 할아버지와 친구들, 아버지에 의해 형성된 후 이구영 선생과 조병호 선생의 훈도로 더 '숙성'된다. 숙성된다는 것은 훈습된 성리학적 사유의 봉건성을 비판적으로 극복한다는 뜻이다.

쇠귀의 집은 대가족이었다. 할아버지와 할머니, 아버지와 어머니, 누님 두 분과 형님 한 분에 남동생 하나, 때에 따라서는 친척 형제들도 함께 살았다. 자작농으로 살 정도의 농지가 있었고, 아버지가 초등학교 교장이었기 때문에 비교적 넉넉한 편이었다. 유지(油紙)를 펴고 그 앞에 꿇어앉아 붓글씨를 배웠던 할아버지 사랑방, 삼 형제 이름 다 부른 다음에야 간신히 '영복이' 이름을 찾아 부르던 할머니, 형과 다투면 형한테 대든다고 나무라고 동생과 다투면 동생 하나 거두지 못한다고 또 야단치던 어머니의 꾸지람도 쇠귀의 사회의식의 맹아(萌芽)를 키워 준 귀중한 자양(滋養)이었다.[사색18, 266] 어머니가 감옥으로 보낸 편지의 글씨체는 쇠귀 한글 서체의 바탕이 되었고, 감옥에서 『소학』을 읽다가 "불현듯 어머님께 종아리 맞아 보고 싶은 충동"[사색18, 343]이 가슴 가득 차오르기도 한다.

할아버지는 둘째 손자 쇠귀의 유년 시절 교육을 '전담'했다. 쇠

190

귀는 초등학교 6학년 때까지 할아버지 사랑방에 불려가 『천자문』, 『격몽요결』, 『소학』 등을 배우고 붓글씨를 연습했다. 할아버지 친구 분들의 푸짐한 칭찬을 듣기도 하고, 어느 봄날에는 남천강가로 '야유회'를 가서 활쏘기 구경을 하거나 모래사장에 글씨를 새기기도 했다. 이때 배운 초보 수준의 동양 고전이나 붓글씨가 대단할 것은 없었지만 그 정서는 훗날까지 쇠귀에게 큰 영향을 끼친다.[냇물아, 109] 쇠귀는 30여 년이 지난 뒤 옥중에서 붓글씨로 할아버지의 묘비명을 새로 쓰며 자기 내면에 자리 잡고 있는 당시의 기억을 새삼 떠올리기도 한다.

사랑방의 기억은 '추억거리' 이상으로 쇠귀가 사상을 형성하는 데 영향을 미쳤다. 감옥에서 『주역』을 읽을 때도 할아버지와 친구들이 새끼손가락을 뺀 네 손가락으로 8괘를 짚어 가며 이야기하던 기억을 떠올린다. 성리학 관련 책을 보면서 어린 시절 '우당탕탕'이라고 장난삼아 흉내 냈던 것'이 유학의 '족보'였다는 사실을 떠올린다. "제가 어릴 적에 할아버님으로부터 뜻도 모르고 자주 듣던 '요순우탕문무주공'(堯舜禹湯文武周公)이 알고 보니 바로 도통 계보였어요."[강의, 411] 할아버지의 유학자적 면모가 부친으로, 부친의 선비 정신과 민족주의가 쇠귀로 이어졌다.

유년 시절은 할아버지가 돌아가신 뒤 기억의 저편으로 묻힌다. 부친은 식민지 시대의 창백한 인텔리라는 자기 콤플렉스가 상당히 있던 분으로, 평생 벽에 기대어 앉지 않을 정도로 구도자적인 삶을 살았다.[손잡고, 254~255] 거짓말이나 농담이나 노래 같은 걸 할 줄 몰랐고, 가족과도 별 대화가 없었다. 식민지 시절 일본인 교장의 차별에 적극 반대하고, 위험을 무릅쓴 채 한글 연구 서클에 가담했다가 해직되기도 하고, 정치를 개혁하기 위해 참의원 선거에 출마하기도 했다. 쇠귀는 이런 부친과 판박이라고 할 만큼 닮았다는 것이 형이나 조카 등 주변 사람들의 이야기다. 어린 시절 쇠귀와 한동네에 살았던 고향 친구 정풍송의 회고다.

> 신영복의 깊은 학문과 폭넓은 사상은 바로 그런 아버님과 교육자 집안의 오랜 가풍에서 이어받은 것이라 믿는다. 보통 사람이라면 아예 자포자기하고 모든 것을 단념했을 그 오랜 세월, 만약 아버님을 비롯한 온 가족과 편지로나마 그렇게 대화를 나눌 수 없었고 신영복의 생각을 담아 주는 그릇이 없었더라면, 그런 초인적인 인내와 공부가 가능할 수 있었을까.〔정풍송, 읽기, 266〕

신학상 선생은 재야 한글학자였으며 역사학자였다. 식민지 시절에 한글 교육을 위한 교재를 만들었고, 밀양 부북초등학교 재직 시절에 해방이 되자 손수 작사 작곡한 '우리말 노래'를 아이들에게 가르치기도 했다. 나중에 월북하는 류렬, 이극로 등 한글학자들과도 일찍이 교류했고, 밀양 교육감으로 봉직할 때는 우리말『발음사전』(1955)을 편찬했다. 신학상 선생은 우리 역사에서 빛나는 세 사람의 밀양 출신 인물에 대해서도 깊은 관심을 가지고 연구했다. 임

---

1   쇠귀 누님의 기억에 따르면 그 노래의 가사 전문은 다음과 같다. "사천이백 일흔여덟 해 전에 단군님이 만들으신 삼천리강산 배우고 익히며 길이 받들어 만세 만세 만만세 / 해외에 계신 우리 동포여 싸워서 지하운동하셨으니 돌아왔네 우리 조선 무궁화강산 만세 만세 만만세."【옛 스승들의 회고, 읽기, 263】

진왜란 당시 대표적인 의병장이던 사명대사, 조선 사림의 종장(宗匠) 점필재 김종직, 식민지 시절 무장 독립운동을 주도한 의열단장 약산 김원봉이 그들이다.

사명대사는 신학상 선생 고향의 이웃 마을 출신이기 때문에 어려서부터 많은 이야기를 듣고 자랐다. 임진왜란 때 사명당의 활약이 과장되고 지나치게 와전된 나머지 사명당이 전우치나 홍길동 같은 가공의 인물인 것처럼 회자되는 것에 큰 아쉬움을 느낀 신 선생은 사명당의 삶과 사상을 조명해 역사 속의 실존 인물로 복원하기로 결심한다. 수십 년간 자료를 모으고 20년 가까이 집필에 힘을 기울였는데, 그 결실이 『사명당 실기』(1982)와 그 증보판이라 할 수 있는 『사명당의 생애와 사상』이다. 1994년 80대 후반의 노령임에도 436쪽에 달하는 『사명당의 생애와 사상』을 탈고하고 몸져눕는다. 숙원이던 의열단 연구는 마무리하지 못하고 이듬해인 1995년에 작고했다.

1990년에 나온 『김종직 도학사상』은 조선 시대 선비들이 절대적인 가치로 삼았던 '명분'과 '절조', '의리'의 도학 사상을 점필재 김종직을 중심으로 정리한 책이다. 김굉필과 조광조로 이어지는 개혁·진보 사림의 사상적 연원이라 할 수 있는 김종직을 재조명해 오늘날의 민족사적 과제를 돌아보고자 했다.[김선주, 1994]

쇠귀는 감옥에서 『사명당 실기』를 교열하고 표지 글씨를 썼을 뿐만 아니라 부친과 편지로 의견을 주고받았다. 쇠귀는, 역사 연구에서는 사회경제적 분석과 민중의 관점이 우선해야 한다고 부친에게 조언하기도 한다. 1984년 부친에게 보낸 편지를 보면 한영우가 쓴 『조선전기 사회경제연구』(1983)를 일독해 볼 것을 권하고 있다.

역사에 대한 사회경제적 분석이 특정 사상의 물질적 토대에서 비롯한 귀납적 인식을 주고, 그것에 대한 거시적이고 범주적인 이해를 뒷받침해 줌으로써 '나무는 보되 숲은 보지 못하는' 관견(管見)의 우(愚)를 막아 줄 수 있다는 이유에서였다.

> 저는 영남 지방의 유학적 사변보다는 호남의 민요에 담긴 생활 정서가 우리의 전통에 있어서 훨씬 더 크고 원천적인 부분을 이루고 있다고 느껴집니다. 김유신의 공성(功成)보다는 계백의 비장함이, 시조나 별곡체(別曲體)의 고아함보다는 남도의 판소리와 육자배기의 민중적 체취가, 그리고 무엇보다도 백제 땅의 끈질긴 저항이 오늘의 역사 인식에 있어서 각별한 평가를 받아야 마땅하다 싶습니다. 그래서 저의 관견(管見)으로는 점필재에 대한 연구의 범위를 그의 문하인 김일손(金馹孫), 김굉필(金宏弼), 정여창(鄭汝昌) 등의 사림파에까지 연장하여 훈구 세력에 대한 그들의 비판적 성격을 선명히 하는 편이 오히려 점필재의 사적(史的) 의의를 보다 온당하게 규명하는 것이 되리라 생각합니다.[사색18, 301]

사림파 전체의 개혁적 입장에 집중할 필요가 있다는 쇠귀의 생각은 훗날 조선 사상사를 정리하면서 명확히 드러난다('4. 사상사로 본 한국사' 참조). 쇠귀는 출소 후 부친이 작고할 때까지 서울 목동의 아파트에서 함께 살았다. 부친은 1990년 손자 지용이 태어나자 손수 천자문 카드를 만들어 한자를 가르치기도 했다. 쇠귀는 부친이 세상을 떠나기 직전까지 의열단 연구에 몰두하는 것을 보고 그런 연구는 후학에게 맡기고, 부친이 살아온 시대에 대한 '회고록'을 남기라고 제안하기도 했다.[옛 스승들의 회고, 읽기, 262]

노촌 선생과 정향 선생의 훈도

쇠귀는 1953년 중학교에 입학한 후 1968년 통혁당 사건으로 구속 될 때까지 학교라는 울타리 속에서 서구의 근대화 모델과 관련된 이론과 사상을 배웠다. 한국 역사와 민족 통일, 인간 해방이라는 과 제와 대면하는 것은 4·19혁명 때다. 박정희 군사 정권은 미국 경제 학자 로스토(Rostow, 1916~2003) 등의 근대화 모델을 신앙으로 삼고 달려가기 시작했다. 오로지 서양의 것을 진리이자 선이라 여겼고, 우리 것에 대한 최소한의 자부심도 허락하지 않는 식민성의 내면화 시기였다. 쇠귀는 이런 군사 문화에 대한 반발과 반성 속에서 우리 전통문화와 동양 사상에 관심을 갖기 시작했다.

주로 남한산성 육군교도소에서 보낸 감옥 초기 1~2년은 삶과 죽음의 경계를 넘나드는 깊은 침잠의 시기였다. 기결수가 되어 대 전교도소로 이감한 후 본격적으로 역사 공부와 동양 고전 읽기에 집중할 수 있었다. 쇠귀는 감옥의 독방에 앉아, 당시까지 집과 학교 에서 받은 교육과 한국 사회가 지향했던 가치 등 모든 문제를 근본 적인 지점에서 다시 생각하기 시작했다.[강의, 16] 당시 쇠귀가 부친에 게 보낸 엽서를 보면 본격적으로 한문 공부도 하고『18사략』,『열 국지』같은 역사서뿐만 아니라『시경』,『주역』등 사서삼경과『순 자』,『한비자』등 제자백가에 이르기까지 광범위하게 고전을 읽었 음을 알 수 있다.

1976년 쇠귀는 노촌 이구영 선생과 같은 방을 쓰게 된다. 감옥에서 같은 방에서 지내는 것은 같은 학교나 직장을 다니는 것과는 수준이 다르다. 하루 24시간을 함께 지내는, 그야말로 전면적인 만남과 교류다. 쇠귀는 노촌과 4년 이상을 '동거'했다.

노촌 선생님의 삶은 어쩌면 우리의 현대사를 압축적으로 보여 주는 삶이라고 할 수 있습니다. 이를테면 조선 봉건 사회, 일제 식민지 사회, 전쟁, 북한 사회주의 사회, 20여 년의 감옥 사회 그리고 1980년대 이후의 자본주의 사회를 두루 살아오신 분입니다. 한 개인의 삶에 그 시대의 양(量)이 얼마만큼 들어가 있는가 하는 것이 그 삶의 정직성을 판별하는 기준이라고 한다면 노촌 선생님은 참으로 정직한 삶을 사신 분이라 할 수 있습니다. 노촌 선생님의 삶은 어느 것 하나 당대의 절절한 애환이 깃들어 있지 않은 것이 없지만 그중의 한 가지를 예로 들자면 노촌 선생님을 검거한 형사가 일제 때 노촌 선생님을 검거했던 바로 그 형사였다는 사실이지요. 참으로 역설적인 일이 아닐 수 없습니다.[강의, 19]

노촌은 1920년 충북 제천에서 만석꾼 의병 집안의 자제로 태어났다. 조선 중기 4대 문장가의 한 분인 월사(月沙) 이정구(李廷龜, 1564~1635)[2]의 후손으로 부친과 숙부는 구한말의 대표 의병장인 유

2   조선의 문신으로 본관은 연안이다. 14세 때 장원급제해 명성을 떨치기 시작했다. 문장과 중국어에 능해 임진왜란 당시 명나라 사신이나 지원군을 접대할 때 중요한 역할을 담당했다. 이후 병조판서, 예조판서, 우의정, 좌의정 등 요직을 역임했다. 장유(張維, 1587~1638), 이식(李植, 1584~1647), 신흠(申欽,

인석(柳麟錫, 1842~1915)³과 이강년(李康秊, 1859~1908)⁴의 비서를 지냈다. 벽초(碧初) 홍명희(洪命熹, 1888~1968)⁵와 몽양(夢陽) 여운형(呂運亨, 1886~1947)에게 배웠고, 퇴계의 14대손인 한문학자 이가원(李家源, 1917~2000)과 함께 공부했다.

　　노촌은 1950년 9월 유엔군이 인천상륙작전을 개시하자 급하게 후퇴하는 인민군을 따라 북으로 갔다가 1958년 7월에 공작원으로 내려온다. 9월, 부산에서 일제강점기 시절 자신을 잡았던 그 형

1566~1628)과 더불어 조선 중기 한문사대가로 꼽힌다.

3　강원도 춘천 출신으로 본관은 고흥이고 호는 의암(毅菴)이다. 화서 이항로에게 글을 배웠다. 병자수호조약을 체결할 때 문하의 유생들을 이끌고 이를 반대하는 상소를 올렸으며, 을미사변 이후 의병을 일으킨다. 단양에서 관군과 전투를 벌이며 진군했고, 영월에서 의병장으로 추대된 뒤 충주에서 관군을 제압했으나 제천에서 패전한 후 만주로 망명한다. 1909년 연해주에서 13도의군(十三道義軍) 창설에 참여한 후 그곳에서 죽었다.

4　경북 문경 출신으로 본관은 전주고 호는 운강(雲岡)이다. 1880년 무과에 급제했으나 개화 정책에 불만을 품고 낙향한 후 잠시 동학 관련 의병을 이끌었다. 을미사변과 단발령이 이어지자 고향에서 의병을 일으켜 안동 관찰사를 죽여 기세를 떨치고, 제천의 호좌의진(湖左義陣)으로 들어와 유격장이 되었다. 1907년 제천으로 몰려든 여러 의병과 함께 제천의 천남에서 일본군을 크게 무찔렀다. 이후 일본군과 유격전을 벌이다 체포되어 1908년 10월 13일 교수형을 당했다.

5　충북 괴산에서 명문 사대부 가문의 장남으로 태어났다. 1906년 일본에 가서 신학문을 배웠고, 식민지 시절 『동아일보』 주필, 오산학교 교장을 지냈으며, 1928년부터 『조선일보』에 '임꺽정'을 연재했다. 1946년 조선문학가동맹 중앙집행위원회 위원장에 추대되었고, 1947년 민주독립당의 위원장으로서 평양에서 열린 남북연석회의에 참가해 그대로 머물렀다. 북한에서 부수상(1948), 조국평화통일위원회 위원장(1961) 등을 지낸 후 1968년 사망한 것으로 알려졌다. 김일성종합대학 교수를 지낸 국어학자 홍기문(洪起文)이 그의 아들이다. 쇠귀는 1998년 벽초 사망 30주기를 맞아 괴산에 건립된 홍명희 문학비 비문을 썼다.

사에게 다시 붙들려 22년간 옥살이를 하고 1980년 5월 20일에 가석방된다. 출소 후 이문학회를 만들어 후배들에게 한학을 가르치며 『호서의병사적』(1993), 『의병운동사적』(2002), 『의병운동사적 2』(2003), 문집인 『찬 겨울 매화 향기에 마음을 씻고』(2004) 등의 저서를 냈다. 감옥 동료인 심지연 교수가 대필한 '자서전' 『역사는 남북을 묻지 않는다』(2001)[6]에 그의 삶이 자세히 정리되어 있다. 권두에는 쇠귀와 노촌의 대담(「지나온 길 가야 할 길」)이 실려 있다. 노촌의 파란만장한 일대기는 지난 2004년 7월 KBS '인물현대사'를 통해 방영되었다.

쇠귀는 노촌과 함께 지내며 그가 몸소 겪은 현대사 이야기를 듣고 구술 과정에 참여하기도 했고, 『호서의병사적』을 번역할 때 옆에서 돕기도 했다. 이 과정에서 구한말 이후 격동의 현대사에 대한 생생한 경험담을 들었고, 동양 고전에 대한 독창적이면서도 깊은 안목, 서도의 필법과 정신뿐만 아니라 선비 정신을 바탕으로 한 삶의 자세를 배운다.〔냇물아, 112〕 노촌은 우리의 전통과 정서, 그리고 사람 관계에 대해서도 큰 깨우침을 주었다.

쇠귀가 태산준령(泰山峻嶺)과 같은 동양 고전의 세계를 정확하게 이해하고 핵심을 통찰할 수 있게 된 데도 노촌의 영향이 컸다. 감옥 초기 쇠귀의 동양 고전 이해 수준은 할아버지 사랑방에서 배운 한문 실력으로 경전을 읽고 자의(字義)를 해석하는 정도였다. 노

---

6   1998년 『산정에 배를 매고』라는 제목으로 개마서원에서 출판되었다가 곧 절판되었다. 2001년 쇠귀와 노촌 선생의 대담 서문을 담고 내용도 수정해 소나무 출판사에서 『역사는 남북을 묻지 않는다 ─격랑의 현대사를 온몸으로 살아온 노촌 이구영 선생의 팔십 년 이야기』라는 제목으로 재출간되었다.

촌과 지내며 주요 동양 고전의 핵심을 선별하고 독창적으로 읽을 수 있을 정도로 발전한다. 이 시기에 공감했던 부분과 추후 공부가 더 필요하다고 생각한 부분을 표시해 두었다가 다시 읽고 정리한 책이 『강의』다.

쇠귀는 노촌의 붓글씨에도 큰 영향을 받았다. 노촌의 글씨는 학문과 인격과 서예에 대한 높은 안목이 하나로 어우러져 이루어 내는 경지로, 서권기(書卷氣) 문자향(文字香)에 더해 역사와 인간에 바치는 애정이 무르녹은 서예 이상의 무엇이 있었다.[냇물아, 320]

감옥에서 서체와 필법을 가르쳐 준 사람은 정향 조병호 선생이다. 계룡산 신도안에 있는 정향의 집에 몇 차례 가 보기도 했던 쇠귀는 1982년 11월, 계수씨에게 보낸 엽서에 이렇게 썼다.

정향 선생님의 주변에서 가장 먼저 보게 되는 것은 '생활 전반'에서 고수되고 있는 완강한 전통의 자취입니다. 이것은 단순히 복고의 취향을 넘어선 것으로 풍진(風塵) 세상에 홀로 잠 못 이루어 뜨락에 달을 밟고 서 있는 지사(志士)의 불면(不眠)을 연상케 하는 것입니다. 전통의 고수가 흔히 완매(頑昧)한 보수가 되거나 파시즘의 장식물이 되던 사례(史例)도 적지 않았습니다만, 가장 보수적인 것이 가장 전위적(前衛的)인 역할을 담당하는 시절도 있을 뿐 아니라 농촌이 우리 시대에 갖는 의미도 그 지역적 특성에서 찾을 것이 아니라 우리의 전통이 가장 적게 무너진 곳이며 서풍에 맞바람 칠 동풍의 뿌리가 박혀 있는 곳이라는 데서 찾아야 된다는 사실도 귀중한 교훈으로 간직되어야 하리라 믿습니다.[사색18, 271]

정향에게서는 복고를 넘어서는 조선 선비의 완강한 자기중심성을 보며 그 '존대한' 자존감이 도도히 밀려온 서풍에 맞설 우리 문화의 뿌리가 박혀 있는 곳이라는 점을 새삼 깨닫는다.

쇠귀가 노촌 선생을 기억하고 그에게서 계속 배우고자 했던 것은 그의 따뜻한 품성과 '은은한 삶의 자세'다. 노촌은 누군가가 이치에 맞지 않는 황당한 주장을 하더라도 그 주장의 부분적인 타당성을 읽어 내고 그것을 적극적으로 인정했다. 불가피하게 반대되는 견해를 밝히지 않을 수 없거나 그 주장의 허점을 지적하지 않을 수 없는 경우에도 언제나 맞춤한 때를 기다렸다가 조용히 개진했다. 상대가 자기주장의 한계를 내심 자각하거나 자각하도록 시간을 가지고 유도한 연후에 그를 돕는 마음으로 이야기한다는 것이다.

대전교도소에 있을 때다. 어느 일요일 모두 교회에 가고 노촌 선생과 둘만 방에 있었다. 그 전날 즈음에 주먹싸움으로 문제를 해결하는 야쿠자 방과 지지부진하게 말싸움을 이어 가는 노인 방의 분위기를 두고 논란이 있었다. 노촌은 "노인 방이 시끄럽고 구질구질해서 지겹다"는 쇠귀의 말을 상기하며 정색하고 말했다. "문화적인 수준으로 본다면 노인 방이 야쿠자 방보다 훨씬 높다. 야쿠자 방은 한마디로 폭력 투쟁이고 노인 방은 이론 투쟁이다. 폭력 투쟁은 문제의 핵심에 접근하지 못하고 옳고 그름과 무관하게 힘센 놈이 이긴다. 지겹지만 서로 욕지거리 섞어 가며 주장에 주장을 거듭하다 보면 그래도 쟁점에 근접한다."[담론, 271~272]

노촌 선생이 몸소 보여 준 너그러움과 유연함, 절제와 겸손은 쇠귀가 지향하려는 인간상과 유사하다. 쇠귀는 노촌 선생이 뜻을 품고 강하게 실천하는 전통적인 지사(志士)로서의 선비상을 넘어서는 대중성과 예술성을 갖춘 사람이었다고 평가한다. 이는 쇠귀 자신의 모습이기도 했다.

(2) 학습: 비판사회과학

당시 마르크스-레닌 이론에 관한 연구는 철저히 터부였고 책도 별로 없었습니다. 그리고 6·25로부터 당시에 이르는 광범한 사상의 초토화 지대가 가로놓여 있었습니다. …… 그리고 당시 제3세계의 사회주의적 개발 방식과 계획 경제의 성과가 진보 지향적인 학생들의 의식을 과잉 규정했던 면도 있었다고 할 수 있습니다. 우리나라가 자본주의와 사회주의의 대치 상황에 있었기 때문에 분단 문제에 대한 관심은 당연히 사회주의 이론을 망라하게 됩니다. 해방 이후 정권의 정통성도 없었고, 식민지 경제 구조도 그대로 확대 재생산되고 있는 형편이었습니다. …… 이러한 정치적·경제적인 동기 이외에도, 마르크스-레닌 중심의 이론에서는 정치경제학을 비롯하여 철학적 논리, 역사적 관점, 인간의 소외 문제에 이르기까지 풍부한 지적 광맥을 만날 수 있었습니다.[손잡고, 88]

쇠귀는 경제학과 2학년이던 1960년, 4·19를 겪으며 분단된 한국 사회의 모순과 외세 문제를 절감하고 본격적인 '비판사회과학' 공부를 시작했다. 쇠귀가 공부한 '비판사회과학'이란 마르크스-레닌주의 이론, 러시아혁명과 사회주의 리얼리즘, 식민지반봉건사회론, 제3세계 사회주의혁명론, 한국 근현대사와 분단 체제 이론 등을 포괄한다.

1961년 군사 정권이 들어서자 분단 현실을 당장 타개하기는 어렵다고 보고 장기적인 '실천 운동'을 준비한다. 전위 운동에 필요한 사상 무장이 시급하다고 보고 다양한 독서 토론 서클을 조직한다. 당시 서클에서 논의한 주제들은 분단 문제, 미국의 한반도 전략과 신식민지 지배, 매판 자본 등 당면 과제부터 제3세계와 민족 해방, 사적유물론, 한국 근대사 등 광범위했다.

마오쩌둥의 「모순론」이나 「신민주주의론」 같은 논문을 번역해서 돌려 읽고, 고리키의 소설 『어머니』는 영문판으로 읽었다. 나중에는 누군가가 대학 노트에 깨알같이 번역한 『어머니』를 돌려 읽기도 했다. 때로는 안국동이나 동대문 일대에 있는 헌책방에서 해방 직후에 발간된 책들을 구해서 읽었다. 어느 날 일어판 『자본』을 광화문 네거리에 있는 고서점에서 발견하고 가진 돈이 없어 '예약'한 후에 어렵게 구하기도 한다.

1963년 쇠귀는 고민 끝에 대학원에 진학한다. 경제사, 이론 경제, 경제 정책 순으로 체계적으로 공부할 생각이었다. 당시 서울대 경제학과 커리큘럼은 케인스(J. Keynes, 1883~1946)로 대표되는 주류경제학, 성장론, 고용정책, 화폐금융론 등이 중심이었다. 마르크스 이론에 따라 자본 축적 구조를 설명하는 강의가 일부 있는 정도였고, 4·19혁명 직후 『자본』 원어 강독 수업이 개설되기도 했다. 서클의 일종인 학회에서도 슘페터(J. Schumpeter, 1883~1950)나 돕(M. Dob, 1900~1976) 등에 대한 논의가 있는 정도였다. 마르크스주의 관련 서적은 당시 도서관에도 없었기 때문에 대학이 변혁 이론을 논의할 수 있는 장이 되기는 어려운 여건이었다. 특히 5·16 이후에는 언론 등을 통해 극우 반공 이데올로기가 계속 유포되어 사람들의 적극적인 사유를 장벽처럼 가로막고 있었다.

노동력의 사회적 존재 양식 탐구

쇠귀는 대학원에서 논문을 통해 사적유물론을 바탕으로 자본주의 사회의 성격을 규명하고자 했다. 1964년에 제출한 석사 논문 제목은 「봉건제 사회의 해체에 관한 고찰―노동력의 사회적 존재 양식을 중심으로」다. 처음 제목은 「노동력의 사회적 존재 양식에 관한 고찰―봉건제 사회의 해체를 중심으로」였다. 지도 교수였던 최문환 학장이 난색을 표해 주제와 부제를 바꾸는 방식으로 제목을 변경하고 내용도 일부 삭제한다.[7] 쇠귀는 봉건제 해체의 동인이 아니라 노동력의 사회적 존재 양식의 변화에 따른 사회의 변동, 이행 문제를 규명하고자 했다. 쇠귀는 1992년 정운영과 나눈 대담에서 석사 논문의 의도와 의미를 이렇게 설명했다.

> 우리나라의 봉건제는 분석하지 못하고 서양 경제사를 중심으로 주로 스위지, 돕, 다카하시, 스즈키 등의 연구 논문들을 기초로 하여 봉건제의 해체 과정을 노동력의 사회적 존재 양식이라는 시각에서 정리한 것에 지나지 않습니다. …… 자본주

7 　그 밖에 주(註)도 다시 정리했다. 간접 인용한 부분을 해소하고 출처를 밝힐 수 없는 책의 경우 삭제할 수밖에 없었다. 실질적으로 박희범 교수의 지도를 받았지만[손잡고, 86] 제출된 논문을 보면 지도 교수는 최문환 교수로 되어 있다.

의 사회의 성격을 규정하는 것은 물론 자본의 성격입니다. 그러나 자본주의의 발전 과정이나 봉건제 사회의 성격과 그 해체 과정이 유럽과 판이한 우리나라의 경우에는 노동력이라는 관점을 도입하는 것이 필요하다고 생각합니다. 노동의 성격, 노동력의 사회적 존재 양식이라는 시각은 자본주의를 역사적 관점에서 인식할 수 있게 해 줄 뿐만 아니라 사회의 분석이 경제주의에 빠지는 것도 막아 주리라고 생각합니다.[손잡고, 87]

석사 논문은 당시 쇠귀가 공부한 내용의 '중간 결산'이라고 할 수 있기 때문에 상세하게 검토해 볼 필요가 있다. 논문은 서문과 본문 6장으로 구성되어 있다. 서문에서는 '노동력의 사회적 존재 양식' 연구가 필요한 이유를 설명하고, 1장(노동력의 사회적 존재 양식에 관한 고찰)~5장(봉건제 지대의 제 형태와 그것의 전환)은 본문에 해당한다. 결론 격인 6장에서는 영국을 중심으로 서유럽에서 봉건제 해체기에 농민의 사회적 존재 양식이 어떤 동인에 의해 어떻게 변화했는지 정리했다.

서문에서는 먼저 석사 논문의 관점을 명확히 밝힌다. 한 사회의 성격을 규정하는 것은 그 사회의 생산력을 담당하는 노동력의 사회적 존재 양식이며, 따라서 이 존재 양식의 변화가 동시에 그 사회의 성격을 변화시킨다는 전제가 그것이다. 이 논문은 이 전제를 입증하는 방식으로 전개된다.

1장에서는 마르크스의 저작을 중심으로 노동력의 사회적 존재 양식을 탐색한다. 쇠귀는 우선 역사학을 '인간의 실천적 발전 과정 설명을 임무로 하는 실증과학'이라고 규정한다. 역사에서 인간의 기본적 행위는 생활 수단, 즉 물질적 생활 그 자체의 생산이다. 우리가 과거 어느 시기를 이해한다는 것은 그 당시의 생산력, 생산관계 및 생산 원리와 이와 관련해 이루어지는 인간과 인간의 관계를 규명하는 일[석사 논문, 7]이다. 쇠귀가 말하는 '사회적 존재 양식'이란 한 사회에서 생산과 관련해 인간이 맺는 관계의 총체다.

논문은 마르크스의 『정치경제학 비판 요강』(Grundrisse der Kritik der Politischen Ökonomie, 1857) 서문[8]의 핵심 내용인 토대와 상부 구조에 대한 논의에서 출발한다.

> 인간은 그들의 생활의 사회적 생산에 있어서 일정한, 필연적인, 그들의 의지로부터 독립한 제 관계, 즉 그들의 물질적 생산 제력(生産諸力)의 어떤 특정한 발전 단계에 조응하는 생산관계를 맺는다. 이 생산관계들의 총체는 사회의 경제적 구조를 형성하는데, 이 현실적인 토대 위에 법률적 및 정치적인 상부 구조가 성립하여 그리고 이 기초에 사회적·의식적 제 형태가 대응한다. 물질적 생활의 생산 양식이 사회적, 정치적, 정신적 생활 과정 전반을 제약한다. 인간의 의식이 그들의 존재를 결정하는 것이 아니라 반대로 인간의 사회적 존재가 그들의 의식을 결정한다. 사회의 물질적 생산력들은 어떤 발전 단계에 이르면 그들이 지금까지 그 안에서 움직였던 기존의 생산관계

---

8   마르크스가 1857년에 집필한 독립된 글로 1903년 『신시대』(Die New Zeit)에 처음 발표되었다가 『정치경제학 비판 요강』에 실린다. 쇠귀는 영어판 '서문'(Introduction to Critique of Political Economy)을 인용했으나 정확한 출전을 밝히지 않았다.

들, 또는 이것의 단지 법률적 표현일 뿐인 소유 관계들과 모순에 빠진다. 이러한 관계들은 생산력들의 발전 형태에서 그들의 질곡으로 변한다.[석사 논문, 8~9]

쇠귀는 먼저 토대와 상부 구조의 관계와 관련해 성급한 '경제 결정론'으로 흐르는 것을 경계한다. '결정'을 단순한 '인과관계'로 이해하는 것은 많은 문제를 야기할 수 있기 때문이다. 쇠귀에 따르면 토대에 의한 결정이란 인과적인 것이 아니라 '기능적 관계'다. 여기서 기능이란 두 개 또는 그 이상의 가변체의 상호 의존성을 의미한다. 기능적 관계에서는 한 변수가 다른 한 변수의 조건이 되고, 하나의 변화가 다른 하나를 어떻게 변화시킬지 정확하게 예측하기는 어렵다는 점에서 변증법적이다. 기능이란 '움직이는 현실'(going concern)로서의 경험론적 체계다.

쇠귀가 이 점을 강조하는 것은 '봉건제 해체-자본주의 이행' 논의에서 인과적 토대 결정론에 빠질 위험성이 있기 때문이다. 가령 봉건 지대의 변화를 중심으로 봉건제 해체를 설명할 수 있는데, 그럴 경우 지대 제도 변화를 추동한 농민의 투쟁과 영주의 관계 변화를 보기 어려워진다. 역사를 해석할 때 우리는 두 변수 간의 인과적 결정 관계를 찾는 것이 아니라, 한 시대의 근본적인 사실을 그 현실적 생활을 생산하고 재생산하는 총체적 체계에서 고찰하고 정확히 평가해야 한다는 것이다. 총체적 체계란 달리 말하면 생산 양식이다.

자본이라는 것 그 자체도 단지 역사상의 생산·사회 관계의 일 표현에 불과하며 결코 상품이나 화폐와 동시에 주어지는 것은 아니다. 상품이나 화폐의 단순한 존재에서가 아니고 그 상품이 어느 정도의 사회적 생산 방법에 의하여 생산되고 있는가, 또 그 화폐가 어느 정도의 사회적 재생산을 매개하고 있는가라는 생산 양식의 관점에서 문제의 구명을 시도할 때만이 그것의 본질적인 양태가 파악되는 것이다. 나아가 그런 상품 생산의 노동력적 기초를 문제의 핵심으로 하는 경우에 훨씬 선명하게 이해되는 것이다.[석사 논문, 16]

2장에서는 한 사회의 경제적 이행의 의미에 대해 정리한다. 쇠귀는 한 사회의 이행 과정을 기존의 생산 양식이 새로운 생산 양식에 의해 대체됨으로써 사회의 생산 구조가 변화하고, 이에 부합하는 새로운 사회 구성체가 성립되는 광범한 내용을 포괄하는 것으로 본다. 사회의 이행 과정을 보면 몇 가지 양상이 나타난다. 첫째, 사회 제 부문 간의 불균등 발전 문제다. 둘째, 생산제력의 발전적 계승에 있어 그 중심 지역의 이동이 수반된다. 셋째, 낡은 생산관계가 강하게 형성되어 있는 중심부는 새로운 생산관계를 전개하는 과정에서 그것을 방해하는 질곡으로 작용한다. 결국 사회의 이행이란 신구 생산 양식의 상극과 교체, 그리고 이와 연관된 사회 구성의 변화를 의미한다.

이행기 생산 양식의 상극성은 생산관계를 통해 나타날 수밖에 없다. 생산관계란 생산 양식의 사회적 측면으로 계급 관계를 내포하기 때문이다. 요컨대 기본적인 생산 수단과 그에 따라 생산된 생산물을 '어떻게', '누구'가 소유하느냐 하는 문제가 양립할 수 없는 경제적 이해관계의 갈등으로 나타난다. 봉건제에서 자본제로 이행하는 과정에서 가장 두드러지는 측면은 부의 기본 형태가 토지에서 상품으로 이동한다는 점이다. 이 과정은 지극히 복잡하지만 핵심은 생산 수단의 소유자와 소유 방법 문제, 개인 소비재의 귀속 방식과 그것이 생산자의 노동력 재생산에 기여하는 정도 문제다.

쇠귀가 말하는 '노동력의 사회적 존재 양식'이란 이상에서 제기된 생산 수단의 분배 관계와 노동력의 재생산 방식 양면을 포괄해 분석하기 위한 개념이다.

3~4장에서는 봉건제 개념을 사회·법제적 측면과 경제적 기초 측면에서 정리했다. 봉건제는 서유럽에서 프랑크 왕국이 분열한 뒤 토지를 매개로 형성되었다. 봉건제는 군주와 세속 영주-교회 영주를 정점으로 하는 장원(莊園) 경제이며, 이를 근간으로 한 영주의 권력에서 그 핵심이 잘 드러난다. 쇠귀는 봉건제를 무한정의 경제 외적 강제력을 지녔던 영주와 그 지위와 역할이 시기적으로 달라지는 농민의 사회적 존재 양식(농민 노동력의 경제적 지위) 중심으로 파악하고자 한다.

5장은 봉건제를 압축적으로 파악할 수 있는 봉건 지대와 그 변화에 관한 논의다. 봉건 지대란 명목상의 토지 소유자인 영주가 토지 보유 농민 또는 차지 소작 예농(隸農)으로부터 잉여 노동, 잉여 생산물을 등가 교환 방식의 매개 없이 직접 경제 외적 강제에 의해 징수하는 부불(不拂) 잉여 노동의 표현이다.[석사 논문, 46] 이러한 봉건 지대는 역사적으로 형태가 달라졌다. 첫째, 부역(賦役)이라 부르는 노동 지대 또는 농노 지대다. 둘째, 공조(貢租) 형태의 생산물 지대다. 셋째, 금납(金納) 지대 혹은 화폐 지대다. 농노 지대로 시작해서 생산물 지대, 화폐 지대로 변해 가는데, 생산물 지대 단계를 거치지 않는 지역도 있다.

> 화폐 지대·금납 지대는 농민의 토지에의 속박을 해방하고 다시 그 율이 관습적으로 고정화됨에 따라서 소위 '고정지대'(rent of assize)로 진전한다. 농민은 이제야 화폐 형태의 일정 지대를 납부함으로써 생산물의 대부분을 직접 수취할 수 있게 되었다. 여기서 우리는 농민 부유화의 기조인 '배아적 이윤'(embryonic profit)의 성숙을 발견하게 된다. 이러한 의미에서 화폐 지대를 봉건적 토지 소유의 해체 형태(Anflösugsform)로 파악할 수 있는 것이다.【석사 논문, 52】

봉건제 시대의 변방이던 영국의 경우 13세기 말에 이르면 지대의 금납화가 대세가 되어 장원제가 실질적으로 해체되기 시작한다. 쇠귀가 금납화를 봉건제의 해체로 보는 이유는 농민이 영주 직영지에서 벗어나면서 인격적 예속 관계에서도 해방되기 때문이다. 노동 지대가 화폐 지대로 바뀌는 과정을 보면, 농민 스스로 바뀌 가는 경우와 '화폐에 굶주린 영주'에 의해 강제로 바뀌는 경우가 병존한다. 영국의 경우는 전자에 해당한다. 하지만 노동 지대가 화폐 지대로 바뀌었다고 해서 봉건제 자체가 근본적으로 달라진 것은 아니다. 화폐 지대도 여전히 봉건 지대기 때문이다.

6장은 이 논문의 결론으로, 봉건 지대가 화폐 지대로 바뀌고 농민의 사회적 존재 양식이 달라짐으로서 봉건제가 해체된다는 주장이다. 쇠귀는 이 논문에서 노동력의 사회적 존재 양식이 변하면 생산 양식과 사회 구성도 변할 수밖에 없다는 입장을 고수한다. 봉건제는 영주와 농민의 관계 변화, 농민 노동의 사회적 존재 양식이 변화함으로써 자본주의로 이행한다는 것이다. 그 변화는 '농노 해방'(bauernbefreiung)이라는 말로 표현할 수 있으며, 실제 변화를 이끈 힘은 농민 반란(peasant rising)[9]이었다.

영국에서는 빠른 지역의 경우 12세기부터 노동 지대가 화폐 지대로 전환되었다. 지대의 금납화는 영주와 농노 간의 계약을 의미하기 때문에 해방의 조건이 된다. 영국에서 금납화가 급속하게 진전된 이유 중 하나는 인구의 30퍼센트 이상이 감소한 '흑사병'(Black Death, 1348~1349)과 관련이 있다. 전염병으로 농민 인구가 급감한 데다가 일부 농민은 더 많은 수입을 얻기 위해 장원을 탈출한다. 영주들은 농민의 이탈을 막기 위해 1351년 '노동자법령'(The Statute of Labourers)을 제정하지만, 이 법령은 오히려 농민 봉기의 원인이 된다.

1381년 잉글랜드 전역을 휩쓴 '와트 타일러(Wat Tyler)의 난'[10]을 예로 들 수 있다. 동부의 '농노 에식스'(serf Essex) 투쟁과 켄트 지방의 '자유 켄트'(free Kent) 투쟁이 대표적이다. '농노 에식스'의 경우 농노제 폐지, 노동지대제 폐지, 저렴한 화폐 지대, 농민의 영업 자유 등 소상품 생산자로 변신하는 농민의 요구를 표방했다. 반면 '자유 켄트'의 경우 교회 재산 몰수, 토지 공동 이용권 회복, 노

---

9   논문에서는 '농민 일규'(農民一揆)라고 표현했다.
10 '농민 반란'(Peasants' Revolt) 혹은 '대봉기'(Great Rising)라고 부르기도 한다.

동자 처우 개선, 모든 토지의 균등 분배 같은 구호를 내걸었다.

농민 대봉기는 결국 진압되었지만 지대 금납화는 15세기까지 영국 전역으로 확산되었다. 이로 인해 농민은 부역 노동에서 해방되고 농민의 상품 경제가 발전함으로써 '민부'(民富) 형성 기반이 마련되었다. 결정적으로 중요한 것은 농민의 경제적 지위가 향상됨으로써 봉건적 구속으로부터 독립할 수 있는 가능성을 열었다는 점이다. 쇠귀는 농민이 자신의 이익을 옹호하고 농민 사상을 직접 수행하는 당사자로 성숙할 수 있었다는 점에 주목한다. 부역의 금납화 이후에 진행되는 것은 토지 보유 방식의 변화다. 직영지를 자가경작하는 것이 거의 불가능해진 영주들은 농지를 '단기 대부'하기 시작한다. 농민 중에는 자기의 계산에 따라 땅을 빌려서 농사짓는 차지 농업자(tenant)가 생기고, 이들 중 일부는 나중에 농업 자본가로 성장한다.

상품 경제의 발전은 결국 자영농을 대거 창출함으로써 영국에서 봉건제가 몰락하는 것을 부추긴다. 갈수록 고정 지대 수입이 줄어들고 화폐 가치도 계속 하락하자 영주는 더 이상 토지를 소유해야 할 이유가 없어진다. 결국 영주는 지대 수입을 포기하고 지대 징수권과 기타 봉건적인 모든 권리를 농민에게 매도함으로써 토지 보유 농민을 완전한 토지 소유자로 변신시킨다.

농민은 자유로운 토지 소유자로서 이미 차지료(借地料)의 지불 의무를 지지 않았으며 생산물의 대부분을 그들의 직접적인 생활 수단으로 사용하였으며 그 초과분이 상품으로 시장에 나오게 되었다. 요먼리(Yeomanry)"는 그 대표적 형태이다. 이처럼 생산력의 직접적인 담당자인 농민의 성격 전환이 봉건제 해체의 중핵을 이루고 있다. 자유 토지 소유 농민의 성립은 봉건적 생산관계의 붕괴이며 이 봉건적 생산관계의 붕괴야말로 봉건제 사회의 해체인 것이다.[석사 논문, 77~78]

12세기 이후 영국에서 화폐 지대의 정착, 상품 경제 발전, 장원 경제 변화 등 봉건제 자체가 크게 변화했지만 궁극적으로 봉건제는 광범위한 자기 토지 소유 농민이 등장하면서 해체가 본격화된다는 것이다. 토지 사유화와 농민의 사회적 존재 양식 변화가 봉건적 생산관계를 붕괴시켰고, 이후 복잡한 경로를 거쳐 자본주의로 이행한다는 것이 이 논문의 결론이다.

「봉건제 사회의 해체에 관한 고찰」은 우여곡절이 있었고, 쓰고 싶은 내용을 모두 담은 논문은 아니지만 청년 신영복의 비판사회과학 공부 결과를 명시적, 암시적으로 잘 담았다. 이 논문에 담긴 사적유물론에 입각한 역사 인식 방법, 농민 등 직접 생산자의 사회적 존재 양식(사회적 위상)에 근거한 사회 분석 체계, 토대와 상부 구조의 기능적·생성적 결정 관계 이해 방식, 상품과 자본이 주도하는 자본주의 체제의 본질, 새로운 변혁 운동 진지로서의 변방 등에 관한 사유는 이후 더 다듬어져 쇠귀 사상의 뼈대가 된다.

11 15세기 무렵 새로 성장하는 영국의 독립 자영농을 의미하는 요먼(yeoman)에서 나온 말이다. 16세기까지 부를 축적하지만 대체로 1차 '인클로저(enclosure, 종획) 운동' 시기에 궁핍화되거나 몰락하는 운명을 맞는다. 이후 최하층 귀족이자 하급 영주였던 젠트리(gentry)에 복속되는 경우가 많았고, 젠트리는 청교도혁명 이후 영국 역사를 주도한다고 볼 수 있다.

한국 경제, 종속 구조와 탈식민 문제

쇠귀는 석사 학위를 받은 뒤 숙명여대에서 '후진국개발론' 강의를 시작했고, 『청맥』 필자 모임에도 참여한다. 당시 박정희 정권은 로스토의 경제 발전 모델을 바탕으로 제1차 경제개발 5개년 계획(1962~1966)을 한창 추진하고 있었다. 쇠귀는 수출을 중심으로 하는 종속적·매판적 발전에 큰 문제의식을 가지고 있었다. 경우회 등 학회나 다른 대학 서클 지도 활동도 계속했다. 쇠귀가 필자 풀에 참여했던 『청맥』 1965년 12월호에는 「네이산 보고서 종합 비판 1」이라는 글이 실려 있다.[12] 이 글은 이렇게 시작된다.

나의 것, 우리의 것, 그리고 한국적(韓國的)인 것에 대한 열망과 모색은 매우 절실한 과제로서 제기되고 있다. 이는 과거 전근대적인 사고방식이 연면됨에 따라 수반되었던 가치 체계의 혼란과 사상적인 중립성의 권태 속에서 새로운 전환을 기도하는 의식적 자각이 이루어지고 있음을 의미한다. 그러나 이렇듯 계속된 열망과 모색에도 불구하고 우리는 정작 우리가 설 땅을 찾지 못한 채로 새로운 사상과 이념의 물결에 따라 표류

12 필자는 서울대 상대 경제평론가 김영(金英)이다. 글을 보면 당시 서울대 상대 대학원생(또는 졸업생)이 쓴 것임을 알 수 있다. 당시 서울대 상대에 김영이라는 사람이 있었다는 사실이 확인되지 않는다. 안병직은 김질락을 딱 한 번 만났지만 인상이 좋지 않아 이후 다시는 만난 일이 없다고 했다[안병직 편, 162]. 『어느 지식인의 죽음―김질락 옥중 수기』를 보면 쇠귀가 청맥사 사무실에서 김질락을 처음 만났을 때, "'네이산 보고서'라는 원고 때문에 여기 몇 번 왔다 간 일이 있습니다"[김질락, 98]라고 말하는 대목이 있다. 「네이산 보고서 종합 비판 1」이 『청맥』에 실린 유일한 「네이산 보고서」에 관한 글이다.

되어 온 것도 사실이다.[김영, 128~129]

「네이산 보고서」란 네이산 협회(Robert R. Nathan Associates)[13]에서 작성한 두 가지 문건을 의미한다. 첫 번째 보고서는 유엔한국재건단(UNKRA)의 요청으로 1954년 3월에 작성되었다. 외국인이 작성한 최초의 종합적 한국 경제 계획이다. 한국의 잠재적 가능성, 풍족한 원조의 필요성, 민주주의적 지도 역량을 전제로 한국 경제 재건 계획을 담고 있다. 두 번째는 1954년 5월 한국을 방문한 네이산 경제고문단(Nathan Economic Advisory Group)이 한국 정부에 제출한 경제 개발 계획 수립과 일반 경제 정책에 관한 그들의 연구 결과를 말한다. 일반 경제 계획, 산업 정책, 재정금융 정책, 국제 수지 및 기타에 이르기까지 광범위한 내용을 담고 있다.

「종합 비판 1」의 핵심 내용은 미국 학자들이 마련한 한국 경제 개발 계획의 적실성을 따져 보는 것이다. 문제의식은 두 가지다. 첫째, 경제 자립은 경제 계획 수립의 자유에서 시작된다는 점에서 경제 계획의 자유가 타의에 의해 유린될 때 국민 경제의 발전은 지연되고 선진국 경제에 예속되는 기형적 상황을 맞을 거라는 점이다. 둘째, 외국 전문가들이 한국 경제의 특수성을 얼마나 이해하고 있

---

13   네이산(Robert R. Nathan, 1908~2001)은 제2차 세계대전 당시 미 전시생산국기획위원회 의장, 미 상무성 국민소득행정정책임자, 미 통계협회와 미국 경제협회 및 경제개발협회 의장 등을 지낸 사람이다. 네이산 협회는 1946년 변화무쌍해진 경제 현상에 대한 전문적이고 기술적인 용역을 담당하기 위해 조직된 민간 단체다. 정부와 민간, 미국 경제와 국제 경제를 가리지 않고 모든 범위에서 조사를 대행하고 자문에 응해 정책 수립을 도왔다.

느냐 하는 점이다. 그들의 분석이 이론적이고 피상적인 수준에 불과하다면 이는 "위장 기능이 마비된 환자에게 베푼 허울 좋은 향연에 지나지 않고, 그들의 화려한 이론들은 결국 전시 효과를 유발해 어떤 의미에서는 소위 '풍요 속의 빈곤'을 강요하는 결과가 될 것" 【『종합 비판 1』, 130】이라고 보았다.[14]

쇠귀는 1966년에는 찰스 P. 킨들버거의 『외국무역과 국민경제』(Foreign Trade and the National Economy, 1962)를 번역한 후 2학기부터 육사 교관으로 근무한다. 킨들버거의 책은 예일대학 출판부에서 '비교경제학' 시리즈로 낸 소책자로, 국제 무역 관련 이론과 국제 무역에 영향을 끼치는 여러 요소에 대해 다각도로 검토한 것이다. 쇠귀는 원고료 때문에 번역한 책이라고 했지만, 박정희 정권이 '수출입국'을 기치로 세우고 경제 정책에 드라이브를 걸었기 때문에 당시 꼭 소개할 필요가 있는 책이었다.

킨들버거 교수가 이 책에서 규명하고자 하는 문제는 두 가지다. 첫째, 국제 무역에서 일국이 매매하는 상품의 성격과 양을 결정하는 요소는 무엇인가? 둘째, 외국 무역이 국민 경제 생활에 끼치는 영향은 무엇인가? 한 나라에서 수출입하는 상품을 결정하는 요인과 무역이 국민 경제 발전에 끼치는 영향을 따져 보겠다는 이야기다.

이 책은 모두 14장으로 구성되어 있다. 1장은 서론이고, 2~11장

14   이 논문은 이처럼 두 가지 문제의식에서 「네이산 보고서」를 심층 분석했다. 지면 관계상 2회로 나누어 분재하기로 한 글이다. 하지만 1부(문제 제기-예비적 고찰-「네이산 보고서」 주요 내용 전반부)에 이어 분재하기로 한 2부(「네이산 보고서」 주요 내용 후반부-분석적 고찰-결론)는 『청맥』지에 게재되지 않았다.

에서는 수출입 상품 결정 요인으로 운송비(2장), 천연자원(3장), 노동(4장), 자본(5장), 기술(6장), 자원 재배분 능력(7장), 전쟁·질병·파업 등 불규칙 발생 요소(8장), 독점 및 정부 간섭(9장), 사회주의 체제 사례(10장), 경제 발전 정도(11장)에 대해 검토한다. 12~14장에서는 무역이 국민 경제에 미치는 영향과 국민 경제 안정에 끼치는 영향, 국가 정치사회 생활에 끼치는 영향에 대한 견해들을 소개했다.

쇠귀는 이 책의 역자 후기에서 개발도상국에서 유달리 무역 부문만을 따로 떼 내어 이를 독립변수로 하는 이른바 기술론적 오류와 사치스러운 독단의 부당성을 경계해야 한다고 강조했다. 내부 기반을 상실한 외연(外延) 일변도(一邊倒)의 경제 확장에 대해 냉철하게 분석해 보고 무역이 갖는 의미와 비중을 다시 가늠해 보는 성실한 태도가 무척 아쉬운 상황이라고 보았다. 당시 한국이 대미 수출 증대에 목을 매는 상황을 염두에 둔 발언이었다.

대학원 시절 쇠귀는 한국 경제의 개발과 경제 정책 등 현실적이고 거시적인 자유주의 경제 이론에도 상당한 관심과 이해를 가지고 있었다. 거의 '유일한' 대학원생으로서 여러 교수의 연구 용역 등을 돕는 과정에서 자연스럽게 그렇게 되었을 수도 있다. 쇠귀의 은사인 변형윤 교수는 1988년 11월 쇠귀가 출감한 뒤에 열린 『감옥으로부터의 사색』 출판기념회에서 이렇게 말했다. "우리는 20년 전에 한 사람의 뛰어난 경제학자를 잃었습니다. 그러나 20년이 지난 오늘 우리는 한 사람의 위대한 사상가를 얻었습니다."[허문영, 159] 1969년 통혁당 관련 재판 때 증인으로 출석하기도 했던 이현재 서울대 명예교수는 쇠귀가 "파란 없는 평탄한 길을 걸었다면 평범한 실용주의적 경제학자의 길을 걸었을 것"[이현재, 읽기, 256]이라고 말하기도 했다.

자본주의, '상품 문맥'의 사회

대학과 대학원 시절에 형성된 쇠귀 사상의 핵심은 마르크스주의에 입각한 자본주의론과 제3세계 민족 해방 이론이다. 원조 경제 비판이나 국제 무역 등에 대한 관심도 제국주의와 제3세계의 경제 종속 문제를 제기하는 연장선에서 나온 것이다. 특히 대학에 입학한 후 '독학한' 마르크스주의 정치경제학과 실천적 휴머니즘은 쇠귀 사상의 근간이었다.

> 사회적 존재, 역사적 존재로서의 인간을 마르크스만큼 분명하게 이해한 사람은 없다고 생각합니다. 사회와 계급과 인간을 물론 등치시킬 수는 없는 노릇이지만 사회와 계급을 사상해 버린 인간, 즉 부르주아 휴머니즘의 한계와 허구를 뛰어넘은 실천적인 인간 이해는 마르크스에 의해서 비롯되었다고 봅니다. 인류사를 인간의 자기 소외 과정, 그리고 자기 회복의 관점으로 파악하는 것이 이를테면 마르크스의 역사철학적 관점이고 그의 휴머니즘입니다. 그래서 '실천적 휴머니스트'라는 표현을 썼던 것 같습니다. 마르크스의 삶과 사상은 인간의 자유와 해방을 위한 고투이자 그 결정(結晶)이라고 할 수 있습니다.[손잡고, 111]

쇠귀 사상의 핵심은 인간관계 중심의 성찰적 휴머니즘, 사회경제적 관점에 근거한 역사 인식, 자본주의 비판, 사회 변혁을 위한 실천 이론으로 정리할 수 있다. 쇠귀는 자본주의를 '상품'과 '자본'으로 '설약'(說約)[15]한다.【담론, 347】 자본주의 역사는 모든 대상에 대한 상품화의 역사이자 확대 재생산을 법칙으로 한 자본 축적의 역사다.

상품과 거래는 수천 년 전부터 존재했지만 상품 경제가 '생산 양식 전 체계를 관통'하는 것은 산업혁명 이후라고 볼 수 있다. 마르크스의 『자본』에 따르면 상품은 자본주의의 '세포'이며, 자본주의는 거대한 '상품의 집적'이다. 1차 산업, 2차 산업, 3차 산업, '4차 산업혁명' 등으로 자본주의가 고도화되면서, 자연과 인간을 포함한 이 세상에 존재하는 거의 모든 것이 상품이 되었다. 자본주의 사회에서 상품이 될 수 없는 것은 가치가 없는 것으로 여겨진다.

쌀 1가마＝구두 1켤레
구두 1켤레＝사람 1명

쇠귀가 자본주의를 설명할 때 즐겨 제시하는 등식이다. 상품은 흔히 사용 가치와 교환 가치의 총체라고 말한다. 자본주의 사회에서 말하는 가치는 교환 가치다. 교환 가치란 한 물건이 다른 것으로 교환될 때 그 비율을 말한다. 스스로 농사지은 쌀로 밥을 해서 먹을 경우 그 쌀은 어떤 가치도 갖지 않는 것으로 간주된다. 쌀을

15 복잡한 것을 시적인 틀에 담아 간명하게 요약함을 말한다. "안다는 것은 복잡한 것을 한마디로 요약할 수 있을 때, 다시 말하자면 시적인 틀에 담을 수 있을 때 비로소 안다고 할 수 있습니다. 맹자가 그것을 설약(說約)이라고 했습니다. 시는 설약의 전형이라고 할 수 있습니다."【담론, 57~58】

시장에 가지고 가서 상품으로 팔 때 비로소 가치가 발생한다는 의미다. 앞의 등식에서 구두는 쌀의 등가물이다. 구두는 쌀이나 밥과 관계가 없지만 동일한 것, 즉 등가물로 간주된다.

역사적으로 조개껍질, 담비 가죽, 면포, 금, 은으로 등가물의 지위가 변해 왔다. 등가물이 상품 교역권 내에서 보편적으로 쓰일 경우 일반적 등가물(general equivalents), 곧 화폐가 된다. 화폐는 상품의 아들이었지만 이제는 상품으로부터 독립해 그것을 지배하는 상품의 주인, 상품의 최고 형태로 군림한다.[담론, 351] 세상이 돈을 중심으로 돌아간다. 모든 상품은 화폐로 교환되기를 원하고, 화폐로 교환되지 못하는 상품은 아무런 '가치'도 갖지 못한다. 당연히 팔리지 않는 물건을 만드는 노동은 가치를 가질 수 없다. 등가물의 세계에서 모든 물건의 속성은 사라지고 교환 가치만 남는다. 결국 사람도 상품이 되고 인간의 정체성은 소멸한다.

상품이 화폐로, 화폐가 자본으로 발전하는 것이 자본주의의 전개 과정이다. 상품의 최고 형태가 화폐라면, 화폐의 최고 형태가 '자본'이다. 자본(資本, Capital)[16]은 스스로 증식하는 가치를 말한다. 모든 자본은 반드시 자본 축적으로 이어져야 존속할 수 있다. 그렇기 때문에 자본주의 역사는 자본 축적의 역사다. 쇠귀는 마지막 저서 『담론』에서 노동과 기계의 관계[140~147쪽], 상품과 자본 축적의 역사[360~377쪽]에 대해 상세하게 정리했다. 주요 내용을 요약해 보

---

16   자(資)는 자(滋)와 같은 의미로 '불어난다'는 뜻이다. '캐피탈'(Capital)은 '카푸트'(Caput)라는 소를 세는 단위(마리)에서 기원한 말이다. 소도 우유를 만들고 새끼를 낳는 등 계속 '증식'한다.[담론, 360]

면 다음과 같다.

　자본 축적은 자본의 기본 운동 법칙이다. 자본 축적 과정은 기계의 채용과 고도화 과정이기도 하다. 노동과 기계의 비율을 흔히 '자본의 유기적 구성'(OCC: Organic Composition of Capital)이라 부른다. 기계화가 진행될수록 유기적 구성이 고도화된다. 자본은 잉여가치율을 높이려고 하기 때문이다. 생산 과정에서 기계의 비율이 높아지면 자연스럽게 노동이 배제된다. 문제는 기계가 잉여가치를 생산하는 것이 아니라는 사실이다. 기계란 한마디로 '과거 노동'이기 때문이다. 생산 과정에서 기계가 하는 역할은 과거 노동을 생산물에 감가상각비의 형태로 이전하는 것이다.

　경제학에서 가치의 크기는 제품에 '투하된 노동시간'으로 정의한다. 노동자의 하루 노동시간은 필요 노동시간과 잉여 노동시간으로 구성된다. 필요 노동시간은 노동력의 가치를 생산하는 데 필요한 노동시간이다. 노동자가 지출하는 노동력을 재생산하는 데 필요한 시간이다. 쉽게 말해 4인 가족의 생활비다. 잉여 노동시간은 이 필요 노동시간을 초과하는 노동시간이다. 필요 노동시간과 잉여 노동시간이 각각 6시간이라고 한다면 노동력의 가치보다 6시간 더 많은 잉여가치를 생산한다(잉여가치율 100퍼센트). 잉여 가치를 늘리기 위해 노동시간을 3시간 연장할 경우 잉여 노동시간은 9시간이다(잉여가치율 150퍼센트).

　생산 과정에 기계를 도입하면 노동 강도가 경감되기 때문에 노동시간을 더 많이 연장할 수 있다. 동시에 기계는 노동 과정을 단축할 수 있어 필요 노동시간 자체를 줄일 수 있다. 필요 노동시간이 단축된다는 것은, 예를 들자면 지금까지는 생활에 필요한 물건을

6시간 일해야 만들어 낼 수 있었지만 이제는 기계를 사용해서 3시간 만에 생산할 수 있다는 뜻이다. 기계의 효율로 말미암아 6시간 걸리던 일을 이제 3시간 만에 처리할 수 있다는 것은 그 생산물의 가치가 절반으로 줄어들었다는 것을 의미한다. 다음은 노동이 가치의 원천이라는 사실을 알려 주기 위한 예화다.[『한겨레신문』 1990. 5. 3.]

시골에 사는 허 서방이 서울에 올라와서 양복점에서 일하는 둘째 아들한테서 양복 한 벌을 해 입었다.

"얘, 이 옷이 얼마냐?"

"20만 원입니다. 10만 원은 옷감 값이고, 10만 원은 품값이지요."

허 서방은 방직 공장에 다니는 큰딸을 찾아갔다.

"얘, 양복 한 벌 옷감이 얼마냐?"

"10만 원입니다. 5만 원은 실 값이고, 5만 원은 품값이지요."

허 서방은 이번에는 방적 공장에 다니는 작은딸을 찾아갔다.

"얘, 양복 한 벌 옷감에 드는 실 값이 얼마냐?"

"5만 원입니다. 2만 원은 양모 값이고 3만 원은 품값이지요."

허 서방은 도로 시골로 내려가 양을 키우는 큰아들한테 물었다.

"얘, 양복 한 벌 옷감에 드는 양모 값이 얼마냐?"

"2만 원입니다. 만 원은 양 값이고 만 원은 품값이지요."

양은 양이 낳고 양 값이란 양을 기르는 품값이다.

허 서방이 입은 20만 원의 양복은 결국 4남매의 품값이다.

양복 값 20만 원은 결국 공전+공전+공전+품삯+양이다.[17] 자연에 인간의 노동이 부가된 것이 상품이라는 이야기다. 물론 마르크스와 비슷한 방식으로 노동가치설을 쉽게 정리한 사례다. 미심쩍은 것은 재단사가 이용하는 재봉틀의 역할이 뭐냐 하는 점이다. 쇠귀는 양복과 똑같은 여행을 다시 시작한다. 30만 원짜리 부라더 미싱이 있다. 30만 원의 미싱 값은 부속 값 20만 원과 공전 10만 원이다. 부속 기계를 찾아서 기계 공작소, 제철공장을 거쳐 맨 나중에는 광산에 가야 한다. 부라더 미싱의 본질은 마찬가지로 노동+노동+노동+노동+철광석이 된다. 이렇듯 기계는 자연과 결합한 과거의 노동이다. 과거의 노동이 현재 양복 재단 노동에 투입되어 노동을 줄여 주는 것이다.

노동시간 단축을 통한 잉여가치 확대는 모든 자본의 기본 속성이다. 가령 지금 생산자들이 제품 1개를 6시간 만에 생산하는 데 제품 가격이 6만 원이라고 가정해 보자. 6시간이 사회적 평균 노동시간(사필노: 사회적으로 필요한 노동시간)이고 가격이다. 그런데 어떤 기업이 신기술을 채용해서 3시간 만에 제품을 생산한다면 어떤 결과가 일어날까? 그 제품의 시장가격은 여전히 사회적 평균 노동시

17　쇠귀는 복잡한 내용을 사람들이 알기 쉽게 예를 들어 설명하는 데 능했다. 생산 양식의 변화나 계급 투쟁의 역사에 대해서도 이 사례와 비슷하게 설명한다. 가령 이런 식이다. 원시 사회에서는 인간이 뛰어다니면서 자연을 채취하며 살았고, 좀 더 편하게 살기 위해 농사를 지었다. 농사짓는 것보다는 남이 지어 놓은 농작물이나 재물을 빼앗는 게 훨씬 수월했기 때문에 부족 간에 싸움이 생기고, 이긴 자는 지배자가 되고 진 자는 노예가 되었다. 그리스 문화만 하더라도 노예의 희생 위에 건설된 것이다. 이렇게 인간은 자연을 착취하는 데서 인간을 착취하는 방향으로 지능이 발달했다는 식이다.

간과 같은 6만 원에 팔리기 때문에 상품 한 개당 3만 원의 특별 잉여 가치(ES: extra surplus)를 얻는다. 모든 자본가는 ES를 취득하기 위해 기계 도입과 기술 혁신에 총력을 기울여야 한다. 기계와 기술에 대한 신화가 강화되는 이유다. 반대로 사필노보다 많은 시간을 들여 상품을 만들 경우 그 회사는 망할 수밖에 없다. 자본제 사회에서 무한 경쟁이 가속될 수밖에 없는 이유다. 여기서 우리가 깨달아야 할 것은 기계를 투입해서 버는 3만 원의 특별 잉여 가치(ES)는 생산된 것이 아니라는 점이다. 사실은 3만 원 가치의 물건을 사람들이 6만 원에 구입한 것이다.[담론, 141~145]

독점과 공황, 인간의 소외

'자본 축적은 노동을 소외(alienation)시킨다.' 이것이 자본 축적에 대한 1차적인 인문학적 선언이다. 10시간 소요되던 노동이 기계와 신기술 도입으로 2시간으로 줄어들 경우 노동시간이 단축되는 것이 아니라 8명의 해고로 나타난다. 지난 2017년 말 아디다스 스피드 팩토리는 제작 공정에 로봇을 도입해 600명이 일하던 회사의 노동자 수를 10명 안팎으로 줄인 바 있다. 10명의 노동자가 매년 50만 켤레가 넘는 운동화를 만든다. 노동 생산성이 높아질수록 노동이 소외된다는 사실은 역설적이다. 노동자는 해고로 소외될 뿐만 아니라 생산 과정에서도 소외된다. 자본 축적-기계화-자동화가 진행되면서 노동자는 자율성을 상실하고 기계의 보조자로 전락한다. 자기가 무엇을 만들고 있는지 알지 못하게 된다. 그뿐만 아니라 자기가 생산한 생산물에서도 소외된다. 강남의 빌딩을 지은 노동자가 그 빌딩을 이용할 일이 없고, 실크 블라우스를 만든 여공이 그 옷을 입을 일은 거의 없다.

　이렇게 자본 축적은 노동 계급을 '궁핍화' 한다. 궁핍화란 소비 수준이 하락해 가난해진다는 뜻이 아니다. 일반적으로 자본주의의 전개 과정은 소비의 증대 과정이고 물품 가격 하락과 '풍요로운' 소비로 나타난다. '궁핍화' 란 사회 내에서 노동의 지위가 약해져 자율성을 상실하고 종속된다는 의미다.[담론, 365~366]

　자본 축적 과정에서 모든 생산은 '재생산 과정'이며, 재생산은 필연적으로 '확대 재생산'을 지향할 수밖에 없다. 단순 재생산이든 확대 재생산이든 재생산 과정이 지속되기 위해서는 여러 생산 부문 간의 균형이 필수적이다. 하지만 한 나라 혹은 전 세계의 생산자들은 각자가 자신의 판단에 따라 물품을 생산하기 때문에 수요와 공급의 불균형이 누적될 수밖에 없다. 그 불균형이 상당한 수위에 도달할 때까지 모순은 잘 드러나지 않는다. 중간의 유통업자들이 물품을 저장, 관리하며 균형을 맞추려 하기 때문이다. 하지만 일정 시간이 흐르면 누구도 감당할 수 없을 정도로 불균형이 누적된다. 그 불균형은 공황으로 터진다. 국가를 앞세운 독점 자본은 전쟁 같은 엄청난 파괴를 통해 생산과 소비의 불균형을 조정한다. 이 과정에서 약한 자본이 탈락하면서 독점이 진행된다. 자본주의 역사를 보면 이러한 공황이 대체로 10년 주기로 일어났다. 전쟁과 군수 물자 생산, 재정 지출이 유력한 공황 수습 대책이었다. 1919년에 제1차 세계대전이 끝났고, 10년 후인 1929년에 대공황이 발발한다. 10년 후인 1939년에 제2차 세계대전이 일어났고, 10년 후인 1950년 한국전쟁이 일어난다. 1960년대가 되면 베트남전쟁이 시작되고, 1970년대에는 1, 2차 석유 파동으로 세계 경제가 다시 공황 상태에 빠진다. 1980년대에 레이건과 대처가 등장해 신자유주의의 기치를 든다. 1989년에는 동구권 사회주의가 붕괴되었고, 1990년에는 걸프전쟁이 일어난다. 미국은 2003년에 이라크를 침공했고, 2008년에는 리먼브라더스사 파산으로 금융 위기가 세계화된다. 이처럼 자본 축적 과정은 주기적인 공황 그리고 전쟁과 짝을 이룬다. 공황은 취약한 자본을 파산시켜 독점화를 부추긴다.[담론, 374~376]

헤게모니를 장악한 독점 자본이라 하더라도 독점 단계에서는 독점 이윤을 동일한 독점 부문에 재투자하기는 어렵다. 추가로 생산을 확대할 경우 독점 가격을 유지할 수 없기 때문이다. 이런 상황을 타개하기 위해 독점 자본은 국내 공공 부문의 민영화를 지속적으로 압박하는 동시에 소매업 같은 비독점 경쟁 부문에 대한 투자를 늘린다. 공공 부문의 민영화는 시간문제일 뿐이고, 비독점 경쟁 산업 부문은 동일한 과정을 거쳐 금방 독점화된다. 인터넷 중심의 초거대 유통 기업 아마존(Amazon), 거대 자본이 장악한 한국의 대형 마트(SSM)와 24시간 편의점이 전형적인 사례다. 독점 자본은 동시에 해외에서 투자처를 찾고자 한다. 제국주의 시대에는 식민지 쟁탈전으로 나타났고, 인터넷이 보편화된 뒤에는 국가별 규제 철폐로 전 세계를 단일 시장으로 재편하려 하고 있다.

쇠귀는 자본의 본질이 '증식'이라는 점을 계속 강조한다. 우리 모두가 모든 것을 증식이라는 그릇에 담는 '자본 문맥' 속에서 살고 있다는 점을 환기하기 위해서다. 자본주의 사회에서는 정부나 기업, NGO나 개인 할 것 없이 모두 증식 강박증 속에서 산다. 집값은 올라야 하고, 경제는 계속 성장해야 한다. 모든 조직은 팽창해야 하고, 회사도 계속 발전해야 한다고 생각한다. 자본 권력은 생산과 소비를 장악한다. 나아가 시장을 장악하고, 국가를 장악하고, 세계 체제를 장악한다. 쇠귀는 이러한 상황을 빗대어, 춘추전국시대를 법가가 통일했다고 한다면 근대 사회는 자본가가 통일했다고 말한다.[담론, 360] 자본주의 사회에서 우리는 상품 문맥에 갇혀 산다. 상품 문맥은 상품 소비와 상품 미학에서 삶의 의미와 즐거움을 찾도록 우리를 강박한다. 인간으로서의 정체성이 붕괴될 뿐만 아니라 미의식마저도 왜곡된다.

쇠귀에 따르면 이러한 자본주의 문맥에 대한 이해와 극복 대안이 없는 사상은 공허한 것이다. 쇠귀의 성찰적 관계론은 자본제 사회에서 기계를 보조하는 도구로 전락해 가는 인간을 회복하기 위한 담론이자 자본주의 이후 사회를 위한 새로운 문명 담론이다. 그렇기 때문에 상품과 화폐, 자본에 대한 우리의 인식을 재구성하는 작업이 근대 사회에 대한 인문학적 관점의 시작이라는 것이다.

(3) 각성: 존재와 관계

콘크리트의 긴 복도를 울리는 철문 소리는 그동안 우리들이 얼마나 많은 것들을 잊은 채 살아왔던가를 깨우쳐 주고 있습니다. 밤중의 정적을 부수는 금속성은 우리들의 안주해 온 타성을 여지없이 깨뜨리고, 머릿속에, 가슴속에, 혈관 속에 잠자던 수많은 세포들을 또렷이 깨어나게 해 줍니다. 새벽의 바람처럼 우리의 정신을 곧추세워 줍니다.[사색18, 344~345]

쇠귀는 남한산성 육군교도소에서 다른 사형수들과 함께 감옥살이를 시작한다. 사형수 시절은 죽음과 대면하는 시간이었다. 감옥이 구도를 위한 선방(禪房)일 리 없지만 쇠귀는 그곳을 청정 도량으로 삼아 20년을 살았다. 사형수 시절 쇠귀는 동토에 묻힌 한 알의 씨앗도 열매를 얻을 수 있다[엽서03, 71]는 생각으로 버틴다. 무기징역이 확정되면서 본격적인 '사색'과 '성찰'이 시작된다.

"사람은 한 그루의 나무다."

쇠귀가 남한산성에서 쓴 마지막 글을 보면 자신의 내부에 한 그루의 나무를 키우려 한다는 대목이 있다. 그 나무란 숲도 아니고 상록수도 못 되지만 언젠가 외부를 향해 가지를 뻗을 것이다.[사색 18, 68] 인간은 사실 나무와 같은 존재다. 쇠귀는 자기가 던져진 곳의 바람과 물과 토양 속에서 자신을 키워 갈 수밖에 없다는 사실을 겸허하게 받아들이며 무기징역을 시작한다.

"깨달음과 공부가 살아가는 이유였다"

쇠귀가 감옥에서 '자살하지 않은' 이유는 겨울 독방에 매일 두 시간씩 옥방을 비추는 신문지 크기만 한 햇볕 때문이었다. '살아간' 이유는 매일매일 생활 속에서 건져 올리는 깨달음 때문이었다. 2~3년 후에 출소하는 단기수와 무기수의 징역살이는 다를 수밖에 없다. 전역을 앞둔 군인들이 세월을 보내듯 단기수는 달력에 하루하루 날짜를 지워 가며 출소할 날만을 기다리게 마련이다. "무기수는 출소 날짜가 정해져 있지 않기 때문에, 하루하루가 뭔가 살아갈 의미가 있어야 해요. 결과적으로 인생이란 게 그런 게 아닌가 해요. 삶 자체가 과정이 아름다워야 하고, 뭔가 자부심을 느낄 수 있어야 하고,

깨달음도 있어야 하고……. 그래서 아마 무기수라는 어쩌면 굉장히 절망적인 상황이 인생에 대한 또 다른 시각을 열어 주기도 하지 않을까 그런 느낌을 가지게 됩니다."[김정운, 186~187]

무기수에게 교도소는 순간순간을 버텨야 하는 공간이다. 버티는 일이 삶의 전부가 되는 셈이다. 매일매일 자기가 살아야 할 이유를 찾지 못하면 버티기가 어렵다. 매 순간 깨어 있어야 한다는 깨달음 이후 쇠귀에게 감옥은 '대학'으로 변한다. 과거를 만나는 역사학 교실이고, 여러 부류의 사람을 만나는 사회학 교실이자 사람 관계의 본질을 배우는 인간학 교실이었다. 감옥을 대학으로 바꾸는 일은 밀폐된 공간을 무한히 열리는 공간으로 만드는 일이기도 했다. 부단한 성찰과 자기 부정의 노력 없이는 불가능한 일이었다.

나의 수형 생활 20년 가운데 …… 이 5년간의 독방 시절에 열중한 것 중의 하나가 명상이었다. 구속, 취조, 재판, 언도 등 불안과 초조로 점철된 나날을 거치는 동안 피폐해질 대로 피폐해진 심신을 다시 조각 모음 하듯 정리하고 싶기도 했고 무엇보다 명상이 가져다줄 지극히 명징(明澄)한 정신의 영역에 대한 기대도 없지 않았기 때문이다. 그러나 명상이 그러한 정신 영역으로 인도해 주지는 않았다. 무념무상의 어떤 지점에서는 우주의 정보 체계와 소통하는 극적 체험도 가능하다는 매력적 이론에도 불구하고 나로서는 무념무상의 단계에서부터 실패를 거듭하지 않을 수 없었다.[냇물아, 101~102]

쇠귀가 독방에서 처음 시도한 것은 명상이다. 하지만 명상을 통해 노장이나 불가에서 말하는 무념무상이나 깨달음의 세계로 나아갈 수는 없었다.

유학자들은 배움(學)이 일정 수준에 오르면 만물의 이치를 이해할 수 있게 된다고 본다. 『논어』의 '학이시습지'(學而時習之)나 '학즉불고'(學則不固)에서 말하는 배움(學)이란 노력하면 누구나 도달할 수 있는 경지다. 조선 시대 선비들은 누구나 고전을 수백 번 수천 번 읽으며 이치를 터득하면 자신의 협소한 울타리를 벗어나 세상사의 이치를 이해할 수 있다고 생각했다. 쇠귀도 감옥에서 『천자문』 주해를 읽으며 다독(多讀)이 문리(文理)를 터득하는 방법이라는 사실을 깨닫는다.[사색18, 99]

유교에서 말하는 학(學)의 세계와 노장이나 불가 쪽에서 이야기하는 도(道)나 각(覺)의 세계는 확연하게 다르다. 『노자』 첫 구절에서 말하듯, 도라고 말할 수 있는 도는 참된 도가 아니다. 『장자』에서도 "무릇 도는 정황이 있고 믿을 만한 실재가 있지만, 행위가 없고 형체가 없으니, 마음으로 전할 수 있지만 받을 수 없고, 터득할 수 있지만 볼 수 없다"(「대종사」大宗師 9절)고 말한다. 도를 전하거나 알려 준다고 깨칠 수 있는 게 아니라는 말이다. 불가의 깨달음도 마찬가지다. 중국 선종의 여섯 번째 계승자인 육조(六祖) 혜능(慧能, 638~713)[18]은 나무꾼이었다. 어느 날 나무를 지고 저잣거리를

---

18   선종의 제6조이자 남종선(南宗禪)의 시조다. 광둥성에서 태어나 세 살 때 부친을 잃고 가난하게 자랐다. 24세 때 황매산(黃梅山)에 있던 선종의 5조(五祖) 홍인(弘忍, 601~674)을 찾아가 가르침을 받고, 나중에는 홍인으로부터 선법(禪法)을 물려받아 선종의 6조가 되었다. 중국의 선종은 달마(達磨)를 시조로 혜가(慧可), 승찬(僧璨), 도신(道信), 홍인, 혜능으로 이어진다. 『육조단경』(六祖壇經)

걸어가다가 누군가가 암송하는 『금강경』(金剛經)의 한 구절을 듣고 깨달음을 얻는다. "응당 머무름이 없이 그 마음을 내어야 한다."(應無所住 而生其心) 『금강경』의 문자를 이해하고 암송하는 것과 그걸 통해 깨달음을 얻는 것은 별개의 문제다. 언어는 방편일 뿐, 깨달음의 세계는 불립문자(不立文字)다.

참선 수행과 대오(大悟) 각성의 과정은 일반인 입장에서 이해하거나 따라 하기 어렵다. 언어와 논리의 세계가 아니기 때문이다. 일찍부터 인간의 본질이 관계(關係)라는 사실을 절감한 쇠귀는 불가에서 세상 자체를 무상함의 세계로 보고 개인 중심으로 깨달음을 추구하는 점을 받아들이기 어려웠다. 쇠귀는 불교의 모든 생명에 대한 존중 사상에는 공감하지만 모든 존재가 무상하다는 선언에는 선뜻 동의하지 못한다.

> 모든 존재를 연기(緣起)로 파악하는 것이면서 동시에 모든 존재를 연기(煙氣)처럼 무상한 것으로 보고 있다는 사실입니다. 불교 사상은 모든 생명과 금수초목은 물론이며 흙 한 줌, 돌멩이 한 개에 이르기까지 최대의 의미를 부여하는 화엄학이면서 동시에 모든 생명의 무상함을 선언하고 있습니다. 화엄과 무상이라는 이율배반적인 모순이 불교 속에 있는 것이지요. 모든 사회적 실천과 사회적 업적에 대하여 일말의 의미 부여도 하지 않는 무정부적 해체주의로 나타날 수 있는 것이지요.[강의, 478]

은 혜능의 설법들을 모아 편찬한 책이다.

불교에서 말하는 깨달음이란, 만물은 구름이나 포말처럼 끊임없이 변전하는 실체 없는 대상이라는 것(諸行無常), 이 세상은 인연의 연쇄일 뿐 나라는 존재는 없다는 것(諸法無我)을 자각하고 생사의 고통과 윤회에서 벗어나 일체의 욕망이 '꺼진 상태'(nirvana)에 이르는 것(涅槃寂靜)을 의미한다. 만물이 인과의 연쇄에 있기 때문에 모든 존재가 소중하다는 이야기와 세상 만물이 풀잎의 이슬이나 떠도는 구름처럼 무상하다는 선언은 이율배반적이다. 반사회적이고 무책임한 사상으로 전락할 수 있다. 쇠귀의 생각과 불교 사상이 갈라지는 지점이다. 쇠귀는 깨달음의 의미를 명상적으로만 해석하는 것을 하나의 이데올로기로 본다.[강의, 477]

공자가 이야기하는 배움과 깨달음은 보통 사람이 노력으로 도달할 수 있는 세계다. 누구나 궁리(窮理)를 해서 문리가 트이면 일정 경지에 오를 수 있다. 쇠귀는 깨달음을 얻기 위해서는 다양한 수평적 정보들을 수직화하는 능력이 필요하다고 본다.[손잡고, 341] 가령 숟가락은 밥 먹는 도구라는 말을 듣고, 삽은 땅을 파는 도구이며, 망원경은 멀리 보기 위한 도구라고 생각하는 것이 수평적 정보의 집적이다. 이러한 도구들을 떠올리면서 '인간이 만든 모든 도구는 인간의 확장이다'라고 생각한다면 정보의 수직화이고 깨달음이다.

선(禪)이란 단순하게(單) 보는 것(示)이다. 참선이란 수행을 통해 존재의 내면에 침잠함으로써 본질 직관적으로 세계를 이해하고 절대적 공의 세계로 나아가는 것에 가깝다. 마하가섭(摩訶迦葉)의 미소나 암묵지(暗默知)의 세계와 비슷하다. 이렇듯 불가에서 말하는 각성은 쇠귀가 말하는 관계 인식으로서의 깨달음과는 전혀 다른 세계다. 하지만 쇠귀는 붓다가 말하는 연기(緣起)로서의 세계, 화엄

(華嚴)으로서의 인간 그리고 늘 깨어 있어야 한다는 정신에 대해서는 충분히 공감했다.

"나는 내가 겪은 사람과 일의 집합이다"

쇠귀는 관념으로 '새로운 세상을 여는' 불교의 깨달음에 도달하는 것이 불가능하다는 사실을 깨닫고, 나름대로의 명상법을 찾는다. 머리를 비우고 새로운 것이 채워지기를 기다리는 것이 아니라 반대로 누적되어 있는 머릿속의 기억들을 하나씩 불러내서 성찰하는 '추체험' 방식이다. 살아오면서 겪은 일들을 하나하나 불러내어 다시 생각해 보는 것이다. 쇠귀는 네 살 유년 시절까지 기억을 거슬러 올라갈 수 있었다.[담론, 413] 추체험을 하며 자신의 정체성이라는 것이 어린 시절부터 만난 사람, 겪은 일들의 집합이라는 사실을 깨닫는다. 그러한 사람이나 일들과 분리된 자신만의 정체성은 없다고 확신한다.

명상에서 매번 깨닫는 것은 참으로 놀라운 것이었다. 지극히 사소한 사건, 이를테면 이웃 간의 다툼이나 아이들의 싸움이라고 여겼던 것들이 실상은 해방 전후의 치열했던 정치적 성격을 띠고 있었다는 사실을 뒤늦게 발견하기도 하고, 또 잠시 스치듯 만난 사람임에도 불구하고 내 의식의 깊은 곳에 잠재되어 지속적으로 나를 적시고 있는 사람이 있는가 하면 반대로 오랫동안 함께했지만 의외로 내 속에 남아 있는 그의 얼굴이 지극히 작은 경우도 얼마든지 있었다. 물론 큰 것과 작은 것이 전도(顚倒)되어 있기도 하고, 나 개인의 호오(好惡)가 과도

하게 개입되어 있기도 하고, 다른 사람들의 상투적 관점이 나를 대신하고 있기도 하지만, 독방의 면벽 명상은 최종적으로는 우리의 현대사에 대한 새로운 독법(讀法)과 나 자신의 정체성에 관한 것으로 귀결되고 있었다고 생각한다.〔냇물아, 102~103〕

쇠귀는 5년여의 면벽 명상을 통해 자신만의 고유한 정체성은 없다는 사실, 자신 속에는 자신이 살아온 대한민국 현대사가 깊숙이 들어와 있다는 사실을 깨닫는다. 쇠귀의 명상은 자신의 과거 일들을 추체험하는 단계에서 자신의 연상 세계를 점검하는 단계로 넘어간다. 생각은 그와 함께 연상되는 연상 세계로부터 자유로울 수 없다는 생각이 들었고, 이후 연상 세계를 하나하나 점검하기 시작한다. 그리고 자신의 연상 세계가 극히 관념적이란 사실을 깨닫는다. 가령 '실업'이란 단어에서 연상되는 것은 상대적 과잉 인구와 케인스적 실업 같은 이러저러한 경제학 개념이었고, '빈곤'이라는 말에는 엥겔계수가, '전쟁'에서는 패트리어트 미사일이 펼치는 전자오락 게임 같은 텔레비전 화면이, '자본'에서는 은행의 금고가, '상품'에서는 백화점의 쇼윈도가 연상되는 식이었다.〔냇물아, 180~181〕
실업과 빈곤, 전쟁과 상품 같은 사회적 용어에서조차 인간관계가 사라지고 없다는 사실을 처음 깨달았을 때의 충격은 컸다. 한동안 심한 무력감과 외로움이 밀려왔다. 한겨울의 독방에서 느낀 무력하고 통절한 외로움이었다. 더불어 일할 동료도 없이, 손때 묻은 연장 하나 없이, 고작 몇 권의 책과 연필을 들고 척박한 간척지에 서 있는 느낌이었다.〔냇물아, 181〕 쇠귀는 곧바로 연상 세계를 바꾸는 작업을 시작한다. '정직'과 '양심' 같은 추상적인 단어일수록 그

것과 더불어 사람이 연상되어야 현실에서 작동할 수 있는 것이고, '자유'와 '평등'이라는 고매한 개념도 사람과의 관계를 드러내는 그림으로 채워질 수 있어야 관념의 유희와 비인간적인 물신성에서 벗어날 수 있기 때문이었다. '실업'이란 단어뿐만 아니라 '분단', '민족', '양심' 등 당시 쇠귀가 자주 만났던 단어에 지인들의 얼굴을 심는 식이었다.

사람이 담지(擔持)하고 있는 그 풍부한 정서와 사회성에 주목했던 나의 노력이 사람을 통하여 당대 감수성의 절정에 이르기는커녕 한낱 개별 인간에 대한 관심으로 전락되기도 하였습니다. 그리고 가장 절망적인 것은 도대체 독거실에 앉아서는 될 일이 아니었습니다. …… 연상 세계를 바꾸려던 나의 노력은 결국 나에게 작은 위안만을 한동안 가져다주었을 뿐 더욱 침통한 고민을 안겨 주었습니다. 개별 인간의 정서와 현실이 우선은 핍진한 공감을 안겨 줄지는 모르지만 그것은 우리 시대의 견고한 구조적 실상에 대하여는 극히 무력할 뿐이었습니다.〔냇물아, 184~185〕

연상 세계에 '관념적으로' 사람의 얼굴을 심는 작업도 실패한다. 그것은 사람과의 관계 속에서 경험이 누적되어야만 가능하다는 생각이 들었다. 동시에 연상 세계를 바꾸는 작업만으로 우리 사회의 구조적 실상을 이해할 수 있는 것도 아니었다. 면벽 명상을 통한 연상 세계 바꾸기의 한계를 절감한 쇠귀는 새로운 방향으로 명상을 이어 간다.

먼저 온갖 관념으로 가득 찬 머릿속을 비우는 일이다. 어느 한적한 토요일 오후 담배 한 개비 피울 정도의 여유가 나면 어지러워진 책상 서랍을 쏟아 놓고 웬만한 것은 모두 태워 버렸던 기억을 떠올린다. 이번에는 감옥이라는 적나라한 환경 속에서 면벽 10년을 밑천 삼아 사고(思考)의 서랍을 엎어 전부 쏟아내 버리기 시작한다. 누적된 모든 것을 과감하게 버리며 지독한 '지식의 사유욕'에, 어설픈 '관념의 야적'에 놀란다. 사물이나 인식을 더 복잡하게 하는 지식, 실천과 더불어 발전하지 않는 이론은 명백한 질곡이었다.[사색18, 122]

이후 쇠귀는 동양 고전 읽기에 몰두한다. 자신도 모르게 자신 속에 들어와 있는 서구적 사고방식과 멘탈리티를 극복해야 한다는 생각이었다. 동양 고전을 읽는 과정에서 서구적인 존재론과는 다른 패러다임이 동양학 속에 풍부하게 내장되어 있다는 것을 깨닫는다.[손잡고, 206]

노장(老莊)은 시종 자연과 무위(無爲)와 그리고 더러는 피안(彼岸)을 가리키지만 동시에 또 하나의 빛나는 손가락은 인간과 역행(力行)과 차안(此岸)을 가리키고 있음을 깨닫고 놀랍니다.[사색18, 147]

『시경』에 담긴 시들은 그 시대의 여러 고뇌와 그 사회의 여러 입장을 훌륭히 반영함으로써 그 시대를 뛰어넘는 대신에 오히려 그 시대에 충실하였음은 물론 당시의 애환이 오늘의 숱한 사람들의 가슴에까지 면면히 이어져 있다는 점에서 비로소 시

가 그 시대를 뛰어넘고 있음을 알겠습니다.[사색18, 205]

은원(恩怨)과 인정, 승패와 무상, 갈등과 곡직(曲直)이 파란만
장한 춘추전국의 인간사를 읽고 있으면 어지러운 세상에 생강
씹으며 제자들을 가르치던 공자의 모습도 보이고, 천도(天道)
가 과연 있는 것인가 하던 사마천(司馬遷)의 장탄식도 들려옵
니다. 지난 옛 사실에서 넘칠 듯한 현재적 의미를 읽을 때에는
과연 역사란 과거와 현재, 그리고 미래의 살아 있는 대화이며
모든 역사는 현대사라는 말이 실감 납니다.[사색18, 254]

노장이 결코 피안을 지향하는 사상이 아니었고,『시경』의 시편
에 담긴 동시대 민중의 애환이 오늘에도 그대로 이어지고 있었다.
장자와 한비자, 공자와 사마천도 춘추전국시대의 이야기가 아니라
지금 우리 삶을 이야기하고 있었다. "고전들을 읽으면서 깜짝 놀랐
습니다. 이미 다 서술되어 있었습니다."[담론, 58] 케케묵은 고전 속에
현재의 이야기가 넘치는 것을 보며 과연 역사란 과거와 현재, 그리
고 미래의 살아 있는 대화이며 모든 역사는 현대사라는 말을 실감
한다. 이때 동양 고전을 읽으며 얻은 깨달음이 쇠귀 관계론의 바탕
이다. 하지만 그 관계론은 독서로 완성될 수 없었다. 머지않아 실천
의 뒷받침이 없는 독서란 공허한, 한 발 걷기일 수밖에 없다는 사실
을 깨닫는다.

감옥에서 독서에 열중하던 어느 날이다. 아무리 읽어도 도대
체 머리에 남는 것이 없었다. 심지어 어떤 책은 30~40페이지쯤 읽
고 나서야 전에 읽었던 책이라는 사실이 떠오르기도 했다. 어린 시

절 할아버님이 사랑방에서 『논어』「위정」편의 '학이불사즉망'(學而不思則罔)에 관해 설명했던 기억이 떠올랐다. 한 시간쯤 책을 읽고 나서는 반드시 30분 정도는 생각을 해야 한다고 했다. 책을 덮고 읽은 것을 다시 생각하면서 정리해야 어둡지(罔) 않게 된다는 거였다. 쇠귀가 1974년 4월 대전교도소에서 부친에게 보낸 편지에 "일체의 실천이 배제된 조건하에서는 책을 읽는 시간보다 차라리 책을 덮고 읽은 바를 되새기듯 생각하는 시간을 더 많이 가질 필요가 있다 싶습니다"[사색18, 100]라고 적었다. 하지만 책을 덮고 읽은 것을 아무리 다시 생각하고 정리해 봐도 남는 것이 없었다. 얼마 후 쇠귀는 '학이불사즉망'에서 사(思)가 생각의 의미가 아니라 실천의 의미라는 것을 깨닫는다.

독서가 현장에서 실천으로 완성된다고 확신한 쇠귀는 공장에 출역해 열심히 기술을 배우며 다른 재소자들과 더불어 살아가기로 결심하고 독방에서 걸어 나온다. 쇠귀가 그들과 식구가 되기로 결심했다고 해서 쉽게 격의 없는 관계를 만들 수는 없었다. 알몸으로 서로를 만나는 감옥에서 '민중 속으로 들어간다'거나 혹은 '관용을 베푼다'는 마음이 남아 있는 한 다른 재소자들과 거리를 좁히는 것은 불가능했다.

공장 출역 후 몇 년이 지난 1976년 9월 부친에게 보낸 편지를 보면 말미에 "저희들은 여전히 건강합니다"[사색18, 114]라고 적었다. 쇠귀의 감옥 편지에서 처음 '저희'라는 말이 등장한다. 이듬해인 1977년 9월 부친에게 보낸 편지에는 "저희들은 이 실패자들의 군서지(群棲地)에서 수많은 타인을 만나고, 그들의 수많은 '역사'를 이해할 수 있는 귀중한 가능성 속에 몸담고 있음을 깨닫게 됩니다"

【사색18, 135】라고 적었다. 쇠귀는 감옥살이 10년, 면벽 10년을 지나면서 점차 다른 재소자들과 거리를 좁힌다.

> 나는 서서히 사람을 만나게 된다. 거죽의 사람이 아닌 속사람의 발견이었다. 이마에 낙인처럼 그를 규정하고 있는 죄명과는 한 점 상관도 없는 속사람에 대한 깨달음이었다. 그것은 처음에는 충격으로 다음에는 경이로 내게 다가왔다. 그리고 무엇보다 인간에 대한 신뢰라는 점에서 그것은 구원이었다.【냇물아, 24】

집을 주춧돌부터 그리는 목수 문도득 노인과의 만남은 또 다른 각성의 계기였다. 노인은 집 짓는 순서대로 집을 그렸다. 습관적으로 지붕부터 집을 그려 온 쇠귀에게는 충격적인 경험이었다. 건강한 노동의 정서를 상실한 채 관념 속에서 살아가는 자신을 돌아본다. 이후 쇠귀는 양복이나 목공, 페인트 공장에서 재소자들과 함께 일하며 자신의 손을 노동하는 손으로 바꾸고자 노력한다. 서툰 목수 일을 하다가 망치로 집게손가락을 때려 손톱 하나가 빠지는 일이 있었다. 그때 계수에게 보낸 편지에서 쇠귀는 이렇게 썼다. "손가락의 아픔보다는 서툰 망치질의 부끄러움이 더 크고, 서툰 솜씨의 부끄러움보다는 제법 일꾼이 된 듯한 흐뭇함이 더 큽니다."【사색18, 229】

운동 시간에 함께 '빠다 내기' 축구를 하고, '불법'인 공장 대항 축구 대회에 몰래 출전했다가 발각되어 함께 매를 맞기도 한다. 신앙에 관심이 있어서가 아니라 오로지 떡을 얻어먹기 위해 기독교,

천주교, 불교 집회에 참가하는 '떡신자'가 되기도 한다. 당시 쇠귀는 감옥 안에서 이동문고 30~40권을 돌렸다. 이동문고라는 것은, '불법적으로' 가지고 있다가 사사로이 사람들에게 빌려 주는 책이다. 인가 받지 않은 일이라서 발각되면 큰 문제가 될 수 있었다. 게다가 쇠귀는 요시찰 인물이었다. 감옥 당국은 프락치를 심어 일거수일투족을 들여다보려 했다. 이동문고 운영은 모든 수인과 신뢰의 네트워크가 구축되지 않는 한 불가능한 일이었다.

쇠귀는 면벽 이후 수년간의 공동 노동과 만남을 통해 재소자들과 '가족'이 된다. 재소자들과 일체감을 느낄 수 있었던 것은 인텔리의 관념성과 엘리트주의 그리고 콤플렉스를 벗어나 그들과의 관계 속에 자신을 용해할 수 있었기 때문이다. 당시 쇠귀는 자신이 지금까지 누구도 성공하지 못했다는 '자기 개조'에 나름 성공했다고 자부한다.

"변화는 관계 속에서 발현된다"

쇠귀는 1985년 8월 모친의 병세가 위중해져 6일간의 귀휴를 나왔다. 외출할 때 사복을 착용하게 되어 있었지만 수의 차림으로 나왔다. 이때 잠시 짬을 내어 롯데호텔 라운지 커피숍에서 친구들을 만난다. 쇠귀가 수번만 뗀 수의를 입은 채 호텔 커피숍에서 친구들을 만난 것은 자신의 변화에 대한 확실한 자부심 때문이었다. 수의를 일종의 '변화의 유니폼'으로 생각했다. 하지만 근 20년 만에 만난 친구들로부터 하나도 변하지 않았다는 말을 듣고 자신이 변한 것이 맞는지 자문한다. 물론 친구들이 쇠귀를 위로하기 위해 던진 말이었다. 감옥의 공장에서 노동하는 모습을 보여 줄 수도 없는 노릇이었다. 살펴보니 쇠귀의 친구들도 20년 전과 크게 다를 바 없었다.

> 변화는 결코 개인을 단위로, 완성된 형태로 나타나는 것은 아니다. 모든 변화는 잠재적 가능성으로서 그 사람 속에 담지되는 것이다. 그러한 가능성은 다만 가능성으로서 잠재되어 있다가 당면의 상황 속에서, 영위하는 일 속에서, 그리고 함께하는 사람과의 관계 속에서 발현되는 것이다. …… 그러한 변화와 개조를 개인의 것으로, 또 완성된 형태로 사고하는 것 자체가 근대적 사고의 잔재가 아닐 수 없는 것이다.[담론, 243]

친구들이 쇠귀를 보고 변한 것이 없다고 한 것은 당연했다. 감옥에서의 개조는 재소자들과 함께 만든 관계의 결과였고, 출옥하는 순간 또 새로 깨닫고 관계를 만들어야 하는 새로운 세상과 대면한 것이다.

출옥한 뒤 10년쯤 되었을 때 쇠귀는 인도에 간다. 석가모니가 깨달음을 얻은 '그 보리수' 아래서 깊은 상념에 잠긴다. 순수한 의미에서 개인이 존재할 수 있는 것인지, 깨달음이라는 것이 어느 순간 섬광처럼 올 수 있는 것인지, 한 개인이 이승에서 저승으로가 아니라 개인과 개인의 관계가 이승에서 이승으로 윤회하는 것은 아닌지, 인도가 도달한 '힌두의 세계'는 척박하고 숨 막히는 계급 사회를 살아가고 있는 인도 사람의 '지혜'가 아닌지…….

> 우리의 깨달음은 결국 각자의 삶과 각자의 일 속에서 길어 올려야 할 것입니다. 그나마도 단 한 번의 깨달음으로 얻을 수

있다는 결연함도 버려야 할 것입니다. 모든 깨달음은 오늘의 깨달음 위에 다시 내일의 깨달음을 쌓아 감으로써 깨달음 그 자체를 부단히 높여 나가는 과정의 총체일 뿐이리라 믿습니다.[숲, 348]

다시 10여 년이 지난 2011년 쇠귀는 변방을 찾아 오대산 상원사로 간다. 상원사에는 국내에서 가장 오래된 범종이 있다. 이 종은 신라 성덕왕 때 제작된 것으로 경상도에 있다가 조선 시대에 상원사로 옮긴 것이라고 한다. 쇠귀는 난생처음 타종을 경험한다. 엄청난 충격이 온몸을 덮쳐 왔다.

깨달음이란 우선 이처럼 자신이 깨뜨려지는 충격으로부터 시작되는 것이 옳다. 종소리는 나를 깨뜨리고 멀리 오대산 전체를 품에 안았다. 나는 나를 남겨 두고 종소리를 따라가고 있었다. 오대산 1만 문수보살의 조용한 기립(起立)이 감은 눈에 보이는 듯하다. 종소리는 긴 여운을 이끌고 가다가 이윽고 정적(靜寂)이다. 소리가 없는 것을 정(靜)이라 하고 움직임이 없는 것을 적(寂)이라 한다. 1만 문수보살은 다시 산천으로 돌아가고 세상은 적멸(寂滅)이다.[변방, 100]

쇠귀가 상원사에서 먼저 깨달은 것은 불교의 '무소유'가 자본주의의 대안이자 변방이라는 사실이다. 타종을 하며, 깨달음은 자신을 깨고 나감으로써 범아일여(梵我一如)를 느끼는 데서 시작된다는 사실을 몸으로 느낀다. 동시에 진정한 깨달음이란 근본에 있어

시대와의 불화일 수밖에 없고, 깨달음의 본모습은 사건과 경험의 충격 이후에 돌출하는 후사건(後事件)에서 드러난다는 사실을 새삼 깨닫는다. 쇠귀에게 깨달음이란 평생을 살면서 끊임없이 바깥세상을 새로운 눈으로 바라보고 안으로 자신의 현재를 돌아보는 일이었다.

2. 성찰적 관계론

인간을 개인으로 규정하는 것은 부르주아적 인간 이해이고,
그것이 바로 근대 경제학의 인간입니다. 인간의 존재 조건이
사회적이기 때문에 그걸 떠나서 이야기할 수야 없지요. 그러
나 인간과 인간의 관계와 사회 구조를 별개의 카테고리로 구
분하는 것은 필요합니다. 하지만 어느 경우든 그것을 통일적
으로 이해해야 하는 과제는 계속 남습니다.[손잡고, 111~112]

쇠귀의 사상은 인간 해방을 위한 장구한 사색과 실천의 결과
다. 인간이 해방되기 위해서는 먼저 존재의 환각에서 벗어나야 하
고, 동시에 사회 구조의 질곡을 극복할 수 있어야 한다. 쇠귀에게서
마르크스의 인간해방론과 붓다의 연기론, 공자의 휴머니즘이 공존
하는 이유다. 계보로 보자면 쇠귀 사상의 축은 마르크스주의 정치
경제학과 동양 사상이 내재하는 관계론이라 할 수 있다. 정치경제
학이 인간의 역사와 자본주의 사회의 규정력을 해명하고 극복할 수
있는 비전이라면, 동양적 관계론은 새로운 미래 문명을 만들어 낼

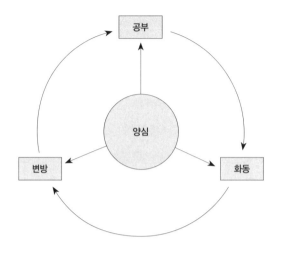

〈그림 3〉 성찰적 관계론의 구조

수 있는 담론이다. 쇠귀의 '성찰적 관계론'은 존재론을 축으로 하는 근대 사회를 대체할 수 있는 새로운 문명론이다.

먼저 '성찰적 관계론'의 의미와 형성 과정을 정리할 필요가 있다. 동양 사상과 관계론의 연관성, 관계론의 새로운 문명론적 비전, 대비와 관계의 조직 문제가 핵심이다. 이어 성찰적 관계론의 내용이자 외연이라 할 수 있는 공부와 화동(和同), 양심과 변방에 대해 논의할 것이다.

공부는 자기를 반성하고 세계를 인식하는 과정이다. 배움은 삶 그 자체이며 우리는 모두 누군가의 스승이고 동시에 누군가의 제자다. 화동은 화이부동(和而不同)이다. 존재론과 동일성 논리로 일관한 서구 문명에 대한 비판과 극복을 위한 담론이다. 쇠귀는 서구 근대 문명을 이끌어 온 논리를 존재론으로 규정하고 이에 대한 대안으로 관계론을 이야기한다. 쇠귀가 말하는 존재론이란 "개별적 존재를 세계의 기본 단위로 인식하고 그 개별적 존재에 실체성(實體性)을 부여하는 것"[강의, 23]이다.[1] 무한 경쟁과 인간 말살로 가고 있는 자본주의를 넘어설 수 있는 대안이자 새로운 한반도 통일 방법으로서 화화(和化) 모델도 논의한다.

양심은 인간의 가장 본질적인 요소다. 본래 사회란 만남이 지속되는 관계를 의미한다. 양심은 모든 만남에서 타인을 배려하는 태도다. 성리학자나 조선의 선비가 지키고자 했던 의리도 일종의 양심이다. 양심은 모든 종교나 이데올로기에 우선한다. 그렇기 때문에 쇠귀에게 양심은 관계가 조직되는 장이다.

변방은 중심부로부터 독립된 공간이다. 인류 역사의 중심은 오리엔트에서 지중해로, 다시 서유럽에서 영국으로, 미국으로, 변방에서 변방으로 이동했다. 변방은 현실 권력으로부터 상대적으로 자유로운 곳이자 탈문맥의 공간이고, 지금 여기로부터 독립된 조망의 지점이며 하방연대(下方連帶)와 진지전의 거점이라 할 수 있다.

---

1   부연하자면 쇠귀가 말하는 존재론은 서양 철학에서 이야기하는 존재론과는 차이가 있다. 서양 철학에서 존재론(ontology)은 현상을 일으키는 원인, 즉 본질이 무엇인가를 다루는 이론, 즉 형이상학을 의미한다. 뉴턴 물리학과 이에 근거하는 근대 과학은 원자(atom)가 자연계를 구성하는 불변의 궁극적 존재라고 전제하며, 자연계의 모든 현상을 원자의 운동 방식으로 설명할 수 있다고 믿는다. 마찬가지로 근대의 주류 사회과학은 개인(individium)이 사회를 구성하는 불변의 궁극적 존재라고 전제하며, 사회 세계의 모든 현상을 개인의 행위 방식으로 설명할 수 있다고 믿는다. 그 속에는 구조적(쇠귀에 따르면 '관계적') 힘이 구조를 구성하는 원자/개인의 힘으로 환원될 수 있다는 주장이 내포되어 있다. 쇠귀는 이러한 주장을 존재론이라고 지칭한다.

(1) 의미와 형성

만남과 성찰을 통한 자기 변화

쇠귀 사상의 핵심은 휴머니즘에 근거한 성찰적 관계론이라 할 수 있다. 쇠귀의 휴머니즘은 서양의 인본주의, 인간 중심주의와는 다르다. 인간은 도드라지는 만물의 중심이 아니라 더부살이하는 수많은 존재 중 하나일 뿐이다. 쇠귀의 관계론은 개별적 존재 대신 존재의 관계망에 주목하면서 동시에 관계 자체에 존재성을 부여하는 위험도 경계한다는 측면에서 극히 성찰적이다. 쇠귀는『담론』에서 자신의 관계론을 '관계의 조직' 개념에서 시작한다.

> 지금까지는 관계론이라는 일반적 개념으로 존재론과 대비해 왔습니다. 모든 존재는 고립된 불변의 존재가 아니라 수많은 관계 속에 놓여 있는 것이며 그러한 관계 속에서 비로소 정체성을 갖게 됩니다. 바꾸어 말한다면 정체성이란 내부의 어떤 것이 아니라 자기가 맺고 있는 관계를 적극적으로 조직함으로써 형성되는 것입니다. 정체성은 본질에 있어서 객관적 존재가 아니라 생성(being)입니다. 관계의 조직은 존재를 생성으로 탄생시키는 창조적 실천입니다.[담론, 198]

모든 관계는 끊임없이 조직되고 생성된다. 그 관계는 다시 변화하고 탈주하는 지속적 생성과 생기(生氣)의 장이다. 고정된 정체성을 갖는 것이 아니라 끊임없이 정체성이 형성되고 변화하며 재구성된다고 보는 점에서 존재론적 패러다임과 대비된다.

쇠귀는 서구 중심의 사유 체계를 반성하기 위해 동양 고전을 탐독하면서 관계론 패러다임을 고민한다. 존재론을 근간으로 하는 서구 자본주의 체제는 인간을 소외시킬 뿐만 아니라 지속 가능하지 않다는 근원적 한계를 갖는다.

감옥에서의 만남과 성찰을 통해 쇠귀는 세계가 개별적 존재들의 집합이 아니라 서로 연결된 관계망일 뿐이라는 사실을 깨닫는다. '나'는 별도로 존재하는 것이 아니라 내가 맺고 있는 관계의 총합이라는 것이다. 서구 근대 철학의 근간을 이루는 존재론의 허구성을 지적하면서 불교와 유교, 노장을 관통하는 관계적 사유에서 대안을 찾는다. 동시에 쇠귀의 관계론은 사회적 모순을 극복하기 위한 연대와 실천으로 나아가는 새로운 사회 구성의 원리이기도 하다.

> 자본주의 사회란 사회의 일반적 부문에 있어서의 인간관계가 일회적인 화폐 관계로 획일화되어 있는 사회입니다. 일회적 화폐 관계가 전면화되고 있는 인간관계는 사실상 인간관계가 황폐화된 상태이며, 인간관계가 소멸된 상태가 아닐 수 없습니다. 서로 보지 못하고, 만나지 못하고, 알지 못하기 때문이지요. 모든 사람이 타자화되어 있는 상태이며 '불인인지심'이 원천적으로 불가능한 구조이기 때문이지요.[강의, 240~241]

쇠귀에게 사회란 함께 노동하며 더불어 사는 사람의 무리다. 생산이 사회적으로 이루어진다는 것, 그리고 함께 만들어 낸 생산물을 여러 사람이 나누어 갖는다는 것이 사회의 존재 '이유'다. "생산과 분배는 사회관계의 실체이며, 구체적으로는 인간관계의 토대이다."[사색18, 30] 자본주의 체제는 개인, 집단, 국가 등 개별적 존재가 배타적으로 자기를 강화하고 강요하는 사회 구성 원리다. 동일성의 논리를 모든 다른 존재에게 강제한다. 제국주의 침략과 폭력적인 신자유주의 세계화는 필연적 귀결이다. 쇠귀의 관계론은 자본주의 사회를 극복하기 위한 사회 구성 원리이고, 대안 사회를 건설하기 위한 실천 담론이다.

인간의 해방은 한 개인이 존재의 한계를 자각하는 것만으로 이루어질 수 없고, 마찬가지로 사회 구조의 변혁만으로도 가능하지 않다. 개인과 사회 양자가 공히 변화할 수 있는 비전이 필요하다. 쇠귀는 관계론을 통해 각 개인의 실존적 자각과 이를 바탕으로 한 인간관계의 변화를 동시에 이끌어 낼 수 있다고 본다.

쇠귀가 새로운 사회에 대한 비전을 고민하기 시작한 것은 대학 시절 4·19혁명을 체험하면서부터다.

당초에 우리는 4·19가 노독재자의 실정에 의해 유발된 것으로 소박하게 생각했지만 4·19 이후 5·16까지의 시기에 일어나는 여러 사건을 통해 이 사회가 안고 있는 모순을 구조적으로 인식해 갔고, 따라서 이 같은 사회는 원천적으로 변혁되어야 한다는 생각을 하게 되었던 것입니다. 이 같은 현상을 이론적으로 규명해야 된다는 의식을 갖게 되었구요. 휴전 이후 초토화된 대학에서 저 개인뿐 아니라 우리 사회는 4·19를 통해 위대한 각성을 하게 됩니다.[『사회와 사상』 1989년 11월호 인터뷰]

쇠귀는 5·16군사정변을 목도하며 남한의 독재 정권이 문제가 아니라 거대한 자본주의 세계 체제가 문제의 핵심임을 깨닫고 비판적 사회과학 공부에 매진한다. 또한 우리 것에 대한 최소한의 자부심도 허용하지 않는 한국 사회의 식민성을 반성하는 과정에서 전통 사상이나 동양 사상에 대해 관심을 갖는다.

사형수 1년 6개월과 이어진 기약 없는 무기수 생활을 거치며 쇠귀는 자신의 삶을 총체적으로 성찰하고 재구성한다. 감옥 생활을 견딜 수 있었던 힘은 매일매일의 깨달음이었다. 그 깨달음의 핵심은 '관계의 발견'이다. 자기반성으로 시작된 쇠귀의 깨달음은 동료 재소자들과의 관계 형성, 동양 고전에 대한 통찰, 우리나라의 역사와 자본주의 사회 구조에 대한 체계적인 인식으로 진화한다. 쇠귀는 서구 문명을 비판적으로 극복하기 위한 준거를 동양 사상에서 찾는다. 이는 서구적 가치에 매몰된 우리 사회의 지적 종속성, 불구성, 콤플렉스에 대한 반성에서 비롯되었다.

어느 날 부모님이 면회를 하고 돌아가는 뒷모습을 보며 새삼 깨닫는다. 죽음이 자신의 소멸로 끝나는 것이 아니라 부모 형제나 친구들에게 깊은 슬픔을 남겨 함께 함몰되는 것은 아닌가? "독재 정권에 항거하다 죽음으로 삶을 완성했다"는 식의 자기중심적 관념을 반성한다. 동시에 자신의 고통은 어떻게든 견딜 수 있지만 가족이나 친구 등 타인의 고통이 넘어올 경우 어떻게 해 볼 도리가 없는 아픔으로 남는다는 사실도 절감한다. 이후 면벽 명상을 통해 삶을 추체험하면서 자신이 '다른 사람과의 관계의 총합'이라는 사실을 깨닫고 지금까지의 인텔리적 자기중심성을 개조하기로 결심한다. 공장에 출역해 기술을 배우고 다른 재소자들과 하나가 되기 위해 노력한다. 수년이 흐른 뒤 재소자들과 더불어 사는 '작은 공동체'를 만들었다고 자부할 수 있게 된다.

동양 고전, 관계론의 바다

옥살이를 하면서 틈나는 대로 사서삼경과 제자백가서를 다시 읽으며 동양 사상의 근본 바탕이 관계적 세계 이해라는 사실을 깨닫는다. 특히 주목한 것은 『주역』이다. 『주역』에서 서양과 다른 동양적 사유의 기본 틀을 읽는다. 『주역』은 귀납적으로 만들어졌지만 관계를 중심으로 연역적 사유로 풀어 읽어야 하는 책이다. 『주역』을 구성하는 기본 단위는 음효(--)와 양효(—)다. 효 셋이 모여 상하의 소성괘(小成卦)가 되고, 소성괘 둘이 모여 하나의 대성괘(大成卦)가 된다. 대성괘는 모두 양효인 중천건(重天乾)에서 시작되어 64번째 괘인 화수미제(火水未濟)에서 끝난다.

　『주역』의 64괘는 세상 인식을 위한 범주다. 범주란 사물이나 사건이 아니라 어떤 사태를 의미한다. 『주역』 독법은 효(爻)와 자리, 효와 효, 소성괘와 소성괘, 대성괘와 대성괘 등 중층적인 관계를 읽는 것이다. 각각의 효 자체는 큰 의미가 없다. 좋은 괘를 얻었다 하더라도 그 자체만으로 길흉을 판단할 수 없다. 각 효와 효가 맺고 있는 관계를 이해하고 해석하는 것이 중요하다. 모든 효의 길흉은 그 효가 맺은 관계가 결정한다. 음효(陰爻)가 음효의 자리에 있는 경우를 득위(得位)라 하고, 그렇지 못한 경우를 실위(失位)라 한다. 바로 옆에 있는 효와의 관계를 비(比)라 한다. 상괘의 효와 하괘의 효가 이루어 내는 음양 상응 관계를 응(應)이라 한다. 그리고 상괘의 가운데 효와 하괘의 가운데 효가 득위한 것을 중정(中正)이라 한다.[담론, 63]

대성괘의 성격도 대성괘를 이루는 상하 두 소성괘의 관계로서 판단한다. 11번째 대성괘인 지천태(地天泰) 괘를 보면 땅을 뜻하는 곤괘(坤卦)가 위에 있고 하늘을 뜻하는 건괘(乾卦)가 아래 있다. 64개의 대성괘 가운데 최고의 괘다. 우리의 상식과는 다르다. 하늘은 위에 있고 땅이 아래 있는 것이 자연의 이치인데, 지천태는 반대다. 땅의 기운은 아래로 내려오고 하늘의 기운은 위로 올라가기 때문에 위에 있는 '지'(地)와 아래 있는 '천'(天)이 서로 만날 수밖에 없다. 자연스러운 만남이 이 괘의 특성이다. 지천태와 반대의 모양인, 그러니까 하늘이 위에 있고 땅이 아래 있는 것이 천지비(天地否) 괘인데, 『주역』에서는 가장 나쁜 괘로 본다. 비(否)는 꽉 막힌 상태다. 소통이 안 되니 관계가 단절된다. 마지막 화수미제 괘의 경우 상괘는 불이고 하괘는 물로 완벽하게 응(應)을 이루고 있다. 실위(失位)했지만 응을 얻었기 때문에 허물이 없고 형통하다고 본다. 동양의 가장 오래된 기본 사고 체계라고 할 수 있는 『주역』의 세계, 『주역』의 관계론을 보며 쇠귀는 큰 깨달음을 얻는다.

이어 『논어』, 『노자』, 『장자』, 『묵자』 같은 고전 속에서도 다양한 인간관계의 담론을 찾아낸다. 『강의』는 쇠귀가 관계론이라는 틀로 동양 고전을 다시 읽고 기록한 책이다. 쇠귀는 동양 사상의 핵심을 '사람 사이에 관계를 맺고 또 잘 소통하는 것'으로 보고 사서삼경과 제자백가서를 읽고자 한다. 『장자』 「외물」 편에 나오는 "고기를 잡았거든 망태기는 버려라"(得漁忘筌)라는 구절을 "고기를 버리고 그물을 만들어라"(忘魚得網)라는 말로 고쳐 쓰는 대목이 쇠귀의 관계론 독법의 정점【배병삼, 읽기, 180】이라 할 수 있다.

고기는 이를테면 하나의 현상입니다. 반면에 그물은 모든 현상의 저변에 있는 구조를 의미한다고 할 수 있습니다. 고기가 하나의 사물이라면 그물은 세상의 모든 사물을 망라하고 있는 천망(天網)인 것이지요. 고기는 잊어버리든 잃어버리든 상관이 없습니다. 중요한 것은 그물입니다. 모든 사물과, 모든 사건과, 모든 사태가 그 위에서 생성 변화 발전하는 거대한 관계망을 잊지 않는 일이 무엇보다 중요한 것이지요. 한 마리의 제비를 보고 천하의 봄을 깨달을 수 있게 하는 것이 바로 관계망이지요. 중요한 것은 한 마리의 제비가 아니라 천하의 봄이지요. 남는 것은 경기의 승패가 아니라 동료들의 우정이라고 생각합니다. 남는 것은 그물입니다. 그리고 그물에 관한 생각이 철학이라고 할 수 있기 때문입니다.【강의, 356~357】

궁극적으로 남는 것은 그물로 잡은 물고기나 봄을 전하는 제비, 경기의 승패가 아니라 현상 저변의 구조, 사태, 사람과 사람의 우정 같은 관계망이다. 이 관계망은 어디에나 존재하지만 가변적이기 때문에 의식적으로 노력해야만 찾아낼 수 있다. 관계를 인식하고 관계망을 만들기 위한 노력이 없으면 관계도 없다.

관계론과 새로운 문명

쇠귀는 사형수와 무기수로 독방 5년, 면벽 10년을 포함해 20년이 흐른 뒤에 출소한다. 쇠귀는 함께 실천하지 않으면 관계를 형성할 수 없다는 사실을 출소한 후에야 깨닫는다. 출감 무렵 쇠귀는 자신이 '성분 개조'에 성공했다고 자부했다. 친구들을 통해 자신이 개조된 새로운 인간이라는 사실을 확인받고 싶었지만 친구들은 이구동성으로 '변한 것이 하나도 없다'는 반응을 보인다. 쇠귀는 다시 반성하며 자신이 여전히 존재론적 관점에 빠져 있었음을 깨닫는다. 내가 아니라 '관계'의 변화가 진정한 변화라는 사실을 새삼 확인한다.

> 당신과 함께 있을 때의 그 뿌듯했던 자기 개조의 성취감이 기실 보잘것없는 것임을 깨달았을 때의 낭패감, 이는 당신의 것을 내 것인 양 여겼던 환상의 공허함입니다. 개인을 단위로 하여 자신을 개조하려는 모든 노력은 결국 실패할 수밖에 없는가 봅니다.〔냇물아, 263〕

쇠귀가 감옥에서 구성한 관계론은 개인의 성찰에 근거한 자기 변화였다. 다른 재소자들과 새로운 관계를 만들었지만 여전히 '자기중심적' 관계였다. 게다가 감옥이라는 특수한 조건 속에서의 관계였다. 생활 현장과 무관한 도덕적 자각이나 성찰만으로 사람이 크게 달라지기는 어렵다. 자신이 맺고 있는 관계에 변화가 없기 때문이다. 자신이 발 딛고 있는 현장에 튼튼히 기반을 두고 이웃과 함께 새로운 관계를 만들어야 했다. 관계를 맺는다는 것은 실천하는 것이고, 실천하는 것은 변화하는 것이다. 나무는 낙락장송이나 천하의 명목이 됨으로써 완성되는 것이 아니라 다른 나무들과 함께 숲을 이룸으로써 완성된다.〔여럿이, 56〕

쇠귀의 관계론은 우리가 갖는 보편적 관계성에 주목하고 이를 이론화했다는 점에서 독창적이다. "1960~1970년대 라틴아메리카의 종속 이론처럼 비서구 사회의 주체적 관점을 보여 주는 것이자,

서구적 보편성을 넘어서는 진정한 보편성을 갖고 있는 것이기도 하다. 관계론이라는 보편성의 관점에서 한국 자본주의의 현실을 조명할 때, 그것은 정치경제학적 비판의 의미를 포괄하는 동시에 그것을 넘어서는 인간 해방적, 문명 성찰적 비판의 의미를 갖는다."[김호기, 읽기, 29]

쇠귀의 성찰적 관계론이 동양 사상이나 한국 사회의 오랜 전통에 근거한다는 점에도 주목할 필요가 있다. 다양한 삶의 현장에서 제기되는 문제들을 논의하고 풀어 가는 데 있어 추상적으로 정립된, 혹은 외부에서 주입된 당위적 규범보다 한국인의 일상적 삶속에 녹아 있는 전통의 규범적 잠재력을 활용하는 것이 실행력을 높일 수 있기 때문이다.[이병수, 2009]

대비와 관계의 조직

쇠귀는 관계론을 실천하기 위한 구체적인 방법론에 대해서도 정리했다. 『담론』을 보면 1부와 2부 사이에 「관계와 대비의 조직」이라는 글이 있다. 사물이나 사건은 그것이 맺고 있는 관계망 속에 놓일 때 비로소 온전한 모습을 드러낸다.[담론, 194] 대비는 사물이나 사건을 가장 간단하게 관계망에 놓은 방법이자 관계론의 가장 단순한 형태라고 할 수 있다. 쇠귀는 어느 경우에나 사건이나 사물을 대비하며 이해하고자 했다.

나는 아픔이 없는 기쁨과 기쁨이 없는 아픔은 진실하지 않다고 생각한다. 그래서 사람을 만나거나 어떤 우연한 여행지라하더라도 항상 그것이 담고 있는 빛과 그림자, 애(哀)와 환(歡)

을 편견(偏見)하는 시각을 늘 불편해한다.[변방, 16]

쇠귀가 기쁨과 슬픔, 빛과 그림자, 나와 타자 양쪽을 함께 보려 하고 실제로 그렇게 보며 살았던 것은 그래야 마음이 편했기 때문이다. 감옥의 편지나 출감한 후에 쓴 글에도 대비 방식의 서술이 많다.

그리스 희극이 인간을 무대 위에 세워 그 우매함을 반성하는 것이라면, 그리스 비극은 신과 영웅과 왕들에 대한 저항 의지를 결의하는 '시민 철학의 대장간'이었습니다. 삶의 현장에 구조화되어 있는 빈부와 성과 계급 간의 갈등이 키워 온 갖가지 소이(小異)를 대동화(大同化)하는 용광로가 바로 이곳 디오니소스 극장이었습니다.[숲, 50]

교회종이 높고 연속적인 금속성임에 비하여, 범종은 쇠붙이 소리가 아닌 듯, 누구의 나직한 음성 같습니다. 교회 종이 새벽의 정적을 휘저어 놓는 틈입자(闖入者)라면, 꼭 스물아홉 맥박마다 한 번씩 울리는 범종은 '승고월하문'(僧敲月下門)²의

---

2   중국 당나라의 시인 가도(賈島, 779~843)가 쓴 시 「이응의 시골집에서」(題李凝幽居)의 한 구절로 조숙지변수(鳥宿池邊樹)의 대구다. "새는 연못가 나무에 잠들고 스님은 달빛 아래 문을 두드리네"라는 뜻이다. 가도는 처음에 스님이 문을 '떠미네'(推)로 썼다가 '두드리네'(敲)가 떠올라 수일간 고민을 거듭한다. 그러던 중 길에서 당대의 대문호 한퇴지를 만나 조언을 듣고 '두드리네'(敲)로 정했다고 한다. '퇴고'(推敲)라는 말의 유래다.

'고'(敲)처럼, 오히려 적막을 심화하는 것입니다.[사색18, 128]

희극/비극이나 선/악처럼 이항 대립 관계에 있는 개념을 설명할 때 대비 방식으로 서술하는 것은 당연해 보인다. 하지만 교회 종을 보며 범종을 떠올리고, 창문과 문을 비교하거나 영남의 유학적 사변과 호남의 민요적 정서, 범죄자의 문신을 보면서 사회적 약자의 위악과 사회적 강자의 위선을 떠올려 대비하기는 쉽지 않다. 사물이나 사건, 사태 그리고 모든 존재를 총체적 관계망 속에서 파악하고자 하는 오랜 노력의 결과다.

쇠귀의 대비는 단지 소재를 병치해 글쓰기의 편의성을 도모하거나 자신이 이미 가지고 있는 결론을 뒷받침하기 위해 반대 측면을 동원하는 방식과는 거리가 멀다. 두 대상을 제대로 대조, 대비하기 위해서는 저울 양쪽에 대조, 대비하고자 하는 대상에 대한 공정한 정보와 자신의 이해를 올려놓아야 한다. 역사, 인물, 지역, 현상, 사건의 양면성 혹은 다면성을 균형 있게 이해함으로써 우리에게 주입된 이데올로기나 편견 또는 고정 관념에서 벗어날 수 있다. 동시에 빛과 어둠, 선과 악, 희극과 비극 같은 이분법적 인식을 넘어서 우리의 삶과 세계를 총체적으로 이해하기 위한 방법이다.

대비는 오래된 그릇처럼 우리에게 익숙한 인식틀이다. 남녀, 주야, 대소, 장단, 음양 등 동양 사상의 주요 개념을 보면 대비, 대조는 가장 기본적인 사유 방법임을 알 수 있다. 음양오행설, 『주역』의 체계, 한시 등에서 대비 방식이 잘 드러난다. 음양설에서는 음과 양이라는 두 가지 에너지가 우주를 구성하고 있다고 본다. 물론 음과 양이 분리되어 있는 것은 아니다. 오행설은 '수(水), 화(火), 목

(木), 금(金), 토(土)'라는 다섯 가지 강력한 힘의 상생(相生)-상극 (相剋)으로 세상 만물이 변화, 발전한다고 본다.

북송(北宋)의 철학자 장횡거(張橫渠, 1020~1077)[3]는『주역』관계 성의 핵심을 대대원리(對待原理)로 설명한다.『주역』에서 불을 의미 하는 '이괘'(離卦)와 물을 의미하는 '감괘'(坎卦)를 비교해 볼 수 있 다. 이괘(☲)와 감괘(☵)는 태극기에 있기 때문에 익숙하다. 이괘는 불인데 그 가운데 물이 들어 있고, 감괘는 물인데 그 가운데 불이 들어 있다. 장횡거는 이렇듯 불 속에 물이 물 속에 불이 들어 있는 것을 대대원리라고 했다.[담론, 70]

장횡거는 대대원리를 호장기택(互藏其宅)이라는 말로 설명하 기도 한다. 서로 그 집을 바꾸고, 바뀐 그 집에 간직되어 있다는 의 미다. 이렇듯 음과 양, 나와 너는 서로가 서로를 담고 있다.『장자』 의 '호접몽'에서 장자와 나비는 서로를 넘나든다. 나와 너는 분리될 수 없는 하나이기 때문에 묵자는 "이웃을 내 몸과 같이 사랑하라"고 이야기한다. 이렇듯 동양학에서 세계는 개별 존재로 분절될 수 없 다. 한시에서 흔히 등장하는 대련(對聯)이나 산사의 기둥에 걸린 주 련(柱聯)을 보면 대비 원리를 쉽게 이해할 수 있다. 한마디로 개념 이나 대상을 비교해 차이를 강조하거나 증폭하는 것이 아니라 각각 의 의미와 함의를 동등하게 드러내는 것이다.

이항 대립적 차이이건 또는 모든 것과의 차이화를 통한 개념

---

3 본명은 장재(張載)다. 봉상(현 산시성陝西省) 미현(眉縣) 횡거진(橫渠鎭) 출 신이어서 횡거 선생 또는 장자(張子)라고 불렀다. 기일원론(氣一元論)의 창시자다.

구성이든 상관없이 차이 짓기 방식은 결과적으로 부분에 매몰되게 함으로써 전체의 모습을 못 보게 하지요. 대비 방식은 이러한 차이화에 대한 경계이며 분(分)과 석(析)의 방식에 대한 반성이라는 측면도 부정할 수 없습니다.[강의, 161]

대비는 직접 설득하는 것보다 설명하고자 하는 개념을 반대의 것과 대조, 대비, 병치함으로써 언어의 한계를 뛰어넘어 읽는 사람으로 하여금 스스로 깨닫게 하는 방식이기도 하다. 쇠귀는 이러한 동양의 대비적 인식틀에 주목하며 관계 조직의 방법으로 삼는다.

쇠귀는 동양 고전 자체도 대비 방식으로 읽는다. 『시경』, 『초사』 등의 시에서는 사실과 진실, 『주역』에서는 음과 양, 『노자』에서는 무와 유, 『장자』에서는 생명과 기계, 『묵자』에서는 겸애(兼愛)와 별애(別愛), 『한비자』에서는 탁(度)과 족(足), 『논어』 화동 담론에서는 화(和)와 동(同), 『맹자』 이양역지(以羊易之) 고사에서는 소와 양을 각각 대비한다. 동양 고전뿐만 아니라 우리의 일상 언어 속에서도 이론과 실천, 이상과 현실, 추상과 상상, 청과 탁, 좌와 우, 하늘과 사람 등 대비되는 말을 찾을 수 있다.

쇠귀는 우선 이 말들을 좌우로 대비해 본다. 좌와 우라고 하면 대부분 대립 관계를 떠올린다. 하지만 대비한다는 것은 양자를 대립이 아니라 보완 관계로 인식하는 것이다.

쇠귀가 말하는 대비란 대립 관계나 결정론을 극복하기 위한 사유의 틀이고 가장 기본적인 관계망을 의미한다. 좌와 우는 상호 보완 관계로 봐야 한다. 우리가 쉽게 서구의 인과론이나 결정론에 빠지는 것은 그 단순 명료성 때문이다. 분절, 단절되어 있는 것은 세계가 아니라 우리의 인식틀이다. 인과론, 환원론, 결정론은 단순 무식한 틀이지만 우리는 그러한 사고방식에서 자유롭지 못하다.(담론, 196) 쇠귀는 우리의 인식틀을 바꾸기 위해 좌우와 상하로 배치되어 있는 개념들을 길게 나열한 후 구부려 원을 만든다.

개념의 틀을 원으로 만들어 보면 좌우와 상하가 서로 맞닿아 있음을 알 수 있다. 극좌와 극우는 통한다는 말이 실감난다. 세계는 존재와 존재가 대립하거나 일방이 일방을 결정하는 정체 상태일 수 없다. 쇠귀의 '원형 대비 틀'은 모순과 대립의 통일과 조화, 이를 통한 끊임없는 생성과 변화가 세계의 본질이라는 선언이다. 원효 대사의 '원융회통'(圓融會通)이 떠오른다. '원'이란 세계의 순환, '융'은 화(和), '회'는 관계 맺음, '통'은 교섭과 소통을 의미한다. 모든 대립과 반목, 갈등은 하나로 통하기 때문에 구별할 수 없다는 것이다.

쇠귀가 〈그림 4〉에서 가운데 양심을 배치한 점에 주목해야 한다. 양심, 가슴, 감성이 관계 조직의 중심이라는 의미다. 쇠귀는 자신의 관계론이 존재를 관계로 대체하는 또 다른 존재론으로 이해될 수 있음을 경계했다. 관계를 '존재와 존재 사이'라고 이해할 경우 그 자체가 또 다른 존재일 수 있기 때문이다. 이런 오해를 피하고 관계의 의미를 심화하기 위해 '관계의 조직'이라는 말을 쓴다. 모든 존재는 관계가 조직됨으로써 생성되고 부단히 해체되는 변화와 탈주의 과정에 있다는 것이다. 그 관계는 양심을 바탕으로 조직해야 한다. 우리의 세계 인식을 온당한 것으로 만들고, 우리 자신을 세계 속에 위치 규정하는 것이 바로 관계의 조직이며 그 조직의 현장이 바로 양심이다.(담론, 199) 쇠귀의 '원융과 화화(和化)의 관계망 이론'은 서구 근대 문명과 자본주의의 극복 비전을 담고 있다.

〈그림 4〉 대비와 관계의 조직

성찰적 관계론의 전제

쇠귀는 자신의 관계론이 지금 우리에게 새로운 문명의 전망이 되기 위해서는 몇 가지 전제가 필요하다고 했다.[신영복, 1998c] 첫째, 자본주의가 풍요를 가져왔다는 환상의 청산이다. 이른바 '빅5'라 불리는 빈곤, 질병, 무지, 오염, 부패(범죄), 이러한 것들은 자본주의의 역사 과정에서 해결되기는커녕 오히려 더 심화되었다. 자본주의와 풍요에 대한 지금까지의 환상을 냉정하게 반성해야 한다.

둘째, 반성과 대안에 대한 논의도 신중해야 한다. 선언적인 의미에서 강력한 메시지가 된다는 점에서 필요하고 중요하지만, 성급한 대안 모색은 자칫 우리가 반복해 온 유토피아적인 실패를 되풀이할 가능성이 크다. 그 대신 공동체 운동이나 협동조합처럼 가장 흔한 형식, 가장 가까이에 있는 것에 주목할 필요가 있다. 경제적 잉여의 배분 방식, 생산량과 노동시간을 누가 어떤 방식으로 결정할 것이냐가 핵심이다. 그 방식이 달라진다면 사회의 성격도 달라질 수 있다.

셋째, 성과와 속도만 생각하는 '도로의 논리'를 극복해야 한다. '도로'라는 것이 단지 목표에 이르는 속도에만 주목하는 것이라면, '길'은 과정 그 자체에 의미를 두는 것이다. 도로의 논리는 결국 도로의 길이가 제로가 되는 것을 목표로 함으로써 과정이나 만남을 무의미한 것으로 전락시킨다. 도로의 논리를 극복하기 위해서는 그것이 강요해 온 속도, 성장, 번영이라는 당위에 대한 반성을 전제해야 한다.

넷째, 미완성(未完成)의 중요성이다. 『주역』의 마지막에 미완성 괘가 배치된 이유를 생각해 볼 필요가 있다. 우리는 뭔가를 완성한다는 데 집착하는 경우가 많지만, 모든 사물과 운동의 기본적이고 일반적인 형태는 미완성이다. 이 세상에 완성으로 끝나는 것은 없다. 모든 일에는 일정한 실수가 따르게 마련이라서 미완성이고 그것을 반성해야 하기 때문에 미완성이다. 부단한 반성이 진보의 조건이다.

다섯째, 비자본주의 부문을 조직해야 한다. 미셸 초스도프스키(Michel Chossudovsky, 1946~)[4]는 『빈곤의 세계화』에서 금융 자본의 세계적 공세[5]에 맞서기 위해서는 '투쟁의 세계화'가 불가피하다

---

4 러시아계 유대인으로 1968년 스위스에서 캐나다로 이주해 오타와대학을 다녔다. 이후 오타와대학에서 경제학과 교수를 지냈고, 2001년에는 '세계화연구 센터'를 설립해 미국과 초국적 금융 자본, 그 대리인인 IMF가 세계 민중의 삶을 얼마나 피폐하게 만드는지 연구해 왔다.

고 주장한다. 전 세계의 선량하고 힘없는 다수의 약자가 이런 금융 자본에 맞서 조직화되어야 한다는 이야기다. 쉬귀는 계단식 좌석이 아닌 극장에서 앞사람 머리 때문에 스크린이 잘 보이지 않는 경우를 예로 들어 설명한다. 이런 경우 일어서서 봐야 한다. 한두 사람만 일어서면 또 다른 사람이 볼 수가 없기 때문에 앉아 있는 사람들이 한꺼번에 일어나야 한다. 하지만 약자들을 조직하기는 어렵다. 강자가 추구할 수 없는 목표를 갖는 것이 하나의 방법이다. 가령 자본은 '분배'를 자기의 목표로 가질 수 없지만 약자들은 가능하다. 그들이 가질 수 없는 목표를 공유할 수 있다는 것이 힘의 원천이다. 가정, 우정, 봉사, 나눔, 양심 등 자본제 질서에서 상대적으로 자유로운 사회 부문도 광범위하다는 사실을 기억할 필요가 있다.

여섯째, '따뜻한 가슴'(warm heart)을 새로운 사상의 바탕으로 삼아야 한다. 이성, 논리, 과학 등 자본제와 함께 내면화된 존재론 문화를 극복하기 위해서는 사회적 약자들이 서로 교감할 수 있는 정서를 키워야 한다. 정서를 키운다는 것은, 예를 들면 무언가가 제자리에 놓여 있지 않은 것을 보고 가슴으로 불편을 느끼거나 느끼려 노력한다는 뜻이다. 이론이나 논리, 개념을 현실의 인간 속에서 구현하는 일이다.

---

5   IMF나 '세계은행'(IBRD) 그리고 세계무역기구(WTO)는 국제 금융 자본과 범세계적 독점 기업의 이해관계를 대변하는 조절 기구일 뿐이며, 국가 부도 사태에 대한 IMF 처방은 외채의 악순환과 빈곤의 세계화를 낳았다는 것이다.

(2) 공부

공부란 세계와 나 자신에 대한 공부입니다. 자연, 사회, 역사를 알아야 하고 나 자신을 알아야 합니다. 공부란 인간과 세계에 대한 올바른 인식을 키우는 것입니다. 세계 인식과 자기 성찰이 공부입니다. 옛날에는 공부를 구도(求道)라고 했습니다. 그리고 구도에는 반드시 고행이 전제됩니다. 그 고행의 총화가 공부입니다. 공부는 고생 그 자체입니다.[담론, 18]

쇠귀에게 공부는 나와 세계가 관계라는 사실을 자각하는 과정이다. 기나긴 감옥살이를 견딜 수 있었던 것도 공부를 통한 각성 때문이다. 매 순간의 깨달음이 그가 생을 이어 가게 했다. 공부는 또한 끝나지 않는 구도 여행이다. 모든 만남과 관계 속에서 깨달음을 누적해 가는 과정 자체가 공부다. 공자에 따르면 살면서 사람을 만나 알고(知人) 사랑하기(愛人) 위해 공부하는 것이다.

공부는 한자로 공부(工夫)다. 갑골문을 보면 호미 같은 농기구를 공(工)이라 하고, 부(夫)는 사람을 의미한다. 사람이 농기구를 가지고 생산한다는 의미다. 결국 참된 공부는 사람이라는 주체가 먹고살기 위해서 하는 행위고, 천지인(天地人)과 진선미(眞善美)까지 아우르는 것이다.[손잡고, 344]

"머리에서 가슴으로, 가장 먼 여행"

쇠귀는 공부를 '가장 먼 여행'에 비유한다. 공부의 시작은 머리에서 가슴으로 가는 것이다. 우리가 평생 하는 여행 중에서 가장 먼 여행이다. 낡은 생각, 오래된 인식틀을 깨뜨리는 지난한 과정이다. 시대와 상황이 주입하는 문맥을 깨뜨리기 위해서는 니체가 말했듯이 책이 아니라 '망치'가 필요하다. 지금 우리를 감금하고 있는 대표적인 문맥은 상품과 자본이다. 시대가 주입하는 '보이지 않는 감옥'은 은연중에 내면화되기 때문에 완강하다. 쉽게 뛰어넘을 수 없다. 먼저 자신의 갇힌 문맥을 망치로 깨는 데서 공부를 시작해야 하는 이유다.

> 우리는 그때 '가슴에 두 손을 얹고 조용히 반성하라'는 말을 우스워하였습니다. 인간의 사고(思考)가 이루어지는 곳은 심장이 아니라 두뇌라는 사실을 들어 그것을 비웃기까지 하였던 기억이 있습니다. 이성주의(理性主義)의 극치였습니다. 그러나 지금은 그때의 오만이 부끄럽습니다. 우리의 이성이란 땅 위에 서 있는 한 그루 나무처럼 그 흙가슴을 떠날 수 없기 때문입니다.[나무야, 62]

우리는 생각이 뇌에서 이루어진다고 믿는다. 오감의 작용을 생각이라고 한다면 그렇다. 하지만 생각은 '잊지 못하는 마음'이다. 생각이란 가슴으로 대상을 포용하는 것이며, 가슴 두근거리는 용기다. 공부는 머리 중심의 이성적 사고에서 애정과 공감의 장인 가슴으로 가는 여행이다.

공부 여행은 가슴에서 끝나지 않는다. 공부는 세계 인식과 자신에 대한 성찰로 끝나지 않는다. 애정과 공감을 우리의 삶 속에서 실천해야 하기 때문이다. 그러기 위해서는 내 발로 걸어서 삶의 현

장으로 가야 한다. 공부의 궁극적 목적은 세계를 변화시키고 자신
도 변하는 것이다. 쇠귀에게 공부란 머리에서 가슴으로, 가슴에서
발로 가는 '아주 먼 여행'이다. 발은 늘 변화하는 삶의 현장이고 실
천이고 숲이다.

문맥을 깨기 위한 고전 공부

공부는 나를 가두고 있는 문맥을 망치로 깨는 것으로 시작한다. 자
신을 옥죄는 문맥을 인식하기 위해서는 나와 세계의 과거, 역사를
이해해야 한다. 우리는 고전을 통해 변하지 않는 인간의 문화나 전
통, 장기 지속 문명의 구조를 확인할 수 있다. 동시에 모든 역사는
현재의 역사이듯 고전 공부는 현재와 과거의 소통이다. 지금 고전
을 읽는 것은 과거를 돌아보기 위해서가 아니라 미래를 만들어 가
기 위한 것이다. 지식 습득이나 교양을 위해서가 아니라 과거의 지
적 유산을 토대로 미래를 열어 가기 위한 창조적 실천이다.

쇠귀는 감옥에서 본격적으로 고전 공부를 시작한다. 사서삼경
과 제자백가를 중심으로 중국 고전을 섭렵한다. 자신의 고민거리
나 이 시대의 문제에 대한 담론이 모두 고전에 담겨 있다는 사실에
놀란다. 2,500년 전이나 지금이나 세상살이의 기본 문제는 크게 다
를 것이 없었다. 쇠귀는 고전 공부 방법으로 다독(多讀)과 삼독(三
讀)을 이야기한다. '다독'이란 여러 책을 읽는 것이 아니라 하나의
텍스트를 반복해서 읽는다는 뜻이다. 동일한 글을 계속 읽다 보면
문리(文理)를 터득할 수 있다. '삼독'은 세 번 읽는다는 뜻이 아니라
세 차원을 읽어 내야 한다는 의미다. 세 차원이란 텍스트 그 자체,
그 텍스트를 쓴 사람, 그 텍스트를 읽는 자기 자신이다.

독서가 남의 사고를 반복하는 낭비일 뿐이라는 극언을 수긍할 수야 없지만, 대신 책과 책을 쓰는 모든 '창백한 손'들의 한계와 파당성(派黨性)은 수시로 상기되어야 한다고 믿습니다.[사색 18, 224]

쇠귀가 1981년 10월 계수씨에게 보낸 편지의 일부다. 독서가 무의미한 것은 아니지만 그 한계를 늘 인식해야 한다는 이야기다. 다른 편지에서는, 책이란 것이 "지식인 특유의 지적 사유욕을 만족시켜 크고 복잡한 머리를 만들어, 사물을 보기 전에 먼저 자기의 머릿속을 뒤져 비슷한 지식을 발견하기라도 하면 그만 그것으로 외계(外界)의 사물에 대치해 버리는 습관을 길러 놓거나, 기껏 '촌놈 겁주는' 권위의 전시물로나 사용"[사색18, 163~164]되기도 한다고 쓰기도 했다.

쇠귀는 『논어』를 독창적이고 진보적인 관점에서 읽는다. '온고이지신'(溫故而知新)이라는 널리 알려진 말을 쇠귀는 과거와 미래를 하나의 통일체로 인식하고 온고(溫故)함으로써 새로운 미래(新)를 지향(知)한다는 의미로 읽는다. 지신의 방법인 온(溫)은 생환(生還)과 척결(剔抉)이라는 두 가지 의미로 읽어야 한다고 말한다.[강의, 149~150]

「학이」편에는 '학이불사즉망'(學而不思則罔)이라는 구절이 있다. 흔히 '책을 읽고 생각하지 않으면 어둡다'라고 새긴다. 쇠귀 역시 어린 시절 할아버지로부터 그렇게 배웠다. 하지만 쇠귀는 감옥에서 책을 읽고 생각하기를 반복하다가 이 번역이 잘못되었다는 사실을 깨닫는다. 책을 읽는 것(學)이나 책을 덮고 생각하는 것(思)은 같은 일의 반복일 뿐이다. 여기서 말하는 사(思)란 경험과 실천의 의미로 읽는 것이 옳다는 깨달음이다.[강의, 180~181] 사(思)라는 글자 자체가 밭(田)에 있는 마음(心), 즉 경험의 현장을 의미한다. 따라서 '학이불사즉망'이란 '책을 읽고 실천하지 않으면 어둡다'라는 의미로 읽어야 한다는 것이다. 공부와 실천은 분리될 수 없다!

언어로 언어의 한계 넘어서기

우리는 두 개의 오래된 세계 인식틀을 가지고 있습니다. 문사철(文史哲)과 시서화(詩書畵)가 그것입니다. 흔히 문사철은 이성 훈련 공부, 시서화는 감성 훈련 공부라고 합니다. 문사철은 고전 문학, 역사, 철학을 의미합니다. 어느 것이나 언어·개념·논리 중심의 문학 서사(文學敍事) 양식입니다. 우리의 강의가 먼저 시에 관해서 이야기를 시작하는 까닭은 우리의 생각이 문사철이라는 인식틀에 과도하게 갇혀 있기 때문입니다.[담론, 24]

쇠귀는 『강의』와 『담론』을 모두 시(詩) 공부에서 시작한다. 우리는 언어와 개념, 논리와 추상 중심의 문학 서사 프레임에 지나치게 갇혀 있다. 언어나 문자는 추상적인 기호일 뿐이다. 문학, 역사, 철학 역시 세계의 올바른 모습을 보여 주지 못한다. 역사는 역사가가 필요에 따라 선별하고 재구성한 것이다. 철학은 세계의 본질과 운동을 추상화하는 것이다. 예를 들어 헤겔은 세계가 정반합의 변증법적으로 변화한다고 설명하지만, 실제 세계는 변증법적으로 변하지 않는다.

문사철만으로는 정직한 세계 인식을 할 수 없다는 이야기다. 언어와 개념 논리라는 지극히 추상화된 그릇으로 끊임없이 변화하는 세계를 담을 수 없음은 물론이고 문학, 역사, 철학 역시 세계를 온당하게 서술할 수 없다. 문학 서사라는 인식틀은 인간이 언어를 사용한 이후 지금까지 이어져 온 강고한 프레임이다. 베토벤은 심포니 5번에 이름을 붙이지 않았지만, 그것을 '운명'이라고 명명하는 것이 바로 우리가 갇혀 있는 문사철의 완고한 인식틀이다.[담론, 27] 『장자』가 말하듯 공부의 핵심은 우물에서 벗어나는 것이다.

시는 문사철과 마찬가지로 언어를 사용하지만 시어는 그 언어의 개념적 의미를 뛰어넘는다. 달을 가리키는 손가락처럼 일종의 메타언어(meta language)다. 예를 들어 안도현의 시 「너에게 묻는다」[6]에서 말하는 '연탄재'는 자기를 아낌없이 불태운 사람의 초상이다.[담론, 26] 김영하의 장편소설 『살인자의 기억법』(2013)을 보면 시인에 관한 설명이 있다. "시인은 숙련된 킬러처럼 언어를 포착하고 그것을 끝내 살해하는 존재입니다."[8쪽] 시인은 언어를 통해 언어를 넘어서야 한다. 언어의 지시적 의미, 일반적 의미를 '살해'하지 못한다면 시인이라 할 수 없다.

하지만 텔레비전이 등장한 후 영상물이 우리의 인식틀을 지배하는 세상이 되었다. 영상 서사 양식은 그 전달력에서 다른 매

---

6   안도현이 2010년 펴낸 시집 『너에게 묻는다』의 표제시다. 이 시의 1연은 다음과 같다.
너에게 묻는다/연탄재 함부로 발로 차지 마라
너는 누구에게 한 번이라도 뜨거운 사람이었느냐

체의 추종을 불허한다. 쇠귀는 파도가 거세게 출렁이는 바다 영상을 예로 들며 영상 서사의 압도적인 전달력과 주체의 소외 문제를 이야기한다. 문자는 사건 서술과 대상 묘사에 치중하는 '디에게시스'(diegesis)의 언어인 반면, 영상은 이미지로 대상을 재현하는 '미메시스'(mimesis)의 언어다. 영상 언어가 도상(icon)이라면 문자 언어는 상징(symbol)이다. 상징을 이해하려면 알파벳을 배우듯 약호 같은 약속 체계를 학습해야 한다. 우리는 흔히 인물 사진과 그 인물을 동일시하는 경향이 있다. 도상으로 재현된 대상을 보면서 그것이 대상 자체라고 생각하기 때문이다.

가령 몹시 화가 난 사람의 얼굴과 파도가 밀려오는 바다의 경우, 아무리 많은 문자를 동원해서 표현한다고 해도 정확하게 묘사하기는 어렵다. 하지만 카메라로 찍어서 보여 줄 경우 말이 필요 없다. 문자 언어가 영상의 전달력을 따라가는 것은 불가능하다. 바다 영상을 이해하기 위해 바다라는 언어를 공부할 필요는 없다. 영상은 누구나 쉽게 이해할 수 있고 복제될 수 있기 때문에 미디어를 지배하는 것이다. 요즘 많은 사람이 세계 최대의 영상 플랫폼인 유튜브에서 정보를 얻고 소비한다. 영상을 만든 사람과 보는 사람이 아무 관계가 없다는 것이 문제다. 우리는 '바다'라는 단어를 만나면 언젠가 찾아갔던 그 바다를 기억한다. 인식 주체가 그 '바다'에 참여한다. 그러나 바다를 보여 주는 영상 앞에서 인식 주체가 할 일은 없다. 성찰과 아무 관련이 없다. 자기를 잊고 영상에 몰입할 수 있을 뿐이다. 주체는 사라지고 '관객'만 남는다.

쇠귀는 "사실성과 사회미에 충실하되 사실 자체에 갇히지 않는 것"[담론, 32]을 시적 관점이라고 본다. 그래서 시는 언어의 한계,

문학 서사의 한계를 뛰어넘을 수 있다. 현실에서 우리가 보고 느끼고 글로 쓰는 것은 시공과 감각의 한계 속에서 건져 낸 사실의 조각들(facts)에 불과하다. '진실'은 건져 낸 사실이나 언어 너머에 있을 것이다. 따라서 중요한 것은 사실을 진실로 포장하는 것이 아니라 사실 너머를 볼 수 있는 고리를 만드는 일이다.

그런 면에서 시는 문학 서사 양식을 뛰어넘는 인식틀이다. 복잡한 것을 한마디로 요약할 수 있을 때, 다시 말하면 시적인 틀에 담을 수 있을 때 비로소 안다고 할 수 있다. 맹자는 그것을 설약(說約)이라고 했다. 시는 설약의 전형이다.[담론, 57~58] 사물과 세상에 대한 유연한 시적 사유는 우리의 인식 세계를 다른 차원으로 확장할 뿐만 아니라 삶 자체를 더 아름답게 만들 수 있다는 것이 쇠귀의 생각이다. 물론 전제가 있다. 시는 시를 만드는 사람 스스로도 감동할 수 있는 진정성의 공감이 있어야 한다.[담론, 32]

격물치지, 추상과 상상 그리고 진리 방식

공부에 왕도가 없듯 깨달음을 쉽게 얻을 수 있는 묘수는 없다. 다만 동양 고전에 대한 쇠귀의 광범한 언급 속에서 공부의 방식과 관련한 몇 가지 개념을 찾아볼 수 있다.

먼저 『대학』에 관한 강의에서 주요하게 언급하는 것이 격물치지다. 격물이란 사물의 이치를 깊이 탐구하는 일이다. 이는 사물과 실천적 접촉을 통해 가능하다. 쇠귀에 따르면 주자는 '치지재격물'(致知在格物)의 의미를, "인간의 앎(知)은 사물의 이치를 깨닫는 데서 온다"는 뜻으로 해석했다. 사람에게는 인식 능력(心之靈)이 있고 사물에는 이치가 있기 때문에 앎을 이루기 위해서는 사물에게로 나아가서 그 이치를 궁구(窮究)해야 한다는 것이다.[강의, 489~490] 여기서 물(物)은 우리가 있다고 생각하든 없다고 생각하든 상관없이, 다시 말해서 우리의 주관적 의지와는 상관없이 존재하는 외계의 독립적 대상이다. 인식과 깨달음이 외계의 객관적 사물과의 관계에 의해 이루어진다는 주장은 매우 중요하다.

공부는 세계와 인간을 잘 알기 위한 것이다. 세상을 제대로 이해하기 위해서는 추상력과 상상력의 조화가 필요하다. 추상은 복잡한 것을 간단하게 압축하는 것이고, 상상은 작은 것에서 큰 것을 읽는 것이다. 세상을 개념과 논리로 압축하는 문사철 프레임은 세계에 대한 온당한 인식틀은 아니지만 반드시 필요하다. 우리가 복잡한 문제에 직면했을 때 가장 필요한 능력이 추상력이다.[담론, 52] 압축과 추론을 통해 문제의 핵심을 집어내야 하기 때문이다.

시 한 편의 세계는 매우 크다. 시는 세계를 인식하는 '인식틀'이고, 특히 사물의 변화를 읽으려 할 때 뛰어난 관점을 시사한다. 시가 가진 기승전결의 전개 구조가 사태의 진전과 사물의 변화를 전형화한 '변화의 틀'이기 때문이다. 사물과 사물의 집합 그리고 그 집합의 시간적 변화라는 동태적 과정을 담는 틀이며 리듬이다.[담론, 35~36]

우리는 문사철의 추상력과 시서화악의 상상력, 영상 서사의 압도적 전달력을 소중하게 계승하되 이것이 갖고 있는 결정적 장단점을 유연하게 배합하는 노력을 기울여 나가지 않을 수 없을 것입니다. 문사철의 추상력과 함께 그것의 동일성 논리, 시서화악의 상상력과 함께 그것의 주관성과 관념성, 그리고 영상 서사의 압도적 전달력과 함께 인식 주체의 소외 문제를 해결해 가지 않을 수 없을 것입니다.[담론, 28~29]

쉬귀가 제시하는 공부의 개념과 관련해 또 하나 검토해 볼 부분이 강화학파의 '진리 방식'이다. 자신이 의지하는 이론이 현실과 모순된다는 것을 느낄 때, 우리가 취할 수 있는 방식은 두 가지 중 하나다. 첫째, 실사구시의 대응 방식이다. '실'(實)이라는 것은 '접촉한다'(接)는 뜻이다. 현실 상황에 비추어서 해답(是)을 모색하는 방식이다. 이론과 현실이 일치하지 않을 때 현실을 중심으로 해결책을 찾는 것이 실사구시다. 과거 고전이나 성현의 말씀에서 훈고학적으로 답을 찾는 것과 비교하면 진일보한 방식이라 할 수 있다.

강화학파는 이러한 실사구시의 방식을 '물리' 방식의 대응이라고 규정한다. 강화학파가 중요하게 여기는 것은 '진리' 방식의 대응이다. 진리 방식이란 우리가 이해하고 있는 이론의 준거를 재구성하는 것이다. 예를 들면 최근 한국뿐만 아니라 세계 경제가 장기적 불황 상태다. 수많은 이론과 처방이 있지만 실효성이 별로 없다. 이때 실사구시 방법으로 대응한다는 것은 실물 경제를 살리기 위해 구조 조정에 나서는 것이다. 그렇게 해서 나름대로 그들이 생각하는 경제를 살릴 수도 있다. 하지만 그 과정에서 구조 조정된 사람이나 기업, 조직은 배제된다.

진리 방식의 대응이란 "경제란 무엇인가?", "경제는 왜 살려야 하는가?"라는 물음을 던지면서 '경제'라는 개념의 준거를 재구성하는 것이다. 동시에 해고와 법정 관리를 통해 경제를 살린다는 것이 과연 '경제'의 근본적인 개념과 일치하는 것인지 묻는다. 이처럼 주어진 개념이나 용어의 의미 자체를 재구성하는 것이 진리 방식의 대응이다. 물리 방식이 'Here and Now' 그리고 How에 주목한다면, 진리 방식은 'Bottom and Tomorrow'와 Why에 주목한다.[담론, 403]

배움과 가르침, 사제와 사우(師友)

삶은 가르치고 배우는 연쇄적 과정이다. 누구든 누군가의 스승이며 동시에 누군가의 제자다. 언제나 가르치는 위치에 있는 사람도 없고, 마찬가지로 늘 배우는 위치에만 있는 사람도 없다. 우리의 삶 자체가 배움과 가르침의 변증법적 과정이기 때문이다. 배우고 가르치는 사제의 연쇄를 더듬어 확인하는 일이 곧 자신을 정확하게 통찰하는 길이다.[나무야, 13]

쇠귀는 나카지마의 소설집 『역사속에서 걸어나온 사람들』의 번역 출판을 주선하고 감역한 바 있다. 쇠귀는 나카지마의 대표작 「제자」를 읽으면서 공자와 자로(子路)의 관계를 하나의 이상적인 사제 관계로 생각하기도 했다. 중유(仲由: 자로의 이름)는 노나라 변(卞) 땅의 건달이었다. 공자가 현자라는 소문을 듣고 골려 주기로 마음먹는다. 어느 날 그들의 공부를 방해하기 위해 양손에 살아 있는 닭과 돼지를 들고 공자를 찾아간다.

"그대는 무엇을 좋아하는가?"
"나는 장검(長劍)을 좋아하오."
"배움에 대해서는 어떻게 생각하는가?"
"배움? 어찌 유익함이 없겠소."

"임금에게 바른말을 하는 신하가 없으면 임금은 올바름을 잃게 되고, 선비에게 배움의 벗이 없으면 선비는 들을 귀를 잃게 된다네. 나무도 새끼줄을 매어 둠으로써 비로소 곧게 자라는 것이 아니겠는가? 말에는 채찍이, 활에는 도지개가 필요하듯이, 사람에게도 방자한 성격을 바로잡기 위한 가르침이 꼭 필요한 것이라네. 틀을 바로잡고 갈고닦으면 그제야 비로소 유용한 재목이 되는 법이라네."

"남산의 대나무는 쉽게 휘지 않고 저절로 곧게 자라, 이를 잘라 사용하였더니 무소의 가죽을 꿰뚫었다고 들었소. 그렇다면 천성이 뛰어난 자에게는 아무런 배움도 필요치 않은 게 아니겠소?"

"그대가 말하는 그 남산의 대나무에 살깃과 살촉을 달고 이것을 잘 갈고닦으면 단지 무소 가죽을 꿰뚫을 뿐만이 아니라네."

"삼가 가르침을 받겠습니다."【역사속에서, 67~69. 대화만 인용】

자로와 공자는 이렇게 처음 만난다. 공자를 '사이비'라 생각하고 골려 주려 했던 건달의 객기가 만남의 계기였다. 이러한 부정적인 계기와는 상관없이 자로는 사제라는 관계를 통해 자기를 발견하고, 자신의 운명을 자각하고 공자단(孔子團)의 일원으로서 짊어져야 할 초시대적 사명에 스스로를 바치는 정직하고 감동적인 인간 드라마를 완성한다.

공자가 만세의 목탁이고, 스승이 된 이유는 여러 가지다. 나카지마가 주목한 것은 공자의 모든 인간에 대한 깊은 이해와 맞춤형 가르침이다. 당시 공자 스쿨에서 가장 재능 있는 제자는 자공(子貢)

이었다. 머리가 좋고 수완이 뛰어났다. 자공은 영혼 불멸이나 사후 세계에 관심이 있었다. 어느 날 자공이 공자에게 물었다.

"죽은 사람(死者)은 아는 것이 있습니까? 아니면 없습니까?"
"죽은 사람이 지각이 있다고 하면 효자들이 자신의 삶을 희생해 가면서까지 장례를 치르려고 함이 염려스럽고, 또 죽은 사람이 지각이 없다고 하면 불효자식들이 그 부모를 버리고 장례를 치르려고 하지 않음이 걱정스럽도다."【역사속에서, 94】

공자는 자공이 질문한 의도는 알았지만 그의 관심을 다른 곳으로 돌리고자 했다. 우직했던 자로는 사후 세계 따위에는 별 관심이 없었다. 죽음 자체보다는 스승의 사생관을 알고 싶어 죽음에 관해 묻는다.

"아직 삶에 대해서도 잘 모르고 있는데, 어찌 죽음에 관하여 알 수 있겠는가?"【역사속에서, 95】

자로는 그 대답에 탄복했다. 공자는 지당하신 말씀만 하는 사람이 아니었다. 수천에 이르는 공자 스쿨 제자들의 수준과 성향 그리고 지향까지 고루 꿰고 있었다. 제자의 성향과 관심을 충분히 고려해서 가르쳤다.

쇠귀는 공자가 만세의 목탁이라는 사실에는 동의하지만, 우리 시대에 공자 같은 가르침을 베푸는 것이 가능할지에 대해서는 회의적이었다. 쇠귀가 즐겨 썼던 글 중의 하나가 아라공의 시7 구절인

"가르친다는 것은 희망을 이야기하는 것이다"라는 말이다. 이 구절에 이어지는 대구는 "배운다는 것은 성실을 가슴속에 새기는 것이다"이다.

쇠귀는 사제보다는 '사우'(師友)라는 말을 즐겨 썼다. 그 핵심은 "친구가 될 수 없다면 진정한 스승이 아니고, 스승이 될 수 없다면 진정한 친구가 아니다"라는 말이다. 사우라는 말은 이탁오(李卓吾, 1527~1602)[8]의 『분서』에 있는 「황안의 두 스님을 위한 글 세 편」에 나온다. "친구라지만 네 번 절하고 수업을 받을 수 없다면 그런 자와는 절대로 친구 하면 안 되고, 스승이라지만 마음속의 비밀을 털어놓을 수 없다면 그를 또 스승으로 섬겨서도 안 됩니다."[이지, 297]

다른 면에서 쇠귀는 스승을 고정된 위치에 있는 권위적인 존재라고 생각하는 것 자체가 계몽주의적 사고라고 보았다. 계몽주의는 상상력을 거부하는 "노인 권력"[담론, 15]이며, 계급적 편견의 산물이라는 것이다. 학교나 강의실은 계몽하는 곳이 아니라 계몽주의를 깨는 성찰의 공간이어야 한다. 달리 말하자면 스승이 특정한 자리에 존재하는 것이 아니라 실천의 '길을 가는 과정'(道程)에서 동반자로 만나는 것이다. 동반자로서 지혜를 주고받는 것이 사제 관계의 핵심이다. 배움의 길에서 우리가 할 수 있는 일의 상한(上限)은,

7   루이 아라공의 「스트라스부르 대학의 노래」(김남주 번역 시집 2, 『아침저녁으로 읽기 위하여』, 푸른숲, 2018, 237~240쪽) 제3연이다.
8   명나라의 대표적인 양명 좌파 학자로, 본명이 이지(李贄)다. 왕양명을 진인이라고 존경했지만 회교도이기도 했다. 기행(奇行)을 좋아하고 반유교적이라서 대중적으로는 인기가 있었지만 부패한 관료들의 탄압으로 체포되어 감옥에서 자살로 생을 마감했다. 『분서』(焚書), 『장서』(藏書) 등의 저작이 있다.

부단한 성찰과 인간에 대한 애정을 키워 가는 일에서 시종 성실함을 잃지 않는 것뿐이다.[냇물아, 281]

공부는 성찰과 깨달음을 위한 것이다. 동시에 지적 허영과 냉소를 극복하는 일이다. 그것은 타인들이 얼마나 깊고 넓게 자신의 존재에 구성적으로 관여하는지를 인식하고 인정하는 데서 시작된다.[김영민, 2010, 47~48] 따라서 우리가 가르치는 입장이 되었을 때 추구해야 할 핵심 가치는 관계망 속에 있는 사람들의 성찰성을 높이는 일이다. 성찰은 성(省) 자가 보여 주듯이 젊은(少) 눈(目)이다. 때 묻지 않은 눈이며, 먼 곳에 착목(着目)하는 눈이다. 성찰은 우리와 우리가 처한 현실 관계를 총체적으로 인식하는 것이다.

공부는 현실을 그 역사적 관점에서 인식하는 것, 그리고 그 구조의 관점에서 인식하는 것이다. 그뿐만 아니라 한편으로는 우리에게 개입하는 편견들을 드러내는 비판적 인식을 의미하고, 다른 한편으로는 배제된 부분들을 생환하는 주체적 인식을 의미한다. 최종적으로는 우리를 가두고 있는 벽을 허무는 해방적 관점, 나아가 현실의 건너편을 바라보는 대안적 관점까지 포괄하는 인식 체계를 만드는 것이다.[냇물아, 287] 지금 여기서 우리가 공부해야 할 핵심, 성찰해야 할 구조는 자본제 화폐 권력의 일반성과 한국 사회의 역사적 특수성이다. 동시에 이를 넘어설 수 있는 새로운 문명, 새로운 통일 국가에 대한 비전을 만드는 일이다.

(3) 화동

근대사의 정점에서 세계화와 신자유주의라는 패권적 구조를 적나라하게 드러내고 있는 것이 현대 자본주의입니다. 이러한 자본주의 논리가 바로 존재론의 논리이며 지배, 흡수, 합병이라는 동(同)의 논리입니다. 종교와 언어까지도 동일할 것을 요구합니다. 우리나라는 그러한 식민지 역사를 경험했지요. 그러므로 동의 논리를 극복하는 것은 곧 자본주의를 극복하는 것과 무관할 수 없는 것이지요.[강의, 164]

공부의 시작은 지금 우리를 가두고 있는 문맥을 깨는 것이라고 했다. 현재 우리를 지배하는 것은 상품과 화폐를 중심으로 한 자본주의 문맥이다. 그리고 한국 역사의 특수성과 관련이 있는 분단 문맥이다. 자본주의 문맥과 강요된 분단 체제는 크게 보면 자본주의 세계화의 산물이다. 콜럼버스 이후 서유럽의 자본은 제국주의, 세계대전 시기를 거쳐 세계화되었다. 획일성과 동일성을 강요한 강철의 역사였고, 존재론에 근거한 동일성 논리의 세계화였다. 화동 담론은 근대화 이후 우리를 지배하는 동일성 논리, 자본주의 문맥, 분단 이데올로기 극복을 위한 새로운 문명론적 비전과 관련이 있다.

화동론은 평화 공존을 주장하고 흡수 합병이라는 패권적 국가 경영을 반대하는 유가 학파의 정치사상이었다. 유가학파는 춘추전 국시대 혼란의 원인이 강대국이 약소국을 전쟁 방식으로 침탈하고 병합하는 이른바 '동'(同)의 논리에 있다고 보았다. 큰 나라든 작은 나라든, 강대국이든 약소국이든 서로 평화롭게 공존하는 '화'(和)의

질서를 만드는 것이 유가 학파의 정치 담론이다.[담론, 79]

화동론의 출처는 『논어』 「자로」 편에 있는 "군자화이부동 소인동이불화"(君子和而不同 小人同而不和)다. 이 구절의 '화'와 '동'에 대한 몇 가지 주석을 보면 그 의미가 잘 드러난다.[신영복, 2002] 첫째, 주자는 '화'를 화목의 의미로, '동'을 아첨의 뜻으로 해석한다. 화가 어긋나지 않는 마음이라면 동은 아부하는 마음이다. 둘째, 『국어』(國語)[9] 「정어」(鄭語) 편에서, 화란 서로 다른 것들이 모여서 질서를 유지하는 것이며 이로부터 풍요로움이 자라고 만물이 생기지만, 서로 같은 것들만 모아 놓는 동은 모두 다 못 쓰게 되어 버린다고 했다. 셋째, 『좌전』(左傳) 「소공(召公) 21년」 편에서는 '화'란 물, 불, 식초, 간장, 소금, 매실을 넣고 국을 끓이는 것과 같이 오미(五味)와 오음(五音)이 조화를 이룬 것을 의미하며, '동'은 임금이 '가하다'고 하면 따라서 '가하다' 하고 임금이 '불가하다'고 하면 따라서 '불가하다'고 하는 것으로서 마치 물에 물을 타는 것과 같다고 했다.

> 화동론(和同論)은 근대 사회, 즉 자본주의 사회의 본질을 가장 명료하게 드러내는 담론이라고 생각합니다. 화는 다양성을 인정하는 것을 의미합니다. 관용과 공존의 논리입니다. 반면에 동은 다양성을 인정하지 않고 획일적인 가치만을 용납하는 것을 의미합니다. 지배와 흡수 합병의 논리입니다.[강의, 162]

---

9   춘추시대 말기 노나라의 역사학자 좌구명(左丘明, B.C.556~B.C.451)이 지은 것으로 알려진 역사서다. 『국어』는 국가별 기사본말체 형식을 취하고 있다. 주(周), 노(魯), 제(齊), 진(晉), 정(鄭), 초(楚), 오(吳), 월(越) 8개국의 역사를 인물의 대화 형식으로 기술했다.

화동은 개인이 맺는 인간관계뿐만 아니라 국가와 국가 간에도 적용될 수 있는 관계 일반의 원리다. 화는 다양성을 인정하고 차이를 존중하는 공존의 원리임에 반해 동은 차이와 다양성을 인정하지 않는 흡수와 합병의 논리다.

세계화, 제국과 패권의 역사

동의 논리는 자본주의의 자본 축적 운동 과정에서 전형적으로 나타난다. 콜럼버스 이래 서구 문명의 대외 팽창과 제국주의적 전개 과정이 보여 주는 지배와 억압의 논리이며 패권의 논리가 그것이다. 동의 논리는 모방과 종속의 논리를 낳는다. 공자가 건재하다고 하지만 패권 논리 역시 건재하다.[담론, 83] 제국주의 이후 세계대전, 냉전을 거쳐 최근의 미국과 중국의 '무역 전쟁'에 이르기까지 패권적 질서는 변함없이 지속되고 있다. 사활을 건 경쟁이고 국가 생존의 논리지만 파괴와 살육을 근거로 한다는 점에서 엄정한 평가와 성찰이 필요하다.

콜럼버스의 산타마리아호는 근대의 아이콘이다. 콜럼버스가 신대륙에 도착한 1492년을 근대의 시작으로 보기는 어렵지만, 신대륙 발견이 자본주의의 원시 축적이 시작된 시점이라고 할 수 있기 때문이다. 당시 스페인은 국가 통일로 중세를 청산했고, 콜럼버스를 통해 지중해를 벗어나 엄청난 대륙을 손에 넣는다. 남미 대륙의 금은은 물론이고 막대한 인적 자원이 자본주의 성장의 물적 토대가 된다. 자본주의의 눈부신 성장 이면에는 라틴아메리카를 비롯한 제3세계인들의 참혹한 희생[10]이 있었다.[담론, 329~330]

미국의 역사학회 회장을 지낸 월터 프레스콧 웹은『거대한 프런티어』(1951)라는 책에서 지난 450년간 자본주의 문명이 놀랄 만큼 성장, 발전해 온 것은 콜럼버스 이후 남북 아메리카를 비롯해 아프리카, 오스트레일리아 등 서구인들이 마음대로 지배할 수 있었던 '거대한 프런티어'가 존재했기 때문이라고 설명한다.[김종철, 2016, 4] 자본주의의 급속한 발전은 한마디로 유럽 밖 세계에 대한 약탈의 결과다. 자본주의의 인문학적 결과는 유럽의 세계화다. 노예 상인 콜럼버스는 제 마음대로 아메리카를 '발견'했고, 유럽의 역사가, 지도 제작자, 언어학자, 철학자, 문인은 유럽 중심주의를 '창조'[이성형, 309]했다.

자본주의 역사는 자본 축적의 역사고, 자본 축적은 모순의 누적 과정이다. 현대 자본주의는 누적된 모순으로 축적 메커니즘 작동이 불가능한 총체적 위기 단계라고 할 수 있다. 이러한 모순과 위기는 미국 등 패권 국가들의 담합과 폭력적인 개입으로 억제되고 있다. 신자유주의라는 이름으로 벌어지는 개별 국가에 대한 간섭과 억압이 그것이다. 문화와 의식 구조에서도 물리적 강제를 은폐하고 유화(宥和)하기 위해 엄청난 허위의식과 비인간적인 논리가 구축된다.[강의, 256~257] 현대 자본주의는 그 어떤 체제보다도 강력한 헤게모니를 행사하고 있다.

제국은 이민족에 대한 착취뿐만 아니라 자신의 본래 영토 안

---

10   비유럽 지역에 대한 침략 결과 세계는 식민 종주국(유럽), 식민화된 대륙(아메리카, 오세아니아, 아프리카 절반), 원주민 대륙(아시아)으로 재편된다. 그 결과 아메리카와 오세아니아에서 원주민은 거의 사라졌다. 주요 국가의 원주민 비율을 보면 미국 2퍼센트, 브라질 5퍼센트, 오세아니아 1퍼센트 미만이다.[원톄쥔, 34~35]

에서도 지배와 피지배, 중심부와 주변부의 사회적 분할을 필요로 한다. 제국의 지배자들과 그들로부터 '시민권'을 하사받은 소수 시민의 '문명화된'(civilized) 생활은 그 사회 재생산에 긴요한 생산과 가치를 창조하는 데 종사하는 다수의 노예, 소작농, 하인, 노동자, 색다른 인종, 죄수들의 피와 땀과 눈물의 소산이다. 이러한 제국에서 '시민'이 아닌 사람들은 영혼을 가진 인간이 아니었다. 미합중국의 유색 인종 노동자나 여타 국가의 외국인 노동자의 상황으로 보면 지금도 크게 달라진 것은 없다

미국은 21세기에도 금융 자본 헤게모니를 바탕으로 세계 제국으로 군림하고 있다. 석유 결제 화폐가 달러라는 사실은 경제적으로 굉장히 중요하다. 그로 인해 미국 달러가 국제 통화로서의 지위를 유지할 수 있기 때문이다.[손잡고, 165~166] 석유 대금으로 받은 달러가 미국 상품에 대한 유효 수요로 나타나는 것은 물론이고, 더욱 중요한 것은 이 오일 달러가 미국의 금융을 받쳐 주는 토대라는 사실이다. 미국 증시를 뒷받침하기도 하고, 미국의 무역 적자와 재정 적자를 메우는 재원이 되기도 한다.

쉬귀는 미국이 지난 2003년 이라크를 침공한 이유도 석유 결재 화폐로서 달러가 가진 지위를 방어하기 위해서였다고 본다. 후세인이 석유 결제 화폐로 유로를 선택했기 때문이다. 달러가 국제 화폐, 기축 통화로서 지위를 상실할 경우 미국 경제는 하루아침에 붕괴될 수도 있다. 산업 자본이 자연과 노동을 수탈하는 것이라면, 금융 자본은 대자본이 소자본을 수탈하는 파괴적 시스템이다. 상품 사회는 화폐 권력이 지배하고 화폐 권력은 그 자체가 허구이며, 이러한 파괴적 시스템을 뒷받침하는 것이 전쟁 국가인 미국의 군사력

이다.[담론, 376]

　원래 자본은 자연, 노동과 함께 생산의 3요소로 생산에 투입되는 것이다. 금융자본주의 작동을 보면 자본은 생산과 관련이 없다. 오늘날 전 세계에 80조 달러가 넘는 헤지펀드(hedge fund)[11]가 오로지 투기성으로 운영되고 있다. 자본은 넘치는데 투자할 곳이 없다. 약한 기업이나 약한 국가가 경쟁에서 탈락해 황폐화되고, 경우에 따라서는 전쟁을 통해 생산 시설을 파괴하기도 한다. 노동 비용 통제와 함께 투자 여건을 유리하게 만들어 자본의 축적 운동을 보완하기 위해서다.[신영복, 1998c]

　헝가리의 정치경제학자 칼 폴라니(Karl Polanyi, 1886~1964)[12]는 『거대한 전환』(1944)에서 시장자본주의 형성 과정을 '역사적으로' 분석해 그 허구성과 내적 모순을 드러낸 바 있다. 가장 큰 문제는

11　단기 이익을 목적으로 국제 시장에 투자하는 개인 모집 펀드다. 투자 지역이나 투자 대상 등 당해 국가의 규제를 받지 않고 고수익을 노리는 투기 자본이다. 한국의 경우 IMF 사태 이후 미국 사모펀드인 론스타가 외환은행을 장악했고, 소버린은 SK를 공격했으며, 맥쿼리는 인천공항 민영화를 시도했다. 2019년 11월 개봉한 정지영 감독의 〈블랙머니〉는 론스타가 외환은행을 헐값으로 인수한 후 매각을 통해 수십조 원에 달하는 막대한 이익을 챙기고 떠난, '대한민국 최대의 금융 스캔들'을 다루고 있다.

12　헝가리의 경제사상가이자 실천운동가로 비엔나에서 태어났다. 철도 재벌의 아들인 폴라니는 다른 형제와 함께 격리되어 특수 교육을 받으며 자랐다. 부다페스트대학에 다닐 때 급진적이고 영향력 있는 클럽 갈릴레이를 만들었으며, 이 클럽은 헝가리의 지적 토대에 일부 영향을 주었다. 이 시기에 폴라니는 게오르크 루카치, 칼 만하임 같은 저명한 사상가들과 함께 적극적으로 활동했다. 파시즘이 강화되는 1933년에 런던으로 이주해 기자로 일하면서 생계를 유지했으며, 노동자 교육에 힘썼다. 제2차 세계대전 이후 캐나다로 이주해 강의와 저술 활동에 몰두했다.

노동, 토지, 화폐 같은 생산 요소가 판매를 위해 생산된 상품이 아님에도 마치 상품인 것처럼 교묘한 장치에 의해 시장메커니즘에 포섭되었다는 점이다. 토지는 자연이고 노동은 인간이며 자본은 교환 수단이기 때문에 상품이 되어서도 안 되고 될 수도 없는 '허구 상품'이다.[폴라니, 제6장] 폴라니에 따르면 인간을 인간답게 만들어 주는 총체가 사회인데, 시장자유주의자들은 '사회'를 제거하고 모든 것을 경제와 시장에 복속시킨다. 이로 인해 삶의 터전인 자연과 인간이 파괴되고 자본이 된 화폐의 운동만 남는 것이다.

  프랑스 역사학자 엠마누엘 토드는 『제국의 몰락』(2003)에서 군사력에 기초한 미국의 단일 패권은 이미 기울기 시작했고 15년을 지탱하기 어렵다고 예견한 바 있다.[담론, 377] 이미 15년이 지났지만 미 제국은 건재하다. 영국 저널리스트 폴 메이슨은 『포스트 자본주의―새로운 시작』(2015)에서 향후 50년간 주요 선진국의 경제 성장은 악화되고 불평등은 심화될 것이며 개발도상국의 성장 동력도 소멸할 것이라고 예측한 후, 자본주의 체제는 우리가 살아 있는 동안 막을 내릴 것이라고 보았다.[한승동, 23] 메이슨은 서둘러 신자유주의를 폐기하고 자본주의를 넘어서야 한다고 주장한다. 하지만 미국은 트럼프가 등장한 뒤 오히려 자국 중심의 보호무역주의와 인종주의를 강화하면서 전 세계를 경악시키고 있다. 무모한 전쟁과 지구를 파괴한 대가로 구축된 미 제국주의가 지속 가능하다고 생각하는 사람은 거의 없다. 쇠귀는 인류의 급격한 파탄을 저지하기 위한 연착륙 방안과 민주화 논의가 절실하다고 말한다.[담론, 377]

존재론, 인과론-환원론-본성론

존재론적 구성 원리는 개별적 존재를 세계의 기본 단위로 인식하고 그 개별적 존재에 실체성(實體性)을 부여하는 것입니다. 그리고 개인이든 집단이든 국가든 개별적 존재는 부단히 자기를 강화해 가는 운동 원리를 갖습니다. 그것은 자기 증식(自己增殖)을 운동 원리로 하는 자본 운동의 표현입니다.【강의, 23】

유럽의 근대사는 내가 타자보다 강해야 하는 강철의 논리로 일관된 역사였다. 이러한 논리를 모든 나라가 받아들인다. 조선을 흡수 합병한 메이지(明治) 일본의 탈아론(脫亞論)도 그중 하나다. 그뿐만 아니라 강철 논리의 희생자였던 한국 등 다른 나라들도 이를 모방하고 있다. 심지어는 그러한 강철 논리와 싸워야 할 해방 운동마저 존재론 패러다임에서 벗어나지 못하고 있다. 개인이든, 회사든, 국가든 언제나 '나의 존재성'을 앞세우고 그것을 확장해 다른 것들을 지배하고 흡수해야 한다는 논리가 주류를 이루고 있다.【담론, 336~337】

쇠귀는 신자유주의 환경에서 빈번하게 논의되는 인간본성론에 대해서도 강하게 비판한다. 인간본성론의 핵심은 인간이 이기적인 존재라고 가정하고 자본주의 사회에서 개인들이 사익을 추구하는 것은 본성이라고 규정하는 것이다. 이기적 인간본성론은 거슬러 올라가면 근대 자본주의 사회의 인간관임을 알 수 있다. 자본 논리고, 자본의 자기 증식 논리고, 자본 축적 논리다. 한마디로 존재론

적 담론이다.[강의, 416]

쉬귀가 강조하듯 인간의 정해진 본성은 없다. 주어진 사회 조건 속에서 그야말로 생존할 뿐이다. 인간이 이기적이라는 가정은 시장 경쟁의 원리를 뒷받침하고, 나아가 자유민주주의와 등식화한 자본주의가 인류가 도달한 최고의 제도라는 주장을 뒷받침하기 위한 것이다. 억지로 만든 인간의 본성 위에 자본주의 이데올로기를 구축한 것이다. 이데올로기를 과학의 법칙으로 디자인하는 셈이다.[강의, 417]

쉬귀는 인간을 포함한 모든 생명을 DNA의 운동 원리로 이해하는 이론도 비판한다. 리처드 도킨스나 에드워드 윌슨 같은 진화생물학자들의 유전자 환원론에 대해 움베르토 마투라나의 이론을 들어 반박한다. 마투라나는 DNA는 생명체를 구성하는 여러 요소 중 하나일 뿐이고 생명체 자체가 자기 생산과 생성의 주체라고 본다. 생명체는 표류(natural drift)하는 주체고 나아가 '방랑하는 예술가'다.[13] 방랑하는 예술가처럼 자기 생성, 즉 자기가 자기 자신을 만들어 가는 능력이 있다는 것이다.[담론, 47]

환원론과 '인과론'은 동전의 양면이다. 둘 다 복잡한 현상에서 결정적인 것으로 보이는 하나의 요인을 찾아 그것과의 관계로 모든 것을 설명하려 한다. 인과 관계로 세상만사를 설명하는 것은 '과학

---

13   생명이 객관적으로 존재하는 것이 아니라 생명체의 행위를 통해 구성된다는 이야기다. 따라서 "우리가 존재하는 세계란 우리가 타인들과 함께 만들어 낸 세계이며, 이 세계는 다시 우리에게 거꾸로 영향을 끼친다. 이 사회적 세계에서 우리는 타인에게 의존하며, 따라서 타인의 인정은 이 세계의 성립 조건이다."[마투라나, 2007, 독일어판 서문]

이라는 이름의' 서구 근대 사유의 완고한 틀이다. 사물을 원인과 결과 관계로 질서화하는 것이다. 문제는 이러한 인과 관계가 실험실에서나 가능할 뿐 현실에는 존재하지 않는다는 것이다.

존재론에서 나온 환원론과 인과론은 서구의 근대 인식론의 기본 틀이다. 지극히 단순화한 기계적 인식론이다. 동양 사상에 이런 인과론이나 환원론은 없다. 인간이 본래 선하다거나 악하다거나 하는 천성론도 존재하지 않는다. 성선설과 성악설은 천성을 말하는 것이 아니라 사회적 관계를 유지하기 위한 규율 체계와 관련이 있다.

> 최근의 몇 가지 경험에서 자주 생각 키우는 느낌입니다만 선행이든 악행이든 그것이 일회 완료의 대상화된 행위가 아니고 '좋은 사람' 또는 '나쁜 사람'과 같이 그것이 '사람'인 경우에는 완전한 악인도 전형적인 선인도 존재하지 않는다는 지극히 평범한 상식이 확인됩니다. 그러한 사람은 형이상학적으로 존재하는 하나의 추상된 도식이기 때문에 도리어 인간 이해를 방해하는 관념이라 생각됩니다. 전형적 인간을 찾는 것은, 없는 것을 찾는 것이 됩니다.[사색18, 208]

우리는 존재론 논리가 삶 깊숙이 침투해 있다는 사실을 인정해야 한다. 자녀 교육만 봐도 그렇다. 다른 아이들과의 경쟁에서 이겨야 한다는 강철 논리로 이루어지고 있다. 개인이든 회사든 국가든 예외가 아니다. 심지어는 사회운동 단체들도 외부로부터 집단이기주의라고 비판 받을 정도로 배타적이고 자기중심적이다.[손잡고, 207]

존재론에서 타자에게 베풀 수 있는 상한이 관용이고 톨레랑스다. 쇠귀는 톨레랑스를 은폐된 패권 논리로 본다. 관용과 톨레랑스는 타자를 바깥에 세워 두는 논리의 연장이다. 타자가 언젠가 동화되어 오기를 기다리는 것이다. 차이는 공존의 대상이 아니라 감사(感謝)의 대상이어야 하고, 학습의 교본이어야 하고, 변화의 시작이어야 한다. 그것이 들뢰즈(G. Deleuze, 1925~1995)가 말하는 유목주의(nomadism)다.[담론, 231~232] 끊임없이 새로운 자아, 새로운 삶을 찾아 나서는 것이다.

상품 미학 극복과 환상의 청산

자본주의 사회가 강고하게 유지되는 것은 모든 주체를 우민화할 수 있는 기제를 가지고 있기 때문이다. 여기서 『천자문』의 '묵비사염'(墨悲絲染)을 소환할 필요가 있다. 실이 물든다는 것은 우리가 사회의 허위의식, 즉 지배 이데올로기에 포섭된다는 의미다. 묵자는 나라가 허위의식에 물들어 가는 것을 더 우려했다. 온 백성과 온 나라가 집단적 허위의식에 사로잡히게 된다는 것을 꿰뚫어 보았다.[담론, 165]

2,500년 전에 묵자가 우려했듯이 우리가 경계해야 하는 것은 지배 이데올로기가 펼치는 우민화(愚民化)다. 모든 우민화는 가장 먼저 '통합'(統合)이라는 형식 논리로 포장되며 민주적 외피를 입는다. 이러한 통제 방식은 오래된 것이다. 동서를 막론하고 새로운 왕조는 우민화에 가장 먼저 착수한다. 자본주의하의 우민화는 문화 기제를 빌림으로써 마치 피지배자의 동의에 기초해 있는 것처럼 보인다. 자본주의 포섭 기제는 대중문화 생산물이 모든 가정과 개인

에게 상품으로 팔리고, 이를 유통시키는 미디어 역시 상품화되어 있기 때문에 일상적이고 광범위하고 강력하다. 상품과 자본의 논리는 문화 일반에서부터 개인의 정서와 생활 리듬에 이르기까지 깊숙이 침투했으며 자연스럽게 재생산된다.[냇물아, 243~244]

자본 권력은 우민화를 통해 모든 비판적 가치를 장송함으로써 변화 가능성을 원천 봉쇄할 수 있다. 자본주의 우민화의 핵심 기제는 상업화된 미디어다. 미디어는 양비론이나 공포 조장을 통해 대중의 비판 의식을 순치하고, 광고를 통해 '소비가 미덕'이라며 물신 숭배를 예찬한다. 광고가 보여 주는 세계는 한마디로 상품 미학이다. 이러한 미학에 포섭된 감성은 그것이 아무리 새로운 것이라 하더라도 결코 전위(前衛) 역량으로 발전될 수 없다. 유일한 가능성인 저항성마저 거세될 수 있다. 쇠귀에 따르면 저항성에는 그 저항의 근거지가 먼저 요구되는 법이며, 그 근거지가 바로 자기 정체성이다. 그리고 근거지가 없는 저항성은 결국 후기모더니즘의 무정향으로 전락할 수밖에 없다.[나무야, 127]

상품 미학의 핵심은 지속적인 변화 자체에 대한 탐닉이다. 자본은 끊임없이 새롭게 포장된 상품으로 소비자의 시선을 잡아 두려 한다. 광고와 디자인으로 소비자의 관심을 끌고 소비자가 실망할 무렵 새로운 디자인으로 유혹한다. 부단한 변화와 새로운 것에 대한 신화다. 이 과정에서 아름다움이 아니라 '모름다움'이 미의 본령이 되어 버리는 전도된 의식이 자리 잡는다. 쇠귀는 아름다움은 숙지성(熟知性), 곧 앎(知)을 의미한다고 말한다. 미(美)란 각성이다. 인간과 사회와 삶에 대해 각성하게 하는 것이 아름다움이다. 진정한 아름다움은 세계와 자기를 대면하게 함으로써 자기와 세계를 함게 깨닫게 하는 것이다. 잔인하고 고통스러운 세계를 담아내는 오토 딕스(Otto Dix)나 케테 콜비츠(Käthe Kollwitz)의 작품이 아름다울 수 있는 건 우리가 처한 세계의 실상을 정직하게 대면하게 하면서 '세계 인식'과 '성찰'의 기회를 제공하기 때문이다.[담론, 252~253] 끊임없이 새로운 시각적 판타지의 세계에 머물게 하는 상품 미학은 아름다움이 아니라 '모름다움'의 세계다.

쉬귀는 우리가 자본주의 체제에 살고 있다는 사실을 분명하게 인식해야 한다고 말한다. 자본주의 상품 구조가 갖는 엄청난 규정력에 대한 이해와 이게 얼마나 우리 속에 깊숙이 들어와 있느냐에 대한 철저한 반성 없이는 어떠한 전망도, 어떠한 운동도 의미가 없다.[냇물아, 353] 먼저 자본주의 시스템 자체에 대한 환상을 청산해야 한다. 앞에 썼듯이 근대 사회는 빈곤, 질병, 무지, 부패, 오염 등 인류의 공적(公敵) 다섯 가지를 해결했다는 것을 정당성의 근거로 내세운다. 그러나 정확히 말하자면 근대 사회는 빈곤, 질병, 무지, 부패, 오염 문제를 해결한 것이 아니라 그것을 상품화했다. 상품화는 문제의 해결이 아니라 새로운 문제의 시작일 뿐이다.[담론, 374]

먼저 빈곤 문제를 해결했다는 것은 세계가 양극화되었다는 이야기일 뿐이다. 지구촌은 가진 자와 극빈자로 양극화되었고, 그 격차는 갈수록 커지고 있다. 프랑스 경제학자 피케티(Thomas Piketty, 1971~)는 『21세기 자본』(2014)에서 지난 250년간 20여 개국의 누적된 경제적·역사적 데이터를 수집해서 분석했다. 그 결과 지난 3세기 동안 언제나 자본 소득 비율이 경제성장률보다 더 높았다는 사실이 드러났다. 자본주의 사회에서 부는 갈수록 세습되어 '끔찍한' 불평등을 양산한다.

질병 문제를 해결했다는 것도 마찬가지다. 전염병 사망률이 줄고 수명이 늘었다는 점을 근거로 든다. 우리는 모르거나 은폐된 유해 환경 속에서 살고 있다. 방사능을 비롯해 대기 오염과 해양 오염, 유해 전자파와 초미세먼지로 포위된 일상 환경은 수많은 새로운 질병을 만들어 내고 있다. 에이즈를 비롯해 조류독감(AI), 메르스, 에볼라에 이르기까지 신종 질병이 끊임없이 나타난다. 결정적인 질병은 '우울증'이다.

우울증은 다른 질병과 달리 개인의 정신계 내부에서 발생하는 21세기 문명의 병이다. 자본 축적 환경이 치열해지면서 그 시스템 속에 속해 있는 모든 주체는 이제 '성과 주체'로 전락해 질주한다. 그림자를 추월해야 하는 가망 없는 질주이며 '자기 착취'다.【담론, 367】 이 과정에서 호모 사케르(homo sacer)가 양산된다.

'호모 사케르'는 주권 권력이 죽여도 죄가 안 되는, 정치 외적 존재다.[14] 우리는 호모 사케르로 전락하지 않기 위해, 정치 내적 존재로 편입되기 위해 부단히 자기 검열을 하고 있다. 벤담의 원형감옥(panopticon)[15]이 건재하다. 자기가 왕따가 될까 봐 다른 아이를

14 　아감벤(Giorgio Agamben)에 따르면 '호모 사케르'란 고대 로마법에서 규정하는, '사람들이 범죄자라고 판정한 자'를 말한다. 그를 희생 제물로 바치는 것은 허용되지 않지만, 그를 죽이더라도 살인죄로 처벌받지 않는다.【아감벤, 2008, 156】 제2차 세계대전 당시 나치 수용소의 유대인, 아프가니스탄이나 이라크에서의 대(對) 테러 작전 중에 설치된 미군 수용소의 포로, 관타나모 수감자 등이 현대의 호모 사케르라고 할 수 있으며, 그 범위는 크게 확장될 수 있다.

15 　'파놉티콘'이란 그리스어에서 '모두'를 뜻하는 '판'(pan)과 '본다'를 뜻하는 '옵티콘'(opticon)을 합성한 말이다. 제러미 벤담(Jeremy Bentham)은 보이지 않는 소수의 감시자가 자신을 드러내지 않고 모든 수용자를 감시할 수 있는 형태

왕따시키는 그룹에 가담하는 학교의 왕따 구조, 병영의 집단적 억압 구조가 그렇다. 학교와 병영의 이러한 구조는 사회를 학습한 것이다. 사회 구조 자체가 근본적으로 왕따 구조다.[담론, 368]

무지를 해결했다는 주장도 마찬가지다. 지(知)의 진정한 의미는 정보가 아니라 지인(知人), 즉 사람을 아는 것이다. 문맹 퇴치가 이루어지고 정보가 넘치지만 '지인'은 없다. 후기 근대 사회는 과학 기술의 발전, 대량 생산, 대량 소비를 축으로 모든 인간을 더 많은 소비와 소유를 갈구하는 갈증의 주체로 만들어 놓았다. 여기서 사람에 대한 애정이나 앎은 가치가 없다. 공자의 표현을 빌리면, 무지(無知)한 사회가 아닐 수 없다.[담론, 369]

부패는 개인 윤리의 문제가 아니다. 자본주의 무한 경쟁 시스템이 원인이다. 모든 사람이 최후의 승자가 되기 전까지는 아무도 안심할 수 없는 조건 속에서 살고 있다. 하지만 결국 '자기 그림자'와의 경쟁이기 때문에 승리는 무덤에서나 할 수 있다. 사활을 건 경쟁에서 살아남으려면 정직한 방법만으로는 불가능하다. 이렇듯 사회의 부패는 개인 윤리 문제라기보다는 치열한 자본 축적 과정의 필연적 사회 현상이다.[담론, 369]

오염 문제에 대해서는 긴 논의가 필요하지 않다. 근대 사회의 기본 생활공간인 도시 자체가 오염 시스템이다. 자본주의는 자연을 원상태로 돌려놓지 않았을 뿐만 아니라 인간도 원상태로 돌려놓지 않는다. 인간을 원상태로 돌려놓는다는 것은 인간의 노동력이 사회

의 감옥을 제안하면서 이 말을 했다. 벤담에 따르면 감옥의 본질은 "진행되는 모든 것을 한눈에 파악할 수 있는 능력"이다.

적으로 계승되는 상태로 만들어 놓는다는 의미다. 노동력이 사회적
으로 계승되기 위해서는 최소한 부부와 1남 1녀로 구성된 4인 가족
을 부양할 수 있는 수준의 임금이 지급되어야 한다. 현실은 그렇지
않다. 맞벌이하면서 자녀는 하나만 두는 가정이 많다. 자식을 두지
않는 가정도 얼마든지 있다. 이미 결혼을 포기한 1인 가구, 혼밥족,
혼술족이 흔한 시대가 되었다. 노동력의 사회적 재생산 구조가 무
너지고 있다.[담론, 371]

자본주의 체제가 양산해 내는 가장 심각한 낭비는 인간의 낭
비고, 인간성의 완벽한 유린이다. 이러한 낭비의 가장 심각한 형태
가 바로 인간관계의 황폐화다. 인간관계 자체가 변질되고 와해된
다.[냇물아, 47]

분단 극복과 대안 문명(화화和化 모델)

쇠귀는 한반도와 한반도의 통일 과정이 서구 자본주의 문명을 대체
하는 새로운 패러다임의 발원지가 될 수 있다고 확신했다. 대안 패
러다임은 자본주의와 사회주의 어느 한쪽 모델이 강요되는 것이 아
니며, 자본주의와 사회주의를 지양한 제3의 모델도 아니다. 제3의
모델이라고 상정할 경우 또 하나의 존재론이 되기 때문이다. 물론
남과 북은 종속적 자본주의와 전시 공산주의라는 스펙트럼의 양극
단에 놓여 있다. 그럼에도 남북의 차이를 존중하고 그 차이를 다양
성으로 승인하는 평화와 공존의 구조를 만들어 간다면 이것이 곧
새로운 패러다임이다. 동서, 민족, 언어 등 다양한 문화가 각각 존
중되고 평화롭게 공존하는 구조가 진정한 근대성의 극복일 수 있기
때문이다. 그것이 제국주의와 패권주의로 얼룩진 근대사를 청산하

는 것이며, 이러한 과정을 만들어 가는 것 자체가 새로운 패러다임이다.[손잡고, 196~197]

쇠귀에 따르면 우리나라는 고조선 이후 역사적으로 '자주'와 '개방'이라는 두 개의 국가 경영 축을 가지고 있었다. 이 두 축을 지혜롭게 운영한 결과 대륙의 변방에서 2,000년 동안 국가를 지탱해 올 수 있었다는 것이다. '자주'는 우리의 역량을 강화함으로써 국가를 지키는 것이고, '개방'은 세계와 긴밀히 소통하는 것이다. 자주에 무게를 두었을 때는 민족의 역량을 키울 수 있었던 반면 고립되고 정체될 위험이 있었다. 반대로 개방에 무게를 두었을 때는 고려 후기와 통일신라처럼 문화는 발전하지만 국가의 주권이 침해되었다. 조선 후기 개방 정책은 망국과 식민지로 귀결된다. 불과 100년 전의 역사다. 오늘날의 남북 분단은 개방과 자주라는 두 축이 남과 북으로 각각 외화(外化)되어 나타난 것이다. 불행하게도 지금 우리는 두 개의 경영 축을 지혜롭게 구사하기는커녕 주도권을 다른 나라들에 빼앗겨 오히려 그들에게 역이용당하고 있다.[담론, 87~88]

다른 면에서 지난 60여 년 남과 북이 치르고 있는 엄청난 분단 비용은 경제적 자립의 최대 걸림돌이다. 비난과 대적(對敵)의 언어는 비단 남과 북만이 아니라 우리 사회의 모든 분야에서 증오와 갈등으로 구조화되어 있다. 분단은 우리가 당면한 고통과 불안의 최대 진원지다. 분단 극복이 한국 정치의 최우선 과제다.[냇물아, 376]

쇠귀는 통일(統一)을 '通一'이라고 쓰기도 한다. 통일(通一)이란 평화 정착, 교류 협력, 그리고 남북한의 차이와 다양성을 승인하는 과정을 의미한다. 평화를 정착하고, 교류 협력을 확대해 나갈 수 있다면 통일 과업은 90퍼센트 이상 이룬 것이나 다름없다는 것이다.

쇠귀 통일론의 핵심은 민간 영역에서 공공 부문에 이르기까지 폭넓은 소통의 확대와 이를 통한 남북한의 동시 변화다. 결과보다 과정이 중요하고, '연방제'니 '독일 사례'니 하는 특정한 모델을 전제로 하지 않는 것이 중요하다. 통일은 화(和)에서 화(化)로 가는 동태적인 '화화'(和化)의 과정이기 때문이다. 이러한 통일(通一)과 화화(和化)는 한반도 통일의 청사진이면서 21세기 인류를 위한 문명사적 전망이라 할 수 있다.[담론, 84]

쇠귀는 지난 2000년 『진보평론』에 발표한 「강물과 시간」이라는 글에서 미래 담론의 문제점을 심도 있게 진단한 바 있다. 쇠귀에 따르면 시간은 영원한 현재가 흘러가는 현재사(現在史)를 자기의 내용으로 갖는다. 과거와 미래는 모두 현재 속에 '피는 꽃'이다. 역사는 강물의 속도로 강물과 함께 진행하기 때문에 진보란 미래를 선취하는 것이 아니다. 미래는 결코 선취될 수 없다. 현재의 모순을 직시하는 것이 미래를 선취하는 방식일 뿐이다. 현재와 미래의 엄청난 비대칭성을 그대로 수용하고 타자인 미래를 주체화하고 주체인 현재를 타자화하는 것이 가장 큰 문제라고 본다.[냇물아, 242]

역사는 오랜 불균형 상태와 일시적인 균형 상태의 교직이다. 사회는 변화의 대상이 아니라 영원한 변화 과정에 있을 뿐이다. 따라서 발전과 진보는 과정의 총체로 이해되어야 한다. 선취된 이상적 모델로부터 실천을 받아 오는 과정이 아니다.[냇물아, 243] 이상적 모델은 과거를 미화하거나 혹은 미래에 대한 부당한 예측에 근거할 뿐만 아니라 외부에서 근거를 찾는다는 점에서 주체를 소외시킨다. 미래와 외부가 이상화되고 내면화된 식민지 같은 종속 사회에서는 옛날부터 배를 타고 오는 잘 모르는 외부의 것에 대한 추앙이 있는 반면 자기 것에 대한 혐오와 패배 의식이 자리 잡고 있다.[손잡고. 273] 우리 사회의 가장 큰 과제는 분단 극복과 자본주의 폐해를 넘어서는 일이다. 파국으로 치닫는 금융자본주의 체제의 극복과 화화 모델에 의한 남북한의 통일 과정은 단기적이고 목표 지향적인 것과는 거리가 있다. 강물이 흘러 바다로 가듯, 먼 여행을 떠나듯 길게 보고 수행하는 마음으로 가야 한다.

쇠귀는 먼 길 가는 사람이 가져야 할 자세로 '길의 마음', '동반자', '여럿이 함께', '변화' 네 가지를 들었다.[『한겨레』 2013. 5. 12.] 먼저 길의 마음이다. 길은 도로와 다르다. 도로는 목표에 도달하기 위한 수단으로 속도와 효율이 그 본질이다. 반면에 길은 그 자체가 곧 삶이다. 다음으로 고생길도 함께할 수 있는 길동무가 있어야 한다. 그 길동무는 여럿일수록 좋다. 여러 사람이 함께하기 위해서는 서로의 차이를 존중하고 다양성을 승인하는 공존의 터전을 만들어야 한다. 모든 사람의 입장과 이유는 존중되어야 한다. 마지막으로 변화다. 진정한 화(和)는 화(化)다. 쇠귀는 『주역』 「계사전」에 나오는 "막히면 변화해야 하고, 변화하면 소통하게 되고, 소통하면 그 생명이 오래간다"(窮則變 變則通 通則久)는 말을 즐겨 인용한다. 변화 의지가 없는 모든 대화는 소통이 아니며, 또 변화로 이어지지 않는 소통은 진정한 소통이 아니다.

(4) 양심

한 사람의 사상에 있어서 가장 중심에 있는 것은 가슴(heart)

이라고 하였습니다. …… 그래서 가슴에 두 손을 얹고 조용히 반성하라고 해 왔던 것이지요. 가슴을 강조하는 것은 가슴이 바로 관계론(關係論)의 장(場)이기 때문입니다. 모든 것을 아우르는 거대한 장이 다른 곳이 아닌 바로 가슴이기 때문입니다. 이성보다는 감성을, 논리보다는 관계를 우위에 두고자 한다면 우리는 이 '가슴'의 이야기에 귀 기울이지 않을 수 없습니다.[강의, 508~509]

양심은 쇠귀의 삶을 이해하기 위한 열쇠 말 중 하나다. 쇠귀의 기억을 보면 유년기부터 그를 지배한 가치는 양심이었다. 다섯 살 때 밤새도록 일본인 교장 사택을 혼자 지켰던 일, 교장 아들이라서 공부 잘한다는 소리가 듣기 싫어 일부러 장난꾸러기가 된 일, 고교 시절까지 응원단장을 했던 일, 가난한 친구의 집을 방문하고 가졌던 생각, 4·19혁명에 참여한 이유, 취업을 하지 않고 대학원에 진학한 이유, 학생 서클을 조직하고 결국 '통혁당'에 연루된 이유…… 모두 쇠귀의 양심과 관련이 있다. 감옥에서 창백한 지식인의 한계를 자각할 수 있도록 이끈 것도 그의 양심이다. 양심은 쇠귀 사상의 핵심이다. '성찰적 관계론'에서 인간관계 조직의 터전이 양심이다.

인간관계 조직의 장

쇠귀에 따르면 양심이란 타인과 관계에 대한 고려다.[냇물아, 74] 쇠귀는 찰스 디킨스(Charles Dickens, 1812~1870)[16]의 소설에 나오는 가난

16　영국 남부 포츠머스에서 하급 공무원의 아들로 태어났다. 아버지가 빚쟁이

한 청년 이야기를 예로 든다. 디킨스는 빵과 치즈를 살 수 없게 된 가난한 청년이 가장 견디기 어려운 고통에 대해 썼다. 그 청년은 추위와 배고픔이 아니라 단골로 다니던 빵가게 아주머니가 이제는 다른 가게에서 빵을 구입한다고 자신을 오해할까 봐 몹시 괴로워한다. 아픔은 관계에서 오는 것이고 그것이 가난의 내용이라는 것이다.

양심은 지식인이 갖추어야 할 가장 중요한 품성이다. 양심은 다른 사람을 배려하는 휴머니즘일 뿐 아니라 그 시대와 그 사회를 포용하는 세계관이기 때문이다. 쇠귀는 한 사람의 일생을 평가할 때 그 사람의 일생에 들어가 있는 시대의 양(量)을 준거로 해야 한다고 주장한다. 시대의 아픔을 비켜 간 삶을 정직한 삶이라고 할 수 없으며, 더구나 민족의 고통을 역이용해 자신을 높여 간 삶을 정직하다고 하기는 어렵다. 개인의 팔자는 민족의 팔자와 결코 무관할 수 없다.[냇물아, 192~193]

양심은 쇠귀 관계론의 기본 바탕이다. 화동 담론으로 보자면 양심은 동(同)이 아니라 화(和)다. 상대를 타자화하는 톨레랑스가 아니라 스스로 변화하는 노마디즘이며 삶의 제반 국면에서 생성, 변화하는 화화(和化)다. 자신의 존재론적 한계를 자각하고 스스로를 바꾸어 가기로 결심하는 변화의 시작이고 새로운 '관계의 조직'

여기 때문에 어려서부터 공장 노동을 하는 등 어렵게 지냈다. 열다섯 살 때 법률 사무소 직원이 된 뒤 독학으로 20세 무렵에 신문기자가 된다. 이때부터 틈틈이 작품을 쓰기 시작해 1836년에 『피크윅 문서』를 발표해서 주목을 받는다. 이후 30년 넘게 당대 최고의 작가로 군림하며 『올리버 트위스트』, 『데이비드 코퍼필드』 등의 작품을 집필했다. 섬세하고 사실적인 묘사와 생동감 있는 인물을 창조하는 데 독보적이었다.

이다.[담론, 197~198] 이처럼 양심은 인간과 세계를 아우르는 최고 형태의 관계론이면서 가장 연약한 심정에 뿌리 내리고 있는 지극히 인간적인 품성이기도 하다.

결국 우리의 사상은 양심의 산물이다. 사상은 감성의 형태로 '가슴'에 갈무리된다. 감성은 외계와의 관계에서 일차적이고 즉각적인 대응이며, 그런 점에서 생각 이전의 가장 정직한 느낌이다.[강의, 510] 감성적 대응은 사명감이나 정의감 같은 이성적 대응과는 달리, 그렇게 하지 않으면 마음이 편치 않기 때문에 그렇게 할 수밖에 없는 마음의 움직임이다. 이러한 정서와 감성을 기르는 것이 인성(人性)을 고양하는 가장 확실한 방법이며 최후의 방법이다. 사상은 이러한 양심을 온축하고 체계화한 것이다.

상황 판단의 최종 심급

쇠귀는 자신의 삶을 회고하면서 양심과 관련한 오랜 기억들과 만난다. 다섯 살 때 해방을 맞고 동네 청년들의 명령으로 교장 선생 집을 지키라는 임무를 맡는다. 어린 쇠귀는 비가 쏟아지는 무서운 밤 내내 그 집을 지킨다. 책임감을 느낄 나이도 아니었다. 무서웠지만 그 집을 지키겠다고 한 자신과의 약속을 어길 수 없었다.

초등학교 3학년 때 가정 사정이 어려운 친구 집을 방문한 적이 있다. 그 친구는 쇠귀에게 '원래 내가 1등인데 네가 교장 선생 아들이라 1등 한 것'이란 말을 했던 적이 있었다. 그 친구의 어려운 가정환경을 목격한 후 그 친구가 1등이 맞다고 생각한다. 이후 쇠귀는 교장 선생님의 아들이나 우등생이라는 명예(?)가 어쩐지 다른 친구들로부터 자신을 소외시키는 것 같아 일부러 심한 장난을 저질

러 선생님의 꾸중을 자초하며 지낸다.[사색18, 330]

　대학 때 명동에서 친구들과 껌팔이에 대해 토론했던 기억도 있다. 한 친구가 껌을 사자, 껌을 산 친구에게 사지 않은 친구가 "너는 너 자신을 위해 껌을 산 것이야"라고 말한다. 그러자 껌을 산 친구가 "너 같은 사람만 있다면 쟤는 하루 종일 껌 한 개도 못 팔겠네"라고 답한다. 그러자 사지 않은 친구가 칼같이 말한다. "물론 못 팔지! 그러나 세상에 나 같은 사람만 있다면 껌팔이가 없는 사회가 되는 거지!" 껌을 사 줄 필요가 없다고 한 그 친구의 말은, "적선은 걸인의 빈궁 상태를 내일까지 연장해 주는 것일 뿐이다"라는 쇼펜하우어의 주장[17]을 반복한 것이다. 이 기억을 떠올리며 쇠귀는 껌을 사지 않은 친구의 이야기는 젊은 시절 이념의 언어일 뿐, 우선 껌부터 사는 것이 순서라고 말한다. 양심이란 지금 당장의 마음, 감성과 사람들의 관계의 산물이다.[담론, 294~295]

　쇠귀가 대학원에 진학한 이유도 양심과 관련이 있다. 경제학과 동기들은 졸업 후에 대부분 기업, 은행, 관공서 등으로 진출했다. 쇠귀 역시 취직을 한다면 그런 데 가서 더 높은 자리로 승진하는 삶을 살 것이고, 이는 양심의 문제에 걸리는 일이라 생각했다.[손잡고, 85] 자신이 공부하고 여러 동아리를 통해 함께 토론하던 비판적이고 참여적인 삶과 취직은 공존하기 어렵다고 생각했다.

　감옥에서도 마찬가지다. 남한산성에서 「청구회 추억」을 남긴 이유도 청구회 어린이들과 장충체육관 앞에서 만나기로 한 약속을 지킬 수 없게 된 상황 때문이다. 기다리고 있을 그들에게 연락할

17　쇼펜하우어, 『의지와 표상으로서의 세계』 제38장.

방법이 없었다. 쇠귀는 그들과의 만남을 글로 적으며 추억을 소환한다.

사형수 시절 면회하고 돌아가는 부모님의 뒷모습을 보며 생각한다. 자신이 직접 부딪치고 짐 져야 하는 물리적인 고통은 얼마든지 견딜 수 있지만, 자기 때문에 고통당하는 사람의 아픔이 나의 아픔으로 건너오는 경우 대처할 방법이 없다. 쇠귀가 자살하지 않고 버틴 이유는 이러한 감성과 무관하지 않다.

무기수가 된 뒤 독방에 갇혀서도 마찬가지였다. 여러 번 '내가 왜 여기에 앉아 있는가?'라는 생각을 하다가 내린 결론은, 이념이 아니라 양심 때문이라는 거였다. 4·19와 5·16을 겪으며 우리 사회의 억압 구조에 눈 뜨기도 했고, 그러한 엄청난 억압과 부조리에 대한 자신의 청년다운 감수성 때문에 감옥에 앉아 있다는 생각을 한다.[손잡고, 251~252] 자신의 삶을 이끌어 온 것이 양심 문제였다는 자각이다.

감옥에 뿌리를 내리고 재소자들과 관계가 깊어지면서 그들의 삶에 대해 많은 이야기를 듣는다. 참담하지 않은 이야기가 없었다. 수많은 사람의 눈물겨운 인생사가 쇠귀를 적시고 지나갔다. 결국 자신도 저 사람과 똑같은 부모 만나서 그런 인생을 겪었다면 지금 똑같은 죄명과 형기를 달고 앉아 있을 수밖에 없을 것이라고 생각했다.[담론, 229]

감옥에 오기 전 학생 운동을 같이하던 선후배나 친구가 많았다. 당시 쇠귀는 진보적이고 논리적이며 실천적인 그리고 강인한 사람들이 부러웠다. 감옥에서 나와 그러한 열혈 운동권 선후배들이 어떻게 지내는지 수소문해 보았지만 대부분 찾을 수 없었다. 반면 그 당시에는 별로 두각을 나타내지 못했지만 꾸준하게 자기의 길을 지키고 있는 사람은 찾을 수 있었다. 그들은 한마디로 양심의 가책에서 출발한 사람들이었다. 양심적 동기에서 출발한 사람은 꾸준하게 성장하고 있었다.[냇물아, 77~78] 김수영(金洙暎, 1921~1968)[18]의 시 「풀」의 한 구절처럼 양심적인 사람은 바람보다 먼저 눕고, 바람보다 먼저 일어서면서 꾸준히 자신을 키워 간다는 사실을 알 수 있었다.[19]

---

18   종로구 관철동에서 태어났다. 어린 시절 병약했고, 선린상고를 졸업하고 도쿄 상과대학에 진학했다. 학병 징집을 피하기 위해 대학을 중퇴하고 만주로 이주했다가 해방 후에 귀국했다. 연희전문을 다니다 중퇴한 뒤, 1947년 「묘정(廟庭)의 노래」로 등단했다. 1949년 박인환 등과 『새로운 도시와 시민들의 합창』이라는 제목의 5인 시집을 발표해 주목을 받았다. 한국전쟁 때 북한군에 징집되었다가 거제도 포로수용소에서 석방되었다. 1959년 첫 시집 『달나라의 장난』을 출간했고, 이후에도 생계를 위한 번역과 작품 활동을 하다 1968년 교통사고로 숨진다.
19   김수영 시집 『거대한 뿌리』(1974) 마지막 부분에 실려 있다. 전문은 다음과 같다.

풀이 눕는다/비를 몰아오는 동풍에 나부껴
풀은 눕고/드디어 울었다
날이 흐려서 더 울다가/다시 누웠다

풀이 눕는다/바람보다도 더 빨리 눕는다
바람보다도 더 빨리 울고/바람보다 먼저 일어난다

날이 흐리고 풀이 눕는다/발목까지
발밑까지 눕는다/바람보다 늦게 누워도
바람보다 먼저 일어나고/바람보다 늦게 울어도
바람보다 먼저 웃는다/날이 흐리고 풀뿌리가 눕는다

어린 시절과 중고교 시절 친구들, 대학 은사, 입주 과외를 했던 집 식구들, 감옥 동료들의 쇠귀에 대한 기억을 보면 공통점이 있다. 쇠귀는 남에게 누를 끼치지 않는 것을 신조로 삼고, 도움이 필요한 사람이나 도움을 원하는 사람이 있으면 내색하지 않고 조용히 도움을 베푸는, 겸허하고 따뜻한 심덕(心德)을 지니고 있었다. 그런 마음과 행동의 기저에 양심이 자리하는 것이다.

최고의 가치, 인성의 고양

일반적으로 동양 사상의 특징은 인간주의라고 한다. 쇠귀는 동양의 인간주의란 서구의 인간 중심주의가 아니라 그 사회가 지향하는 가치가 인문적 가치라는 사실을 의미한다고 말한다. 인성의 고양을 최고의 가치로 설정하는 사회라는 의미다. 누구나 성인(聖人)이 될 수 있다고 믿었고, 성인이 되는 것을 삶의 최고 목표로 삼았다.[강의, 40] 신이나 절대자와 같이 인간의 외부에 어떤 초월적 존재를 상정하고 그 아래 인간을 배치하는 것이 아니라, 인간을 바로 최고의 가치로 상정하는 것이다. 그것이 동양의 인간관이고 쇠귀의 인간주의다. 덕으로 이끌고 예로 질서를 세우면 사람들이 부끄러움을 알게 되기 때문에 사회 질서가 바로 서지만 정형(政刑)으로 다스리면 형벌을 면하려고만 할 뿐 법을 어기더라도 부끄러움이 없다.[강의, 155]

우리의 가슴을 울리는 아픔이나 고통은 물건으로부터 오는 것이 아니다.[담론, 358] 물건이나 상품에 집착하는 것은 자본주의 사회에서 왜곡된 우리의 감정일 뿐이다. 북송의 문장가 범중엄(范仲淹, 989~1052)[20]의 「악양루기」(岳陽樓記)에 "불이물희, 불이기비"(不以物喜, 不以己悲)라는 유명한 구절이 있다. 어진 사람들은 "물(物)로써 기뻐하지 않으며 자기(己) 때문에 슬퍼하지 않는다"[21]라는 뜻이다. 「악양루기」는 "천하의 근심에 앞서 걱정하고, 천하의 기쁨은 나중에 기뻐한다"(先天下之憂而憂, 後天下之樂而樂歟)로 마무리된다. '선우후락'(先憂後樂)의 어원이다.

비록 조선 후기에 변질되지만 성리학은 본디 양심과 의리를 근본으로 하는 개혁적 정치사상이었다. 고려 말 신진 사대부들은 구태 정치를 개혁하고 새 시대를 열 정치사상으로 성리학을 탐구했다. 그들은 중소 지주로 향리에 머무는 경우가 많았다. 농민들의 현실을 잘 알았기에 절제와 겸손으로 더불어 사는 세상을 만들고자 했다. 그런 이유로 조선의 정통 사림은 의리를 절대적 가치로 체득하고 나라가 위기에 처할 때는 생사를 넘어 우국애민의 의리 사상으로 역사적 소명에 헌신한다. 사림의 춘추대의에 대한 신념과 실천궁행이 구한말 의병 운동에 이어 독립운동으로 발전했다고 할 수 있다.[신학상, 1990, 19]

쇠귀의 양심론과 실천 이론은 강화학파의 양명학과 유사하다.

---

20 사대부의 모범 인물로 꼽히는 북송 때의 정치가, 문학가, 교육가로 쑤저우(蘇州) 출신이다. 자는 희문(希文)이고, 시호는 문정(文正)이다. 친구인 등자경이 파릉군(巴陵郡)의 태수가 되어 악양루를 중수할 때 범중엄을 초빙해 글을 부탁한다. 범중엄은 출세한 뒤 부귀를 누릴 수 있었는데도 지독할 정도로 검소한 생활을 하면서 언제나 백성만을 생각했다고 전한다.

21 「악양루기」 마지막 부분이다. 그 구절 전체 내용은 다음과 같다. "아아! 나는 일찍부터 옛 어진 사람들의 마음을 살펴보았는데, 아마도 앞서 든 두 예와는 다른 듯하니 무엇 때문일까? 그들은 외부의 사물을 보고 기뻐하지 않으며, 또한 자신의 개인적인 일로 슬퍼하진 않기 때문이다"(嗟夫! 予嘗求古仁人之心 或異二者之爲 何哉? 不以物喜 不以己悲).[황견 엮음, 이장우 외 역, 898~899]

양명학은 성리학이 지배 이념으로 보수화되자 등장한 대안 정치사상이다. 객관적으로 주어진 천명(天命), 천성(天性), 천리(天理)가 아니라 인간의 주체적인 실천이 진리를 담보한다고 보았다. 양명학의 치양지(致良知)란 나와 우주 만물은 하나기 때문에 이웃이나 천지 만물의 아픔이 나의 아픔이라는 사실을 자각하라는 것이다. 양명학에서 지(知)와 행(行)은 둘이 아니다. 진리는 책에서 찾을 것이 아니라 일상생활 속에서 실천해 만들어 내야 한다.

쇠귀는 1992년 『루쉰전』을 번역하면서 그처럼 간고(艱苦)한 상황 속에서 루쉰이 견결(堅決)한 자세로 '전투적 지식인의 초상'을 유지할 수 있었던 이유가 무엇인지 궁금했다. 한마디로 그것은 양심이었다. 루쉰의 삶 전체를 꿰뚫는 의지는 다름 아닌 양심의 응결체였다. 양심은 이웃에 대한 관심이며 애정이다. 흙과 더불어 살고 이웃과 더불어 살고 조국과 민중과 더불어 살 수밖에 없는 인간에 대한 깊은 이해가 루쉰이 지켜 낸 양심의 내용이었다.〔냇물아, 311〕

종교와 사회적 양심, 필부의 책임

저는 신이라는 문제를 나름대로 어떤 진리, 참된 것으로 환원시켜서 이해하고 있고, 그렇다면 제 자신의 삶 자체가 정직한 것이고 우리 시대를 외면하지 않는 것이고 그 한복판을 걸어가는 것이라면 바로 그쪽으로 통하지 않겠는가 생각합니다.〔손잡고, 58〕

인간과 양심을 삶의 최우선 가치로 삼았던 쇠귀에게 종교적인 믿음 체계가 들어서기는 어려웠다. 1977년 감옥에서 부친에게 보낸 편지에 자신은 믿는다는 사고방식에 서툴다는 내용이 있다. "제게도 사람을 믿는다거나 어떤 법칙을 믿는 등의 소위 '믿는다'는 사고 양식이 없는 것은 아니지만 그런 경우의 믿음은 어디까지나 그 사람의 인격이나 객관화된 경험에 대한 이해와 평가의 종합적 표현일 뿐 결코 '이해에 기초하지 않은 믿음'을 일방적으로 수용하는 태도와는 별개의 것이라 생각됩니다."[사색18, 129]

쇠귀는 출감 직후 한 가톨릭 신부와 가진 인터뷰[22]에서 자신의 종교관을 솔직하게 밝힌 적이 있다.[손잡고, 52~60] 쇠귀는 믿게 되는 과정은 생략되고 불쑥 뭔가를 믿는다는 사고나 행위에 담긴 비약을 이해하기 어렵다고 말한다. 믿는 것보다는 '이해'하는 것이 어린 시절 이후 쇠귀 사고의 기본 바탕이었고, 평생 크게 달라지지 않는다. 이해할 수 없는 것을 믿는다는 것은 '양심상' 용납될 수 없는 것이기도 하다.

쇠귀의 '비종교 성향'은 유교적인 분위기 속에서 유년 시절을 보냈던 것과 무관하지 않을 것이다. 두 분 누님이 가톨릭 신자였고, 쇠귀가 구속되었을 때 성당에서 쇠귀 석방을 위한 기도회가 열리기도 했다. 교도소에 가장 많은 책이 『성경』이고, 기·천·불 종교 중심의 교화가 이루어지고 있어서 종교에 대해 생각할 기회도 많았다. 그러나 종교를 받아들인다는 것이 엄두가 나지 않았다. 그것은 쇠귀가 당시까지 구축해 온 모든 개념을 재정립하는 일이기도 했다. 이를테면 주춧돌과 벽돌을 전부 바꾸고 집을 다시 지어야 하는

---

22 「삶과 종교」, 『사목』 1989년 3월호.

엄청난 일이 아닐 수 없었다. 그것은 믿음의 문제를 떠나서 현실적으로 불가능하다는 사실을 깨닫는다.[냇물아, 124]

쇠귀가 감옥에 가기 전 20대에 쓴 한 서간문에 성(聖)스러움에 대한 쇠귀의 생각을 엿볼 수 있는 구절이 나온다.

> 아무리 성스러운 감정이라 하더라도 그것이 진실한 의미에 있어서 성스럽기 위해서는 마땅히 인간적인 감정, 즉 인간적인 순수성을 그 바탕으로 삼아야 한다고 생각합니다. …… '성'(聖)이란 개념은 인간적이란 의미를 조금도 거부하지 않고 이것을 순화(醇化)시켜 그 속에 마찰 없이 포용할 때 비로소 성립되는 개념이라고 저는 생각합니다.[냇물아, 155]

기본적으로 인간의 가치를 가장 중심에 두는 쇠귀의 사고 체계에 종교가 들어서기는 쉽지 않은 일이었다. 하지만 과학과 물질주의적인 가치가 질주하는 세상에서 기독교가 절대 신 개념을 떠나 탁월한 인문학적인 관점일 수 있다는 생각은 가지고 있었다.[손잡고, 270~271] 어차피 과학으로 우주의 질서를 다 밝힐 수 있는 것도 아니라고 생각했고, 가끔은 인간이 거부할 수 없는 운명이나 질서를 느끼기도 했다.

인간의 양심이란 것은 개인의 양심만을 의미하지 않는다. 그 양심 속에는 더 넓은 의미에서의 이웃, 먼 인류의 미래, 보다 발전된 인간의 모습까지 담길 수 있다. 쇠귀에게 신이란 믿음과 숭배의 대상이 아니라 '진리의 기준'이었고 '정의와 사랑의 실체'였다.

이 인생의 끝 동네에서 부대끼고 방황하는 동안 최초로 갖게 된 감정은 아마 부끄러움이었다고 생각된다. 세상을 객지처럼, 감옥을 자기의 인생처럼 묵묵히 살아가고 있는 수많은 재소자들보다 더 괴로워해야 할 권리가 내게는 없었다.[냇물아, 24]

쇠귀가 생각하는 사회의 본질은 부끄러움이다. 그 부끄러움은 인간관계의 지속성에서 오는 것이다. 지하철이나 시장, 인터넷에서 만나는 일회적인 인간관계는 지속성이 없기 때문에 다음을 기약할 필요가 없다. 서로 부끄러움을 느낄 일이 없는 것이다. 부끄러움을 느끼지 않는 사회란 지속적인 인간관계가 존재하지 않는 사회다.[강의, 156] 인간관계가 없는 사회는 이미 사회가 아니다. 사회성이 붕괴된 사람들의 무리에 불과하다.

개인이나 사회가 부끄러움을 모르는 상황이 가장 심각한 위기 상황이다. 쇠귀는 일본 작가 사카구치 안고(坂口安吾, 1906~1955)[23]의 「타락론」에 나오는 '집단적 타락 증후군'[24]이란 개념에 주목한다.

23 1906년 10월 20일 니가타현 니가타시에서 태어났다. 열세 명의 형제 중 열두 번째로 태어난 안고는 어린 시절 방랑벽이 있었고 싸움질에 능했다. 1919년 니가타중학교에 입학했으나 수업을 빠지고 방황하다 1922년에 퇴학당했다. 구도자의 삶을 동경해 1926년 도요대(東洋大) 인도철학과에 입학한다. 1946년 전후의 시대적 본질을 예리하게 통찰한 「타락론」, 「백치」로 인기 작가의 반열에 오른다. 1955년 2월 취재 여행에서 돌아온 후 자택에서 뇌출혈로 급사했다. 전후 일본 사회의 혼란과 퇴폐를 반영한 작풍을 확립하고 새로운 시대 윤리를 제시함으로써 일본인에게 큰 충격을 준다.
24 사카구치 안고는 「타락론」에서 패전 후 일본 사회를 지배했던 천황제, 무사도, 지조와 순국 같은 국가주의 이데올로기를 비판한다. "이러한 한심한 것들을 자발적으로 숭배하고 살면서 인식하지 못했다."[사카구치 안고, 139] 이런 국가주의

쇠귀는 두 가지 사례를 든다. 우선 교통 법규를 위반했을 때 죄책감을 느끼는 것이 아니라 모든 사람이 범죄자라고 생각하는 사회 분위기를 생각해 볼 수 있다. 적발된 사람만 재수 없다고 생각하는 것이다. 시도 때도 없이 미디어를 장식하는 유명인의 부정이나 추락에 안타까워하는 마음 대신 고소함을 느끼는 사람도 있다. 부정에 대해 분노를 느끼거나 추락에 대해 연민을 느끼기보다는 한마디로 '쌤통이다'라고 생각하는 것이다. 타인의 부정이 자신의 부정을 합리화하는 계기가 되는 것이다. 부끄러움이 없는 사회에서는 이러한 부정의 연쇄를 끊을 수 있는 전략적 지점을 찾기 어렵다.[강의, 155~156]

명나라 말기의 우국지사였던 고염무는 줄기차게 항청(抗淸) 투쟁을 벌였지만 명나라가 망하자 북방으로 망명해 국권 수복 운동을 한다.[시가선4, 592] 평생 유랑하며 고증학을 주창했던 고염무(顧炎武, 1613~1682)[25]는 대표 저서 『일지록』(日知錄) 「정시」(正始) 편에서 "천하의 흥망은 필부에게도 책임이 있다"(天下興亡 匹夫有責)라고 말했다. 고염무에 따르면 군주가 바뀌는 것이 나라가 망한 것이고, 윤리가 사라져 사람들이 서로 잡아먹는 지경에 이르는 것이 천하가 망한 것이다. 나라가 망한 것은 임금과 신하의 책임이지만, 천하가 망해 간다면 미천한 필부에게도 그 책임이 있다는 이야기다. 개인들이 양심을 잃어버리면 멀지 않아 그 사회가 '집단적 타락 증후군'에

정신 가치에서 벗어나기 위해 타락해야 한다는 것이다.
25 명말 청초의 유학자로 장쑤성(江蘇省) 곤산(崑山)에서 태어났다. 일찍부터 학문에 전념해, 문명을 얻었으나 관직에 나가지 않고 남북 각지를 여행하며 견문을 넓히는 동시에 학문을 연구했다. 고염무는 정통 주자학자로 양명학이 공리공론에 흐르는 것을 비판하고, 실증과 실용을 중시해 고증학의 시조가 되었다.

빠져든다. 개인과 사회 모두 양심을 잃어버리면 곧 천하가 망한다.

개인적 수양에 아무리 정진한다 하더라도, 한 장의 조간신문에서 속상하지 않을 수 없고, 한나절의 외출에서마저 속상하지 않을 수 없는 사회가 바로 우리가 살고 있는 현대 사회라면 우리는 생각을 고쳐 가져야 합니다. 개인의 수양이 국(國)과 천하(天下)와 무관할 수 없다는 것을 깨닫지 않을 수 없는 것이지요.【강의, 493】

(5) 변방

중요한 것은 변방이 공간적 개념이 아니라는 사실이다. 그런 점에서 변방은 변방성, 변방 의식의 의미로 이해되어야 한다. 비록 어떤 장세(場勢)의 중심부에 위치하고 있는 경우라 하더라도 모름지기 변방 의식을 내면화하는 자세가 필요하다. …… 변방 의식은 세계와 주체에 대한 통찰이며, 그렇기 때문에 변방 의식은 우리가 갇혀 있는 틀을 깨뜨리는 탈문맥이며, 새로운 영토를 찾아가는 탈주(脫走) 그 자체이다. 변방성 없이는 성찰이 불가능하다.【변방, 26~27】

변방은 사전적으로 보면 중앙에서 떨어져 있는 변두리를 의미한다. 지리적으로 보면 변방은 국가와 국가, 문화와 문화가 만나는 지역이다. 중심부의 통제력도 약하고, 흔히 다른 문화와 충돌하는 지역이라서 저항성도 강하다. 쇠귀가 말하는 변방이란 지리적인 것이 아니다. '자기 성찰'의 다른 이름이며 사상 투쟁을 통해 새로운 문명과 역사가 창조되는 터전이다. 쇠귀는 변방 개념을 변방성, 변방 의식, 대안 담론, 혁명의 진지, 새로운 지식인이라는 의미로 확장한다.

중심의 이동, 주체의 이동

인류사는 언제나 변방이 새로운 역사의 중심이 되어 온 과정이었다. 역사에 남아 사표(師表)가 되는 사람들 역시 변방의 삶을 살았다. 서양 역사를 보면 오리엔트의 변방이었던 그리스·로마, 그리스·로마의 변방이었던 합스부르크와 비잔틴, 근대사의 시작이 되었던 네덜란드와 영국 그리고 영국의 식민지였던 미국에 이르기까지 그 중심지가 부단히 변방으로, 변방으로 이동했음을 알 수 있다.[변방, 25~26]

중국의 경우 문명의 중심이 변방으로 이동하지는 않았다. 황하 유역을 중심에 두고 여러 변방의 세력이 각축을 벌였다. 중국 역사는 하(夏)·은(殷)·주(周)로 시작된다. 중국으로 들어간 몽고족이 하나라를 멸하고 은나라를 세운다. 하나라 세력은 서쪽으로 쫓겨났지만 그곳을 근거지로 희씨(姬氏)와 강씨(姜氏)가 연합해 은나라를 몰아내고 주나라를 세운다.[담론, 159] 이후에도 흉노족, 몽고족, 여진족 등 변방의 역동성이 중화의 중심부로 진입해 새로운 역사를 만들었다. 중심의 이동이 아니라 주체의 이동이라고 할 수 있다.

쇠귀는 왜 문명이 변방으로 이동하는지, 변방이 왜 항상 다음 문명의 중심지가 되었는지 고민하는 과정에서 특유의 '변방론'을 정리한다. 변방을 낙후되고 소멸해 가는 주변부로서가 아니라 새로운 가능성의 전위(前衛)로 읽어 냄으로써 변방의 의미를 역전시킨다. 변방보다는 변방성이 더 적절한 표현이다. 공간적 변방이 아니라 담론 지형에서의 변방, 즉 주류 담론이 아닌 비판 담론, 대안 담론의 의미로 재구성해야 하기 때문이다.[변방, 40] 권력의 지배 동력이 강하게 작동하는 중심부에서는 그 한계를 깨닫기 어렵고 돌파해야 할 이유를 찾기도 어렵다.

쇠귀가 말하는 변방이란 멀고 궁벽한 곳이 아니라 각성과 결별 그리고 새로운 시작이 있는 모든 곳이다.[변방, 143] 변방이 혁명과 창조의 공간일 수 있는 것은 기존의 틀 속에 갇히지 않고 지배 이데올로기로부터 상대적으로 자유로운 곳이기 때문이다.

변방이 창조 공간이 되기 위해서는 중심부에 대한 콤플렉스가 없어야 한다. 콤플렉스를 안고 있는 한 온당한 관계를 만들어 내기 어렵다. 콤플렉스란 대등한 파트너가 될 수 없는 처지에 놓여 있는 상태다. 한마디로 타자와 관계를 맺을 수 있는 주체적 입장이 없는 심리적·정신적 상태다.[냇물아, 54] 서양인의 오리엔탈리즘은 동양 사회에 대한 편견이지만 동양인이 서양인을 따라가려 하는 것은 일종의 콤플렉스다. 콤플렉스는 사람의 판단에 집요하게 파고들어 합리적인 판단을 할 수 없게 하지만 본인은 그 사실을 인지하지 못한다. 스스로 타자가 되는 것이다.

콤플렉스를 청산하지 않고는 진정한 자유나 해방을 이야기하기 어렵다. 중심부에 대한 환상과 콤플렉스를 청산하지 못하는 한, 변방은 그야말로 궁벽한 주변부에 지나지 않는다. 그런 경우 변방은 중심부보다 더욱 완고하고 교조적인 틀에 갇힌다. 조선 후기의 성리학이 그랬다. 소중화(小中華)라는 교조적 틀에 갇혀 결국 시대의 조류에서 낙후되었다. 한국 사회가 여전히 아류(亞流)의 역사를 청산하지 못하는 것이 바로 콤플렉스 때문이다.[변방, 27]

쇠귀는 강연 중에 자주 반 에덴(Frederik van Eeden, 1860~1932)[26]의 동화 『어린 요한』에 나오는 버섯들의 이야기를 들려주곤 했다. 지나가던 사람이 지팡이로 한 버섯을 가리키며 "저건 독버섯이야"라고 말한다. 독버섯이라 지목된 버섯은 깜짝 놀라며 항변한다. "그것은 당신들 인간이 하는 말이야."

독버섯이란 사람들이 식탁에서 하는 분류일 뿐이다. 독버섯은 함께 사는 다른 버섯들에게 한 번도 해를 끼친 적이 없다. 그 버섯이 몸에 지닌 '독'이란 그들을 먹이로 삼는 동물들이 그들을 함부로 대하지 못하게 하는 자위의 무기일 뿐이다.[냇물아, 216] 버섯은 인간이 아니라 버섯의 이유로 산다. 쇠귀는 이 예화와 함께 자유(自由)의 의미를 강조하곤 했다. 자기(自己)의 이유(理由)를 줄인 말이 자유(自由)다. 자유란 자기의 이유로 사는 것이다. 변방이 중심부에 대한 콤플렉스를 극복할 때 진정 자유로워진다.

지식인과 '오늘로부터의 독립'

모든 혁명에는 혁명의 주도 계급이 없지 않지만 광범한 계급

---

26 네덜란드 출신의 정신과의사이자 시인, 작가다. 암스테르담에서 의학을 공부했고, 보헤미안 라이프스타일과 힌두교의 영향 속에서 시와 희곡, 동화, 비평과 에세이 등 여러 장르의 많은 작품을 남겼다.

연대가 불가피하기 때문에 특정 계급의 입장을 배타적으로 고수하지 못합니다. 그렇기 때문에 '계급을 선택하는 계급'의 존재와 초계급적 공간이 요구되는 것입니다. 어느 시대 어느 사회라 하더라도 특정 계급에 갇히지 않는 장기적이고 독립적인 사유 공간이 필요합니다.[담론, 286]

지식인에게는 반드시 자기를 바칠 대상이 있어야 한다. 철학의 본령이 세계를 해석하는 것이 아니라 변혁하는 것이듯 지식인의 본령은 관찰이 아니라 실천이기 때문이다. 사르트르(Jean Paul Sartre, 1905~1890)는 지식인을 '계급을 선택하는 계급'이라고 했고, 팔레스타인 출신 인문학자 에드워드 사이드(Edward Said, 1935~2003)[27]는 '스스로를 추방하는 사람'이라고 했다. 변방은 서양의 포스트모더니즘, 탈근대 담론이 공유하는 주제기도 하다. 프랑스 철학자 알랭 바디우(Alain Badiou, 1937~)[28]의 소수자 되기(becoming minori-

<hr>

[27]　팔레스타인 출신의 세계적인 문명비평가다. 1935년 영국 치하의 예루살렘에서 팔레스타인인으로 태어났다. 1948년 이스라엘이 건국하면서 이집트로 이주했다가 1950년대 말에 미국으로 건너가 하버드대에서 박사 학위를 받았다. 1963년부터 컬럼비아대학 영문학·비교문학 교수와 하버드대 비교문학 객원교수를 지냈다. 팔레스타인 독립을 위해서 평생을 바쳤다. 주요 저서로는 『오리엔탈리즘』(1978) 외에 『팔레스타인 문제』(1979), 『문화와 제국주의』(1993) 등이 있다.

[28]　모로코에서 태어난 프랑스의 철학자로 파리고등사범학교를 졸업했다. 아버지는 레지스탕스 활동을 한 사회주의자였다. 젊은 시절에는 사르트르를 추종했고, 이후 알튀세르의 작업에 참여하다가 68혁명을 계기로 결별하고 마오주의 운동에 투신한다. 파리8대학 교수로 재직했고, 1999년부터 파리고등사범학교 교수로 활동했으며, 현재는 유럽 대학원(EGS)의 석좌교수로 있다. 2013년 9월 한국을 방문했을 때 철학의 임무가 "젊은이들을 타락시키는 것"이라고 말하기도 했다.

ty), 중국 최초의 노벨문학상 수상자인 가오싱젠(高行建, 1940~　)[29]의 '추방'도 같은 맥락의 개념들이다.[담론, 263] 지식인은 모든 기득권으로부터 스스로를 추방해야 하고 소수자가 되어 변방으로 가야 한다. 그래야만 자기 성찰과 새로운 창조의 가능성을 찾을 수 있다.

변방은 실천하는 지식인의 거소(居所)다. 거소는 학교와 같은 특정 조직만을 의미하는 것이 아니다. 특정 조직이 아니라 비판적, 독립적 입장을 고수하는 학파처럼 이념적 구심 역할을 하는 공공의 공간이다. 역사의 전환기에는 언제나 새로운 이념적 구심으로서의 자유로운 공간이 반드시 그 이름을 남겼다.[냇물아, 297] 이 공간을 이탈리아의 좌파 이론가 그람시(Antonio Gramsci, 1891~1937)는 '진지'로 이론화했다. 진지란 지배 계급의 헤게모니에 대항해 인간적 가치를 지킬 수 있는 저항의 거점을 의미한다.

새로운 역사는 변방에서 만들어졌고, 새로운 역사를 만든 변방에는 새로운 엘리트 집단이 존재했다. 공자는 제자를 모아 '군자'(君子)가 되어야 한다고 가르쳤다. 군자는 춘추전국시대라는 난세에 던져진 새로운 엘리트 상이었다. 군자는 종법사회(宗法社會)

여기서 '타락'이란 지배 질서와 의견들에서 철저히 벗어나 새로운 가능성을 모색하는 것이다.

29　　장시성(江西省)에서 태어나 1962년 베이징외국어대학교 프랑스어과를 졸업했다. 문화대혁명 기간에 하방(下放) 조치되어 사상 개조를 받았으며, 1979년부터 소설과 평론을 발표한다. 1988년 프랑스로 망명해 파리에 정착한 뒤 희곡과 소설을 창작하며 화가로도 활동하고 있다. 1989년 톈안먼사건을 소재로 희곡 「도망」을 발표한 후, 그의 모든 작품이 중국에서 금서가 되었다. 2000년에 소설 「영혼의 산」이 '문학적 보편성과 날카로운 통찰, 언어적 독창성'을 인정받아 노벨문학상을 수상했다.

의 귀족이 아님은 물론이며, 군사 전략가도 아니었고 부국강병론자도 아니었다. 부단히 배우고 실천하며 함께하는 붕우 집단에 가까웠다. 쇠귀가 주목하는 것은 새로운 엘리트 상이 아니라 '새로운 시대는 새로운 엘리트가 만들어 낸다'는 공자의 사상이다.[숲, 384] 어느 시대든 그다음 시대를 열어 갈 엘리트 그룹이 나타난다. 공자가 제시한 '군자'로 대표되는 엘리트 그룹이 난세의 주요 세력으로 성장하는 데는 실패했지만, 특정 시대에 맞는 새로운 그룹의 필요성을 제시했다는 점에서 역사를 뛰어넘는 사표(師表)로서의 의미가 있다.[손잡고, 135]

쇠귀는 『나무야 나무야』에서 지리산 산천재(山天齋)를 찾아 남명(南冥) 조식(曺植, 1501~1572)을 추억한 바 있다. 남명 조식은 조선 시대의 대표적인 재야인사다. 남명은 '백성은 물이요 임금은 물 위에 뜬 배에 지나지 않으며 배는 물의 이치를 알아야 하고 물을 두려워해야 한다'는 지론을 거침없이 갈파했고 탐관오리들을 질타했다. 남명의 제자들은 임진왜란이 났을 때 그 의(義)를 몸소 실천했다. 남명학파가 보여 준 재야 정신의 요체는 진퇴의 중후함이다. '오늘의 개량'에 매몰되는 급급함보다는 '내일의 건설'을 전망하는 유장함이 더 소중한 까닭은 오늘의 개량이 곧 내일의 발전으로 연결되지 않는다는 사실 때문이다.[나무야, 109~110]

강화 하일리는 하곡(霞谷) 정제두(鄭齊斗, 1649~1736)가 은거하며 양명학을 꽃피운 곳이다. 이시원(李是遠, 1790~1866)[30]이 병인양

---

30   조선 후기의 문신으로 호는 사기(沙磯)이며, 영재(寧齋) 이건창(李建昌, 1852~1898)의 할아버지다. 정시문과에 갑과로 급제해 대사헌, 좌참찬, 예조판서

요를 맞아 자결한 곳이 하일리고, 1910년 나라의 치욕을 통분해하며 "지식인 되기가 참으로 어렵다"(難作人間識字人)는 유명한 절명시(絶命詩)[31]를 남긴 매천(梅泉) 황현(黃玹, 1855~1910)이 자결하기 직전에 찾은 곳도 하일리다.[나무야, 51]

쇠귀가 남명 조식과 강화학파에서 재삼 확인하는 것은 지식인의 요체가 '오늘로부터의 독립'에 있다는 사실이다. 100년을 내다보는 독립 공간을 만들어 내는 일의 중요성이다. 조선 건국의 주역 신진 관료들이 원나라의 세계 경영을 학습하고 그때까지의 협소한 중국적 사유를 뛰어넘었듯이, 갇히지 않은 사유, 100년 후는 아니더라도 10년 후, 20년 후의 사유를 선취할 수 있는 그런 사회 공간을 만들어 내는 것이 지금 우리에게 필요한 지식인 담론의 실천적 과제라 할 수 있을 것이다.[담론, 405]

하방연대와 집단 지성

쇠귀는 『주역』에서 발견한 성찰, 겸손, 절제, 미완성, 변방의 개념을 최고의 관계론이라 말한다. '성찰'은 시각을 자기 외부에 두고 자기를 바라보는 것이다. 자기가 어떤 관계 속에 있는가를 깨닫기

등 요직을 거쳤다. 국운이 기울어 가던 1866년 무렵 병인양요가 일어나 강화도가 함락되자, 아우 이지원(李止遠)과 함께 유서를 남기고 음독 자결했다.

31   매천 황현의 절명시는 7언절구 4수로 이루어졌다. 쇠귀가 인용한 부분은 세 번째 시의 마지막 구절이다. "鳥獸哀鳴海岳嚬 槿花世界已沈淪 秋燈掩卷懷千古 難作人間識字人"(새와 짐승 슬피 울고 산과 바다도 찡그리네／무궁화 세상은 이제 망해 버렸구나／가을 등불 아래 책 덮고 긴 역사 돌아보니／지식인 되기가 참으로 어렵구나).

위해서다. '겸손'은 자기를 낮추고 뒤에 세우며, 자기의 존재를 상대화해서 다른 것과의 관계 속에 배치하는 것이다. '절제'는 자기를 작게 가지는 것이다. '미완성'은 목표보다는 목표에 이르는 과정을 소중하게 여기는 것이다. 이 네 덕목은 그것이 변방에 처할 때 최고가 된다. 변방은 그러한 덕목을 실천할 수 있는 득위(得位)의 자리기 때문이다.[담론, 72]

쇠귀가 다양한 글과 강연에서 자주 언급한 것 가운데 하나가 『노자』의 '상선약수'(上善若水) 구절이다. 노자 철학은 한마디로 '물의 철학'이다. 노자가 물을 최고의 선이라 하는 까닭은 만물을 이롭게 하고, 다투지 않으며, 사람들이 싫어하는 곳, 즉 낮은 곳에 처하기 때문이다. 쇠귀는 상선약수의 교훈에서 하방연대(下方連帶)의 지혜를 역설한다.[담론, 133~137] 물이 낮은 곳으로 흘러 바다로 가듯 모든 연대는 아래로 향하는 하방연대여야 한다는 것이다. 쇠귀는 바다는 모든 시내를 다 '받아'들이는 가장 큰 물이며, 그래서 이름이 '바다'라 말하곤 했다. 쇠귀는 또한 물이 만물에 도움을 주지만 쉽사리 다투지 않는다는 말도 객관적인 조건과 주체적인 역량을 잘 판단해 기회주의적이거나 모험주의적인 실천 방법을 경계하고 과학적인 방법으로 실천해야 한다는 뜻으로 읽는다.[담론, 134]

물은 가장 낮은 곳에 처하는 가장 약한 존재, 즉 민초다. 약한 것이 강한 것을 이기는 이유는 약한 자가 늘 다수기 때문이다. 약한 사람들이 다수라는 사실은 두 가지 점에서 결정적인 의미가 있다. 첫째, 다수 그 자체가 곧 힘이라는 사실이다. 다수기 때문에 끊임없이 도전할 수 있다. 둘째, 다수는 곧 정의라는 사실이다. 이것이 곧 민주주의 원리다. 불벌중책(不罰衆責), 많은 사람이 범한 잘못은 벌

할 수 없다는 것이다.[강의, 287~289]

사회 변혁의 주체는 민중이다. 민중은 당대의 가장 기본적인 모순을 계기로 창조되는 '응집되고 증폭된 사회적 역량'이다. 이러한 역량은 단일한 계기에 의해 단번에 나타나는 가벼운 걸음걸이의 주인공이 아니다. 장구한 역사 속에 점철된 수많은 성공과 실패, 그 환희와 비탄의 기억들이 민족사의 기저(其底)에 거대한 잠재력으로 묻혀 있다가 역사의 격변기에 그 당당한 모습을 실현하는 것이다.[사색18, 354]

하지만 쇠귀는 민중을 신성시하는 것도 과거의 한 사례를 미화하고 관념화하는 감상주의라 본다. 우리가 어떠한 시냇물을 따라서도 바다로 갈 수 있듯이 아무리 작고 외로운 골목의 삶이라 하더라도 그곳에는 민중의 뿌리가 뻗어 와 있다. 민중은 어디에나 있다. 특정한 역사 격변기에 증폭된 역량이나 변혁의 주체라는 추상화된 개념보다는 우리의 일상적인 삶 속에 존재하는 민중성에 주목해야 한다.

하방연대는 바다로 가는 것이고, 바다를 만들어 내는 것이기도 하다. 우리 사회의 변혁 역량은 취약하다. 절대 역량이 취약한 데다가 부문별로 또는 정파 단위로 분산되어 있다. 하방연대란 대기업 노조는 중소기업 노조와 연대해야 하고, 남성 노동자는 여성 노동자와, 정규직은 비정규직과 연대해야 하고, 성 다수자는 성 소수자와 연대해야 하고, 노동 운동은 농민 운동·빈민 운동 등 약한 운동 조직들과 연대해야 한다는 뜻이다. 더 진보적인 사람이 덜 진보적인 사람들과 연대하는 것도 포함된다. 덜 진보적인 쪽은 더 내놓을 것이 없기 때문이다. 노동, 교육, 농민, 환경, 의료, 시민 등 각

부문 운동이 과거처럼 각자의 존재성을 키우는 대신 약하고 뒤처진 부문과 연대해 나가는 하방연대를 통해 변혁 역량을 결집해야 한다는 것이다.[강의, 289~290]

청산과 척결, '운동의 생활화'

모든 나무는 자기 키만큼의 긴 뿌리를 땅속에 묻어 두고 있는 법입니다. 대숲은 그 숲의 모든 대나무의 키를 합친 것만큼의 광범한 뿌리를 땅속에 간직하고 있는 것입니다. 그리고 더욱 중요한 것은 대나무는 뿌리를 서로 공유하고 있다는 사실입니다. 대나무가 반드시 숲을 이루고야 마는 비결이 바로 이 뿌리의 공유에 있는 것입니다. 대나무가 숲을 이루고 나면 이제는 나무의 이야기가 아닙니다. 개인의 마디와 뿌리의 연대가 이루어 내는 숲의 역사를 시작하는 것입니다.[냇물아, 205]

사회 변혁 혹은 혁명이란 한 사회의 억압 구조를 철폐하고 억압당한 잠재 역량을 해방하고 재갈 물린 목소리를 열어 주는 것이다. 그런 이유로 혁명 과정은 혼란과 파괴의 대명사기도 하다.[강의, 110] 혁명의 성패는 얼마나 많은 사람이 그 정신의 세례를 받았는가에 의해서 판가름 난다.[숲, 141] 혁명이란 경험하지 못한 세계를 만들어 내려는 미지의 작업이다. 따라서 먼저 인식의 혁명, 즉 사상 투쟁이 요구된다. 쇠귀가 강조하듯 역사를 보면 모든 투쟁은 사상 투쟁으로 시작되며 최종적으로 사상 투쟁으로 끝난다.[강의, 319] 혁명 이전에도 혁명 이후에도 비판적 성찰을 통해 우리를 감금하는 권력의 문맥, 우물을 깨달아야 한다는 이야기다.

혁명의 본질은 정치권력을 쟁취하는 것이 아니다. 20세기를 통해 두 개의 가장 강력한 정치권력이 사회 변혁에 실패했다는 사실을 냉정하게 직시해야 한다. 하나는 나치 권력이고, 다른 하나는 러시아를 중심으로 한 프롤레타리아 독재 권력이다. 이 막강한 정치권력이 사회 변혁에 성공하지 못했다. 우리는 바로 그 추락으로부터 통절한 깨달음을 이끌어 내고 새로운 독법을 만들어 가야 한다.[냇물아, 307]

창업보다 수성이 어렵듯이 과거의 사례를 모범으로 삼는 것보다 새로운 것을 만드는 것이 어렵다. 연암은 「초정집서」(楚亭集序)[32]에서 "옛것을 본뜨는(法古) 사람은 그 자취에 구애됨이 병폐고, 새로운 것을 만들어 내는(創新) 사람은 법도가 없음이 폐단이다. 진실로 옛것을 본받으면서도 변통할 줄 알고, 새로운 것을 만들어 내면서도 법도가 있다면 지금의 문장은 옛 문장과 같을 수 있을 것이다"라고 썼다.[박종채, 180] 쇠귀는 창신이 어려운 까닭은 그 창신의 실천 현장이 바로 우리의 현실이기 때문이라고 했다.[강의, 505] 그 현실은 우리가 선택하기 전에 주어진 것이며 충분히 낡은 것이다. 하지만 현실에는 이를 지키기 위한 기득권이 완강하게 버티고 있다. 모든 혁명은 이러한 현실을 터전으로 삼아야 하기 때문에 예술적이어야 하고 유연해야 한다.

우리의 삶은 정치권력의 교체와 같은 일회적 변혁으로 크게 달라지지 않는다. 영구 혁명론도 문화대혁명 같은 장구한 혁명 시

---

32 박제가의 초기 문집인 『초정집』에 붙인 서문이다.

도도 대체로 실패했다. 일정 시간 혁명 세력의 권력 독점이 보장되어 있을 때도 돌이킬 수 없는 변화를 지속적으로 담보하지 못했기 때문이다. 혁명에 대한 올바른 독법은 거대 담론의 극적 도식을 해체하고 그 속에 묻혀 있는 인간의 진정성에 접속하는 일이다. 그것은 현실의 건너편을 사고하는 일이며, 공고한 현실의 벽과 어둠을 넘어 별을 바라보는 성찰이기도 하다.[냇물아, 308]

모든 운동은 민중의 지근거리에 근거지를 만드는 것, 그것을 통해 신뢰를 구축해 가는 일에서 시작하지 않을 수 없다. 한마디로 긴 호흡을 가져야 한다는 것이다. 쇠귀가 감옥에서 만난 장기수들로부터 들었던 조언, "이론은 좌경적으로, 실천은 우경적으로"라는 말을 자주 언급했던 것도 그런 까닭이다.

이데올로기적 포위 속에 우리가 있는 것입니다. 우리의 실천적 지반이 그만큼 열악하다는 것이지요. 그렇기 때문에 우리의 일상적 삶의 문제에서부터 문제 삼는 자세가 필요하다고 생각합니다. 일상적 문제이기 때문에 몬드라곤이나 라다크의 경우와 같은 수세 국면의 장기적 고립 상태를 배제할 수 없습니다. 그렇기 때문에 일상생활의 곳곳에 진지(陣地)를 만들어 내는 노력을 계속해야 한다고 생각합니다. 이러한 진지는 헤게모니를 장악할 수 없는 수세 국면에서는 역량을 지키는 보루(堡壘)가 되고, 객관적 조건이 성숙했을 때는 공격 거점(據點)이 되는 것이지요. 그리고 어느 경우든 생활상의 민주주의를 충실히 견지해야 함은 물론입니다.[손잡고, 212]

모든 시작은 '여럿이 함께' 해야 한다. 국가의 창건이든, 회사 설립이든, 또는 전위 조직의 건설이든 많은 사람의 중의(衆意)를 결집해서 시작해야 한다.[강의, 111] 중요한 것은 '나아가면서 길을 만드는 일'이다. 그 길은 현재 우리가 서 있는 곳에서부터 만들기 시작할 수밖에 없다. 동시대의 평범한 사람들과 더불어 새로운 길을 만들어 갈 수밖에 없다.[숲, 290] 루쉰(魯迅)이 소설 「고향」(1923)에서 말하듯, 길은 본래부터 있던 것이 아니다. 여럿이 다니다 보면 길이 된다. 어디에 길이 있는지 찾아내는 것이 아니라 지금 이 자리에서 함께 가다 보면 길은 저절로 생기는 것이다.

더불어숲, 비시장 공간의 조직화

쇠귀에 따르면 모든 변혁 운동은 민중의 지근거리에 근거지를 만드는 것, 그것을 통해 신뢰를 구축해 가는 일에서 시작해야 한다. 근거지를 기반으로 외부를 향해 연대 가능성을 열어 가야 한다. 개인 간, 집단 간의 여러 차이에도 불구하고 이끌어 낼 수 있는 최대한의 관계를 맺어야 한다. 경우에 따라서 연대의 파탄이 불가피하더라도 최소한의 인간적인 관계만이라도 유보해 두어야 한다. 통일전선전술에서 이른바 "주도권을 장악하라. 그렇지 못할 경우에는 독자성을 견지하라"라는 원칙이 있는데, 이것은 자칫 잘못 해석될 수 있는 명제다.[손잡고, 82] 일회적으로 끝나는 것은 없기 때문이다.

쇠귀는 감옥 독방에서 가끔 사이먼과 가펑클이 부른 〈엘 콘도르 파사〉[33]를 읊조리곤 했다. 나뭇가지 끝을 떠나지 못하는 달팽이

33 　가사 주요 내용은 다음과 같다.

보다는 하늘을 훨훨 날아가는 참새가 되고 싶고, 못보다는 망치가 되고 싶다는 첫 구절에 마음이 꽂힌 것은 갇혀 있던 처지에서 당연한 일이었다. 그런데 가장 감동적인 건 "길보다는 숲이 되고 싶다"는 마지막 구절이었다. 길이 되어 떠나고 싶은 것이 아니라 오히려한 곳에 남아 숲이 되어 발밑의 땅을 지키겠다는 것이다. 비록 떠날 수는 없지만 숲은 만들 수 있겠다는 위로였고, 감옥에서 만난 새로운 가능성이었다. 쇠귀는 출감한 후에도 발밑의 땅을 생각하며 숲을 키우는 것이 우리 시대의 과제라 여겼고, 자신이 몸담은 성공회대학교가 우리 사회 곳곳으로 번져 나가야 할 숲의 작은 시작이라 생각했다.〔냇물아, 127〕 '더불어숲'은 출감 후 쇠귀가 가장 즐겨 이야기하고 작품으로 쓴 화두다.

숲은 생명과 다양성을 의미한다. 키 큰 나무와 키 작은 나무, 굵은 나무와 가는 나무, 상록수와 활엽수, 일년생과 다년생 등 모든 나무가 함께 살아가는 다양성의 공간이고 새로운 싹을 키워 내고 수많은 생명을 지키는 생명의 공간이다.〔손잡고, 229~230〕 화폐라는 단일 가치로 모든 것을 동질화하는 근대성을 돌아보게 하는 성찰의 화두다. 쇠귀는 숲을 근대성의 패권적 논리를 성찰하기 위한 대안

I'd rather be a sparrow than a snail
I'd rather be a hammer than a nail
Away, I'd rather sail away
Like a swan that's here and gone
A man gets tied up to the ground
He gives the world its saddest sound
I'd rather be a forest than a street
I'd rather feel the earth beneath my feet

문명 개념으로 쓰기도 하고, 우리 사회의 인간적이고 진보적인 사고를 키워 내는 진지라는 운동론적 개념으로 쓰기도 한다.

> 자본주의적 구조를 청산한다는 것은 결국 크게 두 가지라고 봐요. 하나는 결정권입니다. 무엇을, 얼마만큼, 몇 시간 노동으로 생산할 것이냐에 관한 결정권을 누가 행사하느냐에 따라서 사회 구조가 달라진다고 봐요. 그다음에 그렇게 생산된 물건을 상품 형식으로 할 거냐 말 거냐, 이 두 가지거든요. 이것만 바뀌면 저는 사회가 바뀐다고 봐요.[손잡고, 211]

쇠귀가 말년에 주목한 것은 우리 사회 도처에 존재하는 비(非) 시장적 공간과 비(非)자본주의적 관계들이다. 제한적이긴 하지만 협동조합이나 사회적 기업처럼 비자본-비시장 영역은 여전히 건재하며 얼마든지 확장할 가능성이 있다. 그러한 가능성을 키워 나가는 것이 진정한 사회 변화의 내용이 되고 새로운 문명적 담론으로 자리 잡아야 한다. 동시에 쇠귀는 그것을 통해 당장 대단한 조직이나 성과를 만들어 낸다는 것보다는 목표에 이르는 과정, 그 과정에서 의미를 찾는 것이 중요하다고 덧붙인다.[냇물아, 178]

쇠귀는 사회적 기업에 대해서도 이렇게 말한 적이 있다. "시장 경제에서 배제된 이들을 참여시키고 시장 경제가 야기한 폐해를 해결하려는 혁신적 노력이라고 생각한다. 그 형태는 무궁무진하다. 취약 계층에 사회 서비스를 제공하는 기업, 환경을 보호하고 생태 마을을 만드는 기업, 농촌 경제를 회복하는 귀농 운동, 대안 화폐로 지역 사회 공동체를 만드는 레츠 운동, 가난한 사람들에게 신용 대출을 해 주는 협동조합 등이 모두 시장 경제가 해결하지 못하는 공백을 채워 가는 사회적 기업들이다.”【『한겨레』 2009. 7. 15.】

결론적으로 쇠귀는 지배 담론과 기득권 세력에 대항하고 저항하기 위한 방법의 하나로 우리 모두가 각자의 터전에서 ‘음모의 작은 숲’【손잡고, 351】을 만들어야 한다고 역설했다. 쇠귀는 자주 붓글씨로 ‘더불어숲’이라고 쓰고 “나무가 나무에게 말했습니다. 우리 더불어 숲이 되어 지키자”라고 방서했다. 숲은 질식할 것 같은 상황에서 숨통을 틀 수 있는 공간이고, 가슴에 쌓인 것들을 풀어내고 카타르시스 할 수 있는 공간이다. 낮은 곳의 사람들이 관계를 맺고 연대하며 동행할 수 있는 공간이다. 생활 속에서 작은 숲을 만드는 일이 변화의 시작이다.

3. 서도와 관계 미학

작품과 인간이 강하게 연대되고 있는 서도가, 단지 작품만으로 평가되는 인간 부재의 다른 분야보다 마음에 듭니다. 좋은 글씨를 남기기 위하여 결국 좋은 사람이 될 수밖에 없다는 평범한 상식이 마음 흐뭇합니다. 인간의 품성을 높이는 데 복무하는 '예술'과 예술적 가치로 전화되는 '인간의 품성'과의 통일, 이 통일이 서도에만 보존되고 있다고 한다면 아무래도 근묵자(近墨者)의 자위이겠습니까.[사색18, 173]

쇠귀에게 서예는 삶이고 실천이었다. 유년 시절 자연스럽게 붓글씨를 쓰게 되었고, 평생 손에서 붓을 놓지 않고 살았다. 쇠귀의 서예에 관한 생각은 1977년 4월 15일 감옥에서 아버님께 보낸 편지(「서도의 관계론」)와 1995년 처음으로 개인 전시회를 열 때 만든 도록 《손잡고 더불어》에 수록한 발간사(「서예와 나」)에 잘 정리되어 있다. 쇠귀는 「서예와 나」를 쓰고 16년이 지난 2011년 한 강연¹에서 자신의 서도관에 대해 상세하게 설명한 적이 있다.

서도의 관계 미학

먼저 감옥에서 쓴 편지 「서도의 관계론」에서는 제목이 말해 주듯 서예는 획과 획, 글자와 글자, 행과 행, 연(聯)과 연의 관계로 완성된다는 사실을 강조했다. 중요한 것은 서예의 관계를 보면서 사람도 독존하는 것이 아니라 다른 사람과의 관계 속에서 완성된다는 성찰을 이끌어 낸다는 데 있다. 서예의 미적 의미를 글자 사이의 관계를 통해 구현하고자 하는 쇠귀 서도 미학의 핵심은 다음 문장에 잘 드러나 있다.

> 일껏 붓을 가누어 조신해 그은 획이 그만 비뚤어 버린 때 저는 우선 그 부근의 다른 획의 위치나 모양을 바꾸어서 그 실패를 구하려 합니다. 이것은 물론 지우거나 개칠(改漆)하지 못하기 때문이기도 하지만 실상 획의 성패란 획 그 자체에 있지 않고 획과 획의 '관계' 속에 있다고 이해하기 때문입니다. 하나의 획이 다른 획을 만나지 않고 어찌 제 혼자서 '자'(字)가 될 수 있겠습니까. 획도 흡사 사람과 같아서 독존(獨存)하지 못하는 '반쪽'인 듯합니다. 마찬가지로 한 '자'가 잘못된 때는 그다음 자 또는 그다음 다음 자로써 그 결함을 보상하려고 합니다. 또 한 '행'(行)의 잘못은 다른 행의 배려로써, 한 '연'(聯)의 실수는 다른 연의 구성으로써 감싸려 합니다. 그리하여 어쩌면

---

1   2011년 11월 17일 돌베개출판사에서 열린 '내가 나에게 쓰는 글'이라는 제목의 쇠귀 초청 특강.

잘못과 실수의 누적으로 이루어진, 실패와 보상과 결함과 사과와 노력들이 점철된, 그러기에 더 애착이 가는, 한 폭의 글을 얻게 됩니다.

이렇게 얻은 한 폭의 글은, 획, 자, 행, 연 들이 대소, 강약, 태세(太細), 지속(遲速), 농담(濃淡) 등의 여러 가지 형태로 서로가 서로를 의지하고 양보하며 실수와 결함을 감싸 주며 간신히 이룩한 성취입니다. 그중 한 자, 한 획이라도 그 생김생김이 그렇지 않았더라면 와르르 얼개가 전부 무너질 뻔한, 심지어 낙관(落款)까지도 전체 속에 융화되어 균형에 한몫 참여하고 있을 정도의, 그 피가 통할 듯 농밀한 '상호 연계'와 '통일' 속에는 이윽고 묵과 여백, 흑과 백이 이루는 대립과 조화, 그 '대립과 조화' 그것의 통일이 창출해 내는 드높은 '질'(質)이 가능할 것입니다.〔사색18, 118~119〕

이 편지 문장은 서도를 통해 구현하고자 하는 쇠귀의 사상적 지향을 간명하게 보여 준다. 글자 하나하나가 긴밀하게 연결되고, 경우에 따라서는 자음과 모음이 겹치기도 하는 그의 서예 작품들은 바로 이 글에서 말하는, "서로가 서로를 의지하고 양보하며 실수와 결함을 감싸 주며 간신히 이룩한" 미학적 성취를 보여 준다. 쇠귀 사상의 핵심 키워드로 여겨지는 관계론의 철학이 그의 한글 서도 미학에 녹아 있다.

「서예와 나」에서 쇠귀는 유년 시절에 시작된 자신과 서예의 인연을 설명하고 이후 어떤 궤적을 거쳐 자신의 서예가 진화, 발전했는지 상세하게 정리했다. 쇠귀는 할아버지 사랑방에서 붓글씨를 시작한 후 대학 시절 학교의 게시판이나 공고문을 쓰기도 했고, 감옥 시절 많은 시간을 서예를 하며 지낸다. 몇 분의 훌륭한 선생님을 만나 정통 한문 필법을 배웠고, 어머님의 서한을 보면서 궁체의 한계를 느끼며 자기만의 글씨체를 고안하는 과정도 상세히 설명했다.

글씨와 삼일치, 대상-사람-시대

쇠귀는 먼저 글자와 글자가 지시하는 대상과의 일체성을 추구했다. 달리 말하자면 글씨의 형식과 내용의 통일성이다. 상형문자인 한문은 글자와 대상이 자연스럽게 연결되지만, 표의문자인 한글의 경우 글자는 대상의 상징일 뿐이다. 쇠귀는 이러한 한글의 한계를 넘어서 글자와 지시체를 일치시키기 위해 적극 시도한다. 첫 전시회 표제 글씨인 〈손잡고더불어〉를 보면, 두 줄로 썼는데 위 줄의 '잡'이라는 글자와 아래 줄의 '불'이라는 글자가 'ㅂ'을 공유한다.

글자를 공유해 사람과 사람이 손을 잡는 모양을 글씨에 담았다. 쇠귀의 다른 서예 작품인 〈삶〉도 마찬가지다.

쇠귀는 자음과 모음을 중복해 '삶'으로 읽을 수도 있고 '사람'으로 읽을 수도 있는 작품을 만들었다. 살아가는 것은 곧 사람을 만나는 일이라는 사실을 글씨의 모양을 통해서 명확하게 드러냈다. 'ㄴ'을 중복해서 쓰는 〈만남〉도 마찬가지다.

쇠귀가 출감한 이후 즐겨 쓴 〈더불어한길〉, 〈함께가자 우리〉, 〈바깥〉, 〈여럿이함께〉, 〈여럿이함께가면 험한길도즐거워라〉, 〈한울삶〉, 〈너른마당〉, 〈샘터찬물〉, 〈길벗삼천리〉, 〈나무가 나무에게 말

1995년 서화전의 표제 작품 〈손잡고 더불어〉

했습니다 우리 더불어숲이 되어 지키자〉 등과 같은 한글 서예 작품을 보면 글씨의 형식과 글씨의 의미가 자연스럽게 삼투함을 알 수 있다.

다음으로 글씨와 글씨 쓰는 사람의 일체성이다. 쇠귀에게 글씨란 자신의 삶과 사상을 담는 그릇이다. 아무리 반듯하고 아름다운 글씨를 쓴다 해도 그 사람의 삶이 정직하고 양심적이지 않다면 좋은 글이라 할 수 없다는 이야기다. 가령 안중근이 뤼순(旅順) 감옥에서 쓴 〈독립〉(獨立)이라는 글씨와 '명필' 이완용이 쓴 것으로 알려진 독립문 현판 글씨(《독립문》) 등을 비교해 볼 수 있다. 이완용의 서예 작품이 아무리 기교가 뛰어나다고 해도 그것을 좋은 글씨라고 할 수는 없다. 쇠귀 붓글씨의 가장 큰 힘은 그의 작품이 자신의 삶으로부터 배태되었고 자신의 사상과 조금도 어긋나지 않았다는 데서 오는 것이다.

물론 역사 속에서 빛나는 명필은 있다. 누군가가 명필의 글씨를 열심히 따라 써 비슷한 경지에 도달한다고 해서 그 글씨를 좋은 글씨라고 할 수는 없다. 쇠귀는 "난을 그리는 데는 법이 있어도 안되고 없어도 안 된다"(寫蘭有法不可 無法亦不可)라는 추사의 말을 예로 들어 설명한다. 여기서 법이란 완성된 교조적 틀이다. 그 틀 자체는 수천 년간 서예가들이 실천적 노력으로 이룩한 것이기 때문에 존중되어야 하지만 그 틀에 함몰되면 안 된다는 이야기다. 임서(臨書) 등을 통해 과거의 법을 충실히 계승하되 자신의 사상과 실천, 시대정신에 대한 사유가 다시 글씨에 녹아들어야 비로소 좋은 글씨가 될 수 있다는 이야기다.

끝으로 글씨의 내용과 동시대 사회 과제와의 일체성이다. 쇠귀는 누군가가 글씨를 부탁할 경우 언제나 그 사람이나 조직의 과제 혹은 전망과 관련되는 글을 찾기 위해 부심했다. 글씨는 단순한 장식품이 아니라 개인과 조직에 자신의 상황과 미래를 끊임없이 환기하는 역할을 한다고 보았기 때문이다. 1995년 첫 전시회를 할 때 한글로 쓴 작품의 원저자와 작품을 보면 박노해의「손무덤」과「눈물의 김밥」, 신경림의「새재」, 신동엽의「금강」, 리영희의「새는 좌우의 날개로 난다」, 김지하의「황토길」등이다.

유지(油紙)의 추억, 노촌과 정향

쇠귀가 처음 붓글씨를 접한 것은 유년 시절 할아버지를 통해서다. 쇠귀는, 할아버지가 맏손자의 훈육은 오롯이 부모에게 맡겨야 하지만 그래도 둘째 손자는 당신이 조금은 영향을 미칠 수 있다고 생각하신 것 같다고 술회한 바 있다. 어린 쇠귀는 할아버지에게 붓글씨를 배웠고, 할아버지 친구들이 오시면 종종 불려 가 글씨를 쓰곤 했다.

그 뒤 쇠귀가 다시 붓을 손에 잡은 건 대학 시절이다. 4·19 이후 대학생들 사이에 민족의식과 민족 문화에 대한 각성이 생겨나고 민요와 탈춤 등 전통적인 예술 문화에 관심이 확산되기 시작할 무렵, 쇠귀는 어린 시절 할아버지 슬하에서 익힌 서예를 다시 가까이 한다. 물론 당시 대학생 일반의 민족 문화에 대한 관심은 주로 민중적 혹은 민속적 문화에 쏠려 있었고 양반 사대부 문화인 서예는 관심 밖이었지만, 쇠귀 자신은 서예에서 민족의 패배 의식과 좌절감을 극복하는 작은 계기를 찾을 수 있었다고 회고한다. 이 시기의 서예는 그저 몇몇 현판이나 공고문, 아치 등을 장식하는 데서 더 나아가지는 않은 채 개인적인 취미로 머문 것으로 보인다.

쇠귀가 붓글씨를 다시 집중적으로 공부한 것은 감옥에서였다. 재소자 준수 사항 같은 부착용 글씨를 쓰다가 그의 재능을 눈여겨본 교도소장의 배려로 교도소 내에 만들어진 동양화반, 서예반 동아리에 들어간 것이다. 쇠귀는 사회에서 읽기 어려웠던 중국 고전과 한문 공부를 병행하면서 많은 시간 붓글씨를 썼다. 온종일 집중적으로 쓴 것도 7, 8년이 된다고 한 걸 보면 감옥 생활에서 서예는 한학 공부와 함께 쇠귀가 가장 공을 들이고 집중했던 일이라 할 수 있다.

쇠귀의 서예에 큰 영향을 미친 스승은 노촌 이구영과 정향 조병호다. 함께 감옥 생활을 한 노촌으로부터는 주로 한학과 한문을 사사했지만 삶에 대해서도 많은 것을 배운다. 쇠귀에 따르면 노촌 선생은 서예가는 아니었지만 학문과 인격과 서예에 대한 높은 안목이 하나로 어우러져 이루어 내는 경지는 글씨 이상의 것이었다. 아울러 서도의 정신과 필법, 우리의 전통과 정서에 대해, 그리고 사람에 대해 배울 수 있었다며 평생 감사를 표했다.

교도소 측은 재소자 서예반을 지도하기 위해 두 분의 서예가를 초빙했다. 처음 서예를 지도한 사람은 만당 성주표, 그다음에 초빙되어 오래 지도한 분은 정향 조병호다. 이 두 사람의 서예가를 만나면서 쇠귀는 본격적으로 체계적인 서예 공부를 할 수 있었다. 성주표 선생은 서예의 고전인 왕희지, 안진경을 임서하게 하면서 서예의 기초를 닦아 주었다. 쇠귀의 글씨에 오랫동안 깊은 영향을 준 스승은 정향 선생이다.

　교도소에서 쇠귀를 만난 정향 선생은 그가 사상범이라는 사실
에 무척 놀랐다. 교도소는 도둑이나 강도만 있는 곳인 줄 알았던 정
향 선생은 서울대를 나온 반듯하고 재능 있는 이 청년이 죄수의 몸
으로 갇혀 있는 것을 보고 과거 다산이나 추사처럼 유배 온 선비 정
도로 생각했다고 한다. 처음에는 교도소장의 요청으로 방문을 시작
했지만, 정향 선생은 교도소에서 적극적으로 모시지 않을 때도 몸
소 교도소를 방문해 서예를 지도했다. 그렇게 집중적인 지도를 받
은 기간이 만 5년이 넘었으니 일반적인 사제 관계의 관행에 비추
어도 결코 짧지 않은 시간이다. 정향 선생이 재소자들을 집으로 데
리고 가서 '당신이 소장한 명필들의 진적(眞跡)을 일일이 짚어 가며
일러 주었다'는 사실은, 정향이 이 사제 관계를 얼마나 진지하고 무
겁게 생각했는지를 느끼게 한다. 정향 선생에게 쇠귀는 뜻밖의 공
간에서 만난 똑똑하고 재능 있는 제자였다.

　　언젠가 교도소 당국이 독지가에게 사례할 넉 자 현판 글씨를
　　내가 쓰게 되었는데 나로서는 그 글씨를 표구하여 보내기 전
　　에 정향 선생님의 재가를 받지 않을 수 없었다. 한 주일 동안
　　습자하여 선생님께 보여 드리면 아무 말 없이 그 글씨 위에다
　　교정을 해 버리시는 것이었다. 그렇게 하기를 무려 일곱 번, 그
　　러니까 약 2개월을 넉 자만 쓴 셈이 되었다.〔냇물아, 114〕

　두 달간 같은 글자를 쓰게 하는 혹독한 훈육은 정향 선생이 쇠
귀에게 남다른 애정과 기대를 갖고 있었음을 말해 준다. '상품화된

서예는 아예 서도가 아니고 인격과 학문의 온축이 그 바닥에 깔리지 않는 글씨란 글씨일 수가 없다'는 정향의 생각은 쇠귀에게도 깊은 가르침으로 남았다. 쇠귀가 굳이 서예가란 호칭을 거부한 것도 그런 스승의 생각을 바탕에 깔고 있었던 때문으로 이해할 수 있다. 쇠귀는 정향 선생의 글씨를 보면서 완숙의 경지에 이르면 어린아이의 서툰 글씨로 환동(還童)한다는 사실을 새삼 깨닫는다. 1982년 6월 부친께 보낸 편지에서는 이렇게 적었다.

> 아무리 작게 쓴 글씨라도 큼직하게 느껴지는 넉넉함이라든가 조금도 태(態)를 부리지 않고 여하한 작의(作意)도 비치지 않는 담백한 풍(風)은 쉬이 흉내 낼 수 없는 경지라 하겠습니다. …… 그것은 한마디로 글씨로써 배워서 될 일이 아니라, 사물과 인생에 대한 견해 자체가 담담하고 원숙한 관조의 경지에 이르러야 가능한 것이라 생각됩니다. 결국, 글씨의 문제가 아니라 인간의 문제이며 도(道)의 가지에 열리는 수확이 아니라, 도의 뿌리에 스미는 거름 같은 것이라 해야 할 것 같습니다. 아직은 모난 감정에 부대끼고 집념의 응어리를 삭이지 못하고 있는 저에게 정향 선생님의 어수룩한 행초서가 깨우쳐준 것은 분명 서도 그 자체를 훨씬 넘어서고 있는 것임에 틀림없습니다.【사색18, 248~249】

336

한자와 한글, 궁체와 민체

쇠귀는 스승의 영향 안에 머물며 배운 것을 따라가지만은 않았다. 그가 스승(들)과 달리 한글 서예의 독창적인 경지를 개척했다는 사실이 그것을 말해 준다. 쇠귀는 스승에게 한자 서예를 사사하는 중에도 혼자 한글 글씨를 썼다. 쇠귀에게 서예는 글쓰기와 같은 것이었다. 자신의 생각을 붓이라는 도구로 표현하고자 함이었으니 한자보다 한글을 쓸 일이 더 많은 건 당연한 일이다. 처음에는 전통적인 궁체와 고체를 따라 썼지만 쓸수록 내용과 형식의 불일치를 느낀다. 다음은 1982년 2월에 쓴 편지의 일부다.

> 특히 서도는, 그 형식에 있어서는 민족적 전통에 비교적 충실한 반면 민중의 미적 감각과는 인연이 멀고, 그 내용에 있어서는 동도(東道)를 주체로 삼되 봉건적 한계를 벗지 못하고 있어 명암 반반의 실정임이 사실입니다. 더구나 글씨란 누구의 벽에 무슨 까닭으로 걸리느냐에 따라 그 뜻이 사뭇 달라지고 마는 강한 물신성(物神性)을 생각한다면 무엇을 어떻게 써야 할 것인가에 대하여 결코 무심할 수가 없을 것 같습니다.[사색18, 234]

전통 서도가 민족적이고 동양의 도를 담고 있기는 하지만 민중의 미학과는 거리가 있다는 지적이다. 궁체나 고체가 가진 귀족적이고 고아하며 엄격한 분위기는 시조나 별곡, 『성경』 구절을 쓸 때는 무리가 없지만 민중시, 저항시, 민요 등을 쓸 때는 영 어색했다. 마치 유리그릇에 된장을 담는 듯한 느낌이었다. 궁체의 창작 주체는 궁녀였고, 사용자 측면에서는 왕족들의 것이었고 일반 서민은 접근 자체가 제한되어 있었다는 점에서 당연한 일이었다. 한글 서체에 대한 쇠귀의 고민은 그런 내용과 형식의 불일치를 어떻게 극복할 것인가에 초점이 맞춰질 수밖에 없었다. 쇠귀는 궁체가 가진 엄정, 단아, 절제, 겸손, 인내의 궁중적·귀족적 정서의 미감과 권위를 해체하거나 자신의 감정을 풀어헤치는 방향으로 나아간다.〔김성장, 2008, 35〕

여기서 해답의 중요한 실마리가 된 것은 어머니에게 받은 편지의 서체였다. 감옥에 있는 아들을 생각하며 칠순의 어머니가 쓴 서민적이고 소박한 글씨체에서 한글 서예의 기본 방향을 깨우친 것이다. 쇠귀는 어머님이 보내신 모필(毛筆) 서간문(書簡文)의 훈훈한 서민적 체취가 자신이 쓰는 한글 서체의 모범이 되었다고 밝힌다.

당시 칠순의 할머니였던 어머님의 붓글씨는 물론 궁체가 아니다. 칠순의 노모가 옥중의 아들에게 보내는 서한은 설령 그 사연의 절절함이 아니더라도 유다른 감개가 없을 수 없지만, 나는 그 내용의 절절함이 아닌 그것의 형식, 즉 글씨의 모양에서 매우 중요한 느낌을 받게 된다. 어머님의 서한을 임서하면서 나는 고아하고 품위 있는 귀족적 형식이 아닌 서민들의 정서가 담긴 소박하고 어수룩한 글씨체에 주목하게 되고 그런 형식을 지향하게 되었다.〔냇물아, 115~116〕

쇠귀는 어머니의 모필 서한에서 영향을 받아 서로 연결되면서도 어울리는, 사람과 사람이 어깨를 맞대고 의지하며 살아가듯이 글씨에도 서로 의지하고 연결되는 아름다움을 나타내고자 했다.

한글 서체와 관련한 또 하나의 고민 지점은 표음 문자로서 한글이 갖는 고도의 추상성이었다. 표의 문자인 한자는 그림과 유사한 면도 있고 내용을 이미지로 표현할 수 있는 여지를 좀 더 가진 반면, 철저하게 추상적인 기호로 이루어진 한글은 내용을 시각화하는 데 어려움이 따를 수밖에 없다. 쇠귀는 한자 서예의 기본 서체인 전(篆)·예(隷)·해(楷)·행(行)·초(草)의 필법을 한글 글씨에 적용해 보기도 하고 여러 글자를 연결해 이미지화하는 방법을 시도한다. 글자와 글자의 관계를 통해 문장의 의미를 도드라지게 하는 쇠귀 특유의 한글 서예는 그런 고민과 연습을 통해 탄생한 것이다.

쇠귀 서체 연구로 2003년 학위 논문을 쓴 김은숙은 신영복 한글 서체의 특징으로 다음 네 가지를 들었다.[김은숙, 16~17] 첫째, 서민적이고 소박하며 내용이 민중적이다. 둘째, 역동적이다. 쇠귀의 글씨는 획의 굵기와 필세의 리듬에 변화가 많은 것을 특징으로 한다. 셋째, 다양한 자형들을 내용과 잘 어울리게 배치한다. 그런 이유로 연대체, 어깨동무체, 협동체라 불리는 것이 자연스럽다. 넷째, 그림과 글씨의 경계를 넘나든다. 대표적인 작품이 서울 정도 600년을 기념해서 쓴 작품 〈서울〉이다. 북악의 형상을 '서'로 썼고, 한강의 형상을 '울'로 표현했다.

정리하자면 쇠귀 한글 서체의 두드러지는 특징은 민중의 감수성과 연대의식을 표출한 것이라 할 수 있다. 김성장에 따르면 한국 서예사에서 민중의 저항적인 정서를 표현한 서예는 등장한 적이 없다. 훈민정음체가 지배 계급의 완고한 위엄과 무게를 표현한 예술 미학을 가지고 있다면, 궁체는 단아한 궁중 여인들의 정서를 구현해 한글의 대표 서체가 되었다. 쇠귀가 구현한 한글 민체의 미학적 감수성은 민중성이라는 성격을 가지고 서예사의 한 길을 연 것이라 할 수 있다.[김성장, 2008, 35] 쇠귀도 자신의 글씨를 '민체'라고 규정하는 것에 동의하면서 〈처음처럼〉이라는 작품이 소주의 이름이 된 것도 그 글씨의 팔자 아닌가 싶다고 했다.[2]

쇠귀 글씨에는 '함께', '더불어', '여럿이', '길벗' 같은 말이 많이 등장할 뿐만 아니라 글씨의 형식 자체도 그러한 연대감을 드러내는 경우가 많다. 그의 한글 서체가 '어깨동무체' 또는 '연대체'라 불리는 이유다. 글자들이 서로 어깨동무하듯 이어져 있는 모양이 함께 뜻을 모으며 연대하는 사람들을 연상하게 한다는 것이다. 이 '연대'의 미학, '어깨동무'의 미학은 단지 글자들의 형상을 통해서만 구현되는 것은 아니다. 그의 서예가 우리에게 주는 감동은 그 안에 담긴 민중적이거나 진보적인 혹은 성찰적인 내용과 의미가, 겉으로 드러나는 '어깨동무'와 '연대'의 관계론적 미학과 빈틈없이 어울리는 데서, 즉 내용과 형식의 결합에서 오는 것이다. 그가 만일 어깨동무체로 고답적인 시조나 『성경』 구절 같은 걸 썼다면, 물론 형상은 아름답고 보기에 좋았겠지만 결코 감동을 주진 못했을 것이다.

쇠귀의 민체는 그의 사상과 한국 사회의 사회적·역사적 조건의 충돌에서 나온 산물이다. 사회적 계급 간의 모순과 외세의 억압으로 빚어진 민족 모순의 시대 조건이 그의 삶에 반영되어 있고, 시대의 조건에 대한 그의 응전이 사상과 학문 그리고 예술에 반영되어 있다.[김성장, 2008, 50] 쇠귀에게 글이나 글씨, 그림은 그의 사상을

---

2   앞의 돌베개출판사에서 열린 특강.

담는 그릇이었고 타인과 소통하기 위한 수단이었다. 특히 쇠귀의 한글 민체는 이전의 서예와 달리 동시대 민중의 정서를 담아 나누는 매개였고, 쇠귀 사후에도 우리의 일상 공간 곳곳에 남아 우리에게 말을 건네고 있다.

민체의 미학, 성찰의 그릇

우리가 그의 글씨를 좋아하는 것은 그의 글씨가 생각을 담아 주는 그릇 노릇을 하기 때문이다. 그러기에 글씨 하나하나가 나의 삶을 돌아보게 하는 힘을 갖고 있는 것이다.[김정남, 2018, 11]

쇠귀가 붓으로 쓴 작품들은 자신의 글에서 따온 문구거나 고전 속의 구절을 특유의 방식으로 재해석한 것이거나, 평범하고 일상적인 언어에 자신의 사상을 담아 새로운 의미를 부여한 것들이 대부분이다. 어떤 것이건 간결하고 함축적인 글 속에 깊은 성찰의 메시지를 담는다. 이는 서예 작품뿐 아니라 그가 쓴 모든 글에 공통으로 담긴 특성이기도 하다. 그의 글 전반에 녹아 있는 세계관이 서예 작품에 그대로 나타나 있다고 말할 수 있다.

그 세계관을 한마디로 요약하기는 어렵지만 민중, 저항, 평등, 평화, 연대 같은 단어들로 표상되는, 오랫동안 한국 사회의 진보적 흐름을 이끌어 왔던 가치들을 담고 있다는 사실은 분명하다. 자신의 글이 아니라 남의 글을 글씨로 옮길 때도 다르지 않다. 그가 옮긴 시나 글들은 대부분 신동엽, 신경림, 박노해, 리영희 등 저항적·

민중적·진보적 문인, 지식인들의 글이다. 그런 의미에서 그의 글과 글씨는 한국 사회 진보 담론의 자장 안에 있다고 할 수 있다.

하지만 그의 글과 글씨가 주는 감동의 핵심은 성찰의 가치에 있다. 그의 글에 선동적인 어휘나 슬로건, 학술적 개념과 이론, 이념적 주장, 도덕적 교훈 같은 것은 존재하지 않는다. 대신 스스로의 삶을 돌아보고 다른 사람과의 관계를 생각하고 사회와 역사의 의미를 질문하게 하는 성찰의 메시지가 가득하다. 그의 글과 서화는 주먹을 부르쥐고 거리로 뛰쳐나가게 하기보다는 조용히 스스로를 돌아보고 삶과 역사를 생각하게 한다. 그와 같은 성찰의 메시지가 어깨동무체 또는 연대체의 형식과 만나면서 강렬한 이미지와 깊은 감동을 자아내는 것이다.

성찰은 결국 자기 자신에 대한 성찰이다. 나 자신이, 내가 하는 말, 내가 쓰는 글대로 살고 있는가 하는 성찰을 통해 우리는 흐트러진 마음을 다잡고 삶의 방향을 새삼 확인한다. 쇠귀가 '글과 글씨가 그것을 쓴 사람과 일체가 되어야 함'을 강조하는 건 필연적이다. 어떻게 보면 이것이야말로 '신영복 미학'의 핵심이라 할 수 있다. 자신의 서도 미학을 이야기하는 다음 글(「서예와 나」)에서 잘 드러난다.

무릇 모든 예술 활동은 그 개인에 봉사하고 그 사회에 봉사하고 나아가 그 역사 창조에 참여하여야 한다. 서예는 이런 점에서 다른 예술 장르에 비하여 매우 특이한 전통을 갖고 있다. 왜냐하면 서예는 다른 분야에 비하여 전통이 완고하게 고수되고 있는 반면 그 사람과 그 작품의 통일성이 그 어떤 예술 작

342

품의 경우보다 강하게 나타나고 강하게 요구되고 있기 때문이다. 그 법이 교조화하는 매우 부정적인 측면이 있음에 비하여 반대로 글씨에서 인격을 읽으려 하는 긍정적인 면이 있다. '사람과 작품의 통일'은 매우 귀중한 전통이다. 예술 작품과 예술 활동이 당자의 인격을 높이는 일과 함께 추구된다는 것은 예술 본연의 임무에 충실하다는 의미로 나는 받아들인다. 훌륭한 글씨를 쓰기 위하여 훌륭한 사람이 되지 않을 수 없다는 것은 매우 바람직한 일이 아닐 수 없다. 더구나 훌륭한 사람이란 당대 사회의 과제를 비켜 가지 않고 그의 삶으로 끌어안아야 하는 것이기 때문이다. [냇물아, 118~119]

예술 활동이 인격을 높이는 일과 함께 추구된다든가, 훌륭한 글씨를 쓰기 위해 훌륭한 사람이 되어야 한다는 이야기가 고답적이고 상투적인 도덕적 메시지가 아님은 바로 그다음 문장에서 드러난다. "훌륭한 사람이란 당대 사회의 과제를 비켜 가지 않고 그의 삶으로 끌어안아야 한다"는 말이야말로 쇠귀가 추구하는 미학의 핵심을 요약적으로 보여 주는 것이다.

글과 글씨, 그림을 사람과 일치시키고, 나아가 그 사람의 삶에 담긴 역사의 무게를 중시해야 한다는 쇠귀의 관점은 그대로 자신의 삶에 적용된다. 많은 사람들이 말하듯 그 자신이야말로 글과 말, 글씨와 그림, 그리고 삶이 한 치의 어긋남 없이 일치했던 사람이다.

4. 사상사로 본 한국사

성리학은 조선 후기에 교조화되고 그것이 국망(國亡)의 원인으로 지목되면서 과도하게 폄하됩니다만, 성리학은 성명의리지학(性命義理之學)으로서 양심 문제를 중심에 두는 중소 재지 지주의 정치사상입니다. 중소 재지 지주는 부재지주(不在地主)와 달리 농민들의 현실을 일상적으로 접하는 사람들이기 때문에 과도한 침학을 자제하고 절제와 겸손의 문화를 만들어 갑니다. 농서(農書)를 보급하여 농업 생산력을 높이고, 의서(醫書)를 보급하여 어린이들의 사망률을 크게 낮춥니다. 조선 초기 농민들의 동요가 거의 사라지면서 이루어 낸 세종조의 발전이 바로 성리학의 성과라고 할 수 있을 것입니다.[담론, 386]

쇠귀는 감옥에서 동양 사상과 조선 이후 한국의 역사에 대해 깊이 공부할 기회를 갖는다. 그 결과는 동양 고전에 대한 체계적인 읽기와 깊은 이해를 바탕으로 한 유교 경전과 성리학(신유학)에 대한 새로운 해석, 조선 건국 이후 한국사에 대한 통찰로 나타난다.

『담론』22장에 쇠귀의 성리학과 조선 정치사에 대한 생각이 잘 정리되어 있다.

쇠귀는 모든 사회의 변화는 사상 투쟁에서 시작해 사상 투쟁에서 끝난다고 했다. 쇠귀에게 사상이란 시대 과제를 해결하기 위한 이념적 틀이다. 조선은 성리학이라는 중앙 집권적 민본 정치 사상을 바탕으로 건국되지만, 인조반정(仁祖反正) 이후 성리학이 교조화되면서 망한다. 조선 후기가 되면 일당의 지배 이데올로기로 변질된 성리학을 바로잡기 위해 혹은 그 대안으로 실학과 북학(北學), 양명학과 동학, 서학 등 새로운 사상을 모색한다. 하지만 이러한 시도는 사대주의에 물든 수구 집권 세력의 핍박과 외세의 개입으로 좌절된다.

앞 장에서 정리했듯이 쇠귀는 오랜 경험과 사색을 바탕으로 '성찰적 관계론'이라는 대안적 사유 방법을 제시한다. '성찰적 관계론'은 지금 우리를 감금하고 있는 자본주의와 분단 체제라는 문맥에 대한 비판과 극복을 전제로 하는 것이다. 그러기 위해서는 먼저 현재 한국 자본주의와 분단 이데올로기를 주도하는 권력 집단 형성의 역사를 이해해야 한다.

성리학, 사회 질서 '재건축 의지'

성리학은 고려의 불교 사상을 대체하기 위해 신진 사류가 적극 수용한 개혁 사상이다. 성리학은 인간의 심성 문제와 우주의 근본 원리를 다루는 철학적인 유학이며 정치적인 도덕으로서 군신의 의를 강조한 학문이다.[신학상, 1990, 39] 전통 유학을 계승했기 때문에 유학과 성리학은 동일한 사상 체계로 이해되기도 한다. 엄밀히 말하자면 신유학은 송나라 말 주자가 원시 유교 사상과 송대 이학의 흐름을 집대성한 '송학'(宋學)이다. 공맹의 사상을 계승했지만 남송 말기 시대의 산물이기도 하다. 원시 유교가 춘추전국시대의 사상이라면, 성리학은 송말에 몰락해 가던 중화 문명을 재건하기 위한 새로운 이념 체계였다.

송대에 신유학이 등장한 이유는 훈고학이라는 형식적인 문풍(文風)에 대한 반성과 위진남북조시대 이후 대세가 되었던 불교와 도교에 대한 비판에서 그 발단을 찾을 수 있다. 오랑캐 국가인 요(遼)나라에 영토를 빼앗기고 금(金)나라에 유린당해 남송으로 물러나지 않을 수 없었던 당시의 시대적 상황과 밀접한 관련이 있다.[강의, 480] 국가의 총체적 위기 속에서 통일 국가를 재건하고 사회 질서를 확립해야 하는 시대적 과제를 해결하기 위한 사상 투쟁의 일환으로 등장한 것이다. 다른 면에서 종교와 이성의 갈등기에 비종교적인 엘리트들이 직면했던 고뇌의 산물이었다고 할 수 있다.[강의, 485]

신유학을 이해하기 위해서는 먼저 공자 이후 사상의 계승 관계를 정리할 필요가 있다. 당나라 말 한유 등 유학자들이 노불(老佛)을 비판하면서 유학의 도통(道統) 계보를 만들기 시작해 송대에 주희(朱熹, 1130~1200)가 완성한다. 공자 이전 계보로 '요순우탕문무주공'(堯舜禹湯文武周公)이 있고, 공자 이후에는 안자(顏子), 증자(曾子), 자사(子思), 맹자로 이어진다. 맹자 이후 1,000년의 '잠류' 기간을 지나 주렴계(周濂溪, 1017~1073)-정명도(程明道, 1032~

1085)-정이천(程伊川, 1033~1107)-주희로 이어진다. 도통의 확정은 '이단'을 제거하는 과정이기도 하다.[강의, 410~411]

성리학은 기본적으로 이학(理學)이다. 주희는 이학의 입장에서 사서, 즉 『논어』, 『맹자』, 『대학』, 『중용』을 새로 주석한다. 이(理)는 천(天)이고, 천리(天理)다. 천리란 모든 사물에 반드시 내재되어 있으며, 세상을 관통하는 최고의 원리이자 규범이다.[1] 그런데 순자(荀子, B.C.298?~B.C.238?)는 천리 개념을 부정한다. 도통 계보에서 밀려난 결정적 이유라고 할 수 있다.[강의, 411] 순자는 전통 유가 사유의 기본인 인격적 존재로서의 하늘(人格天)을 부정하고, 하늘을 그냥 자연의 일부(自然天)라고 생각했다. 유물론적이며 자연과학적인 입장이었다.

주희는 성리학 체계를 세우며 기존의 『예기』에 있던 일부 내용을 독립시켜 『대학』과 『중용』이라는 이름으로 재구성한다. 『대학』이 성리학의 입문서라면 수준 높은 처세의 책으로 보이는 『중용』은 성리학의 정점이다. 『대학』은 세 개의 강령과 여덟 개의 조목으로 구성되어 있다. 3강령이란 '명덕을 밝히는 것'(明明德), '백성을 새롭게 하는 것'(新民), '최고의 선에 도달하는 것'(止於至善)이다. 격물, 치지, 성의, 정심, 수신, 제가, 치국, 평천하가 8조목이다. 격물

---

1   송학은 노불에 대항하기 위해 재래의 마땅히 그렇게 해야 하는 당위에서 벗어나 마땅히 그러한 바(所當然)와 그러한 까닭(所以然)의 관계를 밝히려고 했다. 이학이라고 할 때 이(理)란 물리(物理)나 사리(事理)를 넘어선 의리(義理), 성리(性理)를 말한다. 정명도가 말하는 천리(天理)다. 천리란 더 이상 더할 수 없는 궁극의 이치이며, 다른 말로 극(極)이다. 따라서 진리는 태극으로 표현할 수 있고, 태극은 형상이 없어 무극이라고 할 수도 있다.[신학상, 1990, 40]

치지(格物致知)와 수신제가(修身齊家)라는 말은 여기서 나온 것이다.

송대 신유학의 입장에서 출가와 해탈을 지향하는 불교는 용인할 수 없는 혹세무민의 이단이었다. 불교는 현실의 물질성을 제거하고 사회 자체의 존립을 부정하는 위험한 반사회적 사상이며 비윤리적 사상이었다. 쉬운 예를 들어 해탈이라는 관념은 그 자체가 일종의 초윤리적이고 탈사회적인 의식이다.[강의, 483] 일체의 사회적 관점이 없고, 가족의 개념도 없고, 개인의 윤리도 없다. 오히려 그것을 초탈하는 것이 불교의 핵심이다.

> 제가(齊家) 바깥의 수신을 생각할 수 있겠습니까. 있다면 그것은 수신이 아니라 기실 소승(小乘)의 목탁이거나 아니면 한낱 이기(利己)의 소라껍데기에 불과한 것이 아니겠습니까. 치국 앞선 제가란 결국 부옥(富屋)의 맹견(猛犬)과 그 높은 담장을 연상케 합니다. 평천하를 도외시한 치국, 이것은 일제의 침략과 횡포를 그 본보기의 하나로 하고 있는 것입니다.[사색18, 110]

1976년 5월 대전교도소에서 부모님에게 보낸 편지의 일부다. 쇠귀는 신유학에 천착해 주자의 학문적 동기가 사회 질서를 다시 세우려는 '건축 의지'에 있었다는 점을 정확하게 짚어 낸다. 나아가 송말의 신유학이 노불의 영향으로 해이해진 사회 질서를 재건하기 위한 당대 지식인들의 지적 대응 과정의 산물이었다고 주장한다. 성리학에 대한 쇠귀의 이러한 해석은 성리학을 전통, 수구, 타락의 의미와 동일시해 온 우리의 타성적 이해를 질타하는 탁견으로 평가된다.[배병삼, 읽기, 183]

'이색 스쿨', 혁명과 좌절 그리고 사상 투쟁

쇠귀의 조선사 키워드는 성리학과 사상 투쟁, 군신 관계, 사림과 훈구 척신, 노론과 북벌(北伐), 동학과 서학, 북학과 양명학이다. 조선의 건국은 성리학을 새로운 이념으로 삼은 신진 사대부가 고려 말의 사회경제적 모순과 민족적 모순을 극복하는 과정이다. 민족적 모순이 몽고족 원나라의 지배로 발생한 것이라면, 사회경제적 모순은 귀족 지주 계급이 토지 겸병과 수탈을 일삼아 중소 재지 지주와 소작농이 몰락한 데서 기인한다. 쇠귀에 따르면 모순을 극복하기 위해서는 사상과 주체가 동시에 등장해야 한다. 주체가 변혁의 주체가 되기 위해서는 물적 기반이 필요하다. 고려 말 영산강, 낙동강, 금강 일대에 상당한 토지를 소유한 신진 사대부는 성리학을 개혁 사상으로 받아들였다.

공민왕 때 성균관이 중수되고 이색(李穡, 1328~1396)[2]이 성균관 대제학이 되면서 정몽주(鄭夢周, 1337~1392), 정도전(鄭道傳, 1342~1398), 권근(權近, 1352~1409), 이숭인(李崇仁, 1347~1392) 등 쟁쟁한 개혁 엘리트들이 성균관으로 모였다. 훗날 조선을 건국한 '이색 스쿨'의 시작이다. 당시 이색 스쿨의 필독서 중 하나가 『맹자』였다. 정몽주가 귀양살이하던 정도전에게 『맹자』를 보냈다는 기록이 남

---

2   고려 말 대사성을 지낸 대표적인 관리이자 성리학자다. 본관은 한산(韓山), 호는 목은(牧隱)이다. 정몽주, 길재와 함께 삼은(三隱)이라 불린다. 아버지는 이곡(李穀, 1298~1351)이며, 이제현(李齊賢, 1287~1367)의 제자다. 이성계가 집권한 후 유배되었다가 풀려난 뒤 벼슬자리에 나오라는 요구를 거절하고 여주로 가던 중 급서했다.

아 있다. 『맹자』 「양혜왕」 편에는 필요할 경우 왕조를 전복할 수 있다는 '혁명 사상'이 담겨 있다. 제(齊)나라 선왕(宣王)이 '탕왕이 걸왕을 내쫓고 무왕이 주왕을 정벌한 일'(湯武放伐)을 언급하면서 신하가 임금을 죽일 수 있냐고 묻자, 맹자는 이렇게 답한다.

> 인(仁)을 저버린 자를 적(賊)이라 하고, 의(義)를 저버린 자를 잔(殘)이라 하고, 잔적(殘賊)한 사람을 일부(一夫)라 합니다. 저는 일부인 주(紂)를 베었다는 말은 들었지만, 임금을 시해했다는 말은 듣지 못했습니다.[3] 【담론, 113】

이색 스쿨은 개혁적이었다. 신돈(辛旽)이 전민변정도감(田民辨整都監)[4]을 설치해 토지와 노비를 조사해서 부당하게 편입된 것을 돌려주려 했던 구상이 정도전의 균전제(均田制)로 이어진다. 균전제는 자영농 중심의 토지 제도다.【담론, 383】 이색 스쿨은 나중에 정도전의 조선 건국파와 정몽주의 절의파로 분열된다. 이색과 정몽주에게 배웠던 길재는 이성계가 역성혁명(易姓革命)을 일으키자 본가인 경북 선산으로 내려가 후학 양성에 몰두한다. 길재에게 배운 김숙자가 김종직의 아버지다. 김종직 문하에서 김굉필, 조광조, 이언적 등 쟁쟁한 사림과 사상가가 배출된다.

---

3   曰, 臣弒其君, 可乎? 曰, 賊仁者謂之賊, 賊義者謂之殘, 殘賊之人謂之一夫. 聞誅一夫紂矣, 未聞弒君也.

4   토지(田)와 백성(民)의 소속을 바로잡는 관청이다. 신돈은 그 총책임을 맡아 농장주들이 불법으로 빼앗은 토지를 원주인에게 돌려주고 강제로 노비가 된 사람을 본래 신분으로 복원하고자 했다.

조선 정치는 의정부와 절대 군주라는 두 축의 길항 관계로 이
해할 수 있다. 황희(黃喜, 1363~1452)[5]나 맹사성(孟思誠, 1360~1438)
이 의정부 중심제를 대표한다면, 신숙주(申叔舟, 1417~1475)나 한명
회(韓明澮, 1415~1487)[6]는 절대군주제를 대표한다. 의정부 중심제는
수평적 질서로서 주나라 정치 제도에 가깝고, 절대군주제는 수직적
권력 구조로 진나라 정치 제도에 가깝다.[담론, 381] 왕의 권력이 강한
시기에는 절대군주제에 가까웠고, 신하의 권력이 강할 때는 의정부
중심제에 가까웠다.

쇠귀는 조선 역사를 왕권과 신권의 관계에 따라 태종에서 연
산군까지 이어진 군강신약(君强臣弱) 시기, 중종반정부터 정조까지
의 군약신강(君弱臣强) 시기, 순종 이후 조선 멸망까지 이어진 군약
신약(君弱臣弱) 시기로 구분한다. 조선 말이 되면 왕과 신료는 몰락
하고 백성이 강해지는 '민강'(民强) 시기가 된다. 무장 이성계가 군
주가 되었지만 조선을 '건축'한 것은 정도전이다. 정도전이 1394년
에 지은 『조선경국전』의 기본 논리는 입헌군주제에 가깝다. 실권을
가진 재상, 엄격한 절차에 따른 관료 선발, 상향과 하향 언로의 보
장 등 근대적인 내용을 담고 있다. 세계사적으로도 매우 앞선 정치

5   조선 전기의 문신으로 본관은 장수(長水), 호는 방촌(厖村)이다. 세종 때 예
조판서, 이조판서, 좌의정, 우의정, 영의정을 지내는 등 18년 동안 의정부 중심의
신권 정치를 주도했다. 파주의 반구정에 영정이 봉안되어 있다.
6   조선 전기의 정치인으로 본관은 청주, 호는 압구정(狎鷗亭)이다. 계유정난
을 주도해 수양대군이 집권하는 데 일등 공신이 된다. 세조가 집권한 후 병조판서
와 영의정을 지냈고, 예종과 성종 때는 왕의 장인으로서 권력을 누렸다. 말년에도
권신이자 외척으로 실권을 장악했다. 연산군 시절 갑자사화 때 부관참시 되었다.

체제를 구상한 것이었다.

그러나 1398년 정도전이 이방원에게 척살당하면서 상황이 급변한다. 신진 사대부들이 꿈꾼 민족 모순과 계급 모순을 극복하기 위한 개혁 정치는 사실상 좌절된다. 이방원은 정도전이 구상한 의정부 중심제에 동의하지 않았다. 정몽주와 정도전을 제거한 이방원은 2차 왕자의 난을 통해 동생을 죽이고 권력을 장악한다. 집권한 뒤에는 '일등 공신'이라 할 수 있는 외척들을 대거 죽이거나 퇴출한다.

이방원의 절대군주제는 세종 시기를 거치는 동안 집현전을 중심으로 신권을 강화하는 쪽으로 기운다. 어린 단종이 즉위하면서 군강 체제가 위협받지만, 세조는 일종의 군사 쿠데타였던 계유정난(1453)을 일으켜 집권함으로써 신강(臣强)의 싹을 자른다. 세조 쿠데타의 핵심 전략가가 바로 압구정의 주인 한명회다.[담론, 388] 한명회는 군강 시기를 열었지만 예종과 성종 시기에는 왕권을 능가하는 척신이 된다. 한명회는 연산군 시절 갑자사화(1504) 때 부관참시 된다. 세조의 쿠데타 이후 조선의 정치는 부침이 있기는 했지만 훈구 척신의 '인질 국가'로 전락한다.

무슨 짓을 하든 잘만 살면 된다는 생각, 수단과 방법이야 어떻든 결과가 모든 것을 합리화한다는 생각, 그리고 무엇보다도 기존의 것, 집권자의 것은 정당하다는 소위 쿠데타 사상이 사회 풍조로 굳어진 것은 그 근원을 거슬러 올라가면 수양대군의 왕위 찬탈로 인해 형성된 소위 세조 대의 훈구 공신에서부터 비롯된 것이라고 보아야 할 것이다. …… 세조 대의 공신이란 죄 없는 사람을 죽인 간악한 자들이 도리어 봉작을 받고 고

관대작을 차지하고 자자손손이 부귀영화를 누리도록 만들어 주었으므로 역사 교훈의 권선징악 대신 권악징선(勸惡懲善)으로 뒤바뀌었으니 사회 풍조 또한 뒤바뀌지 않을 수 없었던 시대였기 때문이다. …… 물론 당시 유학이 없었던 것은 아니다. 그러나 실천이 없는 유학은 공리공담에 지나지 않으며,『대학』,『중용』을 천백 독 했더라도 그것은 상채(上蔡) 앵무의 기롱⁷을 면할 수 없었다.【신학상, 1990, 545】

조선이 건국되고 100여 년이 지난 1506년 중종반정이 일어난다. 이후 절대 군주의 자취가 거의 사라지고 훈구 척신들이 토지와 정치권력을 장악한다. 훈구 척신들은 계유정난과 중종반정을 통해 공신전(功臣田) 형태로 상당한 국유지를 사유화함으로써 대토지 소유자가 된다.【한영우, 1983 참조】 또한 조선 초기의 개혁적 이미지는 없어지고 보수화된다. 이때부터 사림이 개혁 주체로 등장한다. 고려 말 상황을 재현하는 격이었다. 개혁 사림 역시 크게 보면 영산강, 낙동강, 금강의 3대 강 상류 지역 중소 지주들이 중심이었다.【담론, 389~390】

사림은 훈구 보수 세력과의 싸움에서 판판이 깨진다. 기묘사화로 조광조가 죽은 후 사림은 크게 반성하고 투쟁의 패러다임을 전환한다. 첫째, 중앙에서 지방으로, 둘째, 정치 투쟁에서 사상 투쟁으로, 셋째, 그람시의 표현을 빌리자면 기동전에서 진지전(war of

---

7   상채는 정자(程子)의 제자로, "입으로 성리를 말하면서 실천이 따르지 못하면 앵무새와 다를 것이 없다"고 말한 바 있다.【신학상, 1990, 546】

position)으로 일대 전환한다. 우리나라의 정치 투쟁은 언제나 중앙 중심이었다. 궁중에서 새 임금만 세우면 끝난다. 궁중 쿠데타 정도의 정치 사변에 의해 권력이 이동한다. 박정희의 5·16군사정변이나 전두환의 12·12사태도 비슷한 성격의 정변이다. 1개 사단 규모의 병력이 수도를 점령하는 것으로 끝난다. 지방의 제후국이 세력을 키워 천하 쟁패에 나서는 중국과는 대조적이다.[담론, 390~391]

사상이 성숙하지 못했음을 반성한 사림은 지방으로 내려가 향교와 서원이라는 진지를 만들기 시작한다. 이러한 패러다임 전환 후 정확히 50년 만에 성리학적 가치가 사회적 의제가 된다. 1567년 선조가 즉위하자 통치자의 양심 문제가 사회적 정의로 공인된다. 조광조는 영의정으로 사면 복권되었고, 이황은 성리학의 주요 의제를 그림으로 풀어 정리한 『성학십도』를 선조에게 지어 바쳐 성리학적 가치를 정치의 근본으로 삼도록 한다.[담론, 391]

이러한 변화는 16세기 초반에 조선 시대의 대표적인 사상가들이 집결되어 있다는 사실에서 확인된다. 서경덕(徐敬德, 1489~1546)과 이언적(李彦迪, 1491~1553), 이황과 조식, 기대승(奇大升, 1527~1572), 성혼(成渾, 1535~1598), 이이(李珥, 1536~1584)에 이르기까지 우리나라 최고의 사상가들이 이 시기에 집중적으로 나타난다. 훈구 세력과 치열한 사상 투쟁을 벌인 증거다.[담론, 391]

권력 투쟁, 제도 개혁 대 인적 청산

훈구파나 수구 기득권 세력은 언제나 권모술수와 변신에 능하다.

개혁 사림의 가치가 사회적 공감대를 만들어 내자 훈구 척신들은 재빨리 개혁 이미지 속으로 피신한다. 쇠귀는 이러한 수구 세력의 모습이 현대와 다를 바 없다고 말한다. 개혁파가 도덕적 정의만으로 승부하려고 하는 것에 반해 보수 우파들은 기만과 거짓 정보를 포함해 동원하지 않는 전략 전술이 없다는 것이다.[담론, 391]

당시의 시대적 과제는 '적폐 청산'과 제도 개혁이었다. 퇴계의 문인이 많았던 동인(東人)들은 인적 청산과 제도 개혁을 동시에 추진하려 했고, 나중에 율곡을 좌장으로 삼은 서인(西人) 집단[8]은 제도 개혁에 집중하자는 입장이었다. 결국 인적 청산은 이루어지지 못한다.[담론, 392]

선조는 40여 년 집권했지만 무능하고 우유부단했다. 원칙 없이 동인과 서인에게 교대로 권력을 주거나 엉뚱한 사건을 일으켜 무고

---

8   당대의 학자였던 율곡을 종주로 내세웠지만, 계보를 보면 사실상 송익필(宋翼弼, 1534~1599)의 학통이다. 송익필의 수제자 김장생(金長生, 1548~1631)이 조선 성리학을 훈고학적 형식 논리에 가까운 예학(禮學)으로 전락시킨다.[이덕일, 2000, 37] 김장생의 아들이 김집(金集, 1574~1656)이며, 김집 문하에서 송준길(宋浚吉, 1606~1672), 송시열(宋時烈, 1607~1689), 윤선거(尹宣擧, 1610~1669)가 배출된다. 송익필은 예학에 밝았고 정치적 술수에 능해 서인 세력의 배후였다는 평가를 받는다. 부친 송사련(宋祀連, 1496~1575)은 본래 좌의정을 지낸 안당(安瑭, 1460~1521) 가문의 노비에 속하는 사람이었다. 송사련은 기묘사화 때 안당을 역모 죄로 고변해 3족을 멸하게 한 뒤 양반이 된다. 이런 이유로 송사련은 사림과는 불공대천(不共戴天)의 인물이었다. 영재 이건창이 지은 『당의통략』(黨議通略)의 「이이, 서인이 되다」에는 이런 대목이 있다. "백유함(白惟咸)을 뽑아서 전랑을 삼고 서인만을 전적으로 등용했다. 이이의 문객 중에는 송익필이라는 자가 있었는데, 익필이 시골의 선비들을 모아 날마다 소를 올려 동인들의 나쁜 점을 들춰냈다. 이이가 그것을 금지하지 않으니 동인들의 원망은 더욱 뼈에 사무쳤다."

한 선비들을 죽음으로 몰아가기도 했다. 대표적인 것이 1589년부터 3년간 이어진 기축옥사다. 실체가 모호한 정여립(鄭汝立, 1546~1589)[9] 사건을 빌미로 무려 1,000명이 넘는 동인계 선비를 죽였다. 연산군 전후 4대 사화로 죽은 선비들을 합친 것보다 많은 수였다. 신망이 높던 최영경(崔永慶, 1529~1590) 등 특히 조식의 제자들이 억울하게 많이 죽었다. 기축옥사를 주도한 사람은 서인 정철(鄭澈, 1536~1593)이다. 정철은 광해군의 세자 책봉에 반대하다가 몰락한다. 동인이 다시 집권했을 때 정철을 처리하는 문제로 남인(南人)과 북인(北人)으로 갈라진다. 북인은 주로 남명 조식의 제자들로서 선명한 개혁 노선으로 일관했다.

임진왜란이 일어났을 때 훈구 세력은 보신(保身)에 급급할 뿐 국가의 위기 상황에 대한 대응 능력이 없었다. 왜군의 침략으로 임금이 신의주까지 몽진(蒙塵)하고 심지어 명나라로 망명을 시도하기도 했다. 조선의 미래가 불투명해지자 상당수의 훈구 척신들은 군주 곁을 떠난다. 서인의 영수였던 성혼은 피란을 가던 선조가 자기가 사는 마을 근처를 지나갈 때 나와 보지도 않았다는 기록이 있다.

훈구 세력이 보신에 급급할 때 지방의 사림과 승려들이 의병을 조직해서 왜적에 맞선다. 남명 조식은 평소 제자들을 가르칠 때 왜적을 물리치는 법을 문제로 내기도 했다고 한다. 임진왜란 때 곽

---

9   전주 출신의 조선 전기 문신으로 예조좌랑과 수찬을 역임했다. 경서와 제자백가에 통달해 이이와 성혼의 각별한 지지와 후원을 받았다. 하지만 홍문관 수찬으로 있으면서 박순과 성혼을 공격해 서인들의 공적이 된다. 전라도 일대에서 명망이 높았고, 대동계를 만들어 전국 조직으로 확대했던 것이 기축옥사의 빌미가 되었다.

재우(郭再祐, 1552~1617),[10] 정인홍(鄭仁弘, 1535~1623)[11]을 비롯해 조식의 제자 57명이 의병장으로 활약했다.[전호근, 2016, 170] 서산대사와 사명당은 승병을 이끌고 끈질기게 왜적과 싸운다. 사명당은 평양성 탈환을 주도하고 수락산 대첩에서 혁혁한 전과를 올렸을 뿐만 아니라, 정유재란 후에는 일본에 네 차례 건너가 강화 회담을 성사시키고 포로로 잡혀 갔던 3,000여 명의 백성을 데리고 들어왔다.

임진왜란 후, 의병을 조직해서 싸웠던 남명 문하의 북인(강경파)들이 광해군 때 정권을 장악한다. 하지만 훈구 보수 세력은 다시 남인들과 손을 잡고 광해군을 몰아낸다.[12] 이것이 인조반정이다. 결국 서인이 다시 권력을 장악한다. 외세와의 싸움에는 무능했지만

---

10   경남 의령 출신의 의병장으로 '홍의장군'으로 널리 알려졌다. 문무를 함께 연마한 후 32세 때 별시에서 2등으로 합격했지만 선조는 그의 답안에 불손한 내용이 있다며 합격을 취소시켰다. 그 뒤 곽재우는 과거 응시를 포기하고 의령 강가에 정자를 짓고 낚시질을 하면서 지냈다. 임진왜란이 일어나자 열흘도 안 된 4월 22일에 의령에서 의병을 일으켰다. 이후 2,000여 명의 의병을 거느리고 유격전을 펼쳐 왜군에게 큰 타격을 입혔다. 어쩔 수 없어 몇 차례 벼슬을 했지만 대체로 '솔잎 먹으며' 은거하면서 지낸다. 남명 조식의 외손사위다.

11   경남 합천 출신의 학자, 의병장, 정치가로 남명 조식의 수제자다. 임진왜란이 일어나자 의병장이 되어 혁혁한 전과를 올렸다. 광해군이 집권한 후 대사헌과 3정승을 모두 지낸 뒤 낙향해 합천에 은거한다. 퇴계와 이언적의 문묘 종사에 반대하다가 8도 유생의 탄핵을 받았고, 인조반정 때 참수되었다. 서인이 가장 두려워하는 인물로 조선이 멸망할 때까지 복권되지 않았다.

12   『광해군일기』에 기록된 광해군과 실제 광해군은 큰 차이가 있다고 봐야 한다. 광해군은 임진왜란 때 '전시 정부'를 진두지휘했고 선조와 명나라의 핍박 속에서 집권했지만, 인조반정 이후 역사의 패배자가 되어 온갖 혐의를 뒤집어쓰고 유폐되었기 때문이다. 광해군은 최초로 대동법을 시행했고 『동의보감』을 펴냈으며, 명청 사이에서 줄다리기 외교로 실리를 추구했다. 광해군은 왕비가 아닌 공빈 김씨의 둘째 아들이었다. 전란이 아니었다면 왕이 되기 어려웠다.

국내의 권력 투쟁에서는 탁월한 능력을 발휘한다.[담론, 392]

군약신강, 서인과 노론의 나라

인조반정 후 조선은 훈구 척신이 지배하는 '군약신강'의 나라가 된다. 인조는 반정군이 집으로 왔을 때 자기를 죽이러 왔는지 왕으로 데려가려 왔는지 알지도 못했다. 서인들은 쿠데타의 명분을 세우고 자신들의 무능을 은폐하기 위해 역사를 다시 쓰고(『수정선조실록』과 『광해군일기』), 왕비 독점 배출과 과거 시험 없는 자파의 등용 제도화,[13] 허울뿐인 북벌 이데올로기 표방 등을 통해 장기 집권의 기반을 다진다.

인조는 힘이 없는 '바지 사장'이었고, 서인 정권은 명분론에 빠져 외교적으로 무능했다. 그들은 결국 병자호란을 자초해 나라를 망국의 위기로 몰아간다. 청나라 군대에 포위된 백척간두의 위기 상황에서 서인 정권은 오지도 않을 근왕군을 기다리며 주전파(김상헌 등)와 주화파(최명길 등)로 갈려서 '치열하게' 논쟁을 벌이다 항복

---

13 서인은 인조반정 후 '국혼물실'(國婚勿失)과 '숭용산림'(崇用山林)이라는 두 가지 국정 운영 원칙을 세웠다고 한다.[이덕일, 2000, 89~90] '국혼물실'이란 어떤 경우에도 서인 출신을 왕비로 만들어 왕의 장인 자리를 차지한다는 뜻이고, '숭용산림'이란 쿠데타 세력이 과거를 통하지 않고도 벼슬자리를 차지한다는 의미다. 인조반정 때의 인목 왕후, 정조 때의 혜경궁 홍씨, 순조 때의 정순 왕후 김씨, 고종 때의 명성 황후 민씨 등의 사례를 보면 정변 시기에 왕비나 대비의 중요성을 이해할 수 있다. 숙종 때 서인이 희빈 장씨를 크게 문제 삼은 이유도 여기에 있었다.

한다. 소현세자와 봉림대군이 볼모로 잡혀갔고, 수십만 명의 백성이 선양(瀋陽)으로 끌려가 노예가 되었다. 서인 정권은 철저하게 무능했지만 자기 당파의 권력을 유지하는 데는 천재적이었다. 호란 이후 조선 사회의 지배 구조 자체가 와해될 위기에 처한다. 북벌을 국시로 하는 소중화(小中華)의 나라로 교조화된다.[담론, 85]

조선 중기에 이르면 군약신강의 구조가 된다. 약한 군주가 신하를 통제하는 방법이 당쟁을 통한 분할 통치다. 숙종은 환국(換局)이라는 형식으로 당파를 견제한다. 희빈 장씨의 아들(경종) 세자 책봉 문제로 서인을 퇴진시킨 것이 기사환국(1689)이고, 뚜렷한 이유 없이 남인을 내친 것이 갑술환국(1694)이다. 숙종이 경종을 세자로 책봉하는 것에 반대하다가 철퇴를 맞았던 서인들은 5년 만에 갑술환국으로 재집권한다. 갑술환국 때 살아남은 남인들은 대거 낙향해 이후에는 조령, 죽령, 추풍령을 넘지 않는다는 자존심으로 벼슬을 단념한다. 이후 실학, 천주학(天主學)도 정권에서 소외된 남인 중심으로 수용된다.[담론, 393]

영조 4년(1728)에는 '이인좌의 난'이 일어나 영남 전체가 '반역의 땅'으로 낙인이 찍힌다. 정조 16년(1792)에는 영남 유생 1만 57명이 '사도세자의 신원(伸寃)'을 요구하며 연명 상소(제1차 만인소)를 올린다. 하지만 노론의 방해로 정조에게 상소가 전달되기도 어려웠다.

서인은 1680년을 전후해 남인에게 대응하는 문제 등으로 송시열을 영수로 하는 노론과 윤증(尹拯, 1629~1714)의 소론으로 분리된다. 숙종이 죽고 경종이 즉위했을 때 소론이 집권하지만 경종은 2년 만에 물러났고, 얼마 뒤 급서한다. 뒤를 이은 영조는 경종의 이복동생이었다. 노론은 영조를 왕위에 올렸고, 그 결과 조선이 망할 때까지 그리고 지금까지 권력을 유지한다. 노론 권력은 축적된 자산과 사대주의 근성을 바탕으로 조선 후기, 일제강점기, 그리고 해방 이후 군사 정권에 이어 오늘에 이르기까지 막강한 보수 구조를 완성해 놓았다. 물론 배후에 외세의 압도적인 지원을 업고 있는 것 역시 그때와 다르지 않다.[담론, 392~393]

왕비를 독점 배출했던 서인-노론 세력은 정치적 격변기에 늘 우위에 설 수 있었다. 인조 이후 많은 왕과 왕세자는 돌연사하거나 의문사한다. 쇠귀는 이렇게 썼다. "조선 시대에는 임금이 갑자기 죽는 사례가 많습니다. 신강(臣强) 시절의 풍경이라고 할 수 있습니다. 그런 경우 임금은 권신들이 합의한 인물이 계승합니다. 훈구 척신들의 전횡이 끝이 없습니다."[담론, 399]

숙종 이후 절대 권력을 구축한 노론 세력은 정조 때 잠시 위기를 맞지만 정조의 급작스런 서거로 다시 무소불위의 권력을 장악한다. 훈구 척신의 서인 정권은 노론으로, 노론에서 벽파로, 벽파에서 일족 체제의 세도 정치로 권력을 독점하면서 조선을 망국으로 이끈다. 안동 김씨, 이후 풍양 조씨 등 몇몇 가문이 권력을 사유화하다 보니 국가 체제가 제대로 유지될 수 없었다. 임금은 허수아비가 되었고, 국가의 힘 자체가 크게 약화됨으로써 임금도 신하도 권력을 상실하는 군약신약(君弱臣弱)의 시대가 된다.

실학과 북학 그리고 양명학

조선이 몰락할 때 재야의 선비들이나 백성이 손 놓고 망하는 것을 지켜보기만 한 것은 아니다. 성리학이라는 지배 사상에 먼저 반기를 든 것은 양명학이다.

소론 집안 자제인 하곡 정제두(1649~1736)[14]는 숙종 말년에 서울을 떠나 변방인 강화로 가서 양명학 연구와 후학 양성에 몰두한다. 강화학파의 시작이다. 양명학은 주자의 신유학에 대한 반론이다. 양명학의 3강령은 심즉리(心卽理), 치양지(致良知), 지행합일(知行合一)이다. '마음이 진리'라는 심즉리(心卽理) 선언은 주자학의 성즉리(性卽理)에 대비된다. 성(性)이 하늘에서 받는 것인 반면 심즉리(心卽理)는 인간의 주체적 실천이 진리를 담보한다는 주장이다. "나는 생각한다. 고로 존재한다"는 데카르트의 선언과도 통한다. 쇠귀는 그런 의미에서 양명학을 근대의 주체 선언으로 보아도 크게 무리가 없다고 평가한다.[담론, 400]

강화학파는 정제두에 이어 이광사(李匡師, 1705~1777), 이건창(1852~1898), 황현(1856~1910), 정인보(鄭寅普, 1893~1950) 등으로 승계된다. 박은식(朴殷植, 1859~1925), 신채호(申采浩, 1880~1936), 김택영(金澤榮, 1850~1927) 등 한말 민족주의 학자들의 사상에도 큰 영향을 미쳤다.[담론, 404] 일제가 조선을 병탄하자 황현 등은 절명시를 남기고 죽었고, 많은 강화학파의 중심인물들이 독립운동에 헌신

---

14 조선 양명학의 창시자로 자는 사앙(士仰), 호는 하곡(霞谷)이다. 포은 정몽주의 후손으로 일찍이 학문에 뜻이 있어 백가(百家)에 통달했다. 박세채(朴世采, 1631~1695)와 윤증의 제자다. 숙종 때 벼슬을 받았으나 사퇴하고 생애의 대부분을 학문을 연구하는 데 바쳤다. 처음에는 주자학을 공부했으나 곧 주자학에 반기를 들고, 20여 세 때부터 양명학에 심취해 최초로 양명학의 사상 체계를 세웠다. 61세 때 강화(하곡霞谷)로 이주해 저술과 후진 양성에 몰두한다.

한다.

쇠귀는 정인보의 제자이며 양명학 연구자로 강화학파라는 말을 만든 서여(西餘) 민영규(閔泳珪, 1915~2005) 선생의 『예루살렘 입성기』에 나오는 '떨리는 지남철'을 즐겨 인용하고 글씨로 쓰기도 했다. "바늘의 끝이 떨리지 않는다면 더 이상 지남철이 아니다"라는 이 문장은 항상 고민하고 모색하는 지식인의 초상을 보여 주는 것으로 많은 사람에게 회자되고 있다.

실학과 북학은 성리학의 교조화를 개혁하기 위한 내적 시도라고 할 수 있다. 실학이란 송나라 말기에 성리학자들이 노장과 불교를 실체가 없는 허학(虛學)이라고 비판하면서 자신들의 정체성을 드러내기 위해 쓴 용어다. 성호(星湖) 이익(李瀷, 1681~1763)에서 다산 정약용으로 이어지는 조선의 '실학'은 성리학의 본모습으로 돌아가려는 학문의 지향이라 할 수 있다. 동시에 경기 일대의 남인 실학자들은 천주학(천주교)도 은밀하게 받아들였다. 당시 상당수의 남인 지식인과 농민들에게 천주학은 종교적 의미를 떠나 신분제 사회의 모순을 극복할 수 있는 만민 평등의 개혁 사상으로 이해된 면이 있다.

조선 실학을 집대성한 다산의 삶은 파란만장했다. 정조가 갑자기 승하했을 때 순조는 겨우 열한 살이었다. 권력을 장악한 정순 왕후 김씨(영조의 계비, 순조의 증조할머니)는 노론 벽파 심환지(沈煥之, 1730~1802)를 영의정에 발탁하고 신유박해(1801)를 일으킨다. 정순 왕후는 '다섯 집 중 한 집'에서라도 천주학쟁이가 나오면 엄벌한다는 '오가작통법'(五家作統法, 연좌제)을 예고한다. 수백 명의 '천주학쟁이'가 도륙되었고, 다산의 가문은 풍비박산이 났다. 셋째 형

정약종(丁若鍾, 1760~1801)은 처형되었고, 둘째 형 정약전(丁若銓, 1758~1816)과 정약용은 기약 없는 유배를 떠난다.

북학을 주도한 연암(燕巖) 박지원(朴趾源, 1737~1805)은 노론 가문의 자제였다. 연암의 집에는 이덕무(李德懋, 1741~1793), 유득공(柳得恭, 1748~1807), 박제가(朴齊家, 1750~1805) 등 뛰어난 서얼 출신의 학자들이 모였다. 연암의 가문은 노론의 핵심 세력이었다. 팔촌 형 박명원(朴明源, 1725~1790)은 영조의 사위였고, 세 차례나 청나라에 사신으로 다녀온다. 『열하일기』는 박명원이 청나라 건륭제의 만수절(萬壽節, 칠순 잔치)에 사은사로 갈 때 연암이 자제군관의 자격으로 따라가는데, 이때 보고 느낀 것을 적은 책이다. '북벌' 이데올로기가 지배하는 시대에 '청나라에서 배우자'고 주장하는 북학은 엄청난 이단이었다. 오랑캐에게서 배우자는 것이고, 이는 곧 조선의 지배 이념을 바꾸자는 주장이었기 때문이다.

정조가 즉위하고 홍국영(洪國榮, 1748~1781)이 실세가 되었을 때 연암은 황해도 연암골에 은거한다. 하지만 정조는 문체반정(文體反正)을 일으키면서 그 원흉으로 연암의 『열하일기』를 지목한다. 1793년 정조는 규장각에 근무하던 남공철(南公轍, 1760~1840)을 통해 연암에게 반성문을 제출하라고 지시한다. 남공철은 연암에게 편지를 보냈고, 연암은 그 편지의 답장 형식으로 반성문을 쓴다.[15] 그후 연암은 벼슬길에 나가 안의현감, 양양부사 등을 지냈다. 개화파 거두 박규수(朴珪壽, 1807~1877)가 연암의 손자다.

쇠귀는 다산의 학문적 성과에 대해서는 높이 평가했지만, 그

---

15 『연암집』, 「남 직각(공철)에게 답합」(答南直閣公轍書)【연암집 상권, 195~198】

의 시대적 한계 또한 명확하다고 보았다. 이를테면 조선 후기 봉건적 지배 질서가 무너지기 시작하고, 농민들이 거칠고 적나라한 저항의 모습을 역사 무대에 드러내는 이른바 '민강의 시대'에, 봉건 질서를 청산하고자 한 것이 아니라 보완하고 개량하려 했다는 것이다. 물론 쇠귀는 이것을 다산 개인의 한계라기보다 그 시대 자체의 역사적 미숙으로 받아들여야 한다고 말한다.[사색18, 318]

'자유로운 영혼'으로 보이는 연암도 정치적으로 노론으로서 붕당과 관련해 비타협적인 입장을 고수했다. 연암의 아들 박종채가 쓴 『나의 아버지 박지원』을 보면, 친척들과 모였을 때 노론과 소론 분당 이야기가 나오자 연암이 그들에게 "오늘 한번 옳고 그름을 따져 봅시다"라고 말한 후 3일 밤낮 논쟁을 벌인 이야기가 나온다.[박종채, 241]

조선의 권력 구조에서 선비 집단은 계급의 한계를 넘어설 수 있는 대안 정치 세력이 아니라 내부의 비판 집단이었다. 사림은 신분상 양반이고 일정하게 토지를 보유한 지주였다. 그나마 양심 있는 선비들이 권력의 핵심을 비판할 수 있었던 것은 그들이 지주로서 물적 기반이 있었기 때문이다.[냇물아, 285] 선비들은 지주긴 하지만 중소 규모의 토지를 가졌으며 향리에 거주했다. 집권 세력에 찍힌다 해도 먹고살 수 있었기 때문에 대지주인 훈구 척신 세력에 대립각을 세울 수 있었다.

민강 시대, 동학혁명 좌절과 그 후

정조 이후 조선 사회가 몰락해 갈 때 더 이상 군왕도 신료도 믿을 수 없게 된 백성은 스스로 살길을 찾아 나선다. 연이은 농민 반란과 동학농민운동에 이르기까지 민중이 역사 무대의 중심에 등장한다. 조선 후기 새로운 역사의 주체로 등장한 농민 세력은 계급 모순과 민족 모순의 동시 타격을 겨냥한 투쟁을 조직해 내고 있었다.[담론, 396] 하지만 살아남은 일부 노론 족벌이 외세와 야합해 민중의 '역사적' 요구를 유린했고, 결국 조선은 식민지로 전락한다. 이완용을 비롯한 노론 세력은 한일병합 때도 총독부에서 작위와 병합 은사금을 제일 많이 받았다. 작위를 받거나 은사금을 받은 사람을 당파별로 보면 노론이 56명, 소론이 6명, 대북이 1명이었다.[16][손잡고, 318]

동학 창시자 수운(水雲) 최제우(崔濟愚, 1824~1864)[17]의 부친 최옥(崔鋈, 1762~1840)은 퇴계학파의 계승자로 영남 유림에서는 유명한 사람이었다. 경주 일대에서 동학이 확산되자 1864년 조정은 혹세무민(惑世誣民)한 혐의로 수운을 처형한다. 수운이 순교한 후 해월(海月) 최시형(崔時亨, 1827~1898)이 2대 교주가 된다. 최시형은 온건 노선이었고, 제도 개혁보다는 교조 신원 운동과 포교의 자유

---

16 친일반민족행위 진상규명위원회에서 발간한『친일반민족행위관계사료집』제4권『조선귀족과 중추원』에 실려 있는 「조선귀족의 약력」 등을 근거로 한 것이다.
17 경북 경주에서 태어났다. 10세 때 어머니를 여의었고, 17세 때 아버지를 여의면서 일찍이 고아가 되었다. 생계를 위해 장사를 하며 지내다가 가산을 정리하고 고향인 용담에서 수행한 끝에 득도한 것으로 알려졌다. 동학 세력이 커지자 위협을 느낀 조정은 1862년 9월 수운을 체포한 뒤 처형한다.

에 관심이 많았다.

전봉준(全琫準, 1854~1895)은 1892년 고부로 내려가 서당에서 아이들을 가르치며 접주(接主)가 된다. 1894년 군수 조병갑의 수탈이 심해지자 전봉준이 주도해 고부 관아를 공격한다. 동학 혁명의 시작이다. 이후 동학교도들은 일제의 조선 침략 의도를 간파하고 '척왜양이'(斥倭攘夷)를 목표로 재차 봉기한다.

동학교도는 크게 북접과 남접으로 나뉘어 있었다. 북접은 최시형과 전봉준, 손화중(孫華仲, 1861~1895)[18] 등이 이끌었고, 남접의 지도자는 '태인 대접주' 김개남(金開南, 1853~1894)[19]이었다. 김개남의 본명은 김기범(金箕範)이다. "꿈속에 신인(神人)이 나타나 손바닥에 개남(開南)이라는 두 글자를 써 주었다"[황현, 216]고 한다. '개남'이란 '남쪽에 새 나라를 연다'는 뜻이다.[20] 전봉준이 일본의 침략에

[18] 전북 정읍 출신의 동학농민운동 지도자로 호는 초산(楚山)이다. 1881년 동학에 입도해 교조 신원 운동과 보은 집회 등에 많은 신도를 동원했고 전주 화약 이후 폐정 개혁을 주도한다. 2차 봉기가 실패한 뒤 전북 흥덕에서 체포되어 서울로 압송된 후 처형당했다.

[19] 전북 정읍 출신으로 본관은 도강(道康)이다. 전봉준, 손화중과 함께 농민군 3대 지도자로 꼽힌다. 1890년경 동학에 입도해 이듬해 접주가 되었고, 2대 교주 최시형을 만나 직접 가르침을 받았다. 1894년 고부 봉기 때 전봉준이 동도대장을, 김개남이 총관령을 맡는다. 전주 화약 이후 주요 지역에서 집강소 설치를 거부하자 재차 봉기해 서울로 진격한다. 전주 전투에서 일본군에 패한 뒤 체포되어 1895년 1월 8일 전주에서 처형된다.

[20] 조선의 선비 처지에서 동학교도의 주장이나 봉기도 수용하기 어려운 일탈이었다. 황현은 『매천야록』에서 "고부에서 동학 비적 전봉준 등이 봉기했다."[177쪽], "호남의 적당 김기범(김개남)이 남원에 들어가 웅거했다"[215쪽]라고 썼고, 김개남을 밀고한 사람이 의병장 임병찬이라는 이야기도 있다.

대응해 반봉건 투쟁을 유보하고 항일 반제 투쟁에 주력하는, 이를 테면 주요 모순 우선 노선임에 비해, 김개남은 계급 모순을 중심에 두는 기본 모순 우선 노선이다.[변방, 117] 남원 부사를 비롯해 순천 부사, 고부 군수 등을 차례로 처단하는 등 그의 비타협적인 의지는 전봉준의 근왕(勤王)주의적 태도와는 차이가 있다.

김개남은 녹두장군 전봉준에 비해 상대적으로 덜 알려졌지만 동학 혁명 당시의 활약상이나 그에 대한 지역의 정서는 다른 면이 있다. 박경리의 소설『토지』에는 김개주라는 인물이 등장한다.『토지』는 하동 평사리의 대지주 최참판댁 별당 아씨가 머슴 구천이(김환)와 눈이 맞아 달아나는 '사건'으로 시작된다. 구천이의 아버지가 동학 혁명 '사령관' 김개주다. 김개주는 김개남을 모델로 박경리가 만든 가공의 인물이다. 박경리는 어린 시절에 통영에서 '세계적 혁명가' 김개남 장군의 무용담을 들으며 자랐다고 한다.

동학농민운동은 실패로 끝났고 전봉준, 손화중, 김개남은 모두 형장의 이슬로 사라졌다. 하지만 그와 함께 동학 혁명을 했던 많은 사람이 있었다. 혁명의 성패는 그 이념에 얼마나 많은 사람이 세례를 받느냐의 여부로 판가름 난다고 했다. 동학농민운동은 일제 침략에 항거하는 의병 운동이나 독립운동, 3·1운동, 광주학생운동, 4·19혁명, 광주항쟁과 6월항쟁의 역사적 뿌리였다고 할 수 있다. 쇠귀는 1993년 전주시 덕진공원에 세워진 '김개남 장군 추모비'에 "개남아 개남아 김개남아"라고 썼다.

조선 시대에도 노론 지배 권력이 정치를 딱 한 개 아이템으로 해요. '역, 모!' 역모라고 하면 상당히 비판적인 개혁 사림들도

잠잠해져요. 지금 우리에게 '종북'이 그런 거죠. …… 대부분
의 사람들은 '종북'이라고 하면 바로 조용해져요. 더 이상 논
의가 진전이 안 돼요. 종북이 뭔지, 뭐가 나쁜지, 빨갱이가 대
체 뭘 주장하는지, 그들이 주장하는 사회가 뭔지, 그런 논의가
절대 없거든요. 그냥 한마디로 끝이에요. 더 이상의 논의를 완
벽하게 차단하는 아주 마법 같은 정치 용어가 역모, 종북, 이런
거거든요.【『한겨레』 2016. 1. 23.】

쇠귀가 작고하기 얼마 전인 2015년 4월 24일 목동의 자택에
서 이진순과 가진 인터뷰에서 한 말이다.[21] 인터뷰는 생전에 했지만
이 내용은 장례식이 끝난 뒤 '지난해 5월 못다 쓴 이야기'라는 제목
으로 실렸다. 2011년에도 비슷한 이야기를 한 적이 있다. "최근에 너
무 답답해서, 한국사를 다시 읽었어요. 1623년 광해군을 쫓아낸 인
조반정 이후에 지배 계층의 정치적 성격이 한 번도 바뀐 적이 없습
니다. 조선 후기 내내 노론이고, 한일병합 때도 노론 권력 체계였죠.
의회 정치에 대한 실망이 많다는데, 우리 의회 구성을 보면 국민의
구성을 반영하지 못합니다. 국민의 대표 기관이 못 되죠. 사법과 행
정도 마찬가지입니다. 대단히 보수적이고 완고합니다. 또 제4부라
고 하는 언론을 보세요. 보수적인 기조입니다. 사회 변혁의 합리적
통로가 봉쇄되어 있는 상황이라 할 수 있습니다."【손잡고, 298~299】

---

21   이 인터뷰는 『한겨레』 2015년 5월 9일 자로 실렸다. 쇠귀 서거 직후인 2016년
1월 23일 『한겨레』는 '지난해 5월 못다 쓴 이야기'라는 제목으로 이진순의 나머지
인터뷰 내용을 게재했다.

조선은 망했지만 조선을 망국으로 이끌었던 권력은 식민지 시대에 이어 지금까지 대한민국을 지배하고 있다. 다시 말하면 인조반정 이후 권력을 장악한 반민족, 반민중, 친사대주의 지향 세력이 친일파에서 친미파로 옷만 갈아입고 친미 사대주의와 반공 이데올로기를 바탕으로 한국 사회를 지배한다는 것이다. 상황이 이러하기 때문에 조선 중기 이후 대한민국을 지배하는 권력 구조를 정확하게 이해하지 못하고는 실행 가능한 변혁 이론을 이끌어 내기 어렵다. 쇠귀는 마지막 저서 『담론』 22장 「피라미드의 해체」[378~397쪽]에서 조선의 건국과 몰락 과정, 사상의 흐름을 정리한다. '노론' 이후 오늘날까지 강고하게 유지되는 권력의 구조가 우리가 해체해야 할 대표적인 '피라미드'라는 것이다.

물은 낮은 곳으로 흘러서 바다가 됩니다.

신지

〈수〉(水)

저술의 세계

3부

미셸 푸코처럼 나의 글은 '완고한 권력 구조를 깨트리기 위한 연장통'은 아닙니다. 다만 우리의 삶을 반성하고 현실과 시대를 재조명하는 작은 거울이기를 바라지요.[김은정, 읽기, 420]

감옥에 간 뒤 쇠귀는 책과 교실보다는 현장과 사람, 실천이 훨씬 더 중요하다는 사실을 깨닫는다. 책에서 얻는 지식이나 정보는 사태를 올바르게 판단하는 지혜나 일머리 같은 '암묵지'와는 거리가 있다. "지식인 특유의 지적 사유욕을 만족시켜 크고 복잡한 머리를 만들어, 사물을 보기 전에 먼저 자기의 머릿속을 뒤져 비슷한 지식을 발견하기라도 하면 그만 그것으로 외계(外界)의 사물에 대치해 버리는 습관을 길러 놓거나, 기껏 '촌놈 겁주는' 권위의 전시물로나 사용하면서도 그것이 그런 것인 줄을 모르는 경우마저 없지 않다."[사색18, 163~164] 책이 무용지물은 아니지만 책만으로는 세상을 제대로 이해할 수 없고 삶의 지혜를 얻기도 어렵다는 이야기다.

『감옥으로부터의 사색』과 이후에 쓴 글들을 읽은 사람들은 쇠귀의 군더더기 없이 담담하고 냉철한, 그리고 훈훈한 글쓰기에 감탄을 금치 못한다. 많은 애독자가 쇠귀 글쓰기의 특징으로 물 흐르듯이 자연스럽게 스미는 문체의 미학, 방법과 인식상의 반계몽성, 자신에서 출발해 세계로 향하는 점증법적인 메시지 등을 지적한다.

> 고도의 절제, 속삭이는 듯하면서 절절하고 그리고 강건한 정신, 첫 한 구절을 읽는 순간 우리는 실제로 태백산 근처 하늘 높이 지나가는 고압선에 닿은 것마냥 꼼짝 못하고, 인간살이의 근원으로 휘말려 들어가는 것이다.[이호철, 1988, 485]

> 사실 신영복의 글은 대체로 흘러가는 구름이나 흐르는 물과 같아, 글 자체의 세계로 그냥 자연스럽게 스며들어 글에 대한 기교나 문체를 특별히 생각할 기회를 만나기 힘들다. 말하자면 마땅히 가야 할 곳으로 가고 멈추지 않으면 안 될 곳에서 멈추고 문리 또한 자연스러우니, 만들었다기보다는 생겨났다고 하는 편이 더욱 알맞다.[임규찬, 읽기, 89]

> 신 선생의 글과 말, 그리고 글씨는 처음에는 나 자신을 향한 것으로부터 시작해서, 어떻게 살 것인가 하는 내면으로부터의 물음을 지나, 이제는 이 나라 이 공동체 더 나아가서는 세계와 인류를 향한 메시지를 담고 있다.[김정남, 읽기, 344]

쇠귀의 글을 꼼꼼하게 읽은 사람은 비슷한 생각을 갖는다. 당연하다고 여겼거나, 미처 몰랐거나, 새롭게 안 사실을 놓고 깊이 생각하게 만든다.[이권우, 읽기, 98] 쇠귀의 글이 잘 읽히고 쉽게 감동을 줄수 있는 까닭은 역설적으로 그의 글이 쉽게 쓴 것이 아니기 때문이다. 쇠귀는 자신이 다른 사람들에 비해 글쓰기를 아주 힘들어 한다고 고백한 적이 있다.[변방, 39] 일거수일투족을 감시당하는 감옥이라는 제한된 공간에서 20년간 편지글만 썼던 경험 때문일 것이다.

쇠귀의 저서는 외형상 감옥에서 쓴 글(『감옥으로부터의 사색』·『청구회 추억』), 국내외 여행기(『나무야 나무야』·『더불어숲』 등), 서화집(『처음처럼』), 번역서(『사람아 아, 사람아!』 등), 영문판(『For The First Time』 등), 성공회대와 다른 곳에서 강의한 내용을 녹취해 정리한 책(『강의』·『신영복—여럿이 함께 숲으로 가는 길』·『담론』), 사후에 엮은 유고집(『냇물아 흘러흘러 어디로 가니』)과 대화 모음(『손잡고 더불어』)으로 구분할 수 있다.

여기서는 쇠귀 사상의 흐름을 드러내기 위해 저서와 역서 중 대표적인 것을 다음과 같이 일곱 영역으로 나누어 정리했다.

첫째, 사형수 시절의 '구원으로서의 글쓰기'다. 『청구회 추억』(1969)이 있다. 둘째, '유배지에 핀 사색의 꽃'이다. 『감옥으로부터의 사색』(1988)이 나온 후 원본 엽서 영인본이 두 차례 나왔다. '사색'의 경우 1998년에 완결 개정판(『감옥으로부터의 사색—신영복 옥중서간』)이 나왔고, 2018년에는 30주년 기념판이 나왔다. 셋째, 번역서와 번역에 관여한 책을 '번역과 역사의 생환'으로 분류해 정리했다. 다이허우잉의 『사람아 아, 사람아!』(1991), 유세종과 공역한 왕스징 본『루쉰전』(1992), 감역(監譯)한 나카지마 아츠시의 『역사속에서 걸어나온 사람들』(1993), 기세춘과 공동 번역한『중국역대시가선집』1~4권(1994) 등이 있다. 넷째, 여행기 모음이다. 『나무야 나무야』(1996), 『더불어숲』(1998), 『변방을 찾아서』(2012)를 '떠남과 만남'이라는 주제로 묶어 정리했다. 다섯째, 동양 고전의 세계를 정리한 『강의』를 '동양 고전에서 찾은 희망'으로 정리했다. 여섯째, '세계 인식과 자기 성찰'이다. 쇠귀의 마지막 저서인 『담론』이 들려주는 이야기다. 일곱째, 서화집 『처음처럼』을 '언약과 동행'이라는 주제로 배치했다. 『처음처럼』은 쇠귀가 남긴 유일한 서화 에세이다. 쇠귀는 작고하기 직전인 2015년 중반 이후 이 책을 새로 정리하면서 부제를 '신영복의 언약'으로 수정했다.

1. 구원으로서의 글쓰기, 청구회 추억

매월 마지막 토요일에 장충체육관 앞에서 기다리고 있을 그들의 모습에 마음이 아팠다. 나는 감옥의 벽에 기대어 그들과의 만남을 처음부터 끝까지 떠올렸다. 그리고 마룻바닥에 엎드려 쓰기 시작했다. …… 글을 적고 있는 동안만은 옥방의 침통한 어둠으로부터 진달래꽃처럼 화사한 서오릉으로 걸어 나오게 되는 구원의 시간이었다.【청구회, 112】

『청구회 추억』은 사형수 시절 남한산성에서 쓴 글이다. 구성이 탄탄하고 정황이나 심리 묘사가 탁월할 뿐만 아니라 등장인물의 성격도 자연스럽게 잘 드러나 한 편의 '단편소설'처럼 읽힌다. 한 영문학자는 "신영복 옥중 문학의 백미"【김명환, 읽기, 133】라고 평가하기도 했다. 사실 관계에 대한 정확한 그리고 정직한 기록이라는 면에서 탁월한 다큐멘터리기도 하다. 『청구회 추억』에 주목해야 하는 이유는 '구원으로서의 글쓰기'라는 신영복 문학의 출발이자, 이후 신영복 사유의 근간이 되는 '관계론'의 원형을 잘 보여 주기 때문이다.

『청구회 추억』의 집필 경위는『담론』에 잘 정리되어 있다. 1969년 1월 육군군법회의에서 사형 판결을 받은 후 남한산성 육군교도소로 이감되어 지내다가, 7월에 열린 고등군법회의에서도 사형이 언도된다. "예리한 칼날에 살을 베이면 한참 후에 피가 배어나오듯이 순간적인 사고의 정지 상태"[담론, 206]를 겪고 정신이 들면서 청구회 어린이들과의 약속이 떠오른다. 쇠귀는 통혁당 사건으로 구속되기 전 2년 넘게 매월 마지막 토요일 오후에 장충체육관 앞에서 청구회 어린이 여섯 명과 만났다. 자신의 구속 소식을 알 턱이 없는 아이들이 장충체육관 앞에서 하염없이 기다릴 수도 있다는 생각이 들었지만, 연락할 방법이 없었다.

'진실'을 기록해 놓으면 언젠가 알려지게 마련이다. 하루에 두 장씩 지급되는 재생 휴지에 이야기를 적기 시작한다. 적기 전에 명상을 통해 아이들과 관련한 모든 기억을 회상했다. 볼펜은 남한산성 8호실 사형수 방에서 지낼 때 자신을 변호할 능력이 없는 사형수들의 '항소 이유서'를 대필해 주기 위해 교도관에게 빌린 거였다. 글을 구상하거나 메모할 종이도 없는 상황에서 기억을 더듬어 아이들과의 '추억'을 생생하게 재현했다.

쇠귀는 대법원의 파기 환송 결정으로 죽음을 면한다. 형이 확정되면 군인도 민간 교도소로 이송된다. 쇠귀는 1971년 9월 안양교도소로 이송할 준비를 하며 「청구회 추억」을 비롯한 메모첩이 떠올랐다. 소지품 검사에 걸리면 꼼짝없이 압수당해 폐기 처분될 상황이었다. 다행히 당시 쇠귀에게 우호적이던 헌병에게 급하게 메모첩을 맡긴다. 이후 쇠귀는 안양, 대전, 전주로 이어지는 긴 감옥의 터널 속으로 들어간다.

그 메모첩과 「청구회 추억」 원고가 발견된 것은 출소 이듬해인 1989년 우이동에서 목동으로 이사할 때다. 이삿짐을 정리하던 중 부친 서재의 서류철 속에서 이 원고가 나왔다. 어떤 젊은이가 전해 주었다는 것이 부친의 설명이었다. 한 헌병의 용기 있는 행동 덕분에 신영복 '옥중 문학'의 걸작 「청구회 추억」이 빛을 보았다.

「청구회 추억」은 지금까지 네 차례 출판되었다. 쇠귀로부터 사형수 시절에 쓴 육필 원고가 발견되었다는 이야기를 들은 허문영 기자가 『월간중앙』 1991년 12월호에 게재한 것이 처음이다. '발굴 신영복 씨의 69년 겨울 남한산성 옥중 육필'이라는 부제와 쇠귀의 사진, 편집자의 간단한 해설, 쇠귀가 옥중에서 그린 삽화 6장을 곁들여 「청구회 추억」을 전격 게재했다. 고 노회찬 의원은 『월간중앙』에 실린 「청구회 추억」을 읽고 감동해 복사본을 만들어 지인들에게 나눠 주기도 했고, 이후 평생 쇠귀를 스승으로 여기며 살았다. 1993년, 이영윤을 비롯한 가까운 친구들은 쇠귀의 엽서를 영인한 『엽서 ─ 신영복 옥중사색』을 출간한다. 이 영인본의 42~70쪽에 「청구회 추억」이 원형 그대로 게재되었다. 1998년 돌베개출판사에서 『감옥으로부터의 사색』 증보판이 나올 때 다른 옥중 사색 노트와 함께 「청구회 추억」도 포함해서 실었다.

지난 2008년에는 단행본 『청구회 추억』이 출간되었다. 외국인도 읽을 수 있게, 또 영어 공부를 함께할 수 있게 만든 영한 대역판이다. 영어 번역은 성공회대 조병은 교수가 맡았다. 정세현 화백의 따뜻한 삽화가 동화 같은 분위기를 연출한다. 쇠귀가 이 단행본을 위해 새로 쓴 저자 후기(「청구회 추억의 추억」)에는 당시 아이들이 숙명여대 교수실로 보낸 편지와 쇠귀가 아이들을 만날 수 있는 원초

김영덕, 〈전장(戰場)의 아이들〉, 유화, 90.9×72.7cm, 1955년 작(국립현대미술관 매입·수장)

적 계기를 마련해 준 김영덕 화백의 그림 〈전장의 아이들〉도 실려 있다.

김영덕 화백은 쇠귀가 부산상고에 다닐 때 미술 선생이었다. 당시 미술반이 아님에도 미술반에 자주 들렀던 쇠귀는 김영덕 선생의 〈전장의 아이들〉을 보고 깊은 인상을 받는다.[청구회, 115] 이 작품은 김 화백이 부산『국제신보』기자로 근무하면서 한국전쟁의 참상을 취재할 때 마주쳤던 떠돌이 전쟁고아들의 모습을 그린 것이다. 하지만 그림을 자세히 보면 남루하고 불쌍한 전쟁고아들을 그린 것이 아님을 알 수 있다. 당시 미군의 쌕쌕이(전투기)는 전투 지역에 사람만 모여 있으면 저공비행을 하며 기총 소사를 해 댔다. 그림 속 소녀는 마치 대공 경계를 하는 듯하다. 김 화백의 반전(反戰) 메시지를 담은 이 작품의 본래 제목은 〈막아선 아이들〉이었는데, 전시회 출품 과정에서 〈전장의 아이들〉이 되었다. 김영덕 화백은 부당한 전쟁이 이어지고, 그 참상을 알면서 순수미술만 할 수는 없어 이 작품을 그렸다고 한다.

본래 그림에 관심이 많았던 쇠귀는 대학에 진학한 후에도 부산상고를 그만두고 서울로 올라온 김 화백과 돈독한 관계를 이어 갔다.

돌이켜 보면 내가 청구회 어린이들과 만날 수 있었던 것은 고등학교 때 미술 선생님의 작품 〈전장의 아이들〉때문임을 뒤늦게 깨닫게 된다. 나는 미술반원은 아니었지만 미술 선생님이 좋아서 자주 학교 미술실 안에 마련된 선생님 작업 공간을 찾았다. 그곳에 그 그림이 걸려 있었다. 전쟁의 비극과 공포를 압축적으로 표현한 작품이었다. …… 나 역시 50년대의 아이였지만 그 후 나는 그 그림 속의 어린이들의 표정과 모습을 통하여 그 시절을 기억하고 있었는지 모른다. 나는 출소 후 선생님 벽제 화실에서 다시 그 그림을 만났다. 오랜 세월의 격리 때문이었을까. 놀랍게도 서오릉 길에서 만난 어린이들이 바로 그 그림 속의 어린이들이란 것을 깨달았다. 진실의 해후 같은 감동이었다.[청구회, 115]

『청구회 추억』은 200자 원고지 85매 내외의 분량인데, 한 편의 '단편소설'로도 손색이 없다. 1966년 이른 봄 서울대 문학회원들과 서오릉 답청놀이를 가는 길에, 자기들끼리 보따리를 손에 들고 봄 소풍을 가던, '안쓰런 춘궁(春窮)의 느낌'을 주는 여섯 친구와의 만남에 관한 이야기다.

당시 불광동 시외버스 터미널에서 서오릉까지는 걸어서 한 시간 정도의 거리였다. 쇠귀는 문학회원들과 걸어가다가 '주변의 시골 풍경과 소달구지 바퀴 자국이 두 줄로 패어 있는 황톳길에 흡사하게 어울리는 차림의' 소년들을 보고 그들과 하루를 보내고 싶어진다. 26세의 '문청' 쇠귀는 아이들과 친해지는 방법을 잘 알고 있었다.

나는 어린이들의 세계에 들어가는 방법을 누구보다도 잘 안다. 중요한 것은 '첫 대화'를 무사히 마치는 일이다. 대화를 주고받았다는 사실은 서로의 거리를 때에 따라서는 몇 년씩이나 당겨 주는 것이다. 그러므로 내가 꼬마들에게 던지는 첫마디는 반드시 대답을 구하는, 그리고 대답이 가능한 것이어야 한다. 만일 "얘, 너 이름이 뭐냐?"라는 첫마디를 던진다면 그들로서는 우선 대답해 줄 필요를 느끼지 않을 뿐만 아니라 오히려 놀림의 대상이 되었다는 불쾌감으로 일정한 간격을 유지하고 뱅글뱅글 돌아가기만 할 뿐 결코 대화가 이루어지지 않는다. 그러므로 나는 반드시 대답을 필요로 하는 질문을, 그리고 어린이들이 가장 예민하게 알아차리는 놀림의 느낌이 전혀 없는 질문을 궁리하여 말을 걸어야 하는 것이다.[청구회, 13]

쇠귀는 긴장하는 아이들을 일부러 지나쳐 가다가 문득 생각난 듯 돌아보며 물었다. "이 길이 서오릉 가는 길 틀림없지?" "네. 일루 곧장 가면 서오릉이에요." …… "우리도 서오릉엘 가는 길이에요." "버스 종점에서 반쯤 온 셈인가?" "아니요. 반두 채 못 왔어요." 이렇게 대화를 트고 문화동에서 온 아이들과 친숙하게 이야기를 나누며 서오릉까지 간다. 쇠귀가 아이들 세계에 들어가 그들과 친해지는 비결은 두 가지다. 첫째, 아이들을 존중하고 그들 스스로 자기가 나름 쓸모가 있는 사람이라고 인식하게 해 준다. 심리학에서 말하는 자기 효능감이 떠오른다. 둘째, 그들의 이야기를 경청하고 적극적으로 반응한다. 이런 '비결'은 비단 아이들에게만 해당하는 건 아니다.

서오릉에서 문학회와 야유회를 즐기며 아이들에게도 건너가 씨름을 가르치고 함께 사진을 찍는 등 즐거운 시간을 갖는다. 아이들은 헤어지면서 진달래꽃을 한 다발 선물한다. 쇠귀가 평생 본 진달래꽃 중에서 가장 밝은 꽃빛의 진달래였다. 그리고 사진을 보내

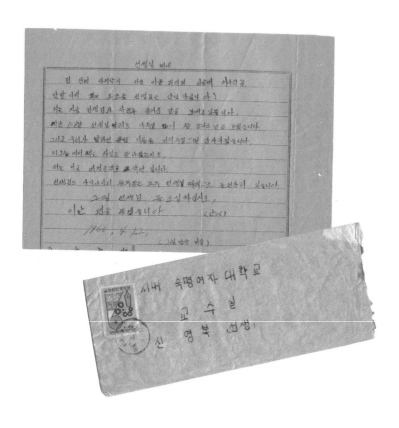

청구회 어린이가 쇠귀에게 보낸 편지

주기 위해 주소를 교환한다.

　서오릉에서 돌아와 보름쯤 지나고 숙명여대 교수실에서 강의를 준비하던 중에 세 통의 편지를 받는다. 서오릉에서 만난 조대식, 이덕원, 손용대가 보낸 편지다. 아이들이 안부를 물으며 모임의 이름을 지어 달라는 이야기, 사진이 나왔으면 보내 달라는 말 등이 두서없이 적혀 있었다. 잠시 그들을 잊고 있던 쇠귀는 심한 부끄러움을 느낀다. 강의를 마친 후 서울대로 달려가 사진을 수소문해 보니 빛이 들어가 못 쓰게 되었다고 했다. 더욱 난감해진 쇠귀는 만나서 사과하기로 하고 편지를 보낸다.

　"이번 토요일 오후 5시, 장충체육관 앞에서 만나자."

　이렇게 아이들과의 만남이 시작된다. 한 번 만나 국화빵만 먹고 헤어지기는 서로 아쉬워 매월 마지막 주 토요일 5시에 장충체육관 앞에서 만나기로 약속한다. 이 모임은 쇠귀가 1968년 7월 통혁당 사건으로 구속될 때까지 2년 넘게 이어진다.

　변변한 놀이공원 하나 없던 1960년대 후반 20대 중반의 대학 선생과 초등학생 여섯이 만나, '무슨 할 일을 만드는 일' 외에는 특별히 할 일이 있을 리 없었다. 하지만 만난다는 것 자체가 그냥 좋았다. 장충체육관 근처에서 놀다가 약수동 고개를 넘어 문화동 입구까지 걸어가 헤어지는 식이었다. 이후 한 가지 건설적인 합의에 도달한다. 매달 어린이 여섯 명이 10원씩 벌어서 60원을 만들고, 쇠귀가 40원을 보태 월 100원씩 우편 저금을 하기로 한다. 아이들은 자신의 힘으로 돈을 벌기 위해 동네에서 여러 일을 시작한다.

　그러던 중 이 모임의 회원 두 사람이 이사를 간다. 본래 회원은 편지를 보냈던 조대식, 이덕원, 손용대와 적금 통장 보관 등 재무회계를 담당한 이규한, 청량리로 이사 간 이대형, '용산'(용산 어딘가로 이사 간 친구로 이름 불명) 이렇게 여섯 명이었다. 이사 간 이대형과 '용산'이 두 번 거푸 결석하자 인원을 충원하기로 합의한다. 하지만 '요사이에는 좋은 애가 참 드물다'는 이유로 한두 달이 걸려 이규한의 동생 이규승과 반장 집 아들 김정호가 충원된다.

조대식, 이덕원, 손용대, 이규한, 이규승, 김정호. 이렇게 여섯 명으로 재편성된 후 모임의 이름을 꼬마들이 다니던 청구국민학교에서 따와 '청구회'(靑丘會)로 정한다. 청구회라는 번듯한 이름이 생긴 후 활동도 왕성해진다. 우선 독서에 힘쓰기로 합의하고 매월한 권 이상의 책을 읽고 와서 독후감을 이야기하는 것이 정례화된다. 『아아 무정』(『레 미제라블』), 『집 없는 천사』, 『거지왕자』, 『플루타크 영웅전』 등의 책을 읽는다.[1] 아이들은 독서 외에도 자발적으로 문화동 산17번지 동네 청소, 빙판길 연탄재 뿌리기, 미끄럼 방지턱 만들기, 남산 약수터까지 마라톤 하기 등 일을 벌이기 시작한다. 쇠귀는 '숙제'였던 〈청구회 노래〉를 만든다.

겨울에도 푸르른 소나무처럼
우리는 주먹 쥐고 힘차게 자란다.
어깨동무 동무야 젊은 용사들아
동트는 새아침 태양보다 빛나게

---

1   번역서의 제목은 시대와 번역자에 따라 차이가 있다. 여기에서는 쇠귀가 기록한 대로 썼지만, 현재는 『집 없는 아이』, 『왕자와 거지』, 『플루타르크 영웅전』으로 더 많이 알려져 있다.

나가자 힘차게 청구·용사들. _1절

1967년 2월 쇠귀는 담낭 절제 수술을 받기 위해 등촌동 육군 병원에 입원했다. 쇠귀가 문병 오지 말라고 당부했음에도 아이들은 두 차례나 문화동에서 등촌동까지 걸어서 문병을 왔다가 경비실에서 거절당해 돌아가기도 한다. 퇴원 후 쇠귀는 아이들과 약속했던 봄 소풍을 준비한다. 지난번 서오릉 소풍보다 풍성하고 유쾌한 모임이 될 수 있도록 다른 그룹도 참가시키기로 했다. 당시 쇠귀가 관여하던 이화여대 독서 모임 청맥회 8명, 육사 '경제원론' 수강생 중 엄선한 6명, 청구회 용사 6명 등 모두 21명이었다. 1967년 6월 수유리에서 초등생과 여대생 그리고 육사생도가 만나 백운대 계곡으로 야유회를 가서 즐거운 시간을 보낸다.

이후에도 쇠귀와 청구회 용사들은 장충체육관 앞에서 부지런히 만났고, 엽서와 편지를 주고받으며 그들의 역사를 만들었다. 하지만 집안 형편으로 청구회 '용사들' 대부분이 중학교에 진학하기 어렵다는 현실 앞에서 쇠귀의 고민은 깊어 갔다. 그들 앞에서 쇠귀는 선생이었고, 선생으로서 '진실'을 외면하기 어려웠다. 중학교를 포기하고 검정고시를 준비하는 그들을 위해 학비를 조달해야 하는 것 아닌가 하는 고민이 그를 우울하게 했다. 쇠귀는 1968년 1월 초 '간소한 회식'을 위해 아이들을 집으로 초대한다. 아이들은 온다고 약속을 했지만 그날 12시 동대문 체육관 앞에는 한 사람도 나오지 않았다.

나는 지금도 그때 그들이 약속을 지키지 않았던 까닭을 정확히 모르고 있다. 사실은 그들이 나오지 않은 이유 자체가 심히 모호한 것이기도 하였다. 어쩌면 나에게 폐를 끼치는 일이라고 생각해서였는지 아니면 부모들로부터 역시 같은 이유로 금지당하였는지 그들의 대답과 표정은 끝내 모호하였을 뿐이었다. 결국 분명한 해명이 없는 채 그대로 지나치고 말았다.[2][청구회, 93]

쇠귀는 끝내 그들이 자기 집 초대에 응하지 않은 이유를 알 수 없었지만 이후에도 모임은 순탄하게 이어진다. 그러나 '봄철 민들레 씨앗처럼 가벼운 마음으로 해후했던' 꼬마들과의 청구회 모임은 쇠귀의 갑작스런 구속으로 중단된다.

쇠귀를 구속한 박정희 정권은 그를 '간첩'으로 몰기 위해 수단과 방법을 가리지 않았다. 누구로부터 입수했는지 모르지만 그들은 청구회에 관해서도 심문했다. 중앙정보부에서는 청구회의 정체와 회원 명단을 대라는 압박을 받았고, 서울지방법원에서 검사는 〈청구회 노래〉의 '주먹 쥐고'라는 대목이 국가 변란을 노리는 폭력과 파괴를 의미하는 것 아니냐고 추궁했다. 남한산성에 이감된 후 열

2   이때 아이들이 쇠귀의 초대에 응하지 않은 이유를, 정보기관의 탐문 수사 등에 따라 부모를 비롯한 마을 사람들의 쇠귀에 대한 생각이 '비호감'으로 바뀐 탓으로 추정하는 글도 있다. 쇠귀가 아이들을 초대한 것은 1967년 말이고, 오라고 한 날은 1968년 1월 3일이다. 1·21사태 전이고, 통혁당 사건은 이해 8월에 터진다. 정보기관이 김종태 등에 대한 수사에 들어간 것은 '임자도 간첩단 사건'이 발생한 6월 이후다. 문화동 산17번지에 대한 탐문 수사도 1968년 6월 이후에 이루어졌다고 봐야 한다. 따라서 그런 식의 추정은 전혀 근거가 없다.

린 군법회의에서는 〈청구회 노래〉 가사를 읽으라는 지시를 받았고 '청구회'가 잡지 『청맥』을 의식적으로 상정한 이름이 아니냐는 '희극적'인 질문을 '엄숙히' 추궁받았다.

『청구회 추억』은 잘 정리된, 실명이 등장하는 기록물이다. 이 글을 읽은 사람들은 '그 후' 청구회 용사들은 어떻게 되었을지, 쇠귀와 다시 만나는지 궁금해했다. 쇠귀가 출소한 지 3년쯤 지났을 때, 늦은 밤 연구실로 전화가 걸려 온다. 쇠귀는 머뭇거리며 설명하는 목소리만 듣고도, 무려 23년이 지났지만 그가 누군지 정확하게 알 수 있었다. 다음 날 학교로 찾아와 쇠귀를 만난 그는 자기도 그 후 다른 친구들을 만난 적이 없다고 했다. 그 친구와 함께 서오릉에 갔지만 휴일이었다. 이후 쇠귀는 청구회 소년들을 만나지 못한다.[담론, 208~209]

2016년 1월 15일 쇠귀가 작고하고 장례식이 끝난 후 부의금 함을 열었을 때 '청구회 손용대'라고 쓰인 봉투가 나왔다. 비록 만나지는 못했지만 청구회 소년들은 쇠귀를 잊지 않고 있었다. 쇠귀 작고 1주기였던 2017년 1월 15일 『오마이뉴스』에 한 편의 글이 실렸다. 글쓴이는 청구회 친구 중 한 명인 손용대의 동생 손응현이다. 소년들은 당시 성동구 문화동 산17번지에 살았다. 손응현에 따르면 당시 소년들이 살던 달동네 풍경은 이랬다. "골목길 드문드문 펼쳐진 돗자리나 평상은 꾸역꾸역 하루 삶을 이어 가는 동네 아줌마들의 해방 공간이다. 지난밤, 앞집 옆집 뒷집 소소한 일상이 숨김없이 까발려진다. 같이 웃고, 울면서 궁핍한 살림을 서로 위로하며 하루하루를 버텨 나가는 힘이 된다. 말이 이웃이지 한 가족이자 식구다."

아이들은 매달 마지막 토요일 신 중위를 만나고 온 후 그날 있었던 일들을 자랑스럽게 이야기하며 다녔다. 그들의 영웅은 '맹호부대 용사들'이나 프로레슬러 김일, 장영철에서 육사 교관 신영복으로 바뀐다. 그런 상황에서 통혁당 사건이 터졌다. 텔레비전이 귀했던 시절 '금성 라디오'에서 흘러나오는 통혁당 일망타진 소식은 동네 전체를 엄청난 충격 속으로 몰아넣었다. 당시 조대식은 중학생이고, 이덕원은 중학교에 진학하지 못하고 자전거포에 취직한 상태였으며, 손용대도 막 초등학교를 졸업한 상태였다. 당시 이들을 목격한 손응현은 이렇게 적었다.

> 용대 형, 덕원이 형은 대식이 형 집 좁은 골방에 숨죽이고 마주 앉았다. 알 수 없는 엄청난 죄를 지은 듯 파랗게 질린 얼굴들이다. 멀뚱멀뚱 서로 얼굴만 쳐다보던 형들은 결국 누가 먼저랄 것 없이 어깨를 들썩이며 훌쩍이기 시작했다. …… 형들은 그해 여름 이후, 점점 말 없는 아이들로 변해 갔다.

쇠귀를 연행한 후 관여했던 모든 조직과 지인들을 조사하는 과정에서 '청구회'의 존재가 드러나고 〈청구회 노래〉도 입수된 것으로 보인다. 경우회, 경제복지회, 청맥회, 동학연구회 등 신영복과 관련이 있는 모임의 관계자는 큰 곤욕을 치른다. 청구회도 예외는 아니었다. 당시 중앙정보부는 아이들과 책 읽고 국화빵 먹으며 놀았던 모임까지 공안 몰이에 이용하려 했다.

『청구회 추억』은 1960년대 후반 한국 사회의 어두운 그림자를 배경으로 한다. 쇠귀를 독자들에게 각인시킨 '감옥 편지'의 원형이라고 할 수 있다. 면벽 명상으로 기억을 소환해 머릿속에서 정확하게 재구성한 다음 글을 쓸 수 있는 상황에서 '토해 내듯이' 적었다. 그렇기 때문에 200자 원고지 85매가 넘는 글임에도 고친 흔적이 거의 없다.

『청구회 추억』을 영역한 조병은 교수의 지적처럼 쇠귀가 자기 자신에게 띄운 글이고, 그 자체로서 완성도 있는 문학 작품이기도 하다.[청구회, 122~124] 섬세한 묘사와 정곡을 찌르는 표현뿐만 아니라 능숙한 구성으로 분량에 비해 쉽게 읽히고 진한 여운을 남긴다. 이 작품 여기저기에 리얼리즘 문학처럼 1960년대 후반 한국 사회가 재현되어 있다. 동시에 사람과 사람의 만남에 대한 글이며, 선생의 의미를 묻는 글이며, 중년층 독자에게는 유년 시절을 떠올리게 하는 글이다.

2. 유배지에 핀 사색의 꽃

밤하늘을 흘러서

나팔소리는

녹슨 가슴으로부터 그토록 서러운 여운(餘韻)을 끌고

어디로 가는 것입니까.

기러기가 발을 씻고 간 은하(銀河)의 차가운 물살 위에

별빛처럼 흩어집니까.

아니면, 불 밝은 어느 소년의 창에서

하루의 안식과 보람으로 익어 갑니까.

아니면, 도시의 꼭대기

높은 교회당의 십자가에

누군가의 애끓는 소망으로 매달립니까.

나는 밤마다 푸른 옷자락을 날리며

표적처럼 가슴에 수번(囚番)을 붙이고

그 서러운 여운이 머무는 곳을 찾아갑니다.

허공에 발이 빠져 가며 헤매다가

다시 빈 몸으로 돌아오면

옥방(獄房)에는 곤하게 잠든 내가 누워 있습니다.

나는 내 옆에 지팡이처럼 나란히 나를 눕히고,

고달픈 하루를 잠재웁니다.

【엽서03, 감옥에서 쓴 시(1969), 60】

쇠귀는 1968년 7월 25일 집에서 연행되어 1988년 8월 15일 전주교도소에서 출소했다. 감옥에 가기 전에 대한민국에서 27년을 살았고, 출소한 뒤에도 비슷한 세월을 살았다. 가석방 후 보호관찰 대상이었다가 10년이 지나서야 사면 복권되기 때문에 사실상 30년을 감옥에 있었던 셈이다. 감옥은 신영복 인생의 '전부'였고, 그 감옥살이의 기록이 『감옥으로부터의 사색─통혁당 사건 무기수 신영복 편지』(이하 '사색')다. 쇠귀보다 먼저 세상에 나온 '감옥 편지'는 그의 의지와 상관없이 그의 앞길을 '규정'했다.

신영복의 감옥 편지는 '사색' 이후 네 차례 더 출판되었다. 1993년 영인본 『엽서─신영복 옥중사색』(이하 '엽서93')이 나온다. 새로 발견된 「청구회 추억」을 비롯해 쇠귀의 '육필'을 느낄 수 있는 편지 원본을 그대로 실었다. 1998년에는 '사색'의 증보판 『감옥으로부터의 사색─신영복 옥중서간』(이하 '사색98')이 나온다. 쇠귀가 편집에 관여해 많은 내용이 추가, 보완되었다. '엽서93'은 곧 절판되었다가 쇠귀의 선별 과정을 거쳐 2003년에 개정판(이하 '엽서03')이 나온다. 2018년 8월에는 '사색' 첫 출간 30주년을 기념해서 하드커버 양장본으로 다시 출판된다.

『감옥으로부터의 사색』은 많은 독자를 감동시킨 '시대의 책'으로 무려 다섯 차례 출판되었다. 쇠귀를 세상에 알린 책이고, 그의 데뷔작이자 대표작이다. 그럼에도 쇠귀는 단 한 번도 서문을 쓰지 않았다. '사색'의 서문은 『평화신문』 김정남이 썼고, '엽서93'의 서문은 친구들을 대표해서 이영윤이 썼고, '사색98'의 서문은 봉화에 사는 전우익(全遇翊, 1925~2004)[1] 선생이 썼고, '엽서03'의 서문은 돌베개출판사의 한철희 대표가 썼다.

'사색'의 출판 과정은 앞서 정리한 바 있다. 신영복의 옥중 엽서 중 일부가 양심수 석방 운동 차원에서 『평화신문』에 게재된 뒤 편지를 읽고 울었다는 사람도 있고, 쇠귀를 위해 기도한다는 사람, 주소를 묻는 사람도 있었다.[사색, 서문] 그래서 연재를 4회까지 이어 갔고, 우여곡절 끝에 쇠귀 출감 직후인 1988년 9월 '사색'이 출간된다. '사색'은 『평화신문』에 연재된 엽서를 중심으로 김정남이 제목을 달고 편집한 책이다. 쇠귀가 출감하기 전에 이미 편집이 끝난 상태였다.

'사색'은 수신자에 따라 '제1부 계수씨에게 보내는 편지'(61편), '제2부 형수님에게 보내는 편지'(56편), '제3부 어머님 아버님께 보내는 편지'(81편), 모두 198편으로 구성되었다. 계수씨, 형수님, 부

---

1   경북 봉화에서 대지주의 아들로 태어났다. 경성제국대학교를 중퇴했고, 8·15광복 이후 조선민주청년동맹(민청)에서 활동하다 한국전쟁 뒤 사회안전법 위반으로 6년간 투옥된다. 출소 후 낙향해서 평생 농부로 살았다. 신경림 시인, 권정생 작가, 이철수 판화가 등과 교분이 있었고, 쇠귀와도 만난 적이 있다. 농부의 사색을 담은 『혼자만 잘 살믄 무슨 재민겨』(1993), 『사람이 뭔데』(2002) 등의 책을 펴냈다. 허문영은 1989년 『월간중앙』 기자 시절 봉화에서 전우익 선생을 만났을 때를 회고하며, "이 노인은 신영복이라는 인물 혹은 그의 말과 글에서 오래 숨죽여 기다리던 대화의 상대를 발견한 것 같았다"[허문영, 읽기, 346]라고 썼다.

모님, 수신자별로 구분해서 편집하다 보니 남한산성 육군교도소에서 안양·대전·전주 교도소로 이어지는 쇠귀의 시기별 옥살이 분위기를 느끼기 어렵다. 편집자가 엽서에서 단순한 안부나 불필요하다고 판단한 내용을 삭제한 곳도 있어 원문과는 차이가 있다. 그럼에도 '사색'은 단박에 베스트셀러가 되어 많은 사람의 심금을 울렸다.

> 없는 사람이 살기는 겨울보다 여름이 낫다고 하지만 교도소의 우리들은 없이 살기는 더합니다만 차라리 겨울을 택합니다. 왜냐하면 여름 징역의 열 가지 스무 가지 장점을 일시에 무색케 해 버리는 결정적인 사실—여름 징역은 자기의 바로 옆 사람을 증오하게 한다는 사실 때문입니다.
> 모로 누워 칼잠을 자야 하는 좁은 잠자리는 옆 사람을 단지 37℃의 열덩어리로만 느끼게 합니다. 이것은 옆 사람의 체온으로 추위를 이겨 나가는 겨울철의 원시적 우정과는 극명한 대조를 이루는 형벌 중의 형벌입니다.
> 자기의 가장 가까이에 있는 사람을 미워한다는 사실, 자기의 가장 가까이에 있는 사람으로부터 미움 받는다는 사실은 매우 불행한 일입니다. 더욱이 그 미움의 원인이 자신의 고의적인 소행에서 연유된 것이 아니고 자신의 존재 그 자체 때문이라는 사실은 그 불행을 매우 절망적인 것으로 만듭니다.[사색18, 396]

1985년 8월 28일 대전교도소에서 계수에게 보낸 「여름 징역살이」의 일부다. 쇠귀의 감옥 서신 가운데 가장 널리 회자되는 글

어머님 前上書

어제는 무사히 歸京 하셨을줄 믿습니다.
어머님께서 손수 장만하신 점심을 먹어서 그런지
오랫동안 잊고있었던 옛날 일들이 되살아 나는듯
합니다. 어머님 앞에서는 모든 아들들이 항상
어린마음이 되기 마련인가 봅니다.

어머님을 뵈오란 어제 밤에는 터무니 없는 생각이
들기도 하였습니다. 만약 제가 그때 죽어서
망우리 어느 묘지에 묻혀 있다면, 십년 歲月이
흐른 지금쯤에는 어머님의 아픈 마음도 빛이
바래고 모가 닳아서 지금처럼 수시로 마음
아프시지는 않고 긴 한숨 한번쯤으로 달랠수
있을 정도가 되었을지 모를일입니다만, 그러나
어제처럼 어머님의 손을 잡고 이야기를 나누거나
어머님께서 손수 만드신 점심을 먹는 모습을
보실수는 없었을 것입니다.
비록 秋夕에 마음 아프시고 겨울에는 추울까 여름에는
더울까 한밤중에 마음 아프시기는 하지만 역시
징역 속이지만 제가 살아 있음이 어머님과 더불어
마음 흐뭇한 일이 아닐수 없습니다. 언제나 하시는
말씀처럼 부디 오래 사셔서 여러가지 일들의 끝을
보실수 있기 바랄 따름입니다.

          x   x

두꺼운 가시미로 담요 한장 보내주시기 바랍니다.
색상과 무늬는 되도록 요란하지 않은것이 좋습니다만
두껍으로된 것은 반가주질 않습니다. 어제 말씀드리
려고 하였습니다만 깜박 잊었습니다. 소포로 우송이
가능 합니다.

        10월 1일   대전에서
                영복 올림.

1980년 10월 1일 대전교도소에서 쓴 엽서 「어머님 전상서」

이다. '사색' 서문에도 실려 있다. 비장한 글이지만, 쇠귀는 그 상황 속에서도 뚜렷한 희망의 근거를 찾아낸다. 머지않아 조석으로 가을의 서늘한 기운이 찾아와 우리가 키워 왔던 불행한 증오를 거두어 가고 이웃들의 '따뜻한 가슴'을 깨닫게 해 줄 것이라고 마무리한다. 1980년 10월 1일 모친에게 보낸 편지(「어머님 앞에서는」)를 보면 쇠귀의 또 다른 인간적인 면모가 드러난다.

> 어머님을 뵙고 난 어젯밤에는 터무니없는 생각이 들기도 하였습니다. 만약 제가 그때 죽어서 망우리 어느 묘지에 묻혀 있다면, 10년 세월이 흐른 지금쯤에는 어머니의 아픈 마음도 빛이 바래고 모가 닳아서 지금처럼 수시로 마음 아프시지는 않고 긴 한숨 한 번쯤으로 달랠 수 있을 정도가 되었을지 모를 일입니다만, 그러나 어제처럼 어머님의 손을 잡고 이야기를 나누거나 어머님께서 손수 만드신 점심을 먹는 모습을 보실 수는 없었을 것입니다.
> 비록 추석에 마음 아프시고 겨울에는 추울까 여름에는 더울까 한밤중에 마음 아프시기는 하지만 역시 징역 속이지만 제가 살아 있음이 어머님과 더불어 마음 흐뭇한 일이 아닐 수 없습니다.[사색18, 189]

쇠귀의 감옥 서간은 1993년 두 번째로 출간된다. 신영복과 친한 친구들은 '그의 고뇌와 양심을 나누어 받는 심정으로' 엽서를 한두 장씩 나누어 가졌다. 누군가가 원본은 본인에게 돌려주고 모든 엽서를 모은 복사본을 만들어 나눠 갖자고 해서 영인본을 만든다.

출감한 이듬해에 발견한 남한산성 시절의 이야기를 실은 것도 큰 의미가 있었다. 본인이 내키지 않아 해서 지연되다가 1993년 『엽서 —신영복 옥중사색』이라는 제목으로 너른마당에서 출판된다.

> 그 작은 엽서는 바쁘고 경황없이 살아온 우리들의 정수리를 찌르는 뼈아픈 일침이면서 우리들의 삶을 돌이켜 보게 하는 자기 성찰의 맑은 거울이었다. 그것은 작은 엽서이기에 앞서 한 인간의 반듯한 초상이었으며 동시에 한 시대의 초상이었다. 어쩌면 우리는 이 한 권의 책에서 우리가 추구해야 할 삶의 모습을 읽으려 하고 있는지도 모른다. 이러한 심정은 비단 그를 아는 친구들뿐만 아니라 그와 무연한 독자에게도 마찬가지리라고 감히 말할 수 있다.[이영윤, 엽서93, 서문]

'엽서93'은 '사색'과는 달리 엽서 자체를 영인한 엽서 사본 모음이다. 쇠귀가 엽서를 쓸 당시의 분위기와 상황을 글을 쓴 종이나 글씨체, 여백을 통해 확인할 수 있다. 「청구회 추억」 원본뿐만 아니라 남한산성 육군교도소에서 쓴 「골고다의 십자가」, 「니토(泥土) 위에 쓰는 글」 등 제목이 있는 수필과 단상, 대필해 준 「항소 이유서」도 실려 있다. 1969년 9월 1일 자로 되어 있는 「항소 이유서」는 사형수 박○운 이병 것을 대신 써 준 것이다. 당시 쇠귀는 고등군법회의에서도 사형을 언도받고 대법원에 상고 중인 사형수였다. 쇠귀가 대신 써 준 이 「항소 이유서」 전문은 '엽서93'에만 실려 있다. 박 이병 사건을 통해 당시 한국 사회와 군대 그리고 남한산성 육군교도소의 상황을 엿볼 수 있다.

박○운 이병은 고아였다. '석탄차를 약 1시간가량 타고 이리 저리 들러서 2~3일 후에 서울 도착했던 기억'만 가지고 있다. 입대하기 전까지 고아원에서 살았다. 부모가 없다는 것은 '모든 것이 없다는 것'이었고 늘 어머니와 가족의 사랑이 그리웠다. 고아원에서 폐병을 얻어 더 힘겹게 살다가 안정된 삶을 위해 군대에 지원 입대한다. 월남에 가는 것이 꿈이었다. 최전방 3사단으로 가게 된다. 신병 훈련 후 '신원 불확실'로 대기하다가 가까스로 22연대 3대대에 배치되었지만 질병으로 쓰러진다. 꼭 가족을 찾아보고 싶었다. 자기가 처음 석탄차를 탄 곳이 제천이라고 생각했다. 군목과 면담 후 잠시 휴가를 얻어 제천을 가 보고 언론사를 찾아가 봤지만 부모를 찾을 수 없었다. 막노동을 통해 차비를 벌어 부대에 복귀했다. 몸이 계속 아팠다. 군대에서도 또다시 '고아'가 될까 봐 두려워 아픈 몸으로도 감당할 수 있는 보직을 맡고 싶다고 중대장에게 이야기한다. 며칠 후 중대장이 훈시 시간에 '남보다 편하려고 취사반으로 보내 달라는 얕은 수작을 쓰는 놈' '일평생을 망쳐 놓겠다' 운운하는 소리를 듣고 절망과 분노를 느낀다. 언제나 가슴속에 간직하고 있던 성경책을 땅바닥에 팽개치고 총탄을 발사했다. 이어 연병장에 집합 중인 병력을 향해 M1 소총을 무차별 난사했다. 1명이 죽고 11명이 중경상을 입었다.

당시 박 이병은 남한산성에서 군사 재판 대기 중이었다. 남한산성에는 상관을 살해하고 복역 중인 사형수가 많았다. 사형수 박 이병은 다른 사형수에게 치이고 심지어는 3년짜리 단기수인 김○수에게도 얻어맞았던 모양이다. 피해자 김○수는 충북 제천 출신으로 명석한 두뇌에 구김살 없는 성격의 소유자였다. 서울 성남고를 졸업하고 입대했다. 부친은 일본 와세다대를 졸업한 인텔리였다. 6·25 때 인민군 소좌로 참전했다 체포되어 감옥에서 죽었고 삼촌은 당시 인민군 소장이었다. 김○수는 중3 때 어머니로부터 처음 부친 이야기를 듣고 충격을 받아, 교내 깡패 조직(Kill-Die 클럽)의 우두머리가 된다. 군 생활 중 DMZ에서 낮잠을 자다가 낙오되어 월북 미수로 구속된다. 동료 사병 5명에게 월북 이야기를 했다는 혐의가 추가되어 1심에서 무기징역을 선고받는다. 하지만 모친이 전 재산을 털어 변호사를 구했고, 2심에서 3년형으로 감형된다.

사건은 1969년 7월 30일 저녁 식사 시간에 발생한다. 박 이병은 감방을 잠그는 쇠 빗장을 뽑아 매트리스 밑에 숨겨 두었다가 식사 중인 김○수의 두부를 8차례 가격한다. 쇠귀는 누군가가 큰일 났다고 불러서 피비린내가 진동하는 현장으로 간다. "신 중위님 또 한 놈 죽일 놈 있으니 들어오지 마세요." 쇠귀는 박 이병이 존댓말을 하는 것을 보고 나를 해치지는 않겠다는 생각이 들어 안으로 들어가 빗장을 빼앗는다. 김○수는 곧바로 수도육군병원으로 옮겨졌지만 바로 사망했다. 박 이병은 1969년 12월 30일 앞의 사건과 병합 심리 결과 사형이 언도된다.[2]

---

2   이 글은 쇠귀가 대필한 「항소 이유서」와 쇠귀가 인터뷰에서 이야기한 내용을 재구성한 것이다.

'엽서93'은 육군교도소에서 전주교도소까지 시기 순으로 에세이와 편지를 배열했다. 남한산성에서 남긴 '작품'은 제목이 있는 수필 8편, 제목 없는 단상 10편, 표제가 있는 그림 14편, 글 속의 삽화 6편 등 모두 38편이다. "오늘은 다만 내일을 기다리는 날이다. …… '미네르바'의 부엉이는 석양에 날기 시작한다"로 시작해서 「고성(古城) 밑에서 띄우는 글」로 끝난다. 모두 매일 두 장씩 지급되는 재생 휴지에 쓰거나 그린 것이다. 대부분의 글과 그림에서 사형수의 우울함보다는 자신이 당면한 상황을 객관화하고 비판적으로 거리를 유지하려는 이성적인 면모가 잘 드러난다.

이어 안양교도소, 대전교소도, 전주교도소에서 부친을 비롯한 가족에게 보낸 편지글 217편을 시기 순으로 편집했다. 안양에는 잠시 있었기 때문에 보낸 편지가 한 통에 불과하고, 대전에서 보낸 것이 184통, 전주에서 보낸 것이 32통이다. 엽서와 함께 보낸 것으로 보이는 '김유신의 말(馬)', '배식', '사다리와 돼지 등', '기상나팔' 등 그림 8장이 별도로 배치되어 있고, 삽화를 포함하는 엽서가 45통이다.

삽화가 처음 등장한 편지는 1977년 5월 20일 자로 가족 모두에게 연서 형식으로 써 보낸 편지다. 아버님, 어머님, 누님, 동생에 이어 계수씨에게는 "꽃들은 바람의 웃음소리. 아직 오월, 훈풍입니다"라는 메시지와 함께 꽃을 그려 보낸다. 이후 쇠귀의 엽서에서 삽화가 늘어나는 이유는 두 누님에 이어 형, 동생이 모두 결혼해서 조카들이 여럿 생겼기 때문이다. 어차피 식구들이 모여 엽서를 읽을 때 글을 모르는 조카들도 옆에서 기웃거릴 텐데 그들에게도 뭔가 '볼거리'를 제공해야겠다는 생각이 들어서였다. "아버님, 어머님,

사다리 보다
너의
돼지등이
더 좋다.

1987년 전주교도소에서 쓴 엽서

형님, 형수님, 동생, 계수씨, 누님…… 그리고 별처럼 꼬마들이 생각납니다. 우용이, 주용이, 화용이, 주은이, 부경이, 애경이, 재경이, 강리……" 1977년 세모에 부모님께 보낸 엽서를 보면 지안현(集安縣) 무용총에서 발견된 고구려 장수가 말 타고 사냥하는 그림과 '영복'이라는 낙관이 보인다. 이후에 보낸 엽서에도 자주 삽화가 등장한다. 연말연시에 보낸 연하장은 거의 그림엽서처럼 꾸몄고 거북이, 잠자리채, 참새, 해바라기, 개구리, 등굣길, 제비, 화투, 연날리기, 산타클로스, 토끼, 황소, 무지개, 겨울잠 자는 동물들, 벌레와 같이 동화나 만화를 연상하게 하는 밝고 신나는 것들이 주인공이다.

'엽서93'은 지인들의 '자비 한정 출판본'이었기 때문에 곧 절판된다. 소문을 들은 독자의 요구가 끊이지 않았고, '해적판'이 나돌기도 했다. 쇠귀의 출판을 '전담'한 돌베개출판사에서 2003년 영인본을 새로 만든다. 그 책이 『신영복의 엽서』(이하 '엽서03')다. '엽서93'과 달리 필자가 직접 글을 선별하고 배열했기 때문에 '결정판'이라고 할 수 있다. '엽서03'은 고화질 정밀 인쇄를 해서 원본을 있는 그대로 재현하는 데 심혈을 기울였다. '엽서03'을 보면 봉함엽서의 접힌 흔적과 얼룩, 습기로 인한 번짐 상태까지 그대로 살렸다. 특히 삽화가 포함된 편지를 비교해 보면 그 차이가 확연히 드러난다.

디지털 글꼴 '엽서체'를 개발한 국민대 김민 교수의 말이다. "1970년대의 서신에서는 낱자들의 축이 일정치 않고 자간과 행간이 불규칙하여 다소 불안정한 느낌이 들었으나, 1980년대 중반 이후의 글씨는 손글씨라 하기에는 너무도 정연하여 감탄을 금하기 어려웠다. 특히 '맞춤'과 '여백'의 시각으로 지면 전체를 보면 더욱 그러하다."[김민, 읽기, 407] '엽서03'을 보면 김 교수의 이야기가 확실히 실감 난다.

1998년에 돌베개에서 펴낸 『감옥으로부터의 사색─신영복 옥중서간』(이하 '사색98')은 몇 가지 점에서 쇠귀 옥중 편지의 '정본' 이라 할 수 있다. 먼저 쇠귀가 1998년 사면 복권된 후 '엽서93'에 실렸던 남한산성 시절의 글들을 추가해 쇠귀의 옥중 '작품'이 망라 되었다. 모든 글을 집필지 혹은 발신지인 남한산성, 안양교도소, 대 전교도소, 전주교도소로 크게 구분한 다음 시기순으로 배치했다.

일부 엽서의 제목도 수정했다. '사색'의 경우 제목이 없는 일부 서신에 편집자가 제목을 달았다. 「나목의 건너편에는」(1981년 11월 9일)이 「낙엽을 떨구어 거름으로 묻고」로, 「동굴에 사는 물신(物神) 들」(1978년 11월 22일)이 「동굴의 우상」으로 바뀐 것처럼 의미를 구 체화한 경우도 있고, 「비 오는 9월에」(1977년 9월 1일)가 「민중의 얼 굴」로 바뀐 것처럼 완전히 제목이 달라진 경우도 있다.

'사색98'에는 남한산성에서 쓴 10편의 에세이와 각 교도소에 서 보낸 235통의 편지글(안양 1, 대전 197, 전주 37)이 실려 있다. 연 도별로 보면 1980년과 1982년 26통, 1981년 24통, 1983년 23통, 1984년 22통, 1977년 19통, 1987년 17통, 1986년 16통, 1988년 12통, 1976년 9통 순이다. 수신자별로 보면 계수 65통, 부친 63통, 형수 56통, 부친과 모친 25통, 모친 19통 순이다. 동생에게 보낸 편 지는 3통, 옥바라지를 비롯해 궂은일을 도맡아서 하던 형(신영대)에 게 보낸 편지는 형이 결혼할 무렵(1971년 7월)에 보낸 것이 유일하 다. 무기수로 확정된 후 적응하는 시기였던 1971~1975년 사이에 보낸 편지는 매년 3통 내외였다. 반면 1980~1984년까지 5년간은 해마다 24통 안팎의 편지를 보냈다. 남한산성에 있던 1년 8개월 동안에는 단상이나 에세이 그림 등을 40편 이상 남겼다.

징역살이는 하루하루가 충격의 연속이었습니다. 만나는 상념은 끝이 없었습니다. 그 상념들을 그냥 흘려보내기가 아까웠습니다. 어디다 적어 두고 싶었습니다. 유일하게 허용된 공간이 집으로 보내는 엽서였습니다.【담론, 222】

생사 여부가 불확실했던 남한산성에서는 지나온 삶을 정리하는 기분으로 「청구회 추억」 같은 에세이를 틈나는 대로 재생 휴지에 기록했다. 안양교도소로 이감된 후부터 가족과 서신 연락이 가능해진다. 안양에는 불과 5개월 남짓 있다가 대전으로 이감된다. 대전에서 교도소 생활에 익숙해질 무렵부터 집으로 보내는 편지도 많아졌다. 감옥에서 처지가 나아지면서 편지글이 길어지고 글씨도 인쇄한 것처럼 더 반듯해진다. 편지를 쓰며 먼 훗날 마치 잃어버린 세월을 다시 불러오는 것처럼 그 시절을 생환(生還)할 수 있지 않을까 생각했다고 한다.

'사색'이 나온 뒤 사람들이 계수, 형수에게 보낸 편지가 많은 이유가 뭔지 궁금해했다. 계산해 보니 부모 형제에게 보낸 편지(모두 111통)보다 형수와 계수에게 보낸 편지(모두 121통)가 더 많다.

형수님과 계수님을 수신인으로 하여 편지를 보낸 이유는 형님과 동생이 사회생활을 하고 있었기 때문입니다. 그때는 연좌제 때문에 제약이 많았습니다. 형님이나 동생의 이름이 서신

대장에 기록되고 사찰 대상이 되는 걸 원치 않았어요. 제가 형수님이나 계수님의 이름으로 보내더라도 어차피 가족들이 전부 읽고 있었어요.[손잡고, 258]

형이나 아우를 수신인으로 할 경우 불필요한 오해를 받거나 공안 당국의 감시 대상이 될 수도 있어서 계수, 형수로 했다고 한다. 어차피 쇠귀의 편지는 다 모여서 읽거나 돌려 가며 읽었다. 다른 고려도 있었던 것으로 보인다. 형수와 계수는 얼굴도 모르는 사람인데 자신이 감옥에 있는 동안 결혼을 해서 한 식구가 되었다. 형수와 계수 입장에서 보자면, 시집오자마자 얼굴도 모르는 시동생(혹은 아주버니)을 위해 기약 없는 옥바라지를 해야 하는 상황이었다. 며느리가 내놓고 불편함을 호소하기도 어려웠던 시절이다. 다음은 1984년 6월 19일 엿새간 귀휴를 마치고 대전교도소로 돌아가서 계수씨에게 보낸 편지의 일부다.

늘 뒤켠으로 한 걸음 물러선 자리에서, 계수님의 표현대로 제일 아래 서열이기 때문에, 항상 어른들과 손님들의 울타리 바깥에서 무언가 내게 주려고 부지런히 오가며 애쓰던 계수님의 표정이 눈에 선합니다.[사색18, 358]

감옥살이 처지에 자기 때문에 '생고생'을 하는 새로운 식구들을 위해 할 수 있는 일이 있을 리 없었다. 쇠귀가 형수와 계수를 수신인으로 많은 편지를 보낸 것은, 식구들이 모여 자기 편지를 읽는 시간 동안만이라도 며느리들을 '주인공'의 위치로 올려 주고 싶었던 마음의 표현이기도 했을 것이다. 쇠귀는 같은 공간 혹은 같은 상황에 있는 사람 중 누구도 소외되지 않도록 배려하는 것이 체질인 사람이었다. 나중에 조카들이 태어나자 그들을 위해 편지에 삽화를 그려 넣기 시작한 것도 비슷한 맥락이라 할 수 있다.

영인본 엽서를 처음 본 많은 사람들이 깜짝 놀란다. 거의 모든 편지에 수정한 흔적이 없을 뿐만 아니라 오탈자도 전혀 없었기 때문이다. 남한산성에서 쓴 에세이나 「청구회 추억」에는 이따금 수정한 흔적이 있지만, 교도소에 이감된 뒤에 쓴 편지들의 경우 영인본을 아무리 뒤져 봐도 고친 흔적을 찾을 수 없다. 편지의 내용도 일관되게 차분하고, 반듯하고, 냉철한 데다가 성찰적이었다.

쇠귀에 따르면 편지를 쓰던 상황은 이랬다. 당시 교도소에서는 일체의 필기도구를 소지할 수 없었다. 편지는 한 달에 한 번 허용되었다(1977년 4월부터는 월 4회 편지가 허용되었다.[사색18, 120]). 작업이 없는 시간 교도관 감시대 아래 있는 작은 책상에 쪼그리고 앉아 편지를 썼다. 책상에는 먹물을 머금은 잉크병과 철필(등사지에 원문을 새길 때 쓰는 일종의 펜촉)이 놓여 있었다. 쇠귀는 편지를 쓰기 전 한 달 내내 내용을 구상하고 머릿속에 적었다. 메모할 종이도 연필도 없었기 때문이다. 구상한 내용을 머릿속 '칠판'에 적고 교정까지 끝낸 후 완벽하게 암기한 상태에서 감시대 아래 책상에 앉아 토해 내듯이 편지를 썼다. 어떤 편지는 분량이 200자 원고지 10장이 넘는다.

모든 편지의 내용이 '지나치게' 차분하고 반듯한 데도 나름의 이유가 있었다. 대부분의 수인은 정서적으로 불안하고 서로 다투고 뭔가에 쫓기며 사는 것이 일상이다. 그럼에도 쇠귀가 그런 내용을 편지에 전혀 쓰지 않은 이유는 '자신이 반듯하게 잘 지내는 모습'을 보여 주는 것이 가족에 대한 최소한의 의무라고 생각했기 때문이다. 다른 면에서 그가 보낸 모든 편지는 '검열' 받은 것이었다. 검열에 통과해야 배달되기 때문에 철저하게 '자기 검열'을 할 수밖에 없었다. 자기 검열은 다른 한편으로 국가 권력에 자신이 무너지는 모습을 보이지 않으려는 자존심[담론, 224~225]이기도 했다. 쇠귀가 분명히 보냈는데 도착하지 않은 편지도 상당수 있었다고 한다. 실제로 1971년 대전으로 이감한 후 10월유신을 전후한 시기에 보낸 편지 중 남아 있는 것은 별로 없다.

　이렇듯 엽서는 어렵게 작성되었고, 다중의 검열 관문을 거쳐 이 세상에 전해졌다. 쇠귀가 쓰고 싶은 말을 다 적은 것이 아니라 '최소한 쓰고 싶지 않은 것은 쓰지 않은' 편지들이다.[3] 편지를 쓰며 쇠귀는 유배지에서 잠시나마 정신적 탈옥, 구원의 시간을 가질 수 있었다. 먼 훗날 그 엽서들은 세상의 요구에 따라 소환되었고, 쇠귀의 잃어버린 시간은 그렇게 복원되었다. 지난 2006년 조희연은 「그의 몸에 새겨진 한국 현대의 역사, 그의 몸이 뛰어넘은 한국 현대의 역사」라는 글에서 이렇게 적었다.

　『감옥으로부터의 사색』을 읽고 우리가 느끼는 감동이란 어떤

3　훗날 쇠귀는 감옥에서 보낸 편지에 대해 이렇게 말하기도 했다. "나의 편지 글들은 감옥의 진상을 담고 있지 않다. 적나라한 진상을 에돌아가는 우회였다. 나는 지금도 어쩌다 그 글들을 읽을 때 행간에 묻힌 그 시절의 참담함에 놀란다. 『감옥으로부터의 사색』은 감옥을 견디기 위한 나의 긴장 상태였다. 그리고 그것은 가족들의 아픔을 덜어 보려는 나의 노력이었다."[신영복, 2001d, 7]

것인가. 그것은 1.5평의 독방에서, 가혹한 역사적 희생의 중압 속에서도 인간이 이렇게 사색할 수 있구나 하는 것을 깨달음으로써 느끼는 감동이다. 그것은 인간에 대한 환희일 수도 있고, 인간의 잠재력에 대한 깨달음일 수도 있고, 절망을 뛰어넘은 인간에 대한 깊은 발견이기도 하다.【조희연, 읽기, 76】

3. 번역과 역사의 생환

역사를 과거의 화석 같은 존재로부터 깨워서 피가 통하고 숨결이 이는 살아 있는 실체로 복원하고 생환하게 한다. 이러한 복원과 생환이 진실로 역사를 배우기보다 역사에서 배우는 자세일 것이다. 역사를 생환하고 역사에서 배운다는 것은 그 시절을 정직하게 맞서서 걸어간 사람들의 이야기로 채워질 때 비로소 가능하리라고 생각한다.[냇물아, 319]

쇠귀가 가석방되었을 때 어머니는 깊은 병환 중이었다. 쇠귀는 성공회대에서 멀지 않은 목동으로 이사해 부모님과 함께 살았다. 서둘러 결혼을 했고, 모친은 1989년 말에 작고한다. 쇠귀는 1994년 부친이 88세로 돌아가실 때까지 성공회대에 강의하러 가거나 친구들을 만나는 것을 제외하고 거의 집 주변을 떠나지 않았다.

이 시기에 쇠귀는 자유롭게 글을 쓸 수 없었기 때문에 번역 작업에 집중했다. 1960년대에 진보 지식인들이 비판 담론에 대한 정권의 탄압을 피해 주로 외국 서적을 번역, 소개했던 일을 연상하게 한다. 감옥에서 본 한문 서적이나 의뢰받은 책들을 한글로 옮겼다. 쇠귀가 출소한 후 1994년까지 번역하거나 번역에 관여한 책으로는 『사람아 아, 사람아!』(1991, 다섯수레), 『루쉰전—루쉰의 삶과 사상』(1992, 다섯수레), 『역사속에서 걸어나온 사람들—산월기(山月記)·이능(李陵)』(1993, 다섯수레), 『중국역대시가선집』 1~4권(1994, 돌베개)이 있다.

'사람아', 사회주의와 휴머니즘

『사람아 아, 사람아!』(이하 '사람아')는 중국 현대 휴머니즘 문학의 기수라고 평가받은 다이허우잉(戴厚英, 1938~1996)¹이 1980년에 펴낸 자전적 소설이다. '사람아'를 출판한 다섯수레의 김태진 대표는 『동아일보』 편집국의 라디오 방송부 기자로 일하며 박정희 정권의 언론 탄압에 맞서 싸우다 1975년에 해직된다. 이후 실업자로 지내다가 1988년 출판사 등록이 자유로워지자 새로운 출판사를 차린다.

　　김태진 대표는 막 출감한 쇠귀를 찾아가 출판사 이름을 지어

1　안후이성(安徽省) 출신으로 상하이 화동사범대학 중문과를 나온 대표적인 중국 현대 소설가다. 1966년 문화대혁명 때 '혁명 전사'로 활약했지만 당시 '검은 시인'으로 비판받던 웬져(聞捷, 1923~1971)와 사랑에 빠진다. 중국 정부는 두 사람의 결혼을 승인하지 않았고, 웬져는 1971년에 자살한다. 이후 다이허우잉도 반혁명 분자로 몰려 고난을 받다가 1980년 이후 창작에 몰두해, 중국 현대 휴머니즘 문학의 기수가 되었다. 1996년 8월 25일 혼자 살던 상하이 자택에서 피살되었다. 대표작으로 『사람아 아, 사람아!』(1980) 외에 『시인의 죽음』(1982), 『하늘의 발자국 소리』(1985) 등이 있다.

달라고 부탁한다. 쇠귀는 "두보의 시구절인 '남아수독오거서'(男兒須讀五車書)라는 말에서 '오거'(五車)라는 말만 가져다 쓰면 좋겠는데 '오차'로 잘못 읽으면 그것도 곤란하니, 뜻을 풀어 써서 '다섯수레'로 하자"고 제안했다고 한다. 쇠귀는 다섯수레출판사의 첫 책 번역도 맡는다. 다이허우잉의 책을 추천한 사람은 당시 도쿄여대 교수였던 지명관(池明觀, 1924~)[2] 선생이다. 망명객이나 다름없는 처지였던 지씨가 일본 이와나미(岩波)문고의 중국 문학 관련 책을 읽다가 다이허우잉이라는 굵직한 작가를 캐낸 것이다.[『중앙일보』 2003. 10. 17.]

'사람아'는 1991년 3월에 출간되었다. 당시는 한중 수교(1992) 전이었기에 중국에 대한 정보나 이해가 너무나 부족했다. 이 책 자체가 흡인력이 있는 데다 시대 분위기와도 잘 맞아 출판한 지 2년 만에 30쇄를 찍을 정도로 선풍적인 인기를 끈다.[3] 2004년 무렵까지

2   평안북도 정주에서 태어나 김일성대에 제1회로 입학했으나 1947년 월남한다. 서울대 종교학과 박사 과정을 수료한 뒤 덕성여대 교수와 『사상계』 주간을 지낸다. 유신 체제 이후 반독재 운동을 벌이다 일본으로 가서 도쿄여대 교수로 재직했다. 1973~1988년 'TK生'이라는 필명으로 일본의 대표적 잡지인 『세카이』(世界)에 「한국으로부터의 통신」을 연재했다. 엄혹한 군사 정권의 탄압과 한국의 민주화 운동을 전 세계에 알렸다. 1993년에 귀국해 한림대 석좌교수와 KBS 이사장을 지냈다.
3   '사람아'는 중국에서보다 한국에서 더 많이 팔렸다고 한다. 출판사 관계자의 말이다. "저는 이 책이 사회과학 시대의 마지막 책이라고 봐요. 1980년대식 사회과학이 아니라 소설의 형식을 빌린, 연애 이야기를 앞세운 사회과학이었죠. 저는 처음에 이 책의 독자를 두 부류로 보았습니다. 하나는 그냥 연애 소설로 읽는 사람, 다른 하나는 책에 담긴 휴머니즘이나 사상적인 면에 공감하는 사람. 그런데 첫 번째 예측은 빗나갔어요. 연애 소설로 읽기에는 이야기 전개가 너무 느리고 무

대략 57쇄를 찍었고, 2005년에는 표지를 '절규하는 사람' 그림에서 한문 '사람 인(人)'으로 바꾸고 등장인물의 한글 표기를 시대에 맞게 바꾸어 개정판을 낸다. 개정판은 2017년까지 14쇄를 찍었다. 책의 성격으로 봤을 때 엄청난 성과라 할 수 있다. 쇠귀는 역자 서문 「안개 속의 꽃 다이허우잉」에서 이렇게 말했다.

> 다이허우잉은 집요할 정도로 철저하게 인간의 문제를 모든 것의 중심에 놓고 펼쳐 나가고 있다. 한마디로 인간과 인간관계에 대한 그의 고뇌이며 애정의 사색이다. 역사의 격동 속에서 사랑과 우정, 이상과 신념이 어떠한 운명을 겪어 가는가. 어떠한 것이 무너지고 어떠한 것이 껍질을 깨고 자라나는가를 보여 주려고 하는 것이다. 이러한 점에서 '혁명의 격정만을 이야기하고 혁명의 서정을 말하지 않는 것은 편향'이라는 저우언라이(朱恩來)의 지성이 느껴지기도 한다.[사람아, 7]

'사람아'는 모두 11명이 등장해 각자 자기 입장에서 저마다의 '진실'을 이야기하는 형식의 소설이다. 등장인물은 상하이로 추정되는 C시의 한 대학교 중문학부 졸업생 쑨위에(孫悅), 허징후(何荊夫), 자오젼후안(趙振環), 쉬허엉종(許恒忠), 소설가(작품 중의 화자) 등과 그들과 관련된 사람들인 당 조직 서기 씨리우(系流)와 그의 아내 천위리, 아들 씨왕 등이다. 이야기의 축은 이들 간의 얽히고설킨 사랑, 쑨위에·허징후와 관료화된 당 조직과의 갈등이다.

거웠던 겁니다."[알라딘 서재 2005. 12. 27. blog.aladin.co.kr/3279/790716]

쑨위에는 대학을 졸업한 후 소꿉친구인 자오전후안과 결혼해 떨어져 살다가 이혼당하고 딸 한한(憾憾)을 키우며 혼자 살고 있다. 강직한 허징후는 대학 시절 쑨에게 사랑을 고백했다 실패하고 문화대혁명 때 우파로 몰려 지역으로 추방된다. 그 뒤 형극의 세월을 보낸 후 진정한 사회주의자가 되어 C시로 돌아온다. 여전히 쑨을 사랑한다. 나약한 쉬허엉종은 아내가 죽은 뒤 이혼한 쑨과 결혼하고 싶어 한다. 소설가는 이들의 모임과 관계를 '객관적으로' 기록하는 인물이다.

쇠귀는 혁명이란 사회의 물적 생산관계를 바꾸는 일이고, 사상 혁명에서 시작해 사상 혁명으로 끝난다고 했다. 문화대혁명은 중화인민공화국을 건설한 후 중국의 모든 인민을 사회주의자로 개조하기 위한 '반우파 계급투쟁'으로 시작되었지만, 전개 과정에서 '수억의 두뇌를 파괴'하는 결과를 가져왔다는 평가도 있다. '사람아'는 문화대혁명 과정에서 정작 인간은 소외되거나 제거되고 기계적인 사회주의 노선만 부각되는 현실과 관료화된 당 조직을 정면으로 비판한다. 남자 주인공 허징후가 문화대혁명 때 추방된 것은 그의 휴머니즘 때문이었다. C시로 돌아온 허징후는 쑨위에를 만났을 때 이렇게 말한다.

마르크스, 엥겔스의 저작을 잘 읽어 보라고. 되풀이해서 읽는 동안에 두 위인의 마음속에는 '인간'이라는 두 글자가 크게 씌어 있다는 것을 발견하게 될 거야. 그의 이론, 그의 실천은 모두 이 '인간'을 실현시키기 위한 것, 인간을 '인간'일 수 없도록 만들고 있는 모든 현상과 그 원인을 소멸시키기 위한 것이 없어. 하지만 유감스럽게도 우리들 자칭 마르크스주의자 중에는 그 수단만을 기억하고 그 목적을 망각하거나 간과해 버리는 자도 있지. 마치 혁명의 목적이 인간의 개성을 말살하고 인간의 가정을 파괴하며 사람들을 갖가지 울타리로 서로 격리시키는 것이기나 한 것처럼 말이야. 우리들은 봉건적인 경제적 등급을 소멸시킨 반면, 많은 정치적 등급을 인위적으로 만들어 내고 말았어. 나는 흑8류, 당신은 9류인 경원 대상이지. 우리들의 아이는 교화 대상이야. 아직 태어나기도 전부터 딱지가 붙는 거야. 이것이 유물론이라고 말할 수 있을까.[사람아, 129]

다이허우잉은 문혁 시절 정열적이고 단순한 젊은이였다. 1957년에는 계급투쟁이라는 개념이, 1966년에는 노선 투쟁이라는 개념이 그의 두뇌를 온통 지배했다. 하지만 자기 자신과 육친을 포함한 사람들에게서 피와 눈물의 흔적을 보며 고민이 깊어진다. "나는 저 극좌 노선을 의심할 만큼 용기를 갖지 못했으며, 또 의심하려고 하지도 않았지만 양심의 통증과 영혼의 신음 소리를 들을 수 있었다."[사람아, 471] 그가 외치고 다녔던 문화대혁명 이념이 사람들의 영혼이 아니라 육체에만 전달된다는 사실을 깨닫는다.

세월이 흘렀지만 세상은 생각만큼 쉽게 변하지 않았다. 소설에서 허징후의 저서인 『마르크스주의와 휴머니즘』 출판은 난항을 거듭한다. C시 당위원회 서기 씨리우와 당 간부들은 마르크스주의를 새롭게 해석한 글을 사전 검열하고 출판을 막기 위해 수단과 방법을 가리지 않는다. 추문을 만들거나 인간관계를 말살하는 방식도 동원했다. 다이허우잉이 보기에 그들은 마르크스주의를 공부한 사람들이 아니라 '전수받은' 사람들이다. 그들은 새로운 해석과 변화 가능성을 봉쇄했다. 다이허우잉은 새로 등장하는 젊은이들에게서 희망을 찾으려 한다. 다음은 소설 끝부분에 있는 허징후와 한한이 만나 대화하는 대목이다.

> 허징후: 너희들 세대가 우리들 세대보다 확실히 틀림없이 희망이 있어. 언젠가는 현대화된 젊은이가 될 거야. 그때 우리를 쓰레기 취급하지 마!
> 한한: 그건 여러분들의 태도 여하에 달려 있어요! 자기를 새로운 인간으로 변하게 하고 싶어 하지 않는 사람은 미안하지만 도태시킬 거예요! [사람아, 458]

'사람아'에는 다이허우잉의 20여 년에 걸친 '아이러니한 사상의 변화'와 신산한 경험이 녹아 있다. 11명의 등장인물 모두가 동등한 위치에서 자신의 이야기를 털어놓는 방식으로 구성한 것도 주목할 만하다. 일부 논자들은 이를 큐비즘 방식이라고 규정하기도 했다. 주요 인물들이 각자의 입장에서 정리한 사건과 상황을 차례로 읽다 보면 타인의 눈에 내가 어떻게 비치는지 이해할 수 있다. 동시에 모든 사람이 나름대로 '이유'가 있다는 사실을 깨닫는다.

'루쉰전', 시대와 삶의 삼투 그리고 양심

'사람아'를 낸 뒤 1년도 지나지 않아 왕스징(王士菁)[4]이 지은 『루쉰전』(魯迅傳)을 한신대학교 유세종 교수와 함께 번역한다. 공역자인 유세종 교수는 루쉰 전문 연구자로『청년들아, 나를 딛고 오르거라』(1991),『호루라기를 부는 장자』(1996) 같은 루쉰 작품을 소개했고, 지난 2018년 6월에 완간된 국내 최초의『루쉰 전집』(전 20권) 번역 작업에도 참여했다.

오래전부터 루쉰(1881~1936)의 일생을 우리나라 독자들에게 소개해야겠다고 생각한 역자들은 중국인이 쓴 최초의 루쉰 전기인 '왕스징 본'을 택한다. 왕스징의『루쉰전』은 1948년 상하이에서 처음 나온 뒤 1981년까지 일곱 차례 개정된 바 있다. 다섯수레에서 1992년 3월에 출판한『루쉰전(魯迅傳) — 루쉰의 삶과 사상』은 1979년에 나온 6차 수정본을 저본으로 하고, 7차 수정본에 대한 조선어 번역본『로신전』을 참고했다.[루쉰전, 452]

루쉰은 군부 독재 정권 시절 리영희를 비롯한 한국 진보 지식인의 대표적인 사표였다. 본명은 저우수런(周樹人)이고, 루쉰은 어머니 쪽 성을 따서 지은 필명이다. 저장성 사오싱시의 지주 집안에서 태어났다.『아Q정전』,『광인일기』등의 소설과 서신, 일기 등을 모은 20여 권의 창작집을 남겼다. 중국 고전 문학 작품을 수집해서 교열한 것, 중국 고전 문학을 연구한 저작, 번역 소개한 세계 각국의 고전 문학과 현대 문학 작품, 번역해 놓은 논문과 문예 이론 등도 엄청난 분량이 남아 있다.

---

4   서남연합대학 중문과를 나와 고전 문학을 공부하고, 인민문학출판사 부총편집인으로 근무하면서 루쉰의 작품을 편집했다. 루쉰박물관 관장, 베이징 사범대학 교수를 지냈으며, 1998년 한국외국어대에 교환 교수로 와 있기도 했다.

루쉰은 난징에 있는 광무철로학당(礦務鐵路學堂)을 졸업한 뒤 22세 되던 해에 국가 장학생이 되어 일본으로 유학을 떠난다. 도쿄의 고분학원(弘文學院)에 입학해 일본어와 과학 기초 지식을 배운 뒤 1904년 9월부터 센다이 의학전문학교에 다녔다. 1909년에 귀국해 향리에서 교원으로 지내며 1918년에는 『광인일기』를 발표한다. 베이징에 머물다 장제스 정부의 수배령을 피해 1927년 상하이에 정착한다. 1936년 55세를 일기로 세상을 떠날 때까지 글, 강연, 판화 운동 등을 통해 중국 현실과 필사적인 싸움을 벌였다. 특히 청년들을 위해 헌신했다. 집에서 500여 명의 청년을 만났고, 전국 각지와 해외에서 젊은이들이 보내온 2,200여 통의 편지에 답장을 보냈다.

　　쇠귀는 감옥에서 책이나 이론보다 사람에게서 배워야 한다는 사실을 깨닫는다. 책에는 '가슴에 와 닿는 절절함'이 없기 때문이다. 하지만 한 개인의 삶 속에 역사와 사회의 실상이 고루 담기기는 어렵다. 드문 경우기는 하지만 예외도 있다. 루쉰은 중국 근대사의 한복판을 용감하게 걸어간다. 루쉰의 삶 속에는 그가 산 시대가 고스란히 담겨 있다. 쇠귀는 『루쉰전』을 번역하면서 그 험난한 상황 속에서 루쉰이 평생 견결한 자세를 고수할 수 있었던 힘이 어디서 나왔을지 궁금했다.

　　그의 삶 전체를 일관하고 있는 의지는 다름 아닌 그의 양심의 응결체였음을 깨달을 수 있었다. 양심은 이웃에 대한 관심이며 애정이다. 루쉰에게 이것은 인간을 '더부살이'로 이해하는 것과 밀접하게 결부되어 있다고 할 수 있다. 흙과 더불어 살고 이웃과 더불어 살고 조국과 민중과 더불어 살 수밖에 없는 인간에 대한 깊은 이해가 루쉰이 지켜 낸 양심의 내용이었다. 루쉰의 초인 같은 업적도 이 양심이 만들어 낸 산물이었으며, 루쉰의 문학적 천재성도 이 양심의 승화였으며, 불굴의 전투성도 이러한 양심의 실천이었다고 할 수 있다. 양심은 이처럼 루쉰의 모든 고뇌와 달성(達成)의 원천이었다.〔루쉰전, 초판 '서문'〕

쉬귀는 일찍이 감옥에서 자신의 삶을 추체험하며 인간을 인간답게 만드는 가장 근본적인 힘이 '양심'이라고 생각한다. 사회와 역사 그리고 모든 인식과 실천 과정에서 자칫 경시되기 쉬운 것이 양심이고, 그 양심을 회복하는 일이 무엇보다 중요하다는 사실을 루쉰의 삶을 통해 새삼 떠올린다.

왕스징의 『루쉰전』은 생각처럼 쉽게 읽히지 않는다. 왕스징 본 초판이 나온 것은 중화인민공화국 건국 이전인 1948년이다. 역자들은 갑자기 등장하는 '마르크시즘에 입각한 교조적이고 기계적인 정치적 단죄에 가까운 비판'이나 루쉰과 직접 관련이 없는 '장황한 정치적 설명' 부분은 과감하게 삭제했다고 한다.〔루쉰전, 452~453〕 그렇다고 공인된 '중국 사회주의 위인전'인 왕스징 본의 기본 골격까지 손댈 수 있었던 것은 아니다.

역자들은 15년이 지난 2007년 개정판을 낸다. 그동안 동구권 사회주의가 붕괴되고, 국내에서도 3당 합당으로 집권한 김영삼 정부 이후 김대중 정부를 거쳐 참여정부가 들어선 상황이었다. 초판을 낸 뒤 상당한 시간이 지났고 세상도 달라졌기 때문에 '젊은 세대용으로' 개정한 것이다. 우선 판형이 손에 잡기 좋은 크기의 양장본으로 바뀌었다. 표지의 루쉰 이미지도 어디론가 바쁘게 걸어가는 측면 사진에서 너그럽게 미소 짓는 정면 초상으로 바꿨다. 세상의 변화를 담아 본문의 지명 표기나 어색해진 표현들을 다듬었고, 출간 시점의 변화에 따라 표현도 수정했다. 부제도 '물에 빠진 개는 두들겨 패라'에서 '기꺼이 아이들의 소가 되리라'로 바꾸었다.

'물에 빠진 개'는 루쉰의 대표적인 잡감문(雜感文) 중 하나다. 루쉰이 암흑 세력과 치열하게 싸울 때 그의 동생 저우쭤런(周作人, 1885~1967)[5]이 1925년 12월에 나온 한 잡지에 「제목을 잃고」(失題)라는 글을 발표한다. 그는 이미 '물에 빠진 개'는 때릴 필요가 없다고 주장했는데, 린위탕(林語堂, 1895~1976)[6]이 이를 받아 "패배한 자들에게 더 이상 공격하지 말아야 한다"며 제국주의와 봉건 군벌에 대한 적극적인 복무 태도를 공개적으로 드러낸다.

루쉰은 「페어플레이는 아직 이르다」라는 글을 통해 물에 빠진 개를 발을 헛디뎌 물에 빠진 개, 남이 때려서 물에 빠진 개, 자신이 직접 때려서 물에 빠진 개로 구분한 다음, 특히 자신이 때려서 물에 빠트린 개는 물속에 있는 동안 큰 몽둥이로 호되게 때려도 나무랄 것이 없다고 단호하게 주장한다. 모든 악한 세력과는 끝까지 타협

5　루쉰의 친동생으로 1906년 일본 릿교대학에 유학해 영문학 등을 공부하고 돌아와서 유럽 근대 문학을 번역 소개하는 데 힘쓴다. 1917년 베이징대 교수가 되었고, 신문화운동 때 휴머니즘 문학을 주창했으며, 좋은 수필 작품을 다수 남겼다. 베이징에서 루쉰과 한 집에서 살다가 갈등이 생겨 평생 의절하며 지낸다. 일본이 베이징을 점령했을 때 일본에 협력하는 오점을 남겼다.

6　푸젠성(福建省) 출신의 소설가, 수필가, 언어학자다. 상하이 세인트존스대학을 졸업하고 미국의 하버드대와 독일 예나대학 등에서 공부했다. 1935년부터 30년간 미국에 살다가 1967년 타이완으로 이주했다. 에세이집인 『생활의 발견』(生活的藝術)으로 널리 알려졌다.

하지 말고 끈질기게 투쟁을 벌여야 한다는 것이다.[루쉰전, 284~288]

초판이 나온 1992년은 노태우 정권 말기였다. 군사 정권이 몰락하고 있었지만 그 저항도 만만치 않은 상황이었다. '물에 빠진 개는 두들겨 패라'는 당시 한국 정치 상황으로 볼 때 적절한 부제였다.

'기꺼이 아이들의 소가 되리라'는 루쉰의 시 「자조」(自嘲)에 나오는 말이다. "많은 사람의 손가락질에는 쌀쌀하게 눈썹 치켜세워 응대하지만, 아이들을 위해서는 기꺼이 머리 숙여 소가 되리라"(横眉冷對千夫指, 俯首甘爲孺子牛)라는 대구의 뒷부분이다. 왕스징은 이 시에서 말하는 많은 사람은 '민중의 적'을 가리키고, 아이들이란 노동자, 농민 계급과 민중을 가리키는 것이라고 보았다.[루쉰전, 449] 마오쩌둥이 국공내전 때 공산당원이 가져야 할 자세를 언급하면서 루쉰의 「자조」를 인용한다.

> 루쉰에게서 역자는 방법론, '길'을 읽는다. 세상을 인식하는 길, 고통을 이겨 내는 길, 문제와 갈등을 해결하는 길, 해결이 난감한 문제에 봉착할 경우 포기하지 않고 직시하는 길, 그 고통과 절망을 인내하는 길……. 그에게는 다 배우지 못한 수많은 길이 있다. 루쉰에게는 세계를 인식하는 방법론으로 도저한 부정(否定)과 회의(懷疑)의 정신이 있다. …… 루쉰에게는 세계를 살아가는 방법론으로서 반항과 실천이 있다. …… 루쉰이 보인 이 모든 방법론이 지향하는 궁극의 정점에는 인간, 공존, 평화, 자유, 생명, 여린 것의 존엄함이 빛나고 있다. 약자들의 복권과 행복, 그들의 자유와 평화에 대한 염원이 있다.[루쉰전, 개정판 '옮긴이의 말']

'역사속에서', 절망한 인간의 이해와 복원

일본 작가 나카지마 아츠시(中島敦, 1909~1942)의 『역사속에서 걸어 나온 사람들—산월기·이능』(이하 '역사속에서')이라는 소설집은 낯설다. 저자도 생소하고 쇠귀가 번역한 것이 아니라 '감역'으로 참여했다는 것도 그렇다. 쇠귀는 이 책의 단순한 감수자가 아니다. 작가와 번역할 작품을 고른 후 출판사를 설득해서 번역자를 찾게 했고, 이철수 화백에게 삽화를 '강요'했을 뿐만 아니라 원저자 나카지마와 그의 작품 세계에 대한 200자 원고지 56매에 달하는 본격 평론(「역사로부터의 생환—인간은 역사 속에서 걸어나오고 역사 속으로 걸어들어간다」)을 써서 권두에 배치했다. 쇠귀가 감옥에서부터 나카지마와 그의 작품에 큰 관심을 가지고 있었다는 이야기다.

나카지마 아츠시는 서른세 살에 요절한 천재 작가다. 나카지마는 1909년 도쿄에서 교사의 아들로 태어났다. 세 살 때 부모가 이혼해 고향의 할머니 슬하에서 자랐다. 아버지는 이혼한 후 세 번 재혼한다. 조부는 유명한 유학자였고, 아버지도 유학에 조예가 깊었다. 그의 작품 세계의 바탕에 한학이 깔려 있는 이유다.

가정은 불우했지만 학교에서는 줄곧 최우등생이었다. 서울 용산중학교로 전임되는 부친을 따라 초등학교 5학년 때 서울로 와서 중학교까지 서울서 지낸다. 제1고 시절에 쓴 단편소설 「순경이 있는 풍경」은 간토대지진(關東大地震) 때 조선인 학살 사건을 조선인 시각에서 쓴 작품이다. 제1고를 졸업하고 동경제국대 국문학과에 입학해 1933년에 졸업한다. 늑막염과 천식으로 고생하다가 1936년 요코하마여고 교사로 부임한 뒤, 양쪽 집안의 반대를 무릅쓰고 마작 클럽의 여종업원과 가정을 꾸린다. 이후 8년간이 주로 작품을 쓴 시기다. 작고하는 해인 1942년에 작품집 『빛과 바람과 꿈』, 『남도담』(南島譚)이 나온다.

나카지마는 미완성을 포함해 20편이 채 안 되는 작품을 남겼다. 「제자」와 「이능」을 제외하면 모두 단편소설이다. '역사속에서'에는 「산월기」, 「명인전」, 「제자」, 「이능」 네 편이 실렸다. 「산월기」는 1942년에 발표한 첫 작품이고, 「명인전」은 1942년 12월에 발표한 마지막 작품이다. 「제자」와 「이능」은 모두 사후에 발표되었다. 「이능」이라는 제목은 나카지마가 끝까지 고민하다 제목을 확정하지 못하고 죽어서 발표될 때 편집자가 붙인 것이다.

> 이 책에 실린 「산월기」(山月記), 「명인전」(名人傳), 「제자」, 「이능」은 그의 이러한 실존주의적 정신세계가 그 관념성의 그림자를 내면화하고 소여(所與)와 '어리석음'에 좌절하면서도 자신의 '생' 그 자체를 팽팽히 맞세움으로써 생과 사를 역사 속에 각인시켜 나가는 과정이라고 할 수 있다. 절망의 심연에서 걸어 나와 사람들과의 관계 속으로, 다시 사회와 역사 속으로 걸어 들어가는 '실천의 인간상'을 구현해 내는 나카지마 특유의 문학 세계가 비정하리만큼 담담한 문장으로 형상화되어 있다.【역사속에서, 16~17】

쇠귀는 나카지마의 작품을 읽고 절망의 심연에서 역사 속으로 사라졌던 인물을 살아서 실천하는 인간으로 '생환'한다는 점에 놀랐고, 비장하리만치 담담한 그의 문체에 매료되었다. 쇠귀는, 이 작가가 불과 서른세 살에 요절했다고는 믿기 어려울 정도로 작품에서 드러나는 인간 이해와 역사 인식이 난숙하고도 깊다고 경탄을 금치 못한다.

'역사속에서'에 포함된 「산월기」, 「명인전」, 「제자」, 「이능」은 나카지마의 대표작들이고 상당한 공통점도 가지고 있다. 「산월기」의 이징(李徵), 「명인전」의 기창(紀昌), 「제자」의 자로(子路), 「이능」의 이능(李陵)·사마천(司馬遷)·소무(蘇武) 등 네 작품 모두 중국 고전이나 역사에 등장하는 유명한 인물들을 불러내어 새로운 생명을 불어넣고 있다.

「산월기」는 당나라의 이경량(李景亮)이 정리한 중국 야담집 『인호전』(人虎傳)을 참고한 작품이다. 일본 교과서에 늘 실리는 나카지마의 대표작이다. 농서의 서생 이징은 젊은 나이에 진사시에 급제해 벼슬을 한다. 남과 쉽게 타협하지 못하는 성격인 데다가 자신의 능력에 비해 낮은 자리에 머물러 있다고 앙앙불락하다 관직을 그만두고 물러나 시작(詩作)에 전념한다. 그러나 시 쓰기가 뜻대로 되지 않고 생계가 어려워지자 소신을 꺾고 다시 관료가 된다. 이후 우습게 여기던 자들의 명령을 받으며 상처만 쌓아 가다가 자신을 제어할 수 없는 지경에 이르자 발광해 호랑이가 된다.

한편 이징의 '절친' 원참(袁傪)은 과거에 급제한 후 감찰어사가 되어 지역을 순행하던 중 호랑이의 습격을 당한다. 호랑이는 원참을 공격하려다가 풀숲으로 숨어 "큰일 날 뻔했다"고 중얼거린다. 원참은 그 목소리의 주인공이 이징임을 알고 사연을 듣는다.

나는 시(詩)로써 명성 얻기를 원하면서도 스스로 스승을 찾아가려고 하지도 친구들과 어울려 절차탁마(切磋琢磨)에 힘쓰려고도 하지 않았다네. 그렇다고 해서 속인(俗人)들과 어울려 잘 지냈는가 하면 그렇지도 못했지. 이 또한 나의 겁 많은 자존심과 존대한 수치심의 소치라고 할 수 있을 걸세. 내가 구슬이 아님을 두려워했기 때문에 애써 노력하여 닦으려고도 하지 않았고, 또 내가 구슬임을 어느 정도 믿고 있었기 때문에 평범한 인간들과 어울리지도 못했던 것이라네. …… 인간은 누구나 다 맹수를 부리는 자이며 그 맹수라고 할 수 있는 것이 바로 각 인간의 성정(性情)이라고 하지. 내 경우에는 이 존대한 수치심이 바로 맹수였던 걸세. 호랑이였던 거야.[역사속에서, 44]

이징은 자존심과 수치심과 나태함 때문에 호랑이가 되었고, 인간으로 돌아갈 수 없다고 울며 고백한 후 자취를 감춘다. 원참은 한 마리의 호랑이가 달을 향해 포효하고 사라지는 모습을 본다. 쇠귀는 이 작품을 인간 실존의 부조리 측면에서 '존대하거나 겁 많은' 자존심과 수치심을 한 인격의 총체로 보려는 시도라고 읽는다.

「명인전」도 여러 중국 고전에서 소재를 모은 것이다. 『열자』(列子)의 「탕문」편과 「황제」편을 기본 골격으로 하고 『장자』, 『전국책』(戰國策) 등에서 유사한 이야기를 취했다. 물론 여러 고전에서 소재를 얻었을 뿐 전체 이야기 구성은 독창적이다. 「명인전」의 주인공 기창도 이 세상에서 뭔가로 일가를 이루고 싶어 하는 사람이다. 이징의 목표가 시로 일가를 이루는 '정신적 성취'였음에 비해 기창의 꿈은 '천하제일의 명궁'이다. 이징은 실패해서 호랑이가 되지만 기창은 성공해 불사지사(不射之射)의 경지에 이른다.

기창은 조나라 수도 한단(邯鄲) 사람이다. 천하제일의 명궁이 되고 싶어서 당대 최고의 궁수인 비위를 찾아간다. 비위는 먼저 '눈을 깜박이지 않는 기술'을 익히라고 했다. 집으로 온 기창은 아내의 베틀 밑으로 기어 들어가 빠른 속도로 오가는 베틀의 줄을 보기 시작했다. 2년쯤 베틀의 줄을 보자 이제 날카로운 송곳으로 눈꺼풀을 찌른다고 해도 깜박이지 않게 되었다. 다시 찾아가자 '작은 것이 큰 것으로 보이는 경지'가 되면 오라고 했다. 기창은 속옷을 뒤집어 이를 한 마리 잡아 머리카락으로 묶은 다음 남쪽 창에 매달아 놓고 보기 시작했다. 3년이 흘렀다. 어느 날 이가 소만 한 크기로 보였다. 다시 비위를 찾아가니 그 자리에서 궁술의 모든 비전(祕傳)을 알려 주었다.

기창과 비위의 실력은 막상막하가 되었다. 기창 처지에서 천하제일이 되기 위해서는 비위를 제거해야 했다. 두 사람이 활 대결을 벌이니 화살이 한가운데서 서로 맞아 함께 땅에 떨어졌다. 기창은 스승을 제거할 수 없음을 알았고, 비위는 더 이상 기창에게 전할 것이 없었다. 비위는 곽산(藿山) 정상에 사는 감승(甘蠅)을 찾아가 보라고 한다.

산 넘고 물 건너 감승을 찾아간 기창이 '내 기술의 수준을 알고 싶다'며 활을 쏘아 한 번에 다섯 마리의 새를 떨어뜨리자 감승이 말했다. "그것은 사지사(射之射)라고 하는 것. 그대는 아직 불사지사를 모르는 게로군."[역사속에서, 58] 이후 기창은 9년간 노(老)명인 곁에 있었다. 기창이 돌아왔을 때 사람들은 놀랐다. 얼굴이 아무런 표정 없는 목우(木偶)처럼 변해 있었다.

지위(至爲)는 행하지 않는 것이고, 지언(至言)은 말을 하지 않는 것이고, 지사(至射)는 쏘지 않는 것이다.【역사속에서, 60】

노인이 된 기창은 만년에 나와 남, 시와 비에 대한 구별이 없어졌다고 했다. 어느 날 지인의 집에 초대받아 갔다. 그 집 벽에 활이 걸려 있었다. 기창은 그 물건이 무엇에 쓰는 것인지 전혀 기억하지 못했다.

중편 「제자」는 『공자가어』, 『논어』, 『사기』, 『춘추좌전』 등에 있는 이야기를 소재로 한다. 널리 알려진 공자와 자로의 이야기를 다룬 것이지만, 「제자」에 등장하는 공자와 통념상의 '공자 이미지'는 차이가 있다. 그 차이가 이 작품의 핵심이다.

나카지마의 「제자」 초고에는 1942년 6월 24일 밤 11시라고 탈고 시각이 적혀 있고, 제목이 '자로'에서 '사제'로 수정되었다가 최종적으로 '제자'로 결정한 흔적이 남아 있었다고 한다. 공자의 제자인 자로가 주인공이라는 점에서 '자로'라고 제목을 정해도 무리는 없어 보인다. '사제'라는 제목은 '관계'를 내세운 것이고, '제자'라는 제목은 행위자를 앞세운 것이다.

나카지마가 드러내고자 한 것은 공자와 자로의 관계가 아니라 자로라는 제자를 통해서 본 공자고, 공자를 통해서 본 자로의 모습이다. '사제 관계'가 가장 중요한 줄기라는 것은 분명하지만, 공문(孔門)의 스승과 제자 관계를 드러내기 위해 이 소설을 쓴 것은 아니다. 제목을 「제자」로 정한 것은 사제 관계가 이야기의 중심이라고 해도 핵심은 '자로'라는 인간이고, 자로와 공자를 통해서 '인간관계의 한 전범(典範)'을 보여 주고자 했기 때문일 것이다.

자로는 공자에게 배울수록 의문도 늘었다. 왜 세상에는 갈수록 정(正)이 아니라 사(邪)가 번창하는가? 하늘이 있다면 도대체 무엇을 하는 것인가? 공자는 인간을 뛰어넘는 천재성과 대덕(大德)을 갖춘 사람인데, 왜 이렇게 불우한 삶을 계속 살아가는가? 그러던 어느 날 밤 공자가 다음과 같이 중얼거리는 소리를 듣는다.

봉황도 날아들지 않고 황하에서는 도문(圖文) 또한 나오지 않는구나. 나의 도를 펴 볼 길이 없으니, 이제 때가 다 된 모양이구나.[역사속에서, 90]

자로는 자신도 모르게 눈물을 흘린다. 공자가 탄식한 것은 천하의 창생(蒼生)을 위한 것이지만, 자로가 눈물을 흘린 것은 오직 공자 한 사람을 위한 것이다. 그리고 결심한다. 세속적인 오욕은 모두 자신이 감당하면서 공자를 지키겠다고. 이후 자로는 공자의 추천으로 위(衛)나라에서 벼슬을 한다. 재상 공숙어(孔叔圉)가 죽자 위나라 왕실에 골육상쟁의 내란이 일어났는데, 자로는 공문(孔門)의 명예와 의리를 지키기 위해 죽음을 택한다. 자로는 생선회처럼 찢겨 죽었다. 「제자」는 이렇게 끝난다.

노나라에서 위나라의 정변 소식을 들은 공자는 말하였다. "시(柴: 자고)는 무사히 돌아오겠구나. 그러나 유(由: 자로)는 죽었을 것이다." …… 그리고는 하염없이 눈물을 흘렸다. 자로의 시체가 소금 절임이 되었다는 말을 들었을 때는 집 안의 모든 젓갈류를 내다 버리고, 이후 일절 식탁에 젓갈을 올리지 않았다

고 한다.【역사속에서, 122】

　「이능」은 한 무제 때 비운의 장수 이능의 일대기를 다룬 나카지마의 걸작이다. 나카지마는 이 소설의 제목도 정하지 못하고 죽었다. 제목이라 추정되는 '막북비가'(漠北悲歌)라는 메모가 발견되지만,『문학계』편집자가 주인공 이름을 제목으로 정한다. 발표 이듬해인 1944년 중국에서 번역되어 읽힐 정도로 중국에서도 높은 평가를 받았다.

　이능의 일대기지만 사마천과 소무도 비중 있게 다루었다. 소무는 이능이 출정하기 1년 전에 포로 교환 임무를 띠고 흉노 땅에 사신으로 가지만, 내부 암투에 휘말려 억류되었다가 북해 변으로 추방된다. 이듬해에 이능은 흉노를 토벌하라는 한 무제의 명을 받고 출정했다가 중과부적으로 참패하고 포로가 된다. 한 무제는 포로가 된 이능에게 격노했다. 사마천은 이능을 변론하다가 궁형을 당하고 유폐된 상태에서 아버지의 유업을 받들기 위해『사기』를 쓰기 시작한다. 쇠귀는 「이능」의 이야기 구조를 이렇게 요약한다.

　이능, 사마천, 소무를 세 개의 꼭짓점으로 하는 삼각형은 서로가 서로를 비추는 인드라의 구슬처럼 각자의 운명을 한층 더 깊게 조명해 준다. 사마천은『사기』의 저술에 심혼을 쏟고, 소무는 상상을 절한 결핍과 곤궁 그리고 한(漢)에 대한 충절의 의미를 뛰어넘은 운명과의 직선적 대결을 보여 준다. 이능은 좌절의 땅에서 마상(馬上)의 무장으로서보다 더욱 처절한 대결, 지극히 내면적이고 사색적인 인식의 싸움을 겪어 나간

다.【역사속에서, 26~27】

「이능」은 주인공 이능을 중심으로 '좌'에 소무, '우'에 사마천을 배치했다. 작품은 크게 3부로 나뉜다. 1부는 이능의 원정과 패전, 2부는 사마천의 고뇌와 『사기』 집필, 3부는 흉노 땅에서 살아가는 이능과 소무의 이야기다. 이야기의 중심은 밖으로 드러난 이능의 내면 풍경이지만 사마천의 심리도 냉혹할 정도로 담담하게 묘사한다.

이능에 대하여 변론한 것, 그것은 아무리 생각해 보아도 틀렸다고는 생각할 수가 없다. 방법적으로도 특별히 좋지 않았다고 생각지 않는다. 아첨을 하는 데 만족하지 않는 한, 그것은 그것으로 달리 어쩔 수 없었던 게 아닌가. 그렇다면 스스로 돌아보아 양심의 가책을 느끼지 않는다고 하면 그 양심의 가책을 느끼지 못하는 행위가 어떤 결과를 가져온다손 치더라도 사대부라고 하는 자는 그것을 감수하지 않으면 안 되는 것이다.【역사속에서, 157】

소무의 상황과 심리는 이능을 통해 간접적으로 전달된다. 이 소설에서 소무의 역할은 이능으로 하여금 항복해서 오랑캐 땅에서 살고 있는 자신의 상황과 처지를 끊임없이 생각하게 만드는 데 있기 때문이다. 이능과 소무는 20년 전부터 함께 벼슬을 했던 친구였다. 억류된 소무는 회유에 넘어가지 않았고, 굶어 죽지도 않고 자살하지도 않았다. 별 희망도 보이지 않는데 하루하루 잘 버텼다. 이능은 북해 변에 추방되어 극한의 상황에서 버티고 있는 소무를 만나고 돌아와서 생각한다.

> 이능 자신도 흉노에 항복한 것을 잘했다고 생각하지 않지만 자신의 고국에 바친 충성과 그에 대한 고국의 보답을 생각하면, 아무리 무정한 비판자라고 하더라도 그 '어쩔 수 없었던' 것을 인정하리라고 믿고 있었다. 그런데 여기 한 남자가 아무리 '어쩔 수 없는' 상황을 앞에 두고도 결코 자신에게 그것을 '어쩔 수 없다'고 여기는 것을 허락하려고 하지 않는 것이다.[역사속에서, 182]

어쩌면 소무는 이능에게 숭고한 훈계기도 하고 마음 졸이게 하는 '악몽'이기도 하다. 억류된 지 19년이 흐른 뒤 소무의 존재가 한나라에 알려져 소무는 고국으로 돌아간다. 이능은 "하늘은 보고 있었다"며 숙연한 두려움에 떨었다. 이능은 소무를 위해 환송연을 베풀고 막북의 '비가'를 부른다. "…… 부하 병사는 전멸하고, 나도 붙잡혀 무인의 명예도 땅에 떨어졌다. 그 은혜 갚고자 해 돌아가고 싶어도 늙은 어머니는 돌아가셔서 나는 돌아갈 곳이 없도다."[역사속에서, 188]

사마천은 이들과 상관없이 계속 썼다. 집필 14년, 부형의 화를 당한 지 8년, 『사기』는 거의 완성되어 가고 있었다. 『사기』 130권 52만 6,500자가 완성된 것은 한 무제가 죽어 갈 무렵이었다. 『열전』 제70 「태사공자서」를 다 쓰고 붓을 놓았을 때 사마천은 이미 '껍데기'만 남은 상태였다. 소무가 한나라로 돌아왔을 때 사마천은

이 세상 사람이 아니었다. 이후 한나라에서 대사면령을 내리고 사신을 보내 설득하기도 했지만 이능은 끝내 귀환을 거부했다. "그 후 이능에 대한 기록은 아무것도 남아 있지 않다."

「이능」은 역사의 와중에서 좌절한 운명을 뛰어넘은 장대한 인간 드라마로 읽히기도 하고, '국가와 개인의 문제'라는 사회적·정치적 관점에서 읽히기도 하고 세계와 개인을 대치시키는 실존주의적 함의로 읽히기도 하며, 지식인의 지조의 문제, 심지어 전향, 비전향의 시국 문제로 읽히기도 하였다.【역사속에서, 27】

나카지마는 이 책을 통해 우리가 나름 알고 있다고 생각하는 인물들을 다시 만나게 해 준다. 쇠귀가 나카지마의 소설에 주목한 이유다. 나카지마의 소설들은 지금 이 순간 우리가 역사와 역사 속의 인물을 부단히 호명해 '생환'할 때 비로소 우리의 일부가 된다는 사실을 실감 나게 보여 준다.

'시가선', 민중성과 예술성의 만남

『중국역대시가선집』 1~4권(1994)은 놀라운 책이다. 중국 문학 전공자도 아닌 쇠귀와 묵점(墨店) 기세춘(奇世春, 1933~)[7] 선생이 '국

---

[7]   전북 정읍 출신의 한학자다. 성리학자 기대승의 후손이며, 조부는 의병 활동을, 부친은 항일 운동을 했다고 한다. 어린 시절에 서당에서 한학을 배우다 나중

내 최초'로 중국 역대 시사(詩史)를 새로 쓰고 대표 시를 뽑아 번역했기 때문이다. 그동안『시경』이나 당시(唐詩), 이백과 두보의 시, 『초사』등은 더러 번역되었지만 중국의 역대 시를 통사적으로 정리한 책은 거의 없었다. 중국의 역사에서 시는 단지 하나의 문학 작품이 아니라 누적된 중국 문화의 정수라는 점에서 '만시지탄'(晩時之歎)이었다.

쇠귀는 대학 시절 시화전도 열고 학보 등에 이따금 시를 발표하기도 했다. 감옥에서『시경』같은 고전 시뿐만 아니라 한국의 근현대 시를 읽었고, 심심파적으로 한시를 짓기도 했다. 감옥에서 보낸 편지에 한시나 한국 현대시를 인용하기도 한다. 1972년 5월 부친에게 보낸 편지의 일부다.

『한국 명인 시집』을 보면서 느끼는 것은 우선 그 시의 세계가 너무 단조롭고 무기력하다는 사실입니다. 산수, 강촌, 추월(秋月), 백운(白雲), 송(松), 안(雁)…… 등등이 시역(詩域)의 전부를 점하고 있습니다. 이것은 대부분의 동양화가 산수화인 것과 궤를 같이하고 있는 경향으로서, 이는 이를테면 자연과 전원생활을 상찬(賞讚)함으로써 농촌 사람들의 가난과 고통을 잠시 잊도록 하는 진정제의 역할을 해 온 것이라 할 수 있을 것입니다.【사색18, 84】

에 초등학교에 다녔다. 전주사범을 졸업하고 전남대 재학 중일 때 4·19혁명에 참여했다. 1963년 동학혁명연구회를 창립했고, 1968년 통혁당 사건에 연루되어 옥고를 치른다.『묵자』,『장자』를 비롯해 여러 동양 고전을 번역했다.

쇠귀에 따르면 시의 본령은 자연과 인간의 관계, 인간과 인간의 관계를 올바로 세워 나가는 데 있다. 그럼에도 한국에서 시 정신이 죽은 것은 정치적으로 관료이자 지주이면서 양반이었던 조선 시대 지배 계층이 문자 문화를 독점하고 자신의 관조적 입장에서만 시를 짓고 소비했기 때문일 것이다. 양반 관료 문화에 저항한 시인도 있고 민중의 시나 노래도 있지만, 그런 시는 역사에서 철저히 배제된 면이 있다.

쇠귀가 출옥한 후 쇠귀와 묵점은 의기투합해 그동안 서로 애착을 갖고 뽑아 놓았던 시들을 중심으로 번역을 시작한다. 2년여에 걸쳐 번역을 마쳤지만 자신이 없어 원고를 묵혀 두었다. 그러던 중 북경 인민문학출판사에서 4권으로 나온 『중국역대시가선』을 보고 자신감을 갖는다. 두 사람이 골라 놓은 시와 이 책에 실려 있는 시가 십중팔구 일치했기 때문이다. 그럼에도 역자의 인간과 역사에 대한 이해가 얕아서 자칫 그 결과를 손상시킬 수도 있다는 우려 때문에 망설이고 있었다.[시가선, 머리말]

이때 큰 힘이 되어 준 이가 원로 시인 김규동(金奎東, 1925~2011)[8] 선생과 노촌 이구영 선생이다. 김규동 시인은 1986년 평론가 김병걸과 함께 『친일문학작품선집』(전 2권)을 냈고, 노촌 선생은

---

8 함경북도 종성에서 태어나 1948년 김일성종합대학을 중퇴하고 월남했다. 초기에는 모더니즘을 표방하며 야만적인 물질문명을 비판하는 작품들을 발표했다. 1970년대에는 민주화 운동에 적극 참여하면서 현실 비판적인 시를 주로 썼다. 『나비와 광장』, 『죽음 속의 영웅』 등 아홉 권의 시집과 산문집을 펴냈다. 지난 2011년 2월 문학 활동을 집약한 『김규동 시전집』(창비)이 나왔다. 민족문학작가회의 고문 등을 지냈으며, 은관문화훈장과 만해문학상 등을 받았다.

1980년에 출소해 이문학회를 만들어 후학을 가르치고 있었다. 김규동 시인은 번역 원고 전문을 일일이 교정해 주었고, 노촌 선생은 이 책의 의의를 밝혀 비전공자인 역자들을 시종 격려해 주었다. 그뿐만 아니라 사상성과 예술성을 동시에 담은 시를 폭넓게 게재할 수 있도록 소개해 주었고, 시대적 배경과 시인의 인간적인 편력과 관련한 자료도 부기하도록 조언해 준다. 이렇듯 '시가선'은 두 사람의 번역과 두 사람의 감수·지원이라는 '공동 노동'의 산물이었다.

역자들이 고심한 것 중 하나가 어떤 시를 넣고 뺄 것인가 하는 선시(選詩)의 기준이었다. 역자들은 머리말에서 사상이란 '선택'이고, 사람이 어떤 사상을 가지면 그 사상이 그 사람의 모든 선택의 '준거'로 작용한다는 점을 지적한다.

지금까지 우리나라에 소개된 중국의 시가는 그것을 선별하는 관점에서 심한 편향성을 띠고 있었던 것이 사실이다. 이러한 편향성은 중국 시가의 참모습을 온당하게 이해할 수도 없게 하였을 뿐만 아니라 우리의 민중적 진실과 그것에 대한 관심과 애정마저 비하(卑下)하고 나아가 사회의 모순을 은폐하고 당대의 실천적 과제를 무산시키는 역할을 해 왔다고 생각된다.[시가선, 머리말]

그런 편향성 때문에 많은 한국인은 중국 한시 하면 으레 음풍농월을 떠올리거나 한가한 양반들의 소일거리에 불과하다는 선입견에 사로잡혀 있었다. 이러한 문제의식이 역자들이 이 책을 낸 이유다. 중국의 시가는 『시경』 시대부터 노동하며 사는 민중의 삶과 고통을 담았다. 중국 시가에 대한 그릇된 소개와 인식은 중국 시를 이해하는 문제에만 한정된 것이 아니다. 조선 시대에 나온 대부분의 한시는 중국 시를 전범으로 하면서 다소 변형한 것에 불과했다. 허균 정도가 예외라 할 수 있다. 스승인 손곡(蓀谷) 이달(李達, 1539~1612)[9]이 자신의 시를 평하며 "성당(盛唐)의 풍격을 섭렵하지 못했다"고 하자, 나는 오히려 내 시가 당에 가까우니 송에 가까우니 할까 봐 걱정이라며 "이건 허균의 시다"라는 말을 듣고 싶다고 했다.[허균, 231]

중국의 역대 시가는 적어도 3,000년이라는 장구한 시간 속을 살아온 온갖 사람의 사상과 감정이 무르녹고 압축되고 아로새겨진 인류 최고의 문화유산 중 하나다.[유병례, 1994] '시가선'은 기원전 1000년경에 편집된 『시경』의 '노동요'에서 근대 제국주의 침략기의 '해방가'까지 3,000년 동안의 중국 시와 노래, 민요를 모은 국내 최초의 본격적인 중국 시 선집이다. '시가선'은 그동안 국내에 소개된 중국 시가 관련 서적에서 제외되거나 무시된 시, 노래, 민요 등을 다양하게 소개함으로써 중국 시 이해의 새로운 장을 열었다.

중국에는 긴 역사 속에서 1만 명 이상이 쓴 10만 편이 넘는 시가 지금까지 남아 있다고 하니, 시를 고르는 일이 얼마나 방대한 노동일지 짐작할 수 있다. 이 선집에는 오늘날까지 인구에 회자되는 고전 명시들은 물론 잘 소개되지 않은 민중의 저항시와 노래, 민요

---

9   충남 홍주(홍성) 출신으로, 서자로 태어났다. 당시를 비롯한 한시에 능했고, 허균의 형인 허성, 허봉과 친분이 두터웠다. 그러한 인연으로 허균과 허난설헌을 가르쳤다.

를 포함해 총 1,239수가 수록되었다.『시경』의 국풍(國風)과 악부시 (樂府詩) 이후의 민요는 민국 시대의 「우리 조국을 돌려다오」를 포 함해 모두 38수 수록했다.

총 4권인 '시가선'의 권별 구성을 보면, 1권에는『시경』,『초 사』, 한나라 시대의 시와 악부시, 위진남북조시대의 시가 수록되어 있다. 2권에는 초당(初唐)과 성당(盛唐) 시대의 시가, 3권에는 중당 (中唐)·만당(晩唐) 시대와 오대(五代)의 시가 수록되어 있고, 4권에 는 송·금·명·청 시대의 시와 중화민국과 제국주의 침략 시대의 시 가 실려 있다. 각 권 말미에는 '작품별 찾아보기'와 '작가별 찾아보 기'가 있다.

본문에서는 한나라 이후 각 국가별 시대 상황과 시문의 흐름 을 간략하게 정리했다.『시경』,『초사』,『악부시집』같은 주요 시 경전과 굴원, 도연명, 맹호연, 왕유, 이백, 두보, 한유, 유종원, 백 거이, 두목, 이상은, 소식, 육유와 같이 각 시대를 대표하는 시인에 대해서는 별도의 해설을 실었다.

구양수, 왕안석, 원굉도, 고염무, 황준헌, 추근 등 그 밖의 시 인들에 대해서는 본문의 원문 해설 부분에 생몰 연도와 시풍, 성향 을 설명했다.

시인별로 수록된 시는 굴원 「이소」(離騷) 등 12수, 도연명 「귀거 래사」(歸去來辭) 등 29수, 맹호연 「귀고원작」(歸故園作) 등 13수, 왕 유 「도원행」(桃源行) 등 30수, 이백 「행로난」(行路難) 등 70수, 두보 「증이백」(贈李白) 등 83수, 한유 「취류동야」(醉留東野) 등 8수, 유종 원 「강설」(江雪) 등 8수, 백거이 「장한가」(長恨歌) 등 50수, 두목 「아 방궁부」(阿房宮賦) 등 11수, 이상은 「안정성루」(安定城樓) 등 11수,

소동파「적벽부」(赤壁賦) 등 24수, 육유「관산월」(關山月) 등 14수
다.[10] 편수로 보면 두보, 이백, 백거이, 왕유, 도연명, 소동파, 맹호
연, 굴원 순이다.

　　머리말에서 강조하듯이 '시가선'에는 역자들의 노동이나 '민중
적 사실성'을 중심으로 한 계급적 관점이 강하게 반영되어 있다. 시
를 고르고 해설하는 데 민중성과 계급성을 강조한 것은 그동안의
중국 시 논의가 지나치게 지배 계층의 사미인곡, 음풍농월, 안빈낙
도에 치우쳤기 때문이다. 역자들은 서문에서 종래의 해석과 전혀
다른 의미로 번역한 시들에 대해서는 사계(斯界)의 전문가들로부터
상당한 비판과 논란[11]의 여지가 있을 것으로 짐작한다면서, '인민의

10　　시인별로 수록된 시의 편수에 혼란이 있다. 이백의 경우 연작시를 모두 포함
해 70수를 수록했다【시가선2, 307】고 계산했고, 두보의 경우 연작시를 한 편의 시로
계산해 62수만 선별했다【시가선2, 461】고 밝혔다. 여기서는 이백의 시 계산법에 따
라 연작시라고 해도 각각을 한 편의 시로 계산했다. 그럴 경우 이백의 시는 70수,
두보의 시는 83수가 된다.
11　　이 책으로 많은 논란이 생기지는 않았다. 성균관대 송재소 교수가『창작과
비평』1994년 겨울호에 쓴「중국 시가선집 번역본 출간에 부쳐」가 대표적 논평이
다. 몇 가지 오역 문제와 '민중적 사실성'을 지나치게 강조해서 어색한 부분이 있
다는 점, 일부 논평이 번역서에 어울리지 않는다는 점 등을 지적했다. 대표적인
'어색한' 논평으로 꼽은 것은 이백의「행로난」(行路難)에 대한 글인데, 그 내용은
다음과 같다.
"귀족적 낭만의 퇴폐방자(頹廢放恣)한 모습을 드러냈다는 점에서 주정뱅이 이백
의 가장 타락한 모습을 보여 주는 대표적인 시라 하겠다. 이 시는 출세와 공명만
을 탐하는 유가적인 용속함보다도 인민을 더욱 좌절시키는 도가적인 은둔을 찬양
하는 내용이다. 또한 어쩌다 나타나는 이백의 인민성이 결코 계급적인 것이 아님
은 물론 봉건적인 시인에게 그나마 남은 유교적인 온정주의도 아니며, 다만 협객
의 일시적인 기분임을 증거한다 하겠다."【시가선2, 374】

삶과 질고(疾苦)를 외면하지 않은 중국 시가의 전통을 소개하는 데
최소한의 뜻'을 두었다고 했다.

> 생산보다는 소비를, 사용 가치보다는 교환 가치를, 사람보다
> 는 의상을, 우리 것보다는 남의 것을, 우리보다는 나 개인을 향
> 하여 끊임없이 침몰해 가는 세월 속에서 이제 바야흐로 한 세
> 기를 보내고 새로운 세기를 맞이하는 오늘, 우리는 과연 장구
> 한 역사의 어떠한 지점에 서 있는가를 반성해 보는 작은 계기
> 로서 이 선집이 읽히기를 바란다.[시가선, 머리말]

4. 떠남과 만남, 나무·숲·변방

당신은 유적지를 돌아볼 때마다 사멸하는 것은 무엇이고 사람들의 심금에 남는 것은 무엇인가를 돌이켜 보라고 하였습니다. 그리고 우리가 오늘 새로이 읽어야 할 것이 무엇인가를 고민하라고 하였습니다. '과거'를 읽기보다 '현재'를 읽어야 하며 '역사'를 배우기보다 '역사에서' 배워야 하기 때문이라고 하였습니다. [나무야, 84]

『나무야 나무야』는 1995년 11월부터 이듬해 8월까지 『중앙일보』에 연재한 '역사의 뒤안에서 띄우는 엽서'를 모은 것이다. 『중앙일보』 연재 당시부터 독자들의 반응이 뜨거웠고, 출간되자마자 기다렸다는 듯 베스트셀러 반열에 올랐다. '엽서'의 연장에서, 국내를 벗어나 세계 여행을 하며 20세기를 회고하고 새로운 시대에 대한 이야기를 들려주기 위해 기획된 것이 '신영복의 세계 여행'이다. 1997년부터 이듬해까지 쇠귀는 세계 곳곳을 돌아다니며 편지를 띄운다. 이것을 묶은 책이 『더불어숲』이다. 쇠귀의 마지막 여행서는

2012년에 나온 『변방을 찾아서』다. 이 책도 『경향신문』에 연재한 글을 엮었다. 매주 쇠귀가 쓴 글씨나 현판, 비석이 있는 곳을 찾아가 그곳에 얽힌 이야기를 풀어 가는 방식이었다.

쇠귀는 감옥에서 자유롭게 소요하는, '독보'의 삶을 꿈꾸며 살았다. 역설적이게도 출감 후 첫 '독보'는 등 떠밀려 돌아다닌 여행이었다. 옥중에서 쓴 편지처럼 하고 싶은 말을 다 적은 것이 아니고, '쓰고 싶지 않은 말은 쓰지 않으려 한' 소극적인 글이라고 했다.

어리석은 자가 세상을 바꿉니다

'나무야' 전체를 관통하는 화두는 '어리석은 자가 세상을 바꾼다'는 경구다. '나무야'에는 25편의 글이 수록되어 있다. 쇠귀의 고향인 밀양 얼음골에서 시작해 한강 하구 철산리 바다에서 끝난다.

'나무야'의 글은 크게 네 유형으로 나눌 수 있다.

첫째, 한 지역이나 장소를 돌아보며 화두를 찾고 성찰하는 방식이다. 밀양의 얼음골, 태백산맥 소광리 소나무숲, 제주도 성산포, 북한산, 섬진강 나루, 석양의 북한강, 광주 무등산, 이천 도자기 가마, 꿈꾸는 백마강, 임진강과 서해 등이다. 주제는 스승과 배움의 의미(얼음골), 숲과 삶의 파괴(소광리), 세상의 빛과 그림자(성산포), 가슴과 사랑(북한산), 양심(섬진강), 지식과 정보(북한강), 자유의 최고치(무등산), 역사의 현재성(백마강) 등 다양하다.

둘째, 특정 인물을 염두에 두고 한 지역을 돌아보는 경우다. 압구정과 반구정, 백담사의 만해와 일해, 하일리와 강화학파, 가야

산 최치원, 한산섬의 충무공, 지리산과 남명 조식 등이다. 압구정과 반구정에서는 권신 한명회와 명재상 황희를 비교하고, 백담사에서는 만해 시비(「나룻배와 행인」)와 일해 전두환의 글씨 극락보전(極樂寶殿)을 대비한다. 이순신 장군 유적에서도 백성과 함께했던 한산섬의 '이순신 장군'과 광화문의 '구리 이순신'을 비교한다. 가야산 홍류동에서는 고운 최치원에 대한 자신의 과거 평가와 현장에서 새롭게 떠오른 생각을 비교하며 성찰한다.

그 격문('討黃巢檄文')이 비록 적장의 간담을 서늘하게 한 명문이라 하더라도 황소가 당나라의 학정에 견디지 못하여 궐기한 농민 장수인 한 그것은 고운의 반농민적인 입장을 증거하는 것일 뿐이었습니다. …… 우리들의 문화적 식민성이 당나라의 벼슬과 문명(文名)을 과대하게 평가하고 있다는 극단적 언어를 즐겼습니다.

그러나 오늘 이 홍류동 물가의 농산정에 앉아 고운을 다시 돌이켜 보며 그때의 작은 자(尺)를 반성합니다. …… 당나라 고관들의 만류를 뿌리치고 내린 귀국의 결단은 우리의 협소한 시각을 부끄럽게 합니다. …… 그는 개혁 정책('時務十余策')을 건의하여 구국의 의지를 불태웠지만 수구 기득권층의 완강한 반대와 모함으로 변방의 외직으로 밀려납니다. 그러나 그는 지방 고을에서도 개혁 노력을 포기하지 않습니다. …… (함양) 상림(上林)에는 지금도 2만여 그루의 정정한 나무들이 우람한 숲을 이루어 봄을 기다리고 있었습니다. …… 세계주의에서 민족적 입장으로 그리고 문화주의에서 인간주의로 옮아가는

그의 변화를 읽을 수 있습니다.[나무야, 102~104]

지리산 '산천재'에서는 남명 조식이 진정한 재야였던 이유를 찾는데, 그 이유는 바로 '진퇴의 신중함'과 '독립성'이었다. 강화 하일리 이건창 묘소에서는 조선 말 강화로 내려가 새로운 학문을 개창한 하곡 정제두와 후예들의 단호했던 삶을 돌아본다. 그 '적막함' 속에서 『강화학 최후의 광경』을 쓴 서여(西餘) 민영규(閔泳珪, 1915~2005)' 선생의 글을 떠올리며, 치열한 자기 성찰을 통해 언제나 서슬 푸르게 깨어 있으려 했던 강화학파의 삶에 옷깃을 여민다.

북극을 가리키는 지남철은 무엇이 두려운지 항상 그 바늘 끝을 떨고 있다. 여윈 바늘 끝이 떨고 있는 한, 그 지남철은 자기에게 지니워진 사명을 완수하려는 의사를 잊지 않고 있음이 분명하며, 바늘이 가리키는 방향을 믿어서 좋다. 만일 그 바늘 끝이 불안스러워 보이는 전율을 멈추고 어느 한쪽에 고정될 때 우리는 그것을 버려야 한다. 이미 지남철이 아니기 때문이다.[민영규, 159]

1   전남 해남에서 태어나 연희전문과 일본 다이쇼대학을 마치고, 연세대 사학과 교수를 지냈다. 위당 정인보에게 배웠고, 불교사와 양명학 연구에 힘써 많은 업적을 남겼다. 하곡 정제두, 원교 이광사, 연려실 이긍익, 영재 이건창, 매천 황현, 위당 정인보로 이어지는 조선 양명학의 계승자며, '강화학'이라는 용어를 처음 쓴 사람이다. 조선 양명학의 명맥을 밝힌 『강화학 최후의 광경』, 예수의 생애와 기독교를 재해석한 『예루살렘 입성기』 등을 썼다. 그의 저서에는 고집스러울 정도로 내적 성찰과 수양을 강조하는 강화학파의 정신이 잘 담겨 있다.
2   이 글은 『예루살렘 입성기』 제30회 「사해문서의 '쿰란' 유적을 찾아서」에 나

'역사의 뒤안에서 띄우는 엽서'를 연재할 당시 경기도 이천의 도자기 가마에서

셋째, 역사에서 소외된 인물이나 비극의 주인공을 찾아간다. 온달성과 평강공주, 청령포와 단종, 허난설헌, 경북 영천 팔공산 백홍암의 비구니 등이다. 영월의 단종 유적을 돌아보며 그 시신을 묻어 준 영월 사람들의 행동을 방관자적 자세를 벗어난 값진 공감적 행위로 해석한다. 온달산성에서는 '과거와 사회의 벽을 뛰어넘어 드디어 자기를 뛰어넘는 비약'을 이룬 바보 온달을 통해 시대에 맞는 새 지도자에 대한 민중의 소망을 읽어 내고, 이러한 민중 의지 결집의 한 결정체가 충무공과 임진왜란의 승리라고 해석한다.[조병은, 읽기, 143] 조선 시대 여성들의 고난과 질곡을 대변하는 허난설헌의 삶과 버스에서 마주친 새치기하는 여성, 그리고 홍련암의 비구니 스님을 차례로 살피면서 남성 중심의 권력과 문화, 심지어 종교 속에는 여전히 '그녀들의 좌석'이 없음을 새삼 깨닫는다.

끝으로 모악산의 미륵, 천수관음의 손, 화순의 초등학교 폐교지, 강릉 단오제 등 역사 속에서 언제나 다수였던 민중의 거소(居所)를 돌아본다. 역사는 한 사람의 영웅이나 개별 사건이 아닌, 민중의 애환과 잠재력의 결정체기 때문이다. 우리 역사 인식이 제왕 한 사람의 무덤만 남기고 사멸해 간 과거사[나무야, 69]에 머물고 있는

온다. 이 글에서 서여 선생은 승려들의 육식 금지 계율이 오히려 스스로를 특권층으로 만들어 불교를 대중과 멀어지게 했다고 비판하며, 예수의 죽음을 묘사하는 『성경』에 대해서도 강한 의구심을 표한다. 신약성서에 한정해서 본다면 대표적 유대교도 집단인 바리새인들은 온갖 죄악을 저지른 '독사의 무리'일 수밖에 없는데, 그들에게는 최소한의 항변권도 주지 않았다며, 역사적 사실을 검토해 볼 때 "바리새교인은 그 출발에서 예수와 가장 가까운 동지는 될 수 있을지언정 결코 원수의 입장에 설 처지는 아니었던 것이다"라고 적었다. '떨리는 지남철'은 이 문장에 이어지는 글이다.

것은 아닌지, 금빛으로 화려하게 '개금'(改金)된 36척 높이의 금산사 미륵장륙상(彌勒丈六像)[3]을 보면서 우리의 '소망의 세계'마저 제도화되는 것은 아닌지 의심한다.

> 나의 미륵 여행은 역시 미완의 여행으로 끝난 느낌이었습니다. 민중의 미적 정서가 상투화(常套化)되어 버리는 것만큼 절망적인 것은 없습니다. 소망의 세계마저 제도화되어 버린다면 미륵은 영원히 미완인 것으로 완성되어 버릴 것 같은 생각을 금할 수 없었습니다.[나무야, 46]

쇠귀가 당시 하고 싶은 말을 다할 수 있는 상황이었다면 갑오농민전쟁 유적지, 제주 4·3항쟁 터, 광주 5·18 묘역에 대한 또 다른 이야기를 전해 주었을 것이다. 마지막 여정은 임진강과 서해가 만나는 곳이다. 한강 하구 철산리 바닷가의 강화평화전망대에 오르면 북한 땅을 굽어볼 수 있다. 그곳은 각성의 자리고 조망의 자리였다. 우리는 무엇을 각성하고 무엇을 조망해야 하는가? 쇠귀는 그곳에 빈 엽서를 두고 돌아온다.

'나무야'에서 쇠귀는 우리를 적시고 있는 20세기 인류 문명의 한계를 드러내고 새로운 가능성을 찾고자 한다. 자본주의 상품 미

---

3   금산사 미륵전에 있는 미륵불이다. 미륵전의 첫 미륵불은 진표 율사가 세운 것으로 33척의 철불(鐵佛)이었다고 한다. 조선 시대에 미륵전을 중건하면서 36척의 목불(木佛)을 세운다. 1934년 화재로 목불은 사라지고 1938년에 석고로 만든 미륵불이 서 있다. 문화재 관리국은 1988년부터 1993년까지 5년에 걸쳐 미륵상을 전면 해체해서 보수했다.

학의 물신성과 교환 가치의 지배로 인한 인간 소외와 타락상을 드러냄으로써 이 시대를 넘어설 수 있는 조망을 얻고자 한다. 그것은 관념과 몽상과 종교적 신비의 세계를 벗어나 현실에 튼실하게 뿌리 내려야 한다는 현실주의자의 관점이기도 하다. 동시에 머리를 중심으로 한 오만하기까지 했던 이성적 사유에 대한 반성[나무야, 62]이다.

감옥에서 보낸 편지가 상시 검열을 받는 '감옥 문맥'에서 쓴 글이라면, '나무야'의 편지는 '형집행정지 보호관찰' 문맥에서 쓴 글이다. 절제와 성찰이 돋보이는 쇠귀의 '국토 편지'는 큰 반향을 일으킨다. 이후 쇠귀는 한반도를 벗어나 지구촌 곳곳으로 여행을 떠난다.

더불어 숲이 되어 지키자

쇠귀는 1997년 1월 1일부터 12월 24일까지 『중앙일보』에 「새로운 세기를 찾아서」라는 제목으로 세계 여행기를 연재한다. 1998년 상, 하 두 권으로 나온 『더불어숲』은 이 글들을 엮은 책이다. 2003년 여행자들의 '불편'을 해소하기 위해 한 권으로 묶으면서 부분 수정되었고, 2015년에는 출판사를 돌베개로 옮겨 다시 출간했다. 시간도 흘렀고, 신문에 게재하기 위해 억지로 분량을 맞춘 글이라서 수정할 것은 많았지만 쇠귀는 거의 수정하지 않았다.

글이 연재되던 시기 한국 사회는 김영삼 정부의 세계화 담론이 지배하고 있었고, 한국 경제는 IMF 관리 체제로 넘어가고 있었다. 쇠귀가 여행을 떠나면서 가졌던 문제의식은 세 가지였다. 첫째,

세계화의 현주소 확인이다. 둘째, 세계화를 이끌고 있는 서구 자본주의 문명의 과거와 현재에 대한 조명이다. 셋째, 비서구 사회의 문명을 돌아보고 21세기 대안적 문명의 가능성을 확인해 보는 것이다. 쇠귀의 여행은 콜럼버스가 인도를 찾아 떠났던 스페인의 우엘바 항구에서 시작해 중국의 태산에서 일출을 기다리며 끝난다.

> 고대에서부터 현대에 이르기까지 근본에 있어서는 별로 달라진 것이 없다는 확인은 매우 쓸쓸한 것이었습니다. 과거의 청산은 그만큼 어려울 수밖에 없습니다. 우리의 생각이 그렇고, 완고한 현실의 구조가 그렇습니다. 떠난다는 것은 지금까지 우리들이 쌓아 온 '생각의 성(城)'을 벗어나는 것일 뿐 아니라 그 성(城)을 허무는 일이기 때문입니다.[숲, 서문]

1부는 서구 제국주의 혹은 자본주의 세계화의 '기점' 우엘바 항구에서 출발해 21세기 자본주의의 '본좌' 미국에서 끝난다. 우엘바항 이후 쇠귀의 동선을 보면 스페인 내전 전사자 계곡을 참배한 뒤 그리스로 가서 마라톤 광장과 디오니소스 극장을 돌아본다. 이어 에게해를 건너 터키 성 소피아성당을 본 뒤 인도로 가서 갠지스강에서 '목욕'한 다음 카트만두, 사이공, 도쿄를 거쳐 만리장성으로 간다. 아시아 대륙을 가로지르고 상트페테르부르크, 아우슈비츠를 지나 베를린, 런던, 콩코드 광장, 로마까지 서유럽을 돌아 본 후 지중해를 건넌다. 피라미드-킬리만자로-희망봉을 거쳐 아메리카로 가서 남미의 리우-나스카 유적지-멕시코시티를 관통한 뒤 미국으로 북상하는 여정이다.

이집트(피라미드)-그리스(마라톤 광장)-로마제국-스페인 왕국(우엘바)-대영제국-프랑스혁명-스페인 내전(전사자 계곡)-독일 제3제국(아우슈비츠, 베를린장벽)-미국으로 이어지는 서양 문명의 중심축과 자본주의 세계화에 대한 탐사가 핵심이다.

쇠귀는 성 소피아성당의 관용과 갠지스강의 달관, 상트페테르부르크의 '혁명', 멕시코의 '혼혈의 독립'에서 비서구 문명의 가능성을 찾아보고 페루의 나스카에서는 문명이 왜 존재해야 하는지 그 '이유'를 묻는다. 그리고 아프리카 킬리만자로에서는 자연의 '황량함'에 망연자실한다.

2부는 아메리칸 드림에서 출발해 중국 태산에서 끝난다. 1부와는 반대의 여정처럼 보인다. 남미를 보다 깊숙이 들여다보고(멕시코 태양-쿠스코-마추픽추-아마존) 러시아의 심장(크렘린)을 거쳐 유럽으로 간다. 스웨덴-맨체스터-리버풀-파리-몬드라곤-빈-잘츠부르크-베네치아-아테네를 거쳐 다시 터키, 인도로 이어진다. 이 기나긴 여정은 부다가야 보리수 그늘에서 '윤회'하는 붓다를 '만나' 잠시 명상한 뒤, 히말라야를 넘어 베트남(하노이)과 일본(가나자와)을 거쳐 중국(양쯔강과 태산)에서 끝난다.

2부의 화두는 '꿈'과 '깸'이다. 꿈이 문제인 이유는 암흑을 요구하는 어둠의 언어고 하나를 보여 줌으로써 수많은 것을 볼 수 없게 만드는 몽매의 다른 이름이기 때문이다.[숲, 217] 21세기를 맞기 위해서는 20세기 그리고 그 전의 모든 미몽에서 깨어나야 한다. 아즈텍-잉카 문명, 러시아 사회주의, 산업혁명, 복지국가 스웨덴, 합스부르크 왕가의 클래식 음악, 파리와 프랑스혁명, 도시국가 베네치아, 그리스 민주주의, 실크로드 문명, 붓다와 연기(緣起)…… 모두

세계 여행 당시 멕시코 국립대학에서 학생들과 함께

인간의 꿈이 만든 것이다. 꿈에서 깨어나기는 쉽지 않다. 몽매함으로 늘 곤경을 당하면서도 깨닫지 못하기 때문이다. 곤이부지(困而不知)다.

마추픽추의 숲, 아마존의 자연, 파리의 예술, 베네치아의 자유, 몬드라곤의 협동조합, 새로운 도시 가나자와에서는 '깸'의 가능성을 읽어 내려 한다. 솟아오르는 태양을 보기 위해 오른 태산에서 일출을 보지 못한다. 쇠귀가 그린 태산 그림에는 태양이 없다. 새로운 태양은 각자가 자기의 캔버스에 그려 넣어야 한다.

홍윤기는 『더불어숲』을 그리스 문명 이후 앞만 보고 달려온 서양 문명의 현주소에 대한 '실존 탐사문'이라고 읽는다.〔홍윤기, 읽기, 150~177〕 『더불어숲』에는 인간을 만물의 중심에 놓고 다른 존재와 대상을 타자화한 서양의 인간 중심주의에 대한 깊은 회의가 담겨 있다. 다음은 쇠귀가 그리스 문명의 절정을 보여 주는 파르테논 신전에서 쓴 글이다.

인간주의의 절정인 파르테논 신전을 바라보며 이제는 자기의 소산(所産)인 문화와 물질 속으로 함몰해 가고 있는 오늘의 인간주의를 반성하게 됩니다. 우리는 현대라는 또 하나의 어두운 바다를 건너 바야흐로 새로운 인간주의를 모색해야 한다는 생각이 들었습니다. 새로운 인간주의는 자연으로부터 독립하는 것도 아니며, 궁핍으로부터 독립하는 것도 아니며, 오히려 인간이 만들어 쌓아 놓은 자본으로부터, 그리고 무한한 허영의 욕망으로부터 독립하는 것인지도 모릅니다.〔숲, 312〕

『나무야 나무야』와『더불어숲』은 감옥에서 가족에게 보낸 서간문의 사회적 확장이다. 신분상으로도 완전한 자유인은 아니었고, 따라서 거리낌 없이 자유롭게 표현하기는 어려웠다. 그럼에도 쇠귀 특유의 생각거리와 성찰거리를 담고 있다.

피라미드의 건설이 정치가 아니라 피라미드의 해체가 정치라는 당신의 글귀를 이해할 수 있습니다. 땅을 회복하고 노역을 해방하기 위해서는 먼저 모든 형태의 피라미드를 허물어야 한다고 믿기 때문입니다.[나무야, 23]

고대 이집트의 파라오가 피라미드를 쌓아 불멸과 영생을 도모하였듯이, 오늘 우리들 역시 저마다의 피라미드를 쌓고 있는 것이 사실이며 그 쌓은 것들이 영원히 사라지지 않을 것이라는 믿음에 한없이 충실하고 있는 것 또한 사실이기 때문입니다.[숲, 156]

앞의 글은『나무야 나무야』의「우리가 헐어야 할 피라미드」(반구정과 압구정)에서 인용한 것이고, 뒤의 글은『더불어숲』의「돌아오지 않는 영혼을 기다리는 우리들의 자화상」(이집트의 피라미드)에서 인용한 것이다.『나무야 나무야』에서는 허물어야 할 대상으로서 피라미드를 보고 있다면,『더불어숲』에서는 우리가 지금도 피라미드를 쌓고 있고 그것은 허물어지지 않을 것이라는 헛된 믿음을 가지는 것은 아닌지 성찰한다.

『나무야 나무야』와『더불어숲』에는 '당신'이라는 표현이 공통적으로 등장한다. 두 여행서에 수시로 등장하는 '당신'이 누구인지 궁금해하는 독자가 많았다. 오랜 감옥 생활을 하고 나온 입장에서 일간 신문에 독자 일반을 대상으로 자신의 주장을 이야기하는 것이 부담스러웠던 쇠귀는 사사롭게 자신과 이야기를 나눌 대상으로 '당신'을 내세운다.[손잡고, 141] 방송의 인터뷰처럼, 누군가와 사사롭게 대화를 나누는 상황이고 그것을 다른 사람이 우연히 듣는 것이라면 부담이 덜 할 것이라는 생각에서였다. 『나무야 나무야』와 『더불어 숲』에 등장하는 당신의 의미는 몇 가지로 나눠 볼 수 있다.

첫째, 쇠귀는 우리 사회의 변혁 주체 문제를 고민하면서, 그들을 호명할 때 '당신'이라는 말을 쓴다. 그 주체는 글에 따라 젊은 세대나 청년 학생, 지식인이나 노동자 등 여러 부류를 포함한다.

당신의 노랫소리는 차가운 겨울바람이었습니다. 자연과의 싸움에서는 누구보다도 뛰어난 지혜와 끈기를 보여 온 농민이 이제 '보이지 않는 손'의 도전 앞에서는 마치 상대를 보지 못하고 싸우는 병사처럼 막연하기 그지없습니다.[나무야, 76]

토플 시험 준비에 방학을 통째로 바치며 영어권 젊은이들이 누리는 그 엄청난 기득권을 부러워하던 당신이 생각났습니다. 언어의 상품화는 자국 통화가 국제 통화가 되고 있는 것만큼이나 엄청난 기득권이 아닐 수 없습니다.[숲, 129]

둘째, 쇠귀 자신으로서의 '당신'이다. 자신의 이름을 걸고 나가는 글이지만, '나는 이렇게 생각한다'는 식의 주장을 담는 것이 부담스러웠기 때문에 자신의 주장도 많은 이야기 중의 하나로 자연스럽게 배치한 것이다. 다음 인용문에서 당신을 빼고 그냥 필자의 주장으로 처리할 경우 전혀 다른 분위기의 글이 된다.

> 당신의 장탄식이 들리는 듯합니다. 무수한 상품의 더미와 그 상품들이 만들어 내는 미학에 매몰된 채 우리는 다만 껍데기로 만나고 있을 뿐이라던 당신의 말이 생각납니다.〔나무야, 16〕

> 당신은 21세기에는 민족이라는 혈연 공동체나 국가와 같은 공간적 공동체 대신에 '고도 신뢰 집단'을 핵으로 하는 어떤 공동체를 기대하고 있습니다.〔숲, 287〕

셋째, 실제 인상적으로 읽은 글이라든가 인용하고 싶은 정보가 있을 경우 이를 당신의 말인 것처럼 표현한다. 일반적인 논문이나 학술 서적이라면 인용 표시를 하고 각주를 다는 경우다. 쇠귀는 남의 주장을 인용할 때도 곱씹어 자신의 분위기로 재창조한다.

> 당신의 말이 떠올랐습니다. 사람의 눈동자는 95퍼센트가 흑백을 인식하는 세포로 구성되어 있고 색깔을 인식하는 부분은 불과 5퍼센트에 불과하다는 당신의 말이 떠올랐습니다.〔나무야, 39〕

> 당신은 3천 궁녀는 궁녀가 아니라 대부분 쫓기고 쫓기던 병사와 민초(民草)들이라 하였습니다. 낙화암의 3천 궁녀 전설

은 애절할 정도의 아름다운 전설이지만 그것은 패배한 의자왕의 사치와 방탕을 조명하기 위한 교묘한 각색이라고 하였습니다.[나무야, 149]

넷째, 통칭으로서의 당신이다. 쇠귀의 감옥 편지의 경우 부모님, 계수, 형수 등 수신인이 누구든 가족 모두를 향해 쓴 글인 경우가 많았다. 마찬가지로 『나무야 나무야』와 『더불어숲』의 당신도 특정인이 아니라 관심을 가지는 모든 사람을 지칭하는 경우가 많다.

그러나 그렇기 때문에 당신은 지월리로 오시기 바랍니다. 어린 남매의 무덤 앞에 냉수 떠 놓고 소지 올려 넋을 부르며 "밤마다 사이좋게 손잡고 놀아라"라고 당부하던 허초희의 음성이 시비에 각인되어 있습니다.[나무야, 34]

당신이 아마 한 개쯤 가지고 있을 버버리, 닥스, 아구아스큐텀, 오스틴리드 등의 유명 브랜드의 옷이나 웨지우드, 로얄알버트와 같은 도자기도 브랜드만으로 남아 있습니다.[숲, 127]

『나무야 나무야』와 『더불어숲』의 두드러지는 두 번째 특징은 '대비'(對比)로서의 글쓰기다. 이미 『감옥으로부터의 사색』에서 충분히 선보인 글쓰기 방식이다. 두 여행기에서는 쇠귀 특유의 대비를 통한 접근과 묘사, 그리고 본질 이해가 다양한 인물과 사건, 이슈를 통해 잘 드러난다. 백담사에서 만해와 일해를 만나고, 서울의 압구정에서 파주의 반구정을 생각하는 식이다. 『더불어숲』에서는 여행지 선정부터 대비 방식이 두드러진다. 스페인의 전사자 계곡과 몬드라곤 협동조합, 그리스의 마라톤 광장과 디오니소스 극장, 러시아의 상트페테르부르크와 크렘린, 인도의 간디 물레와 보리수 그늘, 베트남의 사이공과 하노이, 일본의 도쿄와 가나자와, 중국의 만리장성과 태산이 그러하다.

변방은 창조 공간입니다

『변방을 찾아서』는 쇠귀의 마지막 여행서다. 2011년 9월 14일부터 12월 27일까지 『경향신문』에 '신영복의 변방을 찾아서'라는 제목으로 연재한 글이다. 쇠귀가 쓴 글씨나 현판, 비석이 있는 곳을 찾아가 글씨와 공간, 지역에 대해 이야기를 풀어 간다.

『변방을 찾아서』의 글은 먼저 자신의 글씨가 있는 곳을 하나하나 점검한 다음 그중 대상지를 선정하고 방문해서 사람들을 만나고 그 내용을 글에 담는 방식이었다. 방문 대상이 되기 위해서는 그 글씨가 있는 곳이 '변방'이어야 했다. 첫 방문지로 전라남도 해남의 땅끝에 있는 송지초등학교 서정분교를 선택했다. 그 학교의 작은 도서관 현판(〈꿈을담는도서관〉)을 써 준 적이 있기 때문이다.

당시 쇠귀는 만 71세였다. 매주 전국을 돌며 취재하고 돌아와서 신문 전면 분량의 글을 쓰는 것은 쉽지 않은 일이었다. 전 세계를 돌아다니며 매주 엽서를 띄우던 것은 이미 15년 전의 일이다. 당시의 세계 여행 일정도 '살인적'이었다. 쇠귀는 자신이 글을 쓰지 않는 조건으로 신문사의 기획에 동의하고 변방 여행을 시작한다.

456

지리적·공간적 의미에서 변방은 변두리, 주변부를 뜻합니다. 하지만 저는 담론 지형에서의 변방, 즉 주류 담론이 아닌 비판적·대안적 담론이라는 의미로 변방의 뜻을 설명하고 싶어요. 우리 사회는 더 많이 소비해야 하고 더 빨리 달성해야 하는 곳입니다. 이 같은 우리 사회의 문맥을 성찰하고 반성할 수 있는 새로운 관점을 변방에서 찾아야 한다고 생각하지요.〔『경향신문』 2011. 9. 14.〕

연재 첫 회분은 기자와 쇠귀가 함께 현장으로 가서 사람들을 만나고 이야기를 나눈 것을 '기자가 정리한' 글이다. 쇠귀는 사람을 만나고 기자의 질문에 응답하는 방식으로 참여하는 '게스트'였다. 직접 글을 쓰지 않아서 부담은 적었다. 하지만 쇠귀의 '행복'은 첫 회뿐이었다. 첫 글이 실리고 난 뒤 편집부 담당 국장의 '강력한'(?) 항의를 받는다.〔변방, 39〕독자들의 요구라는 말을 뿌리치기 어려웠던 쇠귀는 2회부터 직접 글을 쓴다. 연재 기사 '변방을 찾아서'는 8회로 짧게 끝났다. 몸에 적신호가 켜졌기 때문이다.

해남 송지초등학교 서정분교에서 시작해 강릉 허균·허난설헌 기념관, 충북 제천 '울고 넘는' 박달재와 괴산 벽초 홍명희 문학비, 오대산 상원사, 전주 이세종 열사[4] 추모비·김개남 장군 추모비, 서울시장실을 거쳐 김해 봉하마을 고 노무현 대통령 묘석에서

4　5·18 당시 최초의 희생자다. 1980년 5월 17일 전북대 학생회관에서 '비상계엄 철폐 및 전두환 퇴진'을 요구하며 농성하던 중 계엄군이 학교에 진입한 후 학생회관 옥상으로 피신했다가 사망한다. 당시 이세종 열사는 전북대 농학과 2학년 학생이었다.

'변방을 찾아서'를 연재할 당시 강릉 허균·허난설헌 기념관에서

끝난다. 허균과 허난설헌 남매, 박달재, 벽초 홍명희, 이세종 열사와 김개남 장군, 봉하마을…… 모두 제도권과 멀리 떨어진 '비주류'다. 전형적인 곳이 강릉 초당마을에 있는 허균·허난설헌 기념관이다. 강릉이 서울의 변방인 데다 인근에 있는 오죽헌(율곡기념관)의 '근엄한' 분위기와 명실상부하게 대조적인 '이중 변방'이기 때문이다.

> 허균과 허난설헌은 분명 어리석은 사람이며 비극의 인물이다. 불의한 사회와 타협하지 않고 그것을 인간적인 것으로 바꾸려 했던 '시대와의 불화'가 비극의 진정한 원인이라 할 것이다. 『광해군일기』가 기록하고 있는 패륜과 역모는 패배자가 뒤집어쓸 수밖에 없는 오명이기도 하지만, 오히려 시대를 뛰어넘으려는 자유와 저항이라고 해야 할 것이다.[변방, 57]

대한민국의 중심 서울시장실과 조계종의 대사찰인 오대산 상원사를 '변방'으로 묶은 것은 언뜻 보면 자연스럽지는 않다. '서울공화국'은 정치, 경제, 문화, 인구 모든 면에서 대한민국의 중심이다. 서울시장실에는 쇠귀의 대표작인 〈서울〉이 걸려 있다. '서'와 '울'을 각각 북악산과 한강으로 형상화한 작품이다. 북악은 왕조 권력을 상징하고 한강은 민초의 삶을 의미한다. 변방의 의미는 시장실에서 만난 박원순 시장이 완성했다. 박 시장 자신이 국가 권력의 변방인 시민 사회 출신이다. 게다가 박 시장은 변방이 중심부로 진입하는 과정이 역사라는 확신을 가지고 있었다.

상원사를 찾아가면서도 걱정이 많았다. 조계종의 대표 사찰을 변방이라고 하기는 무리가 있었다. 하지만 오대산에 가서 스님들을 만나고 불자들을 접하면서 갈피를 잡는다. 그것을 쇠귀는 '변방 특유의 조망'이라 했다. 사찰은 자본주의를 조망해 주는 변방이었다. 무소유와 지혜는 상품화될 수 없기 때문에 사찰은 자본주의 상품 사회의 변방이다. 무소유와 지혜는 상품이 아닌데도 살아남는다. 무소유는 물질성을 제거하고 지혜는 반대물인 우직함으로 전화(轉化)하기 때문이다.[변방, 13]

'변방 여행'은 새로운 깨달음의 여정이었다. 변방의 의미는 지리적 공간의 개념에서 출발해 그것을 넘어설 때 비로소 완성된다. 누구나 변방이고 변방이 아닌 곳도 없다. 인간 자체가 우주에서 변방의 존재기 때문이다. 또한 멀고 궁벽한 곳이 변방이 아니라, 각성과 결별 그리고 새로운 시작이 있는 곳이라면 그곳이 바로 변방이다. 그래서 변방의 다른 이름은 '자기 성찰'이다.

쇠귀가 『나무야 나무야』, 『더불어숲』, 『변방을 찾아서』라는 세 권의 '인문 기행'에서 공통적으로 강조하는 것은 '떠남과 만남'이라는 당연한 사실이다. 떠남은 과거의 자신과 결별하는 일이고, 만남은 마주치는 대상을 '있는 그대로' 받아들이는 일이다. 겸손한 마음으로 새로운 관계를 만드는 것이다. 어느 곳의, 어느 시대의 사람들이든 그들은 저마다 최선을 다해 살아왔고 또 살아가기 때문이다.[숲, 13] 그 사실을 인정하고 존중해야만 모든 현장에서 그 현장 특유의 결과 무늬를 만날 수 있다는 이야기다.

역시 현장의 역동성이었다. 내가 그동안의 경험에서 깨달은 것이 있다면 자료 수집과 집필 구상 등 준비를 많이 할수록 틀에 갇힌다는 사실이다. 쌓여 있는 자료가 선입관이 되기 때문이다. 그러한 선입관 때문에 결국 새로운 것을 만나지 못하게 된다. 여행이란 자기가 살고 있는 성(城)을 벗어나는 해방감이 생명이다. 부딪치는 모든 것들로부터 배우려는 자세가 없다면 여행은 자기 생각을 재확인하는 것이 된다.[변방, 12]

5. 동양 고전에서 찾은 희망, 강의

동양 사상은 가치를 인간의 외부에 두지 않는다는 점에서 비종교적이고, 개인의 내부에 두는 것이 아니라는 점에서 개인주의적이 아닙니다. …… 인간을 우주의 중심에 두는 인본주의가 아님은 물론입니다. 인간은 어디까지나 천지인(天地人) 삼재(三才)의 하나이며 그 자체가 어떤 질서와 장의 일부분이면서 동시에 전체입니다. 그리고 인성의 고양을 궁극적 가치로 인식하는 경우에도 인간을 관계론의 맥락에서 파악함으로써 개인주의의 좁은 틀을 벗어나고 있습니다.[강의, 42~43]

『강의—나의 동양고전 독법』은 지난 2004년에 나온 쇠귀의 명실상부한 대표작이다. 쇠귀의 동양 사상에 대한 관심은 유년 시절 할아버지 사랑방 체험과 무관하지 않다. 그의 사랑방 원체험은 대학 시절 우리 것에 대한 관심으로 드러나고, 1970년대 중반부터 교도소에서의 집중적인 동양 고전 읽기로 이어진다.

쇠귀는 1989년 3월부터 성공회대에서 '동양철학' 강의를 시작한다. 2001년 9월부터는 새로운 인터넷 매체『프레시안』에 '신영복의 고전강독'을 연재한다. '신영복의 고전강독'은 2003년 4월 7일까지 166회 게재되어 초창기『프레시안』을 널리 알리는 데 크게 기여했다. 쇠귀는 1년여의 연재 원고 수정과 감수를 거쳐 2004년 말『강의』를 출간한다. 무려 30년이 넘는 공부와 '숙성 기간'을 거친 책이다.

동양 사상에 대한 독창적 해석

이 책은 성공회대에서 강의한 내용이 바탕이 되었고, 동시에 오늘날의 여러 당면 과제를 고전을 통해 재구성해 보는 강의였기 때문에 책 제목을 '강의'라고 했다. 동양학 전문가들이 풀어 쓴 일반적인 고전 연구서와는 다르기 때문에 '나의 동양고전 독법'이라는 부제도 달았다. 저자라는 호칭도 부담스러웠다. 고전의 반열에 오른 제자백가의 저술을 바탕으로 한 데다가 역대의 빼어난 주석과 해설에서 견해를 취했기 때문이다. 한마디로 자신이 풀이(述)한 것이지 무엇 하나 지은(作) 것은 없다는 생각이었다.

쇠귀 특유의 겸양의 표현인 것만은 아니다. 공자 이후 동양의 선비들은 옛것을 본받고 자연을 따르는 것을 공부의 근간으로 삼았다. '이미 다 있는 것'을 자신이 찾아서 정리하는 것을 임무로 삼은 것이다. 하지만 쇠귀의『강의』는 '관계론'을 기본 틀로 동양 사상 전체를 조망했고, 동양 고전 읽는 법을 제시한다는 점에서 지금까지 나온 동양 사상이나 제자백가 관련 책과는 차별되는 '독창적인'

책이다.

우리의 인식이란 분별상(分別相)에 매달리고 있는 분별지(分別智)라는 사실을 깨닫고, 모든 사물은 서로가 서로에게 스며들어 있다는 것을 깨닫는 것이라고 할 수 있습니다. 모든 사물은 서로가 서로의 존재 조건이 되고 있다는 사실을 깨닫는 것이지요. 이것은 모순과 통일에 관한 것이며 앞서 읽은 방생지설(方生之說)'에서 이야기한 모순론이라고 할 수 있습니다. 이것이 바로 우리의 고전 독법인 관계론이라고 할 수 있습니다.[강의, 346]

위 글은 『장자』의 「제물론」(齊物論)에서 '제'(齊)의 의미를 설명한 것이다. 존재의 상대성을 인정하고 한 면만 보는 폐단에서 벗어나야 한다는 이야기다. 쇠귀가 자신의 동양 고전 독법의 열쇠로 '관계론'을 내세운 것은 두 가지 의미로 이해해야 한다. 먼저 제자백가로 표현되는 동양 사상을 인간과 인간, 인간과 사물, 사물과 사물의 관계의 관점에서 살펴본다는 뜻이다. 두 번째는 동양 고전을 현재 여기서 우리가 당면한 문제와 관련해 읽어야 한다(生還)는 의미다. 동양 사상의 관계론이 서양의 존재론적 세계관의 대안 담론이

1   『장자』 「제물론」. 사물은 저것(彼)이 아닌 것이 없고 이것(是)이 아닌 것이 없다. 스스로를 저것(彼)으로 보면 피시(彼是)가 나타나지 않고, 스스로를 이것(是)으로 보면 피시(彼是)가 나타남을 알 수 있다. 그런 까닭에 "저것은 이것에서 나오고 이것은 또한 저것이 원인이라고 말하는데, 이것이 방생지설이다"(物無非彼, 物無非是 自彼則不見, 自知則知之. 故曰, 彼出於是, 是亦因彼. 彼是方生之說也).

될 수 있는 이유를 설명한다. 이는 동양 고전을 '어떻게' 읽을 것인 가에 대한 해답이며, 동시에 '다양한 주장의 향연'(百家爭鳴)이라는 측면이 아니라 '관계'라는 총론을 바탕으로 읽어야 한다는 선언이 기도 하다.

> 미래 담론은 대부분이 20세기의 지배 구조를 그대로 가져가겠 다는 저의를 내면에 감추고 있습니다. 나는 21세기 담론은 그 것이 진정한 새로운 담론이 되기 위해서는 근대 사회의 기본 적 구조를 새로운 구성 원리로 바꾸어 내고자 하는 담론이어 야 한다고 생각합니다. 그렇지 않은 한 그것이 아무리 새로운 가치를 천명하고 있다 하더라도 조금도 새로운 담론이 못 된 다고 생각합니다.[강의, 45]

『강의』는 모두 11장으로 구성되어 있다. 1장이 서론이고, 2~ 10장은 제자백가의 주요 경전 이야기이며, 11장이 마무리다. 서론 에서는 자신과 동양 고전의 인연을 소개하고 고전의 의미, 고전을 읽어야 하는 이유, 고전을 읽는 방법을 정리했다. 한마디로 고전 읽 기를 통해 과거를 성찰하고 미래를 전망해야 한다는 것이다. 쇠귀 에 따르면, 고전 읽기는 과거와 현재의 대화면서 동시에 미래를 선 취하기 위한 준비다. 과거와 현재의 상호 관계를 통해 둘 다 더 깊 이 이해할 수 있으며, 역사는 '반복'되기 때문에 고전을 읽으면 미 래가 '오래된 과거'라는 사실을 확인할 수 있다는 것이다.

본론은 모두 9장이다. '오래된 시(詩)와 언(言)', 『주역』의 관 계론', '『논어』, 인간관계론의 보고', '맹자의 의(義)', '노자의 도와 자연', '장자의 소요', '묵자의 겸애와 반전 평화', '유가와 법가 사이', '법가와 천하 통일' 순이다. 제작백가의 여러 경전 가운데 유가, 노장, 법가, 묵가 학파의 이론을 중심으로 정리했다. 유가 사상을 기본 바탕으로 그 대척점에 노장을 두고, 묵가의 겸애와 반전 평화, 법가의 통합과 질서로 '빠진 고리'를 채우는 식이다. 본문에서 검토하는 주요 고전 텍스트는 『시경』, 『주역』, 『논어』, 『맹자』, 『노자』, 『장자』, 『묵자』, 『순자』, 『한비자』다.

관계로 읽은 사서삼경과 제자백가

2장 '오래된 시(詩)와 언(言)'은 『시경』과 『서경』 그리고 『초사』 이야기다. 2장에서 쇠귀가 화두로 삼은 것은 의외로 '상품 미학 비판'이다. 쇠귀는 근대 세계가 상품이 지배하는 자본주의 세계화의 산물이라는 점에 주목한다. 상품 물신 사회는 교환 가치가 지배하기 때문에 삶의 진정성이 들어설 자리가 없다. 자본제 사회에서 우리의 정서는 상품 미학으로 대체된다. 일상이 인간 소외의 현장이다. 쇠귀가 먼저 『시경』과 『초사』를 살피는 이유는 두 경전에 담긴 시들이 사실을 뛰어넘는 '진실'의 세계를 보여 주기 때문이다.

　『시경』은 지금부터 3,000여 년 전 당시 널리 알려진 시가(詩歌) 305편을 엮은 책이다. 『시경』의 절반이 넘는 '국풍'(國風)은 여러 나라에서 백성의 노래(민요)를 수집한 것이다. 주나라에는 채시관(採詩官)이 있었고, 한 무제는 악부(樂府)라는 관청에서 시를 모으게 했다. 공자는 '악여정통'(樂與政通)[2]이라고 말했다. 노래를 들어

보면 그 나라의 정치를 알 수 있다는 뜻이다. 『시경』의 국풍 시들
을 보면 동시대인의 솔직한 권력 비판과 저항 의지를 느낄 수 있다.
『시경』「위풍」(魏風)에는 「큰 쥐」(碩鼠)라는 작품이 있다. 매우 직설
적인 어조로 위정자들을 풍자하며 저항의 의지를 드러냈다.

> 쥐야, 쥐야, 큰 쥐야. 내 보리 먹지 마라.
> 오랫동안 너를 섬겼건만 너는 은혜를 갚을 줄 모르는구나.
> 맹세코 너를 떠나 저 행복한 나라로 가리라.
> 착취가 없는 행복한 나라로. 이제 우리의 정의를 찾으리라.[3]

『서경』에서는 주공의 이야기 중에서 무일(無逸) 사상 한 편만
읽고 간다. '무일'이란 '편하지 않은 상황'을 의미한다. 군왕은 노동
의 어려움을 먼저 알아야 한다는 말이다. 누구나 생산 노동과 일하
는 사람의 고통을 체험하고 그 어려움을 깨달아야 하기 때문이다.

---

2   『예기』「악기」(樂記) 편에 나오는 이야기다. "고대의 현왕(賢王)들은 예(禮)
에 따라 사람의 지망(志望)을 바르게 지도하고, 음악(樂)에 의해 사람의 소리를
부드럽게 하고, 정치(政)에 의해 사람의 행동을 규제하며, 형벌(刑)에 의해 사악
함을 예방하려 했다. 예악형정(禮樂刑政)의 목표는 동일한 것으로 민심을 화합하
게 해 태평한 세상을 실현하기 위한 수단이었다." "대체로 음악은 사람의 심정에
서 발생하는 것이다. …… 평화로운 세상의 음악이 즐거운 기분을 나타내는 것은
정치가 평화롭기 때문이다. 난세의 음악이 원한이나 분노의 감정을 나타내는 것
은 그 정치가 인심에 어긋나기 때문이다. 망국의 음악이 슬프고 시름에 잠기는 것
은 백성이 고난을 당하고 있기 때문이다. 이와 같이 음악의 성질은 정치와 밀접한
관련을 갖고 있다."[이상옥 역, 『예기 中』, 965~969]
3   세 소절 중 두 번째다. "碩鼠碩鼠 無食我麥 三歲貫女 莫我肯德 逝將去女 適彼
樂國 樂國樂國 爰得我直"[시가선1, 106~107]

주공의 무일 사상은 중국 문화대혁명 시기 '하방 운동'의 사상적 근거가 된다.

『시경』이 노동과 삶과 보행의 정서로 이루어진 세계라면, 『초사』는 자유분방하며 정열, 상상력, 신비, 환상 등이 있는 낭만적이고 서정적인 세계다.[강의, 78] 유배 중이던 굴원(屈原)의 심정을 노래한 「어부」(漁父)의 다음 구절은 널리 알려져 있다.

창랑의 물이 맑으면 갓끈을 씻고,
창랑의 물이 흐리면 발을 씻는다.[4]

쇠귀가 세계에서 가장 오래된 시집인 『시경』으로 『강의』의 첫 글을 시작한 까닭은 미래는 과거로부터 오는 것이며 내부로부터 오는 것이라는 점을 강조하기 위해서다.

『주역』에 담긴 사상은 '손때 묻은 오래된 그릇'과도 같은 것이다. 『주역』의 괘는 수천 수만 년에 걸친 경험의 누적이 만들어 낸 틀이자 경험의 누적에서 이끌어 낸 일종의 '법칙성'이다.[강의, 87] 동시에 『주역』은 은나라와 주나라 사람들이 점(占)을 치기 위해 만든 책이다. 많은 사람이 점치는 행위를 미신이나 몽매함의 표상으로 보는 경향이 있다. 하지만 쇠귀의 생각은 다르다.

나는 인간에게 두려운 것, 즉 경외(敬畏)의 대상이 필요하다고 생각합니다. 그것이 꼭 신(神)이나 귀신이 아니더라도 상관없

4 　"滄浪之水淸兮 可以濯吾纓 滄浪之水濁兮 可以濯吾足."

습니다. 인간의 오만을 질타하는 것이면 어떤 것이든 상관없다고 생각합니다. 점을 치는 마음이 그런 겸손함으로 통하는 것이기를 바라는 것이지요. 그래서 점치는 사람을 좋은 사람으로 생각합니다.[강의, 89]

『서경』「홍범」(洪範) 편에 점치는 이야기가 나온다. 왕은 어떤 의심스러운 일이 일어났을 때 먼저 자신에게 묻고 이어 대신에게, 그리고 백성에게 묻는다. 그래도 풀리지 않을 경우 복서(卜筮)에 묻는다. 점을 친다는 이야기다. 점괘와 백성의 의견, 조정 대신의 의견, 군왕의 의견이 일치하는 것을 대동(大同)이라고 한다.[강의, 90]

왜 춘추전국시대에 이런 책이 등장했는지도 짚고 넘어가야 한다. 춘추전국시대나 서양의 종교개혁 시기처럼 기존의 가치가 무너지고 새로운 질서가 아직 수립되지 않은 혼란스러운 상황이 이어질 때 사람들은 불변의 진리를 갈구하게 마련이다. 변화 속에서도 변하지 않는 무언가를 찾고자 한다. 그러한 변화에 대한 법칙의 인식을 정리한 책이 『주역』이다. 쇠귀는 방대하고 난해한 『주역』을 읽기보다는 기초 개념 등 『주역』을 읽기 위한 준비에 지면을 할애한다.

『주역』은 사물의 변화를 해명하려는 철학적 시도다. 영어로는 'The Book of Changes'로 번역한다. 『주역』의 본체인 64괘는 사물과 사건이 아니라 '사태'에 대한 범주(範疇)라고 할 수 있다. 쇠귀는 컵을 예로 들어 설명한다. 컵은 '사물'이다. 누군가가 망치로 컵을 깨트리면 하나의 '사건'이 된다. 많은 사람들이 같은 장소에서 동시에 컵을 깨트린다면 하나의 '사태'가 된다.[냇물아, 58] 중요한 것은 64괘뿐만 아니라 괘를 구성하는 효의 의미가 독립적이면서도 관계적이라는 점이다.

「계사전」(繫辭傳)은 『주역』의 괘사와 효사에 대한 총괄 해설이다. 「계사전」에서는 "역이란 궁하면 변하고 변하면 통하고 통하면 오래간다"(易 窮則變 變則通 通則久)라는 말로 『주역』을 요약한다. 쇠귀가 자주 썼던 '통'(通)이라는 글씨는 이 말에서 유래한다. 쇠귀는 『주역』을 통해 동양 사상이 관계의 자각과 변화 읽기에서 시작되었다는 사실을 확인한다.

공맹과 노장, 인간과 자연

중국 역사에서 최고의 이데올로기로 군림해 온 사상은 유학이고, 그 중심에는 『논어』가 있다. 『논어』에서 공자는 다른 제자백가 사상가와 달리 사회의 본질을 '인간관계'에 두고 설명한다. 사람과 사람이 맺는 관계가 사회의 근본이기 때문에 덕치(德治)가 필요하다는 평등주의가 전제된 공자의 주장은 당시로서는 매우 진보적인 사상이었다.

『논어』는 춘추전국시대를 배경으로 한다. 친구, 사제 같은 새로운 인간관계에 주목하고, 그것을 사회의 본질로 보고자 했다는 점에서 쇠귀 '관계론'의 원천이라 할 수 있다. 쇠귀는 사회 변화의 핵심이 인간관계의 변화이고, 인간관계 변화로 나타나지 않으면 사회는 변화한 것이라고 볼 수 없다는 입장이다. 쇠귀가 주목하는 『논어』의 담론 몇 가지를 보자.

學而時習之不亦說乎

有朋自遠方來不亦樂乎

人不知而不慍不亦君子乎　　_「學而」[5]

　　배우고 익히는 것의 기쁨과 벗과 만남의 즐거움, 누가 알아주지 않아도 노여워할 필요가 없음을 이야기한다. 먼저 배움(學)이 기쁨이 된 이유를 짐작해 볼 필요가 있다. 신분이 고정된 노예제 사회에서 배움은 큰 의미가 없다. 춘추전국시대가 되면 배움을 통해 신분 상승이 가능해진다. 배움이 보통 사람의 기쁨의 원천이 된 것이다. 쇠귀가 특히 주목하는 말은 습(習)이다. 쇠귀는 습을 복습한다는 말이 아니라 '하얀(白) 어린 새가 날갯짓(羽)을 하듯' 실천한다는 의미로 해석한다. 우리는 배워서 아는 것을 다시 새길 때 기쁨을 느끼는 것이 아니라 배운 것을 새로 실천할 때 기쁨을 느낀다. 붕(朋)은 친구다. 수직적인 신분 관계가 아니라 대등한 수평적 인간관계를 의미한다. 멀리서 벗이 온다는 것은 수평적 교우가 가능해지는 사회적 재편기와 무관하지 않다.[강의, 143]

　　溫故而知新 可以爲師矣　　_「爲政」

　　"옛것을 익혀 새로운 것을 안다." 과거와 현재의 관계에 대한

5　　"배우고 때때로 익히니 어찌 기쁘지 않으랴. 먼 곳에서 벗이 찾아오니 어찌 즐겁지 않으랴. 사람들이 알아주지 않아도 노여워하지 않으니 어찌 군자가 아니겠는가."

담론이다. 우리는 마치 강물이 흘러가듯이 시간이 과거에서 와서 현재를 거쳐 미래로 흘러간다고 생각하는 경향이 있다. 이런 직선 적 시간관은 새로운 희망이 외부에서 그리고 미래에서 온다는 잘못 된 관념을 낳는다. 과거와 현재와 미래는 우리 이해의 편의를 위한 관념상의 구분이다. 누구나 알 듯 '영원한 현재'가 이어질 뿐이다. 온고지신에서 온(溫)은 지신(知新)의 방법으로 생환(生還)과 척결(剔 抉)을 의미한다.[강의, 146~150]

君子不器　_「爲政」

군자는 그릇이 되지 말아야 한다는 말이다. 여기서 그릇(器)이 란 종지, 사발, 항아리처럼 용도가 정해져 있어 서로 통용될 수 없 는 물건을 말한다. 막스 베버 같은 서구의 논자들은 그릇의 의미를 전문성으로 읽는다. 전문성을 갖춘다는 것은 어떤 사회에서 효율성 과 경쟁력을 갖춘다는 의미와 상통한다. 그런 이유로 중화 문명이 서유럽에 비해 뒤떨어진 이유를 전문성을 추구하지 않는 유교 문화 에서 찾기도 한다.[강의, 150~151] 고대 제국주의 시대에 정복된 민족 중 에서 살아남은 사람이 대체로 특정 영역의 전문가들이었다. 사회를 유지하기 위해 반드시 필요했기 때문에 살려 두었다는 이야기다. 캐나다의 미디어 학자 매클루언(M. McLuhan, 1911~1980)은 현대 전 문가 집단의 심층 심리에도 '노예근성'이 남아 있다고 본다. 요컨대 CEO는 전문가지만 자본가는 특정 분야의 전문가가 아니고 전문가 를 지향하지도 않는다. 자본제 시대의 전문가들은 대체로 자본에 복무하거나 정치권력의 하수인으로 전락하는 경향이 있다.

472

樊遲問仁 子曰 愛人 問知 子曰 知人　　_「顏淵」

번지(樊遲)라는 제자가 인(仁)에 대해 묻자 공자는 '사람을 사랑하는 것'이라고 답하고, 앎(知)이 뭐냐고 묻자 '사람을 아는 것'이라고 답한다. 인간을 제대로 이해하고 인간관계를 바르게 하는 것이 공부의 근본이라는 선언이다.

子曰 君子和而不同 小人同而不和　　_「子路」

화이부동(和而不同)이라는 말로 널리 알려진 구절이다. 쇠귀 생전에 붓글씨로 자주 쓰던 구절 중 하나다. 쇠귀는 "군자는 다양성을 인정하고 지배하려고 하지 않으며, 소인은 지배하려고 하며 공존하지 못한다"[강의, 163]라고 새긴다.『강의』전체를 관통하는 가장 중요한 주제다. 자본주의 세계화는 서양의 동일성 논리의 전 지구적인 확장 과정이다. 여기서 화(和)의 원리는 자본제를 극복하기 위한 새로운 문명론의 핵심이다.

『맹자』는 논쟁적인 책으로, 논리적 문장의 모범으로 꼽힌다. 고려 말의 개혁적인 신진 사대부 집단 '이색 스쿨'의 필독서였다. 맹자는 하나라, 상나라, 주나라로 이어지는 과정에서 왕을 제거하고 새로운 왕을 세우는 역성혁명이 불가피했다고 본다. 연목구어(緣木求魚), 오십보소백보(五十步笑百步), 호연지기(浩然之氣), 측은지심(惻隱之心) 같은 고사성어의 출전이기도 하다.『강의』에서는 민본사상과 관련한 '여민락장'(與民樂章)과 만남의 중요성을 말하는 '곡속장'(觳觫章)의 '소를 양으로 바꾼 이야기'(以羊易之)만 살펴본다.

맹자가 양혜왕을 만났을 때, 왕은 연못가에서 고니와 사슴 등 갖가지 짐승과 새들을 바라보며 맹자에게 묻는다. "현자(賢者)들도 이런 것들을 즐깁니까?" 맹자는 "현자라야 즐길 수 있습니다"(賢者而後樂此)라고 답한다. 맹자가 말하는 현자란 사람들과 더불어 즐거워하는(與民同樂) 사람이다.

> 오늘날 행복의 조건, 즉 낙(樂)의 조건은 기본적으로 독락(獨樂)이라고 할 수 있습니다. 다른 사람의 불행에 대하여 무심한 것은 그렇다 하더라도 오늘날의 일반적 정서는 가능하면 다른 사람과 닮는 것을 피하고 다른 사람들과의 차별성에 가치를 두려고 하지요. …… 다른 사람들과의 공감이 얼마나 한 개인을 행복하게 하는가에 대해서는 무지합니다.[강의, 219]

동락하지 않고 독락하는 것은 소외의 다른 측면이다. 자본제 사회에서 사람들은 특이한 상품이나 명품으로 타자와 자신을 구별하는 데서 자기만족을 추구한다. 독락이다. 인간의 자리를 물건이 차지하고 사람들은 서로를 소외시킨다.

'이양역지'(以羊易之)는 맹자가 제나라 선왕(宣王)을 만났을 때의 이야기다. 언젠가 선왕이 희생 제물로 쓰기 위해 끌려가는 소를 보고 양으로 바꾸라고 했던 적이 있었다. 맹자는 그 사실을 확인하고 이야기를 풀어 간다. 선왕의 그 행위가 인(仁)의 실천이라는 것이다. 소는 보았고, 양은 보지 못했기 때문이다. '본다'는 것은 만나는 것이고, 만난다는 것은 안다는 것, 즉 '관계있음'을 의미한다. 인이든 의든 예든 모두 만남에서 시작된다.

노자 철학이야말로 동양 사상의 정수를 담고 있다고 해야 할 것입니다. 사람은 땅을 본받고 땅은 하늘을 본받고 하늘은 도를 본받고 도는 자연을 본받는다(人法地 地法天 天法道 道法自然)는 것이 노자의 철학이기 때문입니다.[강의, 305]

쇠귀는 『노자』가 『논어』보다 동양 사상의 정체성을 더 분명하게 드러낸다고 말한다. 『노자』의 도(道)는 자연과 우주의 근본 법칙을 의미하기 때문이다. 유가 사상은 서양 철학 사상과 마찬가지로 인문주의, 인간 중심주의를 바탕으로 한 '진(進)의 사상'인 데 반해, 『노자』는 '귀본(歸本) 사상'이다. 귀본 사상이란 미지의 세계를 향해 앞으로 나아가는 것이 아니라 근본으로 되돌아가는 것을 목표로 한다.

유학과 서양 철학뿐만 아니라 『노자』를 제외한 대부분의 제자백가 사상은 '나아감'(進)을 목표로 한다. 나아감이란 그것이 무엇으로 규정되건 무언가를 만든다는 '건축 의지'를 바탕으로 한다. 반면 『노자』는 자연 회귀, 무의 철학이다. 다음은 유명한 『노자』 제1장이다.

道可道 非常道 名可名 非常名
無名天地之始 有名萬物之母
故常無欲以觀其妙 常有欲以觀其徼
此兩者同出而異名
同謂之玄 玄之又玄 衆妙之門

『노자』 사상의 핵심을 천명하고 있다. 사람들이 자주 인용하지만 해석은 다양하다. 상(常), 욕(欲), 묘(妙), 요(徼) 같은 용어를 정확히 이해해야 한다. 과거에 이 글의 핵심어를 도(道)로 할 것이냐, 아니면 명(名)으로 할 것이냐를 놓고 많은 논란이 있었다. 쉬귀는 왕필(王弼, 226~249)[6]의 견해를 수용해 제1장의 핵심을 무(無)와 유(有)로 본다.

> 도(道)라고 부를 수 있는 도는 참된 도가 아니며, 이름 붙일 수 있는 이름은 참된 이름이 아니다. 무(無)는 천지의 시작을 일컫는 것이고, 유(有)는 만물의 어미를 일컫는 것이다. 그러므로 무로서는 항상 그 신묘함을 보아야 하고, 유로서는 그 드러난 것을 보아야 한다. 이 둘은 하나에서 나왔으되 이름이 다르다. 다 같이 현(玄)이라고 부르니 현묘하고 현묘하여 모든 신묘함의 문이 된다.[강의, 263]

도를 규정하거나 이름(名)에 대해 논의하는 것이 아니라 무와 유의 관계에 대한 설명이라는 것이다. 동시에 '말로 표현하면 이미 그 자체는 아니라는 점'을 분명히 함으로써 우리가 사용하는 언어는 한정적인 수단이라는 점을 명확히 밝힌다. 노자의 도란 천지 만물의 생성 변화 자체고, 그것은 말로 설명할 수 없다. 우리가 다른

---

6   삼국시대 위나라의 관리이자 천재 사상가다. 산양(山陽) 고평(高平)의 역학 명문가의 자제로 태어났다. 16~22세 사이에 노자의 『도덕경』과 『주역』의 주해서를 썼다고 한다. 그의 『도덕경』 주해는 지금도 가장 권위 있는 해석으로 인정되고 있다. 24세에 질병으로 요절했다.

것이라고 굳건하게 믿는 있음과 없음도 통일체를 이루며 계기에 따라 명멸할 뿐이다.

이렇게 유무 개념을 명확히 해야 '무위자연'의 의미도 드러난다. 무위(無爲)란 아무것도 하지 않는다는 말이 아니다. 무위에서 말하는 위는 인위(人爲)다. 인위는 거짓(僞)이다. 인위는 자연스런 본성의 드러남이 아니라 어떤 '건축 의지'와 관련이 있다. 노자 당시 세상은 전쟁이 끊이지 않고 백가(百家)의 말이 다투는(爭鳴) 말세였다. 그래서 노자는 아무것도 하지 말라는 것이 아니라 말없이, 자랑하지 말고, 개입하지 말고, 자연스럽게 실천해야 한다고 말한다.

『노자』의 사상은 장자, 열자에 의해 직접 계승되지만 유가나 법가 쪽에도 지대한 영향을 끼친다. 특히 주희 성리학의 체계를 형성하는 데도 큰 영향을 준다. 『노자』는 5,000자에 불과하지만 『장자』는 6만 5,000자에 달한다. 『장자』가 『노자』를 계승했다는 것이 정설이지만 별개의 사상 또는 선후를 알 수 없는 동시대의 사상이었다는 주장도 만만치 않다. 『맹자』에서는 29번이나 공자를 인용하지만, 『장자』에는 『노자』를 인용한 부분이 없다.

『노자』 제1장은 "도라고 부를 수 있는 도는 참된 도가 아니다"로 시작되지만, 『장자』 첫 구절은 "북쪽 깊은 바다에 물고기 한 마리가 살았는데, 그 이름을 곤(鯤)이라 했다. 그 크기가 몇 천 리인지 알 수가 없다. 이 물고기가 변해서 새가 되었는데, 이름을 붕(鵬)이라 한다"[7]로 시작된다.

---

7 "北冥有魚, 其名爲鯤. 鯤之大, 不知其幾千里也. 化而爲鳥, 其名爲鵬. 鵬之背, 不知其幾千里也. 怒而飛, 其翼若垂天之雲. 是鳥也, 海運則將徙於南冥. 南冥者, 天池也."

『노자』는 도에 대한 설명으로 시작하고, 『장자』는 인식의 상대성을 극명하게 부각하며 시작한다. 『노자』 사상과 『장자』 사상의 차이를 상징적으로 보여 준다. 『노자』는 도의 존재를 전제하고, 그 도의 세계로 돌아갈 것을 주장한다. 반면 『장자』는 도를 무궁한 생성 변화 자체로 파악하고, 그 도와 함께 어슬렁거리며 노닐(逍遙) 것을 주장한다.

쇠귀는 『장자』 외편에 나오는 '우물 안 개구리' 이야기부터 『장자』 읽기를 시작한다. 우물 안 개구리에게는 바다를 이야기할 수 없고, 메뚜기에게는 겨울을 이야기할 수 없다는 내용이다. 『장자』는 다른 제자백가를 '우물 안 개구리'에 비유한다. 모두 패권 경쟁 방법론을 이야기하는 수준에서 벗어나지 못하기 때문이다. 『장자』에서 중요한 것은 공동체 구성원 개개인의 '궁극적 자유'이며, 이를 통해 인간의 삶을 한 단계 높은 차원으로 승화하는 것이다.[강의, 311] '우물 안 개구리' 이야기는 읽는 사람 모두에게 자신도 우물 안 개구리일 수 있다는 '성찰'을 요구한다. 자신의 우물을 인식하는 것이 성찰의 시작이고, 그 우물에서 벗어나는 것(脫井)이 자유의 출발이다.

「천지」편에는 공자의 제자 자공이 초나라를 여행하다 노인과 만난 이야기가 있다. 노인은 우물에서 물을 길어 밭에다 주고 있었다. 딱하게 여긴 자공이 지금의 펌프와 비슷한 용두레라는 기계를 소개해 준다. 그 기계를 이용하면 작은 노력으로 큰 효과를 볼 수 있다는 설명도 덧붙인다. 자공의 이야기를 들은 노인은 이렇게 말한다.

내가 스승에게 들은 것이지만 기계라는 것은 반드시 기계로서의 기능(機事)이 있게 마련이네. 기계의 기능이 있는 한 반드시 효율을 생각하게 되고(機心), 효율을 생각하는 마음이 자리 잡으면 본성을 보전할 수 없게 된다네(純白不備). 본성을 보전하지 못하게 되면 생명이 자리를 잃고(神生不定) 생명이 자리를 잃으면 도(道)가 깃들지 못하는 법이네. 내가 (기계를) 알지 못해서가 아니라 부끄러이 여겨서 기계를 사용하지 않을 뿐이네.【강의, 329】

자공이 공자의 제자라고 하자, "제 몸 하나도 간수하지 못하는 주제에 어떻게 천하를 다스린다는 말인가"라고 공자를 비판한다. 장자가 기계를 비판하는 것은 기계의 마음, 기계의 논리가 인간의 정신세계를 지배하면 그로 인해 인간이 소외될 수 있기 때문이다. 1810년대에 영국에서 일어났던 기계 파괴 운동(Luddite)이 떠오른다. 장자의 문제의식은 훨씬 더 근원적이다. 기계 사용이 도에서 멀어지게 하고 자연과의 조화를 해친다고 본다.

厲之人 夜半生其子
遽取火而視之 汲汲然 唯恐其似己也   _「天地」[8]

쇠귀가 강연에서 자주 인용하던 구절이다. 불치병 환자가 밤중에 아기를 낳고 급히 살펴보는 이야기다. 자기가 병자라는 사실

---

8   불치병자(문둥이)가 밤중에 아기를 낳고 급히 불을 들어 살펴보았다. 급히 서두른 까닭은 아기가 자기를 닮았을까 두려워서였다.

을 냉정하게 인식하고 자기가 낳은 자식만이라도 자신의 전철을 밟지 않기를 간절히 바라는 심정을 표현했다. 쇠귀는 이 구절이 엄중한 자기 성찰과 냉철한 문명 비판의 메시지를 담고 있다고 본다.[강의, 335]

　　이 밖에도『장자』에는 후대의 많은 사람이 인용하는 여러 우화가 담겨 있다. '학의 다리가 길다고 자르지 마라', '쓸모없는 나무와 울지 못하는 거위', '빈 배'(虛舟), '나비 꿈'(胡蝶夢), '혼돈(混沌)과 일곱 구멍', '고기를 잡았으면 그물은 잊어라'(得魚忘筌) 등이다. 하지만 쇠귀는 장자가 현실에서 추구해야 할 자유를 '정신의 자유'로 관념화하는 점에 대해서는 비판적이다. 루쉰의 희곡「호루라기를 부는 장자」[9]를 소개하는 것도 그런 이유다. 마지막에서 '득어망전'을 소개하며 '고기는 잊어버리더라도 망을 얻어야 한다'(忘魚得網)고 장자의 주장을 뒤집는다. 고기는 하나의 사물이지만 그물은 구

9　『장자』「지락」(至樂) 편에서 소재를 취해 장자의 상대주의 철학을 풍자한 희곡 형식의 작품이다. 500년 전에 친척을 찾아가다가 도중에 도적을 만나 옷을 모두 빼앗기고 피살된 한 시골 사람이 부활해서 장자와 대화를 나눈다. 알몸인지라 간절하게 옷이 필요한 그 사람에게 장자는 예의 그 '무시비관'(無是非觀)을 펼치며 말한다. "옷이란 있을 수도 있고 없을 수도 있는 법. 옷이 있다면 그 역시 옳지만 옷이 없어도 그 역시 옳은 것이다. 새는 날개가 있고, 짐승은 털이 있다. 그러나 오이와 가지는 맨몸뚱이다. 이를 일러 '저 역시 옳기도 하고 그르기도 하며, 이역시 옳기도 하고 그르기도 하다'는 것이다." 그럼에도 그 사람이 계속 옷이 필요하다고 졸라 대자 위급해진 장자가 급히 호루라기를 꺼내어 미친 듯이 불며 순경을 부른다. 현장에 도착한 순경은 옷이 없는 그 사람의 딱한 현실을 생각해 장자가 옷을 하나 벗어서 사내가 치부만이라도 가리고 친척을 찾아갈 수 있게 하자고 제안하지만 장자는 순경의 제안을 끝내 뿌리치고, 순경의 도움을 받아 궁지를 벗어난다.[강의, 315~316]

조, 구조망, 관계망이기 때문이다.

'비주류들', 겸애와 자연천 그리고 법치

이어지는 『묵자』, 『순자』, 『한비자』 등은 비주류 사상이다. 묵가는 유가와 함께 당대에는 대표적인 학파였다. 묵가가 비주류가 되고 심지어는 역사에서 오랫동안 잊힌 이유를 살피는 것이 『묵자』 읽기의 시작이다.

묵자(墨子, B.C.480~B.C.390)의 성이 적(翟)이라는 설도 있어 묵적이라 부르기도 한다. 여기서 '묵'이란 죄인의 이마에 먹으로 자자(刺字)하는 묵형(墨刑)을 의미한다. 묵(墨)을 목수의 연장 가운데 하나인 먹줄(繩)의 의미로 보기도 한다. 먹줄은 목수들이 직선을 긋기 위해 쓰는 연장이다. 묵가란 형벌을 받은 죄인들의 집단, 하층 노동자 집단이라고 볼 수 있다.

유학과 쌍벽을 이루던 당대에 묵가는 근검절약하고 실천궁행하는 집단으로 널리 알려져 있었다. '묵돌부득검'(墨突不得黔)이라는 말이 있다. 묵자의 집은 아궁이에 불을 지피지 못할 정도로 가난했기 때문에 굴뚝에 검댕이 없다는 뜻이다. 묵가는 유가를 '예를 번잡하게 해 귀족들에게 기생하는 무리'로 보았다. 묵가 집단은 '부귀영화'에는 일말의 관심도 없었고, 오로지 밤낮으로 노동하고 실천하는 것을 근본으로 삼았다.

묵자에 관한 『사기』의 기록은 단 24자입니다. "묵적은 송(宋)

나라 대부로서 성(城)을 방위(防衛)하는 기술이 뛰어났으며 절용을 주장하였다. 공자와 동시대 또는 후세의 사람이다"라는 기록이 전부입니다. 현재의 통설은 묵자는 은(殷)나라 유민(遺民)들의 나라인 송 출신으로 주(周) 시대의 계급 사회로 복귀하는 것을 반대하고 우(禹) 시대의 공동체 사회를 지향하며, 일생 동안 검은 옷을 입고 반전, 평화, 평등 사상을 주장하고 실천한 기층 민중 출신의 좌파 사상가로 평가되고 있습니다.[강의, 367~368]

『묵자』는 '의외로' 난해한 책이다. 문장이 간결하고 불필요한 논변이나 설명이 전혀 없기 때문이다. 본래 71편이었다고 하는데 현재는 53편만 남아 있다. 묵자는 중국은 물론 국내에서도 사문난적, 반역의 사상이었다. 지난 1992년 묵점 기세춘 선생의 『묵자』 완역본이 처음 나온 후 여러 번역서가 출간되었다. 묵자는 공자와 마찬가지로 춘추전국시대를 무도(無道)하고, 불인(不仁)하고, 불의(不義)한, 이기적이고 파멸적인 시대로 규정한다. "주린 자는 먹을 것이 없고, 추운 자는 입을 것이 없고, 일하는 자는 쉴 틈이 없다"(飢者不食 寒者不衣 勞者不息). 백성은 먹지도 쉬지도 못하면서 일만 해야 하는 시대였다.[강의, 369~370]

묵자 사상의 핵심은 겸애(兼愛)라는 보편적 박애주의와 교리(交利)라는 상생 이론, 연대와 실천이다. 묵자는 사람들이 서로 사랑하지 않는 데서 모든 문제가 생긴다고 본다. 그래서 세상의 모든 차별을 없애고 '이웃을 내 몸처럼 사랑하라'(愛人若愛其身)고 외친다. 묵가 입장에서 최고의 범죄는 침략 전쟁이다. 반전 평화를 위해

천 리 길을 마다 않고 달려가서 목숨을 바쳤다. 묵가 학파는 실천에 목숨을 걸었다는 점에서 다른 제자백가와 큰 차이가 있었다.

묵자는 반전사상을 전개하며 "물에 자신의 얼굴을 비추지 말고 다른 사람에게 비추라"(無鑑於水 鑑於人)는 『국어』 「오어」(吳語)편의 고사를 인용한다. 과거 오나라 왕 부차(夫差)가 오만에 빠져 초나라를 공격하려 할 때 오자서(伍子胥)가 부차에게 들려준 말이다. 물을 거울로 삼으면 자신의 얼굴을 볼 수 있을 뿐이지만, 사람을 거울로 삼으면 자신의 한계와 길흉을 알 수 있다는 말이다.

『천자문』에는 "묵자가 실이 물드는 것을 보고 탄식했다"(墨悲絲染)는 말이 나온다. 묵자가 탄식한 이유는 실제로 사람들이, 나라가 물들어 가고 있었기 때문이다. 전쟁에서 많은 사람을 죽이고 승리하는 것이 의로운 일이라고 믿는다든가, 부모가 죽으면 뼈만 묻어야 한다고 믿는다든가, 할아버지가 죽으면 귀신과 함께 살 수 없다는 이유로 할머니를 쳐다 버리는 풍습을 잘못 물든 사례로 든다.

묵가 학파가 당대의 주류였던 까닭은 윤리적 주장과 실천 이론뿐만 아니라 '삼표론'(三表論)이라는 탄탄한 철학적 방법론이 있었기 때문이다. 삼표란 세 가지 판단의 기준을 의미한다. 첫째는 역사적 경험, 둘째는 현실성, 셋째는 민주성이다.[강의, 392~393] 민주성이란 국가와 인민의 이익을 말한다. 묵자의 영향은 사후 200년간 이어졌지만 이후 2,000년이라는 역사에서 그 존재 자체가 사라져 버린다. 묵가는 좌파 사상과 좌파 운동이 그 후 장구한 역사 속에서 겪어 나갈 파란만장한 드라마를 역사의 초기에 미리 보여 준 역설적인 선구자였다.

『순자』는 '성악설'(性惡說)로 널리 알려져 있다. 쇠귀는 『강의』

9장의 제목을 '순자, 유가와 법가 사이'라고 했다. 순자가 유가와 법가에 다리를 놓았다는 의미다. 순자는 신유학이 정립되면서 유학의 계보에서 배제되지만 원시 유가 학파의 대표적인 이론가다. 순자 사상의 핵심은 '천론'(天論)과 '예론'(禮論)이다. '성악설'은 '예론'을 주창하기 위한 근거다.

유학을 객관파와 주관파로 나누기도 한다. 사회 질서와 제도를 강조하는 순자 계통이 객관파로 분류되고, 도덕적 측면에서 개인의 행위를 천리(天理)에 합치하고자 하는 맹자 계통이 주관파로 분류된다.[강의, 404] 순자는 예(禮)로 통치할 것을 주장하는 반면, 주관파에서는 덕치를 주장한다. 주관파도 공자가 말한 극기복례를 이야기하지만 그들이 말하는 예는 과거 주나라의 예, 곧 주례(周禮)다. 복고 논리다. 반면 순자가 주장하는 예는 현재 왕의 법과 제도를 말한다. 순자는 예를 도덕 차원에서 법제 차원으로 끌어올린다.

별이 떨어지고 나무가 울면 사람들이 모두 두려워하여 이 무슨 일인가 한다. 아무것도 아니다. 이것은 천지와 음양의 변화이며 드물게 나타나는 사물의 변화일 뿐이다. 괴상하다고 할 수는 있지만 두려울 것은 없다.[10][강의, 406]

순자의 천은 천지와 음양의 변화이며 그냥 물리적인 하늘이다. 순자는 유가 전통에서 말하는 도덕천, 인격적인 하늘 개념을 거

---

10   "星隊木鳴 國人皆恐 曰 是何也 曰 無何也 是天地之變 陰陽之化 物之罕至者也 怪之可也而畏之非也."(「天論」)

부한다. 하늘에는 자연의 법칙이 있어 바르게 응하면 이롭고, 제대로 응하지 못하면 험한 상황을 맞을 수 있을 뿐이라는 주장이다. 순자는 천론을 통해 인간의 실천적 노력의 중요성을 전면에 내세운다. 지금 보면 탁견이라 할 수 있지만, 주자학 입장에서 수용하기는 어려운 주장이었다.

순자의 '성악설'은 이러한 '천론'에서 나온 것이다. 하늘은 선하지도 악하지도 않기 때문에 인간의 참여에 따라 그의 사회적 존재가 결정된다는 주장이다. 성악설은 인간의 본성을 이야기한 것이 아니다. 선악이 사회적 개념이라면 성(性)은 선악 이전의 개념이다. 따라서 성과 선악 개념을 조합하는 것은 모순이다.[강의, 412] 순자의 '성악'이란 인간이 태어나 자라는 환경에서 갖는 생존 욕망과 관련이 있다.

> 예(禮)의 기원은 어디에 있는가? 사람은 나면서부터 욕망을 가지고 태어난다. 욕망이 충족되지 못하면 그것을 추구하지 않을 수 없다. 그러나 욕망을 추구함에 있어서 일정한 제한이 없다면 다툼이 일어나게 된다. 다툼이 일어나면 사회는 혼란하게 되고 혼란하게 되면 사회가 막다른 상황에 처하게 된다. …… 사람의 욕구를 기르고 그 욕구를 충족시키되, 욕망이 반드시 물질적인 것에 한정되거나 물(物)이 욕망을 위해서만 존재하는 일이 없도록 함으로써 양자가 균형 있게 발전하도록 해야 한다. 이것이 예의 기원이다. 그러므로 예란 기르는 것이다.[11][강의, 418]

순자의 예론은 이렇듯 모두가 자기의 욕망을 추구할 경우 발생할 수 있는 혼란 방지를 위한 사회 이론이다. 도덕만 가지고 욕망을 규율하고 혼란을 방지하는 것은 어렵기 때문에 필연적으로 법과 제도가 따를 수밖에 없다. 맹자는 개인의 자유를 주장했지만 그의 천명론은 '종교적'이다. 순자는 사회 규제의 필요성을 강조하면서 관념적이고 종교적인 하늘 개념을 극복했다. 동시에 순자의 '예치'는 덕치에서 법치로 가는 다리였다.

중국 사상을 지배해 온 유교지만 중국의 정치사회 시스템을 만든 것은 법가다. 진나라가 법가 사상으로 전국을 통일했고, 그 중앙 집권적 관료 체제가 지금까지 이어지고 있다. 법가를 대표하는 사상가는 한비자다. 법가가 다른 제자백가와 다른 점은 과거로 돌아가려 하지 않고 미래를 지향했다는 점이다.

쇠귀는 법가를 설명하기 위해 '어제의 토끼를 기다리는 어리석은 자'(守株待兎) 이야기로 시작한다. 한비자 입장에서 볼 때 유가나 묵가처럼 주나라 종법 질서로 돌아가는 것이 목표인 사람들은 토끼를 기다리는 어리석은 사람들이다. 세상은 변했고, 인의(仁義) 정치는 더 이상 통용되지 않는다고 본 것이다. 한비자는 스승인 순자의 '후왕(後王) 사상'을 받아들여 현재의 왕이 어떻게 정치를 해야 하는가에 주목했다.

『한비자』에 나오는 '화씨의 구슬'(和氏之璧) 이야기는 '우매한

---

11 "禮起於何也 曰 人生而有欲 欲而不得 則不能無求 求而無度量分界 則不能不爭 爭則亂 亂則窮 …… 以養人之欲 給人之求 使欲必不窮乎物 物必不屈於欲 兩者相持而 長 是禮之所起也 故 禮者養也."(「禮論」)

군주'를 깨우치기가 얼마나 어려운지 보여 주는 고사다. 한비자는 진(秦)나라로 갔지만 동문수학한 이사(李斯, B.C.284~B.C.208)[12]의 모함으로 옥중에서 사약을 받는다. 법치의 핵심은 군주의 자의성을 제한하고 성문법에 근거해서 통치하는 것이다. 군주보다 법이 우위에 있을 때만 제대로 작동한다. 한비자가 주장한 법의 기본 성격은 성문화, 공포를 통한 공지, 전국적인 통일성 세 가지다.[강의, 444] 당시만 해도 "예(禮)는 서민에게까지 내려가지 않고, 형(刑)은 대부에게까지 올라가지 않는다"(禮不下庶人 刑不上大夫)는 주나라 종법이 지배하는 시대였다.

법가는 귀족을 끌어내려 서민과 똑같이 상벌로써 다스리려 했다. 유가는 반대로 서민을 끌어올려 귀족과 마찬가지로 예로써 다스리자고 주장했다. 법가는 유가의 이러한 방식을 비현실적이라고 보았고, 유가는 법가의 방식을 비인간적인 술수라고 비판한다. 진시황은 법가를 선택해서 중앙 집권적 관료제 국가를 만들어 중국을 통일한다.

마지막 11장에서는 불교, 신유학, 양명학의 요체를 정리한다. 송대의 신유학은 여진족의 침입과 계급 모순이 누적되면서 무너져 가던 중세의 질서를 바로잡기 위한 당대 지식인의 고뇌의 산물이다. 중화 문명이 북송-남송으로 몰락해 가던 당시를 주도했던 사

12　초나라 상채(上蔡) 출신으로 자는 통고(通古)다. 여불위의 천거로 진나라 조정에 출사해 시황제를 섬겼다. 여불위가 죽은 후 자신의 자리를 위협할 수 있는 한비를 중상모략해서 독살한다. 진시황의 도량형 통일, 분서갱유를 도와 법치주의 기반을 확립하는 데 크게 기여했다. 시황제가 죽은 뒤 환관 조고(趙高)에게 살해된다.

상은 종교로 '신비화된' 노불(노장과 불교)이었다. 신유학자들은 먼저 도교와 불교 사상의 문제점을 비판하면서 유학의 체계를 새로 세워야 했다. 쇠귀는 지면상의 한계로『대학』,『중용』,『화엄경』,『전습록』의 핵심만 정리하고 마무리한다.

화엄 연기와 관계, 이학과 심학

쇠귀가 동양 고전을 읽으며 내건 기치는 '관계론'이었다. 관계론은 불교의 '연기론'(緣起論)과 유사한 점이 많다. 쇠귀는 방대한 불교 사상에 대한 논의를『화엄경』의 연기론을 검토하는 것으로 대체한다. 쇠귀가 볼 때 불교 사상의 핵심은 연기론과 깨달음(覺)이다. 그리고 불교 철학의 최고봉은 '화엄'(華嚴) 사상이다.

『화엄경』은『대방광불화엄경』(大方廣佛華嚴經)의 약칭이다. 화엄이란 '꽃(華)이 엄숙하다(嚴)'라는 뜻이다.『화엄경』에 따르면 이 세상이 화엄 세계다. 붓다는 늘 이 세상은 고해(苦海)라고 했는데 어째서 갑자기 화엄인가? 쇠귀는 '대방광불'이라는 말에 주목한다. 여기서 '대방'(大方)은 최고의 법칙을 말하고, '광'(廣)이란 크고 넓다는 뜻이 아니라 연기적 관점에서 볼 때 크고 넓지 않은 것이 없다는 의미다. '불'(佛)은 깨달음을 의미한다. 결국 대방광불이란 '연기의 참뜻을 깨닫는 최고의 법칙'이라는 의미다.

아무리 작은 것이라고 하더라도 그것이 무한 시간과 무변(無邊) 공간으로 연결되어 있는 드넓은 것이라는 진리를 깨닫는 그 순간, 이 세상의 모든 사물은 저마다 찬란한 꽃이 된다.[강의, 474] 온 천지는 장엄하고 찬란한 꽃의 세계다. 불교에서 말하는 깨달음이란 이렇듯 세상 만물이 얽혀 있는 연기의 세계를 깨닫는 것이고, 언어와 지식으로 감금되어 있는 우리의 좁은 우물을 깨닫는 것이다. 나아가 우리가 집단적으로 감금되어 있는 현실 문맥(이데올로기)을 깨트리는 것이다.

> 세계는 화엄의 찬란한 세계이면서 동시에 덧없는 무상의 세계임을 수긍하지 않을 수 없을 것입니다. 그러나 우리는 우리의 한계 내에서 우리의 삶을 영위하고 우리의 생각을 조직하고 우리의 시공에 참여하는 존재일 수밖에 없는 것이지요.[강의, 479]

쇠귀는 불교의 연기론이나 각(覺) 사상을 대체로 수긍한다. 하지만 불가에서 말하는 깨달음이라는 것이 명상적, 정태적, 반사회적으로 이어져 온 역사에 대해서는 비판적이다. 연기를 깨닫는다는 것은 지속, 가변의 세계를 승인하는 동태적 개념이어야 하기 때문이다. 동시에 제행무상(諸行無常)이라는 불법도 인정하지만 그것이 인간의 무책임성, 무정부적 해체주의로 흐를 수 있는 점은 경계해야 한다는 입장이다.

신유학의 핵심 텍스트는 『대학』과 『중용』이다. 쇠귀는 『대학』이 당대 사회가 지향해야 할 목표를 '선언'하고 있다는 점과 명덕(明德)이 있는 사회, 백성을 친애하는 사회, 최고의 선이 이루어지는 사회를 '지향'한다는 점에 주목한다.[강의, 487] 『중용』에서도 유가적 도덕규범을 이(天理)로 선언해 인간이 관여할 수 없는 절대적 원리로 삼는다는 점에 방점을 찍었다. 이민족의 침입과 노불(老佛)의 영향으로 무너져 가던 중세 사회 질서를 재건하고자 하는 '건축 의지'에서 나온 것이 신유학이라는 것이다.

신유학이 이학(理學)이라면 양명학[13]은 심학(心學)이다. 심학은 남송의 육상산(陸象山, 1139~1192)[14]에서 왕양명으로 이어진다. 쇠귀는 양명학이 개인의 주체성을 강조하고 '지행합일'(知行合一)을 중시하는 실천의 학문이었다는 점에 주목한다.

이렇게 5,000년을 이어 온 동양 고전 읽기가 끝난다. 쇠귀는 태산준령 앞에 '호미 한 자루' 들고 선 격이었다고 술회한다.

쇠귀는 『강의』를 통해 태산 같은 동양 고전의 세계를 관계, 인간관계의 틀로 이해하고 재구성하고자 했다. 가령 『시경』은 관계와 진실, 『주역』은 관계의 철학, 『논어』는 인간관계의 발견, 『맹자』는 만남과 더불어 사는 즐거움, 『노자』는 자연에서 찾는 관계의 최고 질서, 『장자』는 개인과 생명의 존중, 『묵자』는 '세상에 남은 없다'(天下無人), 『순자』는 '예'와 교육, 『한비자』는 법치와 평등한 관계를 중심으로 읽는다.

쇠귀는 제자백가를 비롯한 인간의 모든 사상은 그가 속한 집단의 사회경제적 조건을 반영한다는 점을 명확히 하려 했다. 지금

---

13 명나라의 철학자 왕수인(王守仁, 1472~1528)이 주창한, 주자학에 반대하는 유학의 한 분파라고 할 수 있다. 양명학이라는 명칭은 왕수인의 호에서 딴 것이다.

14 남송의 사상가로 본명은 육구연(陸九淵)이고, 호가 상산(象山)이다. 무주(撫州) 금계현(金谿縣) 출신으로 지방관을 지내며 교육에 힘썼다. 심즉리(心卽理)가 사상의 핵심이다. 그에 따르면 이(理)는 사물에 내재하는 것이 아니고, 나의 마음속에 있다. 존재를 존재하게 하는 것이 곧 내 마음이기 때문이다.

여기서 우리가 동양 고전을 읽는 이유는 상품이 지배하는 자본주의 체제의 본질을 바로 보고 대안적 삶의 가능성을 모색하는 일과 관련이 있다는 사실을 끊임없이 환기한다.

쇠귀는 결론적으로 사상은 이성적 논의가 아니라 감성적 정서가 담겨야 하며 실천되어야 한다는 것, 정서와 감성을 기르는 것이 인성을 고양하는 가장 확실한 방법이라는 점을 강조한다. 우리는 관계론이라는 화두로 동양 고전을 읽으면서 동양적 삶이 지향하는 궁극적 가치가 '인성의 고양'이라는 점을 이해하고 이를 통해 현재의 우리를 재조명해 볼 필요가 있다. 현실을 넘어서려면 비약과 상상력이 필요하다. 이를 위해 고전 이해의 장을 문사철에서 관계망을 깨닫게 해 주는 상상력 중심의 시서화의 장으로 옮겨야 한다.

쇠귀는 유종원(柳宗元, 773~819)[15]의 시「강설」(江雪)과 산문「종수곽탁타전」(種樹郭橐駝傳)을 읽으며 '강의'를 마무리한다.「종수곽탁타전」은 정원사 곽탁타의 나무 심는 비법에 관한, 특유의 우화적 수법을 가미한 도가적인 이야기다. 쇠귀는 한글「종수곽탁타전」을 붓글씨로 써서 전시회에 출품하기도 했다.「강설」전문은 다음과 같다.

千山鳥飛絶 萬徑人踪滅
孤舟蓑笠翁 獨釣寒江雪[16]

---

15 당나라의 사상가, 문장가, 시인으로 당송 8대가의 한 사람이다. 자는 자후(子厚)고, 하동(河東, 현 산시성山西省 영제永濟) 사람이다. 환관과 귀족 세력의 전횡을 막고 국정을 쇄신하기 위해 정치 개혁 운동에 참여했지만 기득권 세력의 반발로 실패하고 지방으로 좌천되어 영주 사마, 유주 자사를 지냈다.

유종원은 문장으로는 한퇴지(韓退之. '퇴지'는 한유의 자)와 겨루고 시로는 맹호연이나 왕유와 어깨를 나란히 했던 당대 최고의 문장가이자 봉건 지배 체제를 강력하게 비판했던 대표적인 개혁 사상가였다. 쇠귀는 특히 유종원이 쓴 「봉건론」과 「천설」(天說)에 주목했다. 「봉건론」에서는 당대 유가들과 달리 군현제가 봉건제를 대체해야 한다고 주장했으며, 「천설」에서는 관념적인 유가의 '천명론'(天命論)을 강력하게 비판하고 진보적이고 경험적인 정치사상을 피력한다. 이에 대해 쇠귀는 "중국 역사상 묵자 이래의 쾌거"[시가선3, 216]라고 극찬한 바 있다.

16　산에는 새 한 마리 날지 않고/길에는 사람의 발길 끊어졌는데/도롱이에 삿갓 쓴 늙은이 홀로/눈보라 치는 강에 낚시 드리웠다.

6. 세계 인식과 자기 성찰, 담론

자본주의의 역사적 존재 형태가 도시입니다. 그리고 그 본질은 상품 교환 관계입니다. 얼굴 없는 생산과 얼굴 없는 소비가 상품 교환이라는 형식으로 연결되어 있는 것이 자본주의 사회의 인간관계입니다. 얼굴 없는 인간관계, 만남이 없는 인간관계란 사실 관계없는 것과 다르지 않습니다. 얼마든지 유해 식품이 만들어질 수 있는 구조입니다. 우리 시대의 삶은 서로 만나서 선(線)이 되지 못하고 있는 외딴 점(點)입니다. 더구나 장(場)을 이루지 못함은 물론입니다.[담론, 109~110]

『담론』은 쇠귀의 마지막 저서다. 쇠귀는 2006년 정년 퇴임한 후 2014년까지 성공회대에서 '인문학 특강' 한 과목만 강의했다. 『담론』은 2014년 2학기 '인문학 특강' 강의 교재와 수업 녹취록을 저본으로 한다. 이후 강의를 중단했기 때문에 실제로 '신영복의 마지막 강의'가 되었다. '인문학 특강' 수업은 학생들이 미리 배포한 '이번 강의의 글'을 읽고 와서 수업을 듣는 방식이었다. 쇠귀의 이

전 저술을 숙지하지 않은 사람은 『담론』 읽기가 쉽지 않을 수 있다.

세계와 인간 이해 그리고 자기 성찰

『담론』은 『강의』를 펴낸 뒤 10년 만에 나온 본격적인 저술이자 쇠귀 사상의 결산이다. 『강의』에서는 수십 년간 읽고 강의하고 정리했던 주요 동양 고전을 현재 우리의 관점에서 돌아보고자 했다. 『담론』에서는 『강의』의 문제의식을 계승하면서 『감옥으로부터의 사색』 등 이전 저서에서 일부 글을 불러내어 그 글의 맥락을 정리하고 현재의 의미를 재구성한다. 이전 저서에 산재해 있던 세계와 인간에 대한 자신의 생각을 체계적으로 정리했다.

　『담론』은 저자 서문과 1부 '고전에서 읽는 세계 인식', 중간 정리, 2부 '인간 이해와 자기 성찰'로 구성되어 있다. 이전 책과는 다른 방식이다. 모두 25장으로 구성했는데, 1장이 전체의 서론에 해당하고 마지막 25장이 결론 격이다. 눈에 띄는 것이 '중간 정리'로 들어가 있는 「대비와 관계의 조직」이다. 쇠귀의 글쓰기 방법 중 하나인 '대대원리'(對待原理)'와 사상의 핵심인 '관계론'을 이론적으로

1　'나'가 존재하는 데는 '나'의 맞짝인 '너'의 존재가 이미 전제되어 있으며, '나'와 '너'는 서로 맞짝으로서 함께 대치한다는 것(對), 그래서 '나'는 '너'에게 '너'는 '나'에게 서로의 존재를 성립시키는 데 필수적이며, 그래서 서로가 서로에게 의존한다는 것(待)이 대대(對待)의 논리다. 이 대대의 한 항 속에 자리 잡고 있는 관계가 고정불변하는 것이 아니라 시간과 공간에 따라 바뀐다는 것이 변역(變易)의 논리다.【김진근, 2008, 237】

정리했다. 이전에 쓴 책의 주요 내용을 추려 제시하고, 자신의 생각과 주장을 뒷받침하기 위한 추가 정보와 글의 작성 문맥도 상세하게 제시한다.

쇠귀는 2006년에 정년 퇴임한 후 한국 현대사 혹은 살면서 만난 사람들에 관한 책을 쓰려 했다. 하지만 두 가지 이유로 책을 내지 못하고 고민한다. 우선 감옥에서 보고 들었던 '절절한 이야기'들을 어떤 서사 형식으로 담아야 할지 확신이 서지 않았다. 그가 신동엽의 「금강」 같은 토속적인 한국 정서를 글씨에 담기 위해 '연대체'를 만들었듯이, 나름 새로운 '쇠귀문체' 서사 형식을 만들고 싶었던 것으로 보인다. 가령 복합적인 의미의 '당신'을 내세운 여행지의 서간문 형식 글쓰기가 독자의 호응을 얻었지만, 정작 본인은 너무 답답한 글쓰기 형식이라고 생각했다. 두 번째는 쇠귀 저서의 새로운 독자가 될 젊은이들에게 맞는 언어와 호흡 등을 반영해야 한다는 생각이었다.

한국 현대사를 온몸으로 살았던 사람들을 포함한 '감옥 친구들'의 이야기와 동일성 논리를 강요해 온 서구 문명과 자본주의 체제에 대한 자신의 문제의식을 결합할 수 있는 글쓰기 형식이 필요했다. 애초에 생각했던 책은 쓰지 못했지만 『담론』은 쇠귀의 이런 생각이 복합적으로 담긴 책이다. 『담론』에서 쇠귀는 공부, 관계, 대비, 화동, 자본제, 노론 지배 체제, 분단과 통일, 실천과 연대 등 자신의 핵심 담론을 정리했다.

다시 고전 공부, 시서화와 문사철

『담론』은 '세계 인식'과 '자기 성찰' 두 부분으로 구성되어 있지만 내용은 크게 여섯 영역으로 나눌 수 있다. 1장 「가장 먼 여행」은 전체의 화두에 해당한다. 2장 「사실과 진실」에서 11장 「어제의 토끼를 기다리며」까지는 『강의』에서 논의했던 중국 고전에 대한 새로운 읽기다. 중간에 배치되어 있는 「대비와 관계의 조직」에서는 '대비를 통한 사유법'에 대해 설명한다.

12장 「푸른 보리밭」에서 19장 「글씨와 사람」까지는 『청구회 추억』과 『감옥으로부터의 사색』의 편지글을 다시 읽으며 그 글들을 쓴 상황이나 그때 못다 쓴 이야기를 보충하는 내용이다. 20장 「우엘바와 바라나시」에서 24장 「사람의 얼굴」까지는 『더불어숲』과 『나무야 나무야』 등에서 뽑은 글을 화두로 삼아 근대 문명, 자본주의 체제, 조선 정치사, 지식인, 성찰의 방법에 대해 논의했다. 25장 「희망의 언어 석과불식」은 이 책 전체의 결론이자 쇠귀가 전하고자 하는 궁극의 메시지라고 할 수 있다.

서론인 1장은 쇠귀 특유의 '공부론'에 대한 정리다. 사실 공부는 살아가는 것 자체고 인간만이 아니라 모든 생명의 '존재 형식'이다. 인간은 살기 위해 공부하고, 공부를 통해 세계를 인식한다. 공부의 최종 목표는 세상을 바꾸는 것이다. 그래서 쇠귀는 공부를 머리에서 가슴으로, 가슴에서 발로 가는 기나긴 여행이라고 했다.

우리의 강의는 가슴의 공존과 관용(tolérance)을 넘어 변화와 탈주(désertion)로 이어질 것입니다. 존재로부터 관계로 나아가는 탈근대 담론에 관하여 논의할 것입니다. 당연히 '관계' 가 강의의 중심 개념이 될 것입니다. 이 '관계'를 우리가 진행 하는 모든 담론의 중심에 두고 나와 세계, 아픔과 기쁨, 사실과 진실, 이상과 현실, 이론과 실천, 자기 개조와 연대, 그리고 변 화와 창조에 대해 이야기할 것입니다.[담론, 21]

2장부터 11장까지는 『시경』, 『초사』, 『주역』, 『논어』, 『맹자』, 『노자』, 『장자』, 『묵자』, 『한비자』에 대한 논의다. 『강의』를 출간한 후 10여 년이 흐르는 동안 변화한 쇠귀의 생각이 담겨 있다. 동양 고전을 관계론의 틀에서 해석하고 지금 여기서 어떤 의미를 갖는지 돌아본다는 최초의 문제의식이 더 구체화되었다. 우리가 고전을 읽 어야 하는 이유는 고전 속에서 장기 지속 구조를 만날 수 있기 때문 이다. 고전을 통해 현재라는 좁고 한정된 시점, 동시대가 강요하는 문맥을 벗어나 거시적으로 자신과 자신을 둘러싼 세계를 조망할 수 있다.

2장 「사실과 진실」은 시에 관한 이야기다. 언어와 숫자, 논리 를 중심으로 하는 문사철의 한계를 벗어나기 위해서는 시서화의 상 상력이 필요하다는 점을 역설한다. 진실은 단순한 사실들(facts)의 집적이 아니다. 시는 어떤 사실을 전달하는 것이 아니라 보다 큰 세 계를 담는 '그릇'이기 때문에 문사철보다 더 정직한 세계 인식의 수 단이 될 수 있다. 문사철이 복잡한 현실을 압축하는 추상력의 세계 라면, 시서화는 작은 것에서 큰 것을 읽는 상상력의 세계다. 공부는 추상력과 상상력을 유연하게 결합할 수 있는 능력을 키우는 것이기 도 하다.

『시경』이 북방 문학이라면『초사』는 남방 문학이다. 중국에서 전쟁은 늘 북방의 침입과 남방의 패배로 끝난다. 현재 중화인민공화국은 거의 유일하게 남방 세력이 승리해서 세운 나라다. 마오쩌둥은 후난성(湖南省) 창사 출신이고, 저우언라이는 장쑤성(江蘇省) 화이안시 출신이다. 마오는 닉슨이 중국을 방문했을 때『초사』를 선물로 주었다고 한다. 중국 시가의 역사를 보면『초사』에서부터 굴원 같은 시인의 이름이 등장한다. 쇠귀가 주목하는 것은『시경』의 사실성과『초사』의 낭만성이다.『시경』은 개개의 사실을 뛰어넘는 상상력을 통해 진실을 보여 주고,『초사』의 낭만성에는 인과론이나 환원론 같은 완고한 인식틀을 넘어설 가능성이 담겨 있기 때문이다.

굴원의「이소」와「어부」는 현실과 이상 사이에서 갈등하는 지식인의 모습을 잘 보여 준다. 중요한 것은 현실과 이상의 조화다. 현실은 이상으로 고양되어야 하고, 이상은 끊임없이 현실화해야 한다. 쇠귀는 감옥 시절 여러 비전향 장기수가 말했던 "이론은 좌경적으로 하고 실천은 우경적으로 하라"는 말을 떠올린다. 실천은 현실에서 여러 사람과 함께해야 하기 때문에 보수적인 자세가 필요하다. 또한 쇠귀는『시경』,『초사』를 통해 시 읽기의 중요성을 강조한다. 언어는 무언가를 전달하기 위한 방편이지 어떤 실체가 아니다. 시는 언어의 완고하고 왜소한 세계를 뛰어넘을 수 있는 가능성을 보여 주는 것이다.

『주역』은 오래전부터 존재했던 세계를 보여 주는 사유의 틀이다. 세상 만물은 뗄 수 없는 관계에 있고 끊임없는 변화를 본질로 한다.『주역』 읽기의 핵심은 각 효의 자리(位), 바로 옆 효와의 관계

(比), 아래 효(초효)와 위 효(4효)의 상응 여부(應), 가운데 효의 득위 여부(中)다. 개별적인 효는 별 의미가 없고 다른 효와의 관계가 핵심이다. 쇠귀는 『주역』 64개의 대성괘 중 11번째 지천태(地天泰), 12번째 천지비(天地否), 23번째 산지박(山地剝), 24번째 지뢰복(地雷復), 그리고 마지막 괘인 화수미제(火水未濟)에 대해 설명한다. 이를 통해 우리는 성찰, 절제, 미완성, 겸손, 변방 같은 관계론의 핵심을 읽을 수 있다. 관계에서 가장 중요한 것은 겸손이다.

5~6장은 공자와 『논어』 이야기다. 춘추전국시대의 사회경제적 상황과 인간 공자의 이야기에 많은 부분을 할애했다. 공자가 제후국의 변방 비읍(鄙邑)² 출신의 미천한 신분이었다는 점, 장례를 대행해 주던 초기 유가의 무리는 자로와 칠조개(漆雕開) 같은 떠돌이 협객이 주류를 이루었다는 점 등을 지적한다. 춘추전국시대는 72개 제후국이 춘추 5패,³ 전국 7웅⁴으로 재편되는 대혼란의 시기였다. 제나라 관중(管仲, B.C.725~B.C.645)⁵의 흡수 합병이라는 동(同)의 논리가 지배했다. 당시 공자가 설파한 것은 패권 논리에 맞

2   춘추시대의 행정 구역이다. 제나라 환공이 대읍과 비읍 제도를 확정했다. 대읍인 도나 국은 주위에 성곽을 쌓아 주변 농촌 지대와 차별화한 다음 비읍, 속읍으로 복속했다. 비읍에는 장례를 대행해 주는 유(儒)라는 직업이 있었다.
3   제나라의 환공(桓公), 진나라의 문공(文公), 초나라의 장왕(莊王), 오나라 왕 합려(闔閭), 월나라 왕 구천(勾踐)을 말한다.
4   전국시대부터 진나라의 시황제가 중국을 통일할 무렵까지 멸망하지 않고 살아남은 일곱 나라인 연(燕), 위(魏), 제(齊), 조(趙), 진(秦), 초(楚), 한(韓)을 말한다.
5   춘추시대 초기 제나라의 정치가다. 제나라 환공을 춘추 5패의 첫 번째 패자로 만드는 데 큰 역할을 했다. 그의 저서 『관자』는 후대 제자백가 사상에 큰 영향을 끼쳤다. 관포지교(管鮑之交)는 그와 포숙아(鮑叔牙)의 우정에서 나온 말이다.

설 수 있는 인간의 논리, 화이부동의 인간학이다. 2,500년이 지난 현재 공자도 건재하지만 패권 논리도 여전히 세상을 지배하고 있다.

『논어』의 핵심이 인(仁)이라면『맹자』의 핵심은 의(義)다. 의란 양고기(羊)를 칼로 잘라(戈) 나누는 사회적 행위다. 쇠귀는 '이양역지' 고사를 통해 모두가 한 점으로 고립되어 있는 자본주의 도시 속의 삶을 환기하며 '만남'의 중요성을 역설한다.

『노자』는 자연에 대한 최고 담론이다. 살육과 약탈이 끊이지 않던 춘추전국시대에 노자는 무위와 자연을 예찬하는 것처럼 보인다. 쇠귀에 따르면『노자』는 철저한 반전(反戰), 반국가 담론이고 새로운 문명 건설이라는 진(進)에 반대하는 귀(歸)의 철학이자 민초의 철학이다.『노자』 8장 상선약수(上善若水)를 보자. 만년에 쇠귀가 자주 붓글씨로 쓰고 강의한 주제기도 하다. 물이 최고의 선(上善)인 이유는 만물에 도움이 되면서 다투지 않고 사람들이 싫어하는 곳에 처하며, 결국 흘러서 바다로 가기 때문이다. 바다는 이 세상에서 가장 낮은 곳, 민초의 삶의 현장이다. 냇물이 흘러 바다에 이르듯 사람들도 낮은 곳으로 가서 하나가 되어야 한다. 하방연대(下方連帶)의 의미가 여기에 있다. 쇠귀는『노자』를 전쟁에 반대하고 기층 민중의 연대를 말하는 민초의 정치학으로 읽었다.

9장『장자』편의 제목은 '우물 안 개구리'나 '나비 꿈'이 아니라 「양복과 재봉틀」이다. 쇠귀는『장자』에서 '반기계론'에 집중한다. '반기계론'은『강의』에서 정리했듯이『장자』「천지」(天地) 편에 나오는, 자공이 한 노인 농부를 만나 꾸지람을 듣는 이야기다. 기계를 쓰면 사람에게 기계의 마음인 기심(機心)이 생기고, 기심이 생기면 생명력(神生)이 불안해진다는 것이다. 쇠귀는 이 이야기를 매개로 자본주의와 기계 문명을 심도 있게 비판한다.

『묵자』는 춘추전국시대의 기층 민중을 중심으로 한 박애주의 사상이다. 묵가는 형벌 받은 노예나 목수 같은 노동자 집단으로 당시 대표적인 제자백가였다. 『묵자』는 2,000년 넘게 중국 역사에서 사라졌다가 20세기 초 잠시 '복권'되기도 했다. 신문화운동을 주도한 중국 청년 사회주의자들은 기층 민중 중심의 『묵자』 사상에 주목했지만, 절대자를 인정하는 묵자의 천지(天志) 사상과 철저한 비폭력주의 때문에 폐기해 버린다. 『묵자』에는 차별 없는 사랑(兼愛), 사람 중심의 성찰(無鑑於水), 지배 이데올로기에 포섭되는 문제(墨悲絲染), 목숨을 건 실천 등 오늘날 생환해야 할 대목이 많다. 하지만 그러한 묵가 사상은 예나 지금이나 인정해 주는 사람이 별로 없다.

> 묵자가 초나라의 송나라 침공을 저지하고 돌아가는 길이었습니다. 마침 송나라를 지나가고 있는데 갑자기 비가 쏟아졌습니다. 묵자가 여각(閭閣)에서 비를 피하려 했지만 여각 문지기가 들여 주지 않았다고 합니다. 전쟁으로 공을 세운 사람은 세상이 알아주지만 평화를 위해서 일하는 사람은 알아주지 않는다는 말을 덧붙이고 있습니다.[담론, 168]

법가 사상은 『순자』를 모태로 『한비자』에서 완성된다. 외유내법(外儒內法)이라는 말이 있듯이 진시황이 통일한 후 중국의 정치사회를 움직인 이념은 법가 사상이다. 법가는 복고적이고 이상주의에 흐르는 모든 제자백가 사상에 비판적이었다. 진나라는 오래가지 못

2014년 12월 4일 성공회대학교에서의 마지막 강의 모습

했지만 법가 사상에 근거한 진나라의 중앙 집권적 관료제는 지금까지 큰 변화 없이 이어지고 있다. 법가 사상은 부국강병을 목표로 하는 현재의 왕을 위한 군주론이고 제왕학이다. 왕은 법을 통해 백성을 다스리고 술(術)을 통해 신하(官僚)를 통제해야 한다는 것이다.

쇠귀는 진나라가 중국을 통일한 것이 과연 '통일국가 건설'이라는 의지의 산물인지에 의문을 던진다. 사활을 건 경쟁에서 살아남기 위해 달려가다 보니 통일로 이어졌을 수 있다는 이야기다. 오히려 여불위(呂不韋, ?~B.C.235)[6]의 상업 자본이 천하 통일의 의지를 가졌을 가능성이 크다고 본다. 20세기 후반 이후 금융 자본이 세계화를 표방하며 전 세계를 단일 시장으로 통일하는 현실과 크게 다를 바가 없다. 당시 토지 생산력이 늘어나고 수공업, 상업이 발전하면서 대규모 상업 자본이 출현했다. 통일 후 신속하게 도량형과 도로와 바퀴의 축을 통일한 것은 전형적인 상업 자본의 논리일 수 있다.

쇠귀는 간디가 말하는 '나라가 망하는 7가지 사회악'(원칙 없는 정부, 노동 없는 부, 양심 없는 쾌락, 인격 없는 교육, 도덕 없는 경제, 인간성 없는 과학, 희생 없는 신앙)과 한비자의 8가지 망국론으로 '한비자' 편을 마무리한다. 쇠귀가 『담론』을 집필하던 지난 2014~2015년은

6　전국시대 말기의 상인 출신 정치가로 출생지를 두고는 설이 엇갈린다. 조(趙) 한단에서 장사를 하다가 조나라에 볼모로 잡혀 있던 진나라의 왕족 자초(子楚: 진시황의 생부)와 인연을 맺어 진나라 승상이 된다. 이후 여불위는 자신의 집에 3,000명의 식객을 불러들였고, 기원전 239년 그들로 하여금 『여씨춘추』(呂氏春秋)라는 백과사전을 편찬하게 했다. 여러 사건으로 진시황의 의심을 받자 자살한다.

박근혜 정권의 패악과 부패가 안으로 곪아 가던 시기였다. 한비자의 망국론은 마치 박근혜 정권의 몰락을 예견하는 듯하다.

희망의 언어, 인간·변방성·상상력

2부 '인간 이해와 자기 성찰'은『감옥으로부터의 사색』과 이후의 저서에 실린 글들에 대한 두터운 '후기'다.

　12장「푸른 보리밭」은 사형수 시절 남한산성 육군교도소에서 만난 수인들의 이야기다. 13장「사일이와 공일이」에서 19장「글씨와 사람」까지는『감옥으로부터의 사색』에서 엽서를 한 장씩 뽑아 행간에 숨은 이야기나 못다 쓴 내용을 부연한다.

　13장은「한 발 걸음」[사색18, 337]을 중심으로 실천 없는 이론 공부의 한계를 인식하고 '인간은 관계'라는 깨달음을 얻는 과정을 정리했다. 주춧돌부터 집 그림을 그리는 노인 목수―터무니없이 큰 여자 구두를 만들었던 기억―고향 마을의 노동하는 삼촌 이야기―점조직으로 운영했던 이동문고―기천불(基天佛) 떡신자―우크라이나 전승 기념비―17년 만의 귀휴―축구와 국에 넣는 빠다―창신꼬마와 함께 맞는 '매'로 이어진다.

　14장에서는「겨울 새벽의 기상나팔」[사색18, 282]을 읽는다. 사람은 누구나 주인공 자리에 앉을 자격이 있고, 그러한 사람의 진솔한 이야기를 경청하는 것이 최고의 독서라는 사실을 일깨운다. 아름다움(美)이란 어떤 대상에 대한 앎이다. 비극은 우리를 통절한 각성의 세계로 인도한다.

15장에서는 「보호색과 문신」[사색18, 323]을 통해 사회적 약자를 조명한다. 위선이 강자의 의상이라면 위악은 약자의 생존 방법이다. 동물의 보호색이나 조폭의 문신은 모두 약자의 존재 방식이다. 모든 권력은 화려한 치장을 하고 나타난다. 삶의 현장에서 위선과 위악의 베일을 벗기는 것이 공부다.

16장에서는 「관계의 최고 형태」[사색18, 376]를 읽는다. 세계는 관계고 관계는 나와 상대가 서로를 잘 알아야 형성될 수 있다. 저널리즘이 표방하는 객관주의란 전형적인 기만이다. 객관을 뒤집으면 관객이다. 객관이란 자본주의가 인간관계 자체를 파괴하고 있음을 보여 주는 본보기다. 자본주의 언론은 대부분 강자의 입장에 서 있으면서 객관을 표방할 뿐이다. 지식인은 기층 민중과 함께 비를 맞으며 상대와 동일한 입장에 설 수 있을 때 '계급을 선택하는 계급'(사르트르)이 될 수 있다.

17장은 「함께 맞는 비」[사색18, 296] 이야기다. "돕는다는 것은 우산을 들어 주는 것이 아니라 함께 비를 맞는 것이다." 쇠귀의 서화로 널리 알려진 글귀다. 감옥에서 만났던 가난하지만 자존심 강한 재소자 이야기와 잠자리에서 몰래 건빵을 먹는 조 목사 이야기를 대비한다. 도움을 주고받기 위해서는 그 처지와 정이 같아야(同情) 한다. 돕는다는 것은 나눔이다. 자본은 스스로 증식해야 하는 가치기 때문에 나눌 수 없다.[담론, 293]

18장에서는 인구에 회자되었던 편지글 「여름 징역살이」[사색18, 396]를 읽는다. 징역에서 여름과 겨울을 나면서 겪은 이야기다. 어디에나 '싸가지 없는' 사람이 있다는 것은 우리가 현실의 불만을 대리 해소하기 위해 '공공의 적'을 만드는 것일 수도 있음을 보여 준다. 중요한 것은 그런 상황을 강요하는 구조를 직시하는 일이다.

19장에서는 1977년에 부친에게 보낸 「서도의 관계론」[사색18, 118]을 읽는다. 어린 시절 조부님 사랑방에서 시작된 쇠귀의 붓글씨가 감옥에서 오랜 수련을 거쳐 '연대체'로 진화해 가는 이야기다. 큰 기교는 졸렬해 보이듯(大巧若拙), 붓글씨의 최고 경지는 '아이로 돌아가는 것'(還童)이다.

20장과 21장에서는 『더불어숲』에서 던진 화두를 풀어 간다. 여행이란 익숙한 것과의 결별이고 다른 세계와의 만남이다. 제대로 만나기 위해서는 자기변명을 하지 말고 타인에게 최선을 다하되 호의를 기대하지 말아야 한다. 『더불어숲』에서는 서구 자본주의 문명사 탐사를 통해 새로운 문명의 가능성을 모색하고자 했다. 스페인 우엘바항은 자본주의 세계화의 기점이고, 인도의 바라나시는 콜럼버스 이전이나 지금이나 '늘 그렇게' 존재하는 곳이다.

콜럼버스 이후 자본주의는 빠르게 세계화되었다. 공간 확장이 끝난 산업 자본은 금융 자본 단계로 넘어가 열위 자본을 약탈하는 데 여념이 없다. 교환 가치의 지배, 모든 대상의 상품화, 상품 미학과 소비, 노동 계급의 궁핍화, 공황과 전쟁, 금융 자본의 세계 지배, 몰락해 가는 제국……. 그럼에도 미디어는 소비를 미덕이라 예찬하고, 시민은 주권 권력이 제거해도 상관없는 보호받지 못하는 벌거벗은 생명으로 전락하는 것이 현실이다. 지금 우리에게 시급한 것은 중심부에 대한 콤플렉스를 극복한 변방성의 자각과 자본주의 문맥을 벗어나 바깥을 상상할 수 있는 상상력이다.

22장과 23장에서는 『나무야 나무야』에 실린 「반구정과 압구정」, 「하일리의 저녁노을」을 호출한다. 22장은 세종 때의 정승 황희와 세조 때의 한명회를 매개로 한 조선 정치사의 압축이다. 왕권과 신권이 모두 몰락했을 때 민중이 전면에 나섰지만(民强) 외세의 개입으로 좌절된다. 1623년 인조반정으로 서인과 훈구 세력이 집권한 후 오늘에 이르기까지 외세에 의존하는 수구 권력 구조는 변하지 않았다는 것이 쇠귀의 생각이다.

23장은 하곡 정제두에서 영재 이건창으로 이어지는 강화학파 이야기다. 조선 후기 노론 권력의 전횡이 심해지자 벼슬에 뜻을 접은 하곡은 강화도로 가 양명학 연구에 매진한다. 주자학이 교조적 이데올로기로 전락하자 새로운 사상 투쟁을 시작한 것이다. 양명학은 양심을 바탕으로 앎과 실천을 일체화하고 '오늘'로부터 독립된 지식인상을 추구했다. 쇠귀는 감옥에서 만난 한 재소자의 양심을 이야기한다. 그는 피를 팔기 전에 물을 배불리 먹으면서도 양심의 가책을 받지 않았다고 말한다. 쇠귀는 오히려 그의 말에서 양심을 발견한다. 대학 시절 학생 운동에 앞장섰던 사람들 중 끝까지 운동권에서 살아남은 사람들을 소환하며 우리를 끝까지 버티게 하는 힘은 양심에서 나오는 것임을 강조한다.

24장은 쇠귀가 감옥에서 면벽 명상을 하며 깨달았던 단어와 연상 세계에 대한 이야기다. 쇠귀는 가곡 〈가고파〉를 들으면 유년 시절의 남천강이 떠오른다. 마찬가지로 우리가 조국이나 민족처럼 어떤 단어를 생각할 때 떠오르는 무언가가 있다. 쇠귀는 감옥에서 5년 가까운 독방 생활을 할 때 면벽 명상을 통해 유년 이후의 기억을 떠올리면서 많은 깨달음을 얻는다. 나의 정체성이란 내가 만난 사람, 내가 겪은 일들의 집합이다. 이후 쇠귀는 머릿속에 야적된 개념적 지식과 정보를 버리고 그 자리를 사람으로 채우려고 노력한다.

25장은 이 책 전체의 마무리에 해당한다. 석과불식(碩果不食)은 『주역』의 23번째 괘인 산지박(山地剝)에 나오는 효사다. 괘의 모양을 보면 산이 위에 있고 땅이 아래 있는 형국이다. 6개의 효 중 아래 5개가 음효고 맨 위의 것만 양효다. 마지막 하나 남은 양효의 효사가 "씨과실을 먹(히)지 않는다"(碩果不食)다. 기약 없는 감옥에서 버틸 수 있게 해 준 희망의 언어다. 쇠귀는 석과불식에서 엽락(葉落), 체로(體露), 분본(糞本) 세 가지의 의미를 읽는다. 먼저 잎사귀라는 환상과 거품을 제거해야 한다. 이어서 앙상하게 드러난 뼈대를 보며 구조를 직시해야 한다. 끝으로 척박할수록 뿌리에 거름을 하는 일, 즉 사람을 키우기 위해 최선을 다해야 한다.

남한산성에서 죽음을 앞두고 시작된 쇠귀의 '구원'으로서의 글쓰기 여정은 『담론』에서 끝난다. 『담론』에는 쇠귀 사유의 궤적과 사상의 모든 것이 담겨 있다. 관계론으로 생환한 동양 고전의 세계와 감옥에서 보낸 편지의 행간과 앞뒤 이야기는 물론, 기계와 상품 그리고 자본으로 압축되는 자본주의 체제에 대한 정치경제학적 분석, 조선 이후 한국 지배 체제의 역사에 대한 특유의 관점과 통일론, 쇠귀 글쓰기의 주요 방법 중 하나인 대비법에 이르기까지 모든 것을 온축해 놓았다.

7. 언약과 동행, 처음처럼

『처음처럼 ─ 신영복의 언약』은 쇠귀의 '유고 작품집'이다. 2015년 11월에 최종 원고가 송고되었고, 쇠귀가 작고한 뒤인 2016년 2월 22일에 출판된다. 『처음처럼 ─ 신영복의 언약』(이하 '처음')에 새로운 저자 서문이 없는 이유다. '원본'은 2007년 쇠귀 독자 모임인 더불어숲을 대표해 이승혁, 장지숙이 엮은 『처음처럼 ─ 신영복 서화에세이』(이하 '처음07')다. 당시 쇠귀는 '내키지 않았지만 엮은이들에 대한 신뢰가 있어' 책 출간을 허락하고, 이 책을 위해 60여 편의 새로운 그림을 그린다.

쇠귀가 '처음07' 출판을 부담스러워했던 데는 몇 가지 이유가 있었다. 먼저, 이 책에 실리는 글들이 이미 여러 저서나 일간 신문에 발표한 것들이었다. 둘째, 감옥 엽서나 여행지 편지는 조건상 '갇힌 글'이었기 때문에 언젠가는 '다시 쓰고 싶은 글'인데 또 출판하는 것이 마음에 걸렸다. 더 망설였던 이유는 그림 때문이었다. 쇠귀는 그림이 편지나 기행문의 도우미로 글 한구석에 있을 때는 잘 드러나지 않지만 그림 자체가 주인공으로 자리 잡을 경우 흠결이 드러날 수 있다고 생각했다.

'처음07' 엮은이들은 여기저기 흩어져 있던 쇠귀의 글과 그림을 모으고 줄곧 관리해 온 사람들이다. 그들은 '처음07'에 실리는 글과 그림에 대한 여러 사람의 반응과 평가를 잘 알고 있었다. 누구보다도 쇠귀를 잘 알고 있는 엮은이들이 쇠귀를 설득해 책을 내고자 했던 것은 달력 등에 있는 쇠귀의 그림이나 글씨가 언제나 우리 이야기를 다 들어 주고 조용히 위로하면서 결국에는 우리를 성찰하게 해 준다는 사실을 잘 알았기 때문이다.

> 저자의 그림을 보고 있으면 그림은 '그리워하는 것'이라고 한 뜻을 생각하게 됩니다. 어떤 것을 그리워하는지 어떤 생각을 나누고 싶은지 알 듯합니다. …… 우리가 진정 그리워하는 것이 무엇인지 생각하게 됩니다. 이 책에 실린 글과 그림들은 사상의 장(場)을 '문사철'(文史哲)에서 '시서화'(詩書畵)로 옮겨 놓습니다. …… 이 책이 우리의 상상력을 키워 우리 사회가 그리워하는 것, 우리 시대가 그리워하는 것을 공유하는 작은 그릇이 되기를 바랍니다.[처음07, 엮은이 서문]

쇠귀는 일찍부터 언어와 논리 중심의 사유 체계는 우리를 감금하는 또 하나의 '우물'이라고 생각했다. 『담론』에서도 시서화가 보다 높은 차원의 인식틀임에도 현재 우리는 언어와 숫자로만 세계를 인식한다며 아쉬워했다.

이 책은 '처음처럼'에서 시작하여 '석과불식'(碩果不食)으로 끝나고 있습니다. 이러한 기획 의도를 필자는 물론 많은 독자들도 공감하리라고 믿습니다. 지금까지 필자가 많은 사람들과 공유하고자 했던 일관된 주제가 있다면 아마 역경(逆境)을 견디는 자세에 관한 것이었다고 할 수 있습니다. 역경을 견디는 방법은 처음의 마음을 잃지 않는 것이며, 처음의 마음을 잃지 않기 위해서는 '수많은 처음'을 꾸준히 만들어 내는 길밖에 없다고 할 것입니다.【처음07, 여는 글】

'처음07' 저자 서문인 「수많은 '처음'」의 일부다. '처음07'은 쇠귀의 글과 그림으로 엮은 책이지만 쇠귀의 다른 책들과는 분위기가 다르다. 작고하기 두세 달 전까지 이 책을 수정, 보완하기 위해 씨름한 걸 보면 쇠귀도 마음 한구석에 그런 생각이 있었던 것 같다.

앞에 썼듯이 쇠귀는 마지막까지 『담론』을 집필하는 데 매진했고, '처음'은 병상에서 마무리했다. 『담론』이 경험적 사실과 논리적 주장으로 자신의 생각을 정리했다면, '처음'은 시적인 산문과 그림 그리고 서예 작품을 통해 자신의 생각을 압축했다.

'처음07'은 서두에 저자의 여는 글과 엮은이 서문 「우리가 진정 그리워하는 것」이 있고, 본문은 모두 3부로 구성되었다. 1부 '처음으로 하늘을 만나는 어린 새처럼'에 64편, 2부 '처음으로 땅을 밟는 새싹처럼'에 57편, 3부 '늘 처음처럼, 언제나 새날'에 54편의 서화가 각각 배치되어 있다. 어린 새와 새싹 그리고 새날에서 알 수 있듯이 이 책은 쇠귀의 서화 작품 175편을 편의상 세 부분으로 나누어 구성했다.

'처음'은 '처음07'의 개정판이라기보다는 전혀 다른 책이라는 느낌이 든다. '처음처럼'이라는 책의 제목과 서화 작품 〈처음처럼〉으로 시작해 〈석과불식〉으로 끝나는 서두와 마무리를 제외하고 판형, 그림, 글, 구성 등을 모두 바꾸었기 때문이다. 처음과 끝을 장식하는 「처음처럼」과 「석과불식」의 그림과 글씨도 교체했다.

서화 작품 수도 45편 늘어나 모두 215편이다. 삭제한 것이 50편이 넘고, 수정하거나 새로 그린 서화도 많다. 2007년 이후 새로 그린 그림과 글씨가 추가되었고, 감옥에서 만난 사람들 이야기와 관련된 여러 편의 그림을 새로 그려 넣었다. 일간지에 국내외 여행기를 기고할 때 삽입했던 그림도 대부분 삭제했다.

예를 들면 〈콜로세움〉[236쪽]은 그대로 실었고, 〈콜럼버스의 달걀〉[268쪽]은 보다 구체적인 그림으로 교체했다. 〈콜로세움〉은 여전히 우리가 로마제국을 예찬하고 타 민족 정복을 동경하는 것은 아닌지, 지금도 우리를 잠재우는 거대한 콜로세움이 도처에 존재하는 것은 아닌지 묻고 있다. 〈콜럼버스의 달걀〉에서는 콜럼버스가 발상을 전환한 것이 아니라 생명에 잔혹한 폭력을 행사한 것이라는 사실에 대한 이해가 선행되어야 한다는 점을 강조한다. 콜로세움과 콜럼버스는 21세기 지금 시점에도 계속되는 제국주의 지배와 일말의 윤리적 동기도 없이 질주하는 금융자본주의 지구화의 '살아 있는' 상징이다.

책의 구성도 3부에서 기승전결처럼 4부로 변경했다. 1부 '깸', 2부 '생각하는 나무의 말', 3부 '공부', 4부 '만남' 순이다. 이는 쇠귀 사상의 핵심인 관계론을 '시적' 사유의 틀에 담기 위한 시도로 보인다. 우리가 꿈에서 깨어나 생각을 정리하고 마주하는 모든 대상에게서 배운 후 '관계의 바다'로 가야 한다는 흐름을 읽을 수 있다.

서화 작품 〈석과불식〉

1부 '꿈보다 깸이 먼저입니다'는 「처음처럼」으로 시작해서 「야심성유휘」(夜深星逾輝)로 끝난다. 봄, 새끼, 새싹 모두 새로운 여행을 시작하는 것들이다. 사람들은 원대한 꿈을 가져야 한다고 말하지만 쇠귀는 '꿈'보다 중요한 것은 '깸'이라는 화두를 던진다. 우리는 모두 상품과 화폐가 지배하는 자본주의 '꿈의 공장'에 갇혀 살기 때문이다.

　　　우리는 새로운 꿈을 설계하기 전에
　　　먼저 저 모든 종류의 꿈에서 깨어나야 합니다.
　　　꿈보다 깸이 먼저입니다.
　　　(중략)
　　　그리고 잊지 말아야 하는 것은
　　　깸은 여럿이 함께해야 한다는 사실입니다.
　　　집단적 몽유(夢遊)는
　　　집단적 각성(覺醒)에 의해서만
　　　깨어날 수 있기 때문입니다.[처음, 26]

　우리가 상품의 문맥이나 부자가 되는 꿈에서 깨어나기 위해서는 벗들과 함께 길을 떠나야 한다. 매일매일 「샘터 찬물」에서 세수하며 「훈도」(薰陶)해 줄 스승을 만나 「줄탁동시」(啐啄同時)[1]하고 「과거의 무게」에서 벗어나 더 높은 곳으로 비상하기 위해서다. 「히말

1　송나라 때 나온 선종의 수행서 『벽암록』(碧巖錄)에 실린 열여섯 번째 공안(화두)이다.

구도 求道에는 언제나 고행 苦行이 따릅니다.
구도의 도정에는 목표가 없습니다.
고행의 충화가 곧 목표가 됩니다.
그렇기 때문에
구도는 곡선이기를 원하고 더디기를 원합니다.

구도는 도로의 논리가 아니라 길의 마음입니다
도로는 속도와 효율성이 지배하는 자본의 논리이며
길은 아름다움과 즐거움이 동행하는 인간의 원리입니다.

우리는 매일 직선을 달리고 있지만
동물들은 맹수에게 쫓길때가 아니면
결코 직선으로 달리는 법이 없습니다.

서화 작품 〈길의 마음〉

라야 토끼」²처럼 자신이 코끼리보다 크다는 착각에서 벗어나야 하고, 「동굴의 우상」을 넘어 「저마다의 진실」을 인정해야 한다. 군자의 중용이란 절충이나 종합이 아니라 "그 경중, 선후를 준별하고 하나를 다른 하나에 종속시키는 실천적 파당성(派黨性)"【68쪽】이다. 늘 자신에게 엄격하고(「춘풍추상」春風秋霜), 다른 사람에게 자신을 비추어 보며(「무감어수」無鑑於水) 겸손한 마음으로(「지산겸」地山謙³) 소통에 최선을 다하는(「통즉구」通則久) 것이 '깸'의 조건이다.

2부 '생각하는 나무가 말했습니다'는 「강물처럼」으로 시작해 「함께 맞는 비」로 끝난다. 이미 격언이나 잠언 수준이 된 쇠귀의 말들이 보물처럼 숨어 있다. 삶이란 여행이다. 길을 떠나는 사람의 발걸음은 강물 같아야 한다. 자연은 말이 없고(「희언자연」希言自然⁴) 빈손으로 고통의 계절을 마주해야 한다. 물이 모든 구덩이를 채우고 나아가듯(「영과후진」盈科後進⁵) 첩경은 없다. 속도가 지배하는 도로의 논리가 아니라 「길의 마음」으로 가야 한다. 구도(求道)의 도정에서는 '고행의 총화'가 곧 목표가 되기 때문이다.

3부 '공부하지 않는 생명은 없습니다'는 주로 쇠귀의 감옥살이 이야기다. 감옥 시절에 쓴 글이나 엽서의 내용에 새로 그림을 그려 넣었다. 쇠귀에게 감옥은 인간에 대한 이해, 사회와 역사에 대한

---

2   헝가리의 철학자 루카치(Georg Lukacs, 1885~1971)의 책 『체험된 사유 말해진 기억』(L'arche, 1986)에 나오는 말이다. 쇠귀는 이 이야기를 알튀세르(L. Althusser, 1918~1990)의 말로 기억하고 있었다.【담론, 64】

3   『주역』 64괘의 15번째 괘다.

4   『노자』 제23장에 나오는 말이다.

5   『맹자』 「진심」(盡心) 편에 나오는 말이다.

서화 작품 〈머리 위의 의자〉(위)
서화 작품 〈죽은 시인의 사회〉(아래)

깨달음을 안겨 준 대학이었다. 공부는 모든 생명의 존재 형식(「달팽이」)이고 인생길은 영혼과 함께 가야 한다(「인디언의 기다림」)는 선언으로 시작한다. 추운 겨울 「찬 벽 명상」은 감옥 공부의 시작이었고, 재소자들과 격의 없는 만남이 그 결실이었다.

너무도 살고 싶어 했던 사형수에 대한 기억(「보리밭」), 자신을 버리고 재가했던 어머니의 아들이 면회 온 이야기(「개가모 접견」), 이름만 보고 대의(大義)라는 이름을 지어 준 그의 아버지가 속상했을 거라고 지레짐작했던 사람(「대의」), 이야기할 때마다 자기 삶의 역정이 각색되는 노인 재소자(「노인의 진실」), 주춧돌부터 집 그림을 그리는 노인 목수(「집 그리는 순서」), 몰래 축구하다 다른 재소자들과 함께 '매 맞은' 이야기(「축구 시합 유감」), 처절한 저항으로 뒷골목 건달들로부터 자신을 지킨 대전의 창녀(「노랑머리」), 동생들의 끼니를 위해 물을 실컷 먹고 피를 판 것이 '마음에 걸리지 않는다'는 재소자(「물 탄 피」), 염불보다 잿밥에만 관심 있는 사이비 '기천불 신자' 들의 우정(「떡신자」), 삼엄한 감옥 속에서 30여 권의 '비인가 서적'을 돌려 가며 읽었던 이야기(「이동문고」)…… 마지막은 추운 겨울 감옥 독방에서 두 시간 동안 비추는 신문지 크기만 한 햇볕만으로도 행복했던 이야기(「햇볕 두 시간」)다.

4부 '삶은 사람과의 만남입니다' 는 쇠귀 관계론의 총화다. 타인과의 만남과 더불어 사는 이야기를 서화 62편으로 구성했다. 삶이란 〈가슴에 두 손〉을 얹고 〈더불어숲〉으로 가는 길이다. 〈여럿이 함께〉 〈한솥밥〉 먹으며 〈손잡고 더불어〉 〈바다〉를 향해 〈더불어 한 길〉 갈 때 중요한 것은 〈입장의 동일함〉이고 〈우직함〉이다. 욕망의 〈콜로세움〉은 허물어야 하며, 자기의 발보다 탁(〈탁度과 족足〉)을 더

신뢰하는 우매함에서 벗어나려면 〈문사철 작은 그릇〉을 깨야 한다.

〈공부〉는 〈망치〉로 〈몸 움직여〉 하는 〈가장 먼 여행〉이다. 후기 자본주의는 억압 없이 우리의 감성 자체를 포획(〈푸코의 주체〉)했고, 주권 권력이 죽이거나 추방할 수 있는 〈호모 사케르〉를 양산한다. 4·19는 총탄이 이마가 아니라 모자를 관통한 혁명(〈총탄과 모자〉)이었고, 〈외세 뒷배〉로 권력을 잡은 자들이 한국 사회를 〈세월호〉로 만들었다. 좌측으로 가려면 늘 깜빡이를 켜고 신호를 받아야 하며(〈신호등〉), 〈청년 시절〉은 〈머리 위의 의자〉를 올리고 〈그림자 추월〉을 연습하는 〈죽은 시인의 사회〉가 되었다.

그럼에도 이 세상에 남은 없으니(〈천하무인〉天下無人), 우리 〈사일이와 공일이〉는 지속적 〈만남〉을 통해 〈관계〉를 만들어 가야 한다. 관계맺음의 진정한 의미는 공유다. 한 개의 나무 의자를 나누어 앉는 것이며, 같은 창문에서 바라보는 것이며, 같은 언덕에 오르는 동반이다.[297쪽] 관계맺음을 통해 우리는 뿌리를 바르게 하고(〈정본〉正本), 거름을 해 사람을 키우며(〈엽락분본〉葉落糞本) 내일의 희망을 만들어(〈석과불식〉碩果不食) 갈 수 있다.

쇠귀는 사형수였던 남한산성 육군교도소 시절에 많은 그림을 그렸다. '엽서93'에 그때 그린 그림 20여 장이 남아 있다. '처음'에는 사형수 시절에 그린 첫 번째, 두 번째 그림인 〈미네르바의 올빼미〉와 〈뒤돌아보라〉 두 장이 실려 있다.

〈미네르바의 올빼미〉는 어딘가에 갇혀 생각에 잠긴 사람의 모습이고, 〈뒤돌아보라〉는 겨드랑이에 책을 끼고 길을 걷고 있는 젊은이의 모습이다. 쇠귀에게 그림은 '그리워하는 것'이다. 우리가 그릴 수 있는 것은 그리워하는 것뿐이다(〈그리움〉). 미술 시간에 한 친

길을 걷다가 골목이 꺾이는 길모퉁이 같은 데서
재빨리 뒤를 돌아다 보라. 거기 당신의 등뒤에
당신을 지켜주는 손이 있다. 어머니의 손길은,
친구의 손같은 ----

1969년 남한산성 육군교도소 시절에 쓴 엽서 「뒤돌아보라」

구가 그린 어머니 얼굴 그림을 본 후 그 친구에게 어머니가 없다는 사실을 떠올렸던 기억 때문에 갖게 된 생각이다. 이 그림들을 보면 사형수 시절 쇠귀가 그리워한 것은 세월을 이길 수 있는 미네르바의 지혜, 뒤돌아보면 어디에나 있는 자신을 지켜 줄 '어머니의 손', '친구의 손'이었다는 사실을 떠올릴 수 있다.

무기수로 확정된 뒤 정기적으로 집에 서신을 보내게 되었을 때, 그 좁은 봉함엽서 공간을 비집고 그림을 그렸던 것은 어른들 어깨너머로 함께 그 편지를 볼, 글자를 모르는 어린 조카들을 위해서였다. 그림은 문자 언어 이전부터, 그리고 문자 언어보다 빠르게 생각과 마음을 전달하는 수단이다. 그림으로 표현하던 자유로운 정신의 세계가 문자 언어, 책으로 상징되는 문사철의 세계로 축소, 감금된 것이 역사이기도 하다. 문사철의 강고한 문맥에서 벗어나 보다 진실에 근접하기 위해서는 '작은 레고 조각'에 불과한 사실의 규정성을 넘어설 수 있는 상상력이 필요하다. 쇠귀에게 그림은 언어로 담기 어렵거나 담을 수 없는 생각을 전달하기 위한 방편이었다.

더불어숲

나무가 나무에게 말했습니다.
우리 더불어 숲이되어 지키자.

시흔 늙픔 쉬지

〈더불이숲〉

숲으로 간 나무

― 인간 신영복의 추억

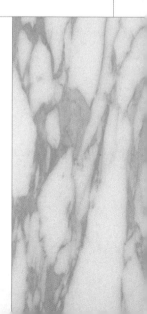

신 선생님의 말과 글에서 깨우침을 얻지 않은 적은 한 번도 없었다. 잠시 만나 얘기를 나눈 경우에도 여지없이 그러했다. 존경하는 사람이 있느냐는 물음에 망설이지 않고 대답할 사람이 있다는 것은 분명 행복이다.[노회찬의「난중일기」, 2004. 9. 12.][1]

생전에 쇠귀는 많은 사람을 만났고, 많은 사람으로부터 존경과 사랑을 받았다. 그의 연구실로 찾아오는 사람도 많았고 편지나 이메일로 이런저런 부탁이나 하소연을 전하는 사람도 많았다. 쇠귀의 강연을 들은 사람도 헤아릴 수 없이 많다. 2016년 1월 15일, 그가 세상을 떠나고 성공회대에 빈소가 마련되었을 때, 그의 마지막 모습을 보며 조의를 표하고자 모여든 사람들이 끝없이 줄을 이었다.

사람들이 쇠귀를 기억하고 추모하는 것은 단지 그의 책과 사상에 감화되었기 때문만은 아니다. 실제 그를 만났던 사람들은 말

---

1 【조현연, 2019】에서 재인용.

할 것도 없고, 그를 직접 알지 못하는 사람들도 그의 글에서 묻어나는 인품과 사람됨에 깊은 감명을 받았다. 그는 건성으로 사람을 만나는 법이 없었다. 쇠귀가 별세한 후 그의 제자인 탁현민은 스승을 추도하면서, "나만큼 선생님과 가까운 사람은 없을 것이라 생각했다. 그런데 그분 돌아가시고 보니 나뿐 아니라 선생님을 아는 사람들 대부분이 나와 똑같이 생각하고 있었다"라는 말을 한 적이 있다. 쇠귀는 모든 사람과의 관계를 소중히 생각했고, 그 관계에 최선을 다했다. 상대가 누구든 그 관계에 최선을 다하는 것은 기본적으로 자기 자신을 낮추는 태도에서 비롯된다. 쇠귀는 언제 어디서 누구를 만나든 자신을 낮추며 대하는 사람이었다. 이렇게 스스로 낮추는 겸양의 태도는, 그가 보여 준 인간됨의 여러 면모, 이를테면 낮은 곳과 가난한 자에 대한 연민과 공감, 부지런하고 빠른 몸가짐과 손가짐, 번득이는 유머 감각, 상대방을 편안하게 만드는 격의 없는 소탈함, 탈권위적이고 부드러운 화법 같은 면모들의 가장 기본적인 바탕을 이루는 것이라 할 수 있다.

낮은 곳을 향한 공감의 시선

『신영복 함께 읽기』는 2006년 쇠귀의 정년 퇴임을 맞아 지인들이 저마다 자신의 시선으로 쇠귀의 삶과 사상, 인간됨에 대해 쓴 글들을 모은 책이다. 이 책에는 초중고 대학 시절의 친구와 스승, 동료 교수와 그를 따르는 제자들, 육사 교관 시절의 제자들 그리고 감옥에서 함께 지낸 동료 수감자들, 심지어 감옥에서 그를 감시하는 역할을 해야 했던 교도관까지 필자로 참여했다. 이 책에 수록된 다양한 사람의 글에서 인간 신영복의 참면모를 알 수 있다.

신영복의 인간됨에 관해 많은 사람이 공통적으로 이야기하는 것은 그가 늘 낮은 곳을 향해 가졌던 따뜻한 연민과 공감의 시선이다. 쇠귀를 아는 사람이라면 죽음을 대면한 사형수 처지에서도 한 많고 억울한 병사들의 처지를 함께 아파하고 '항소 이유서'를 써 주던 그의 모습을 충분히 떠올릴 수 있다. 육사 교관 시절 쇠귀의 강의를 들은 제자는, 쇠귀가 강의마다 시간을 할애해 '아름답고도 슬픈, 사회 저변의 이야기들'을 들려주었고, 이것이 '당시 감성적이고 혈기 왕성하던 젊은 우리의 가슴을 울리기에 충분했다'고 말한다.[김승광, 읽기, 299] 쇠귀와 대전교도소에 함께 있던 또 다른 감옥 동료는 감옥에서 본 쇠귀의 모습을 이렇게 술회한다.

교도관들이 아무리 박해를 해도 그분들의 고매한 인격에 감화된 일반수들은 사상범을 선생님으로 부르며 따랐다. 그러나 선생님께서는 선생님이라 불리기보단 형으로 불리기를 좋아하셔서 지금도 당시 함께 생활했던 사람들끼리 만나면 영복이 형 또는 복이 형이라 부른다. …… 수제화에서 공장 생산 구두로 바뀌는 사회적 변화 속에 양화공 식구들이 뿔뿔이 흩어질 때 선생님께서는 함께한 식구들이 좋은 작업장으로 배치될 수 있도록 건의했으나 그것이 받아들여지지 않자, 당신의 기득권을 포기하고 다른 사람의 이익을 위해 싸우다 다른 공장으로 배치되셨다. …… 선생님께 부모 형제들이 넣어 준 옷 등을, 당신보다 열악한 사람들에게 나누어 주셔서 선생님의 사물 보따리는 늘 가장 작았다. 방에 있는 이십 리터들이 물통의 물이 꽝꽝 얼어붙는 추위 속에 살아가는 감옥에서, 당신은 추위에 떠시면서 다른 사람을 배려해 나누어 주시는 선생님의 따뜻한 마음은 추운 감방을 훈훈하게 달구는 난로 이상이었다.[이승우, 읽기, 314]

자신보다 열악한 조건에 있는 사람들에게 무엇이든 나누고 베풀고자 했던 삶의 태도는 어린 시절부터 그의 삶에 일관되게 나타난다.

쇠귀가 감옥에서 쓴 글들은 낮은 곳에 대한 연민이 다른 재소자들과의 인간적인 만남과 부대낌 속에서 차츰 하나의 사상적 얼개를 갖추어 가는 과정을 보여 준다. 목수 출신의 재소자가 집을 그릴 때 주춧돌부터 그리는 모습을 보며 일하는 사람들의 사고를 배우고, 일반 사범들과 어울려 축구를 하고 떡신자 노릇을 하며 가난한 자들의 삶의 방식을 배우고, 온몸에 문신을 한 우락부락한 사람들에게서 오히려 약한 자들이 스스로를 보호하고자 하는 위악의 면모를 읽어 낸다. 쇠귀가 글과 강연을 통해 자주 강조했던 하방연대의 의미도 낮은 곳, 가난한 자들을 가장 중심에 두는 그의 사고와 태도를 보여 주는 것이 아닐 수 없다. 낮은 곳을 향한 그의 연대의식은 자주 '물'의 이미지를 통해 표현되었다.

바다는 모든 시내를 받아들입니다. 그래서 이름이 '바다'입니다. 바다는 세상에서 가장 낮은 물입니다. 그러나 세상에서 가장 큰 물입니다. 바다가 물을 모으는(能成其大) 비결은 자신을 가장 낮은 곳에 두는 데에 있습니다. 연대(連帶)는 낮은 곳으로 향하는 물과 같아야 합니다. 낮은 곳, 약한 곳으로 향하는 하방연대(下方連帶)가 진정한 연대입니다.[처음, 249]

물은 빈 곳을 채운 다음 나아갑니다. 결코 건너뛰는 법이 없습니다. 차곡차곡 채운 다음 나아갑니다.[처음, 124]

물이 높은 곳에서 낮은 곳으로 흐르듯 체온도 따뜻한 손에서 찬 손으로 옮아갑니다.[처음, 141]

쇠귀의 잠언과 그림을 모은 『처음처럼』의 몇 문장이다. 쇠귀는 늘 낮은 곳으로 흐르는 물의 행보에서 지식인이 가져야 할 삶의 자세를 찾았고, 평생 이를 실천했다.

유머와 자신을 낮추는 대화법

쇠귀의 오랜 친구들은 공통적으로 그의 탁월한 유머 감각과 특유의 장난기에 대한 추억을 이야기한다. 초등학교와 중학교를 함께 다닌 작곡가 정풍송은 어린 시절의 신영복에 대해 '1, 2등을 다투는 수재면서 누구와도 잘 어울리는 성격이었고, 초중고 시절 응원단장을 맡아 재미있는 동작과 표정으로 응원전을 능수능란하게 펼치던 재주꾼'[정풍송, 읽기, 265]이었다고 술회한다. 고등학교 친구인 배진은 "시도 때도 없이 번득이는 그 특유의 재치와 유머는 고교 시절에 이미 빛을 발했으니, 특히 상황이나 분위기에 맞게 정곡을 찌르는 언어 선택의 감각과 순발력은 가히 일품이었다"[배진, 읽기, 270]고 말한다. 대학 동기인 홍재영은 쇠귀가 즉석 재담과 시 낭송, 가장행렬 등 안 끼는 데가 없을 만큼 서울 상대 축제 무대의 주인공이었다고 증언한다. 그런가 하면 절묘한 작전으로 교수의 휴강을 유도해 친구들을 즐겁게 해 주는 장난꾸러기였고, 『상대신문』의 기자로 글과 삽화를 게재하고, 시화전과 문학의 밤을 주도하고, 못 하는 운동이 없는 팔방미인이었다고 말한다.[홍재영, 읽기, 278~279]

쇠귀의 유머 감각은 그와 자주 접한 사람이라면 누구나 안다. 특히 성공회대에서 오래 함께했던 동료 교수들에게 쇠귀는 스승 같은 존재면서 항상 즐겁고 유쾌한 분위기를 만드는 친구기도 했다. 점심 식사 후에 교수 휴게실에 모여 차를 마시며 잡담을 나눌 때면 쇠귀는 항상 재미있는 농담으로 분위기를 즐겁게 만들곤 했다. 정년 퇴임 전에는 교수 수련회에도 빠짐없이 참석했다. 수련회의 공식 일정이 끝나면 쇠귀를 중심으로 많은 교수들이 모여 술을 마시고 노래를 부르며 즐겁게 놀곤 했다. 동료 교수로서 그와 오래 함께한 김창남은 그의 이런 면모를 다음과 같이 묘사한 적이 있다.

그의 책에서 학처럼 고고하고 정갈한 선비의 이미지를 떠올린 많은 사람들은 그가 '잘 노는' 사람이라는 사실을 미처 상상하지 못한다. 잘 논다는 것은 무슨 의미인가. 다른 사람들과 함께 어울려 분위기를 맞추고 필요한 시간과 장소에서 적절한 말과 행동을 통해 다른 사람들에게 즐거움을 줄 줄 아는 것, 그래서 모두가 그와 함께 있는 시간이 즐겁고 행복하다고 느낀다면 그 사람은 진정 잘 노는 사람일 터이다. 바로 그런 의미에서 신영복은 진정 잘 노는, 제대로 놀 줄 아는 사람이다. 가령 성공회대의 교수 수련회 자리, 혹은 교수 축구회의 술자리, 아니면 '더불어숲학교'의 뒤풀이 자리에서 그는 늘 과하지도 모자라지도 않게 농담을 던지고 노래를 부르며 함께 어울린다. 그가 노는 자리의 분위기를 이끌어 가는 것은 분명 아니지만 이상하게도 그가 빠지면 문득 허전해지면서 그 자리의 즐거움이 딱 그만큼 줄어듦을 느끼게 된다.[김창남, 읽기, 349~350]

사실 쇠귀의 정갈한 글을 보며 과묵하고 고결한 이미지를 그리던 사람들은 그가 보여 주는 뜻밖의 다변과 장난기에 놀라곤 했다. 이런저런 자리에서 식사와 술을 나누며 어울릴 때 그가 먼저 화젯거리를 꺼내는 경우는 거의 없었지만 일단 이야기가 시작되면 어떤 주제에 관해서든 특유의 유머와 박식을 토대로 다양한 담론을 펼쳐 주변 사람들을 즐겁게 만들었다. "선생님, 오늘 이 얘기 나올 줄 미리 알고 어제 밤새 외우신 것 아닌가요?"라는 농담 섞인 질문이 나올 정도였다.

잘 알려진 대로 쇠귀는 명강사기도 했다. 그의 강연에는 늘 사람들이 모였고, 그 가운데는 몇 번씩 되풀이해 듣는 사람들도 적지 않았다. 쇠귀의 강연에는 남다른 경험과 방대한 지식 위에 쌓아 올린 장강(長江)과도 같은 지혜가 담겨 있기 때문이기도 했지만, 무엇보다도 재미가 있었기 때문이다. 웃음은 순식간에 상대를 무장 해제시킨다. 강의에 적절한 유머가 섞일 때 청중들은 주제의 무게에 눌리지 않고 재미있게 들을 수 있다. 쇠귀의 강연에는 늘 적절한 수준의 유머가 있었고, 이 때문에 결코 쉽지 않은 사상적인 내용인데도 많은 사람을 끌어들일 수 있었다. 쇠귀의 강의를 엮은 『강의』나 『담론』에도 번득이는 유머 감각이 곳곳에 숨어 있지만, 사실 책이라는 형식 때문에 그의 유머가 충분히 담겼다고 보기는 어렵다. 쇠귀의 유머는 그의 '말' 속에서 가장 빛나는 것이었다.

유머 감각은 기본적으로 언어 감각이다. 유머가 뛰어나다는 것은 대부분의 경우 언어적으로 풍부한 능력을 가지고 있다는 의미다. 그렇기에 유머 감각이 뛰어난 사람이 글도 잘 쓰는 경우가 많다. 또한 유머는 상황에 대한 통찰을 기반으로 한다. 전후의 맥락과 흐름에 대한 정확한 통찰에서 핵심을 찌르는 유머가 나오는 법이다. 그런 의미에서 쇠귀의 유머 감각은 그가 어떤 상황에서든 순간적으로 맥락을 이해하고 통찰하며 예리한 언어 감각으로 이를 표현할 수 있는 능력의 소유자였음을 의미한다.

유머는 무엇보다도 탈권위의 산물이다. 권위주의적인 사람이 유머러스할 수는 없다. 이른바 '부장님 개그'가 재미없는 건 거기에 권위 의식이 깔려 있기 때문이다. 쇠귀는 누구와 상대하든 권위를 내세우는 법이 없었다. 쇠귀를 찾아와 이런저런 조언을 듣고자 하는 사람들이 적지 않았다. 그 가운데는 유명한 정치인도 있고, 시민사회 단체의 활동가도 있고, 그저 그의 글이 좋아 무작정 찾아오는 시민도 있었다. 문인, 예술인, 가끔은 나이 어린 청소년도 있었다. 쇠귀는 언제나 상대의 눈높이에서 대화하는 법을 알았다. 노인에게는 노인의 어법으로, 대학생에게는 대학생의 시선으로, 어린이와는 어린이의 눈높이로 말을 나누었다. 쇠귀의 이런 대화법은 기본적으로 자신을 낮추고 상대방의 입장과 감정을 세밀하게 배려하는 태도에서 비롯된다. 그의 이런 태도는 감옥에서, 감옥 밖에서라면 절대 만나지 못했을 많은 인생을 접하며 더욱더 다듬어졌고 출소한 뒤에도 변함없이 유지되었다.

몸을 쓰는 지식인

자신을 낮추는 쇠귀의 태도는 일상에서 그가 보여 준 부지런한 생활인의 모습에서도 잘 드러난다. 그는 가령 성공회대에서 여러 교수와 함께 짜장면을 시켜 먹고 나면 가장 먼저 그릇을 정리하고 자리를 청소하는 사람이었다. 몸이 느리고 둔한 교수들은 쇠귀가 먼저 몸을 움직이면 뒤늦게야 "선생님, 놔두세요. 저희가 할게요" 하며 나서기 시작했다. 그럴 때마다 쇠귀는, "괜찮아요. 아무나 하면 되지" 하며 끝내 본인의 손으로 일을 마무리했다. 쇠귀의 부지런한 몸놀림을 신남휴는 이렇게 회고한다.

> 천성인지 긴 징역살이의 습관인지는 모르겠으나 그는 일하는 것을 무척 좋아했다. 천에다 바느질하여 커튼을 만들어 걸어 주기도 하였고, 페인트 통을 들고 사다리에 올라 퇴색한 집의 외벽도 새로 단장하여 주고 집의 현판도 써 주었다. …… 그처럼 말과 글과 삶이 온전히 일치하는 사람은 기억나지 않는다.[신남휴, 읽기, 290]

쇠귀는 원래 손재주가 뛰어난 사람이다. 그림과 글씨에 뛰어난 것도 그렇지만 직접 자기 손으로 무언가를 만들고 꾸미는 데 남다른 능력이 있었다. 그런 그가 20년의 감옥살이 동안 양재공, 양화공, 염색공, 페인트공의 기능을 익혔다. 물론 교도소에서 배운 기술 수준이라 저급할 수밖에 없다고 말했지만,[손잡고, 103] 실제 그는 재료와 도구만 있으면 양복을 짓고 구두를 만들 수 있었다. 열쇠와 자물쇠를 다루는 기술도 있어서 교수 시절 가끔 열쇠를 잊고 와 연구실에 들어가지 못하는 사람들은 쇠귀에게 도움을 청했다. 그럴 때면 쇠귀는 긴 철사 하나만으로 자물쇠를 따 문을 열어 주곤 했다.

쇠귀에 관한 지인들의 회고에 공통적으로 등장하는 것 중 하나가 만능 스포츠맨이라는 점이다. 그는 어린 시절부터 못 하는 운동이 없었다. 『청구회 추억』에도 함께 소풍 간 젊은 친구들과 씨름하는 이야기가 나온다. 그는 덩치 큰 상대를 내리 두 번이나 들배지기로 이겨 청구회 꼬마 응원단의 푸짐한 칭찬을 들었다고 회고한다.

쇠귀는 감옥에서 재소자들과 함께 즐겼던 땅탁구를 성공회대에 보급하기도 했다. 땅탁구는 탁구채 비슷한 모양으로 깎은 나무 라켓으로 정구공을 땅바닥에 튀기며 하는, 말하자면 땅에서 하는 탁구 비슷한 게임이다. 탁구의 룰과 거의 같고 단식, 복식, 혼성 복식 등 여러 가지 게임 방법이 있다. 한동안 성공회대에서는 교수와 직원, 학생이 어울리는 땅탁구 대회가 열리곤 했는데, 우승자에게는 쇠귀의 서화 작품이 부상으로 수여되었다.

쇠귀가 가장 오래 동료들과 함께했던 스포츠는 축구다. 그는 젊은 시절부터 축구를 잘했고, 감옥에서도 재소자들과 어울려 축구를 했다. 그의 글에는 감옥에서 교도관들 몰래 축구하다 벌 받은 이야기가 등장한다. 축구는 쇠귀가 창백한 지식인의 시선에서 벗어나 감옥 안의 다양한 사람들과 소통하고 섞이면서 차츰 그들과 공감하게 되는 중요한 통로 가운데 하나였다. 가석방 후 성공회대에서 강의를 하면서는 자주 학생들과 어울려 축구를 했다. 1990년대 말부터는 교수들끼리 축구회를 만들어 매주 수요일에 경기를 했는데, 쇠귀는 2006년 정년 퇴임할 때까지 대부분의 경기를 함께했다. 퇴임 후에도 기회가 있을 때면 축구에 참여했다. 그가 마지막으로 축구를 한 것은 2011년 2월 25일로 70세 되던 때였다.

1990년대 말부터 성공회대 교수들이 매주 쇠귀와 함께 축구를 한다는 소식이 알려지면서 외부의 축구 애호가들도 동참하기 시작했다. 안치환, 이지상, 손병휘, 홍순관 등 음악인들, 하승창(전 청와대 시민사회수석), 서왕진(서울연구원장), 오성규(서울시장 비서실장) 등 시민운동가들을 포함해 다양한 사람이 수요일 오후에 틈이 나면 축구를 하기 위해 성공회대 운동장으로 모여들곤 했다. 승려, 목사 등 종교인들도 있었고 부천, 인천 등 인근 지역의 지역 활동가들도 있었다. 성공회대 교수 축구회의 추구 이념은 '모럴 사커'(Moral Soccer)다. 2000년대 초 언젠가 쇠귀가 한 말이다. "프랑스에 아트 사커(Art Soccer)가 있고 네덜란드에 토털 사커(Total Soccer)가 있다면 우리에게는 모럴 사커가 있다." 쇠귀의 정의에 따르면 '모럴 사커', 즉 덕(德)의 축구란 '축구가 끝난 이후의 관계를 생각하는 축구'다. 승부보다는 관계, 경쟁보다는 연대를 중요하게 생각하는 축구다.

쇠귀의 축구 사랑과 관련해 빼놓을 수 없는 게 '곰두리축구단'과의 인연이다. 곰두리축구단은 뇌성마비, 시각·청각·지적 장애인 선수로 구성된 축구팀이다. 이 축구단을 오랫동안 이끌고 지도한 신철순 감독이 쇠귀의 책을 읽고 감동해 성공회대로 찾아오면서 인연이 시작되었다. 쇠귀는 이 축구단을 위해 여러 점의 서예 작품을 써 주기도 하고 파주 NFC에서 열리는 장애인 축구 대회에 교수 축구회와 함께 참여해 정몽준 당시 축구회장이 포함된 축구협회 임원팀과 직접 경기를 하기도 했다. 쇠귀가 동료 교수나 직원, 학생들과 어울려 축구하는 모습을 본 사람들은 '시대의 스승'으로 불리는 이가 보여 주는 뜻밖의 모습에 놀라곤 했다. 더욱이 그저 참가에 의의를 두는 정도가 아니라 정확한 볼 컨트롤로 날카로운 슛을 날리는 유능한 선수라는 데 더 놀라워했다.

쇠귀는 어떤 자리에서든 무게를 잡거나 어른 행세를 하는 법이 없었다. 노는 자리에서는 그저 유쾌하게 어울려 놀았다. 노래도 잘 불렀다. 감옥에서부터 오랫동안 〈시냇물〉이란 노래를 불렀다는 얘기는 잘 알려져 있다. 스스로 노래가 없는 세월을 살았다고 했지만 그의 레퍼토리는 의외로 다양했다. 더숲트리오와 함께 강연 콘서트를 할 때는 정태춘의 노래 〈떠나가는 배〉를 같이 불렀다. 쇠귀는 가석방되기 전 감옥에서 이 노래를 익혔고, 출감하는 다른 재소자를 위한 환송회에서 이 노래를 불렀다고 한다. 자신이 곧 석방될 것을 알고 있던 쇠귀는 그의 출감 소식을 아직 모르고 있던 다른 재소자들 앞에서 이 노래를 부르며 착잡한 심경이었다고 술회한다.[냇물아, 89] 쇠귀 영결식장에서는 가수 정태춘이 직접 〈떠나가는 배〉를 부르며 쇠귀를 추모했다.

쇠귀가 자주 불렀던 레퍼토리 가운데는 뜻밖에도 〈에레나가 된 순이〉라는 노래가 있다. 노는 자리의 흥이 오를 즈음 누군가가 이 노래를 청하면 쇠귀는 마다하지 않고 불러 주곤 했다. 〈에레나가 된 순이〉는 1950년대 중후반, 그러니까 쇠귀의 10대 시절에 안

536

다성(1930~)이란 가수의 노래로 유행했던 대중가요다. 순박한 농촌 소녀가 양공주가 되어야만 했던 노랫말이 마치 민족의 수난을 은유하는 듯해서 한동안 민중가요처럼 대학가에 구전되기도 했던 노래다. 쇠귀는 특유의 맑은 목소리로 탱고 리듬을 정확하게 살려 가며 구성지게 이 노래를 부르곤 했다. 그의 이런 모습을 처음 보는 사람들은 그저 고고한 선비로만 상상했던 스승이 보여 주는 파격에 놀라게 마련이었다. 쇠귀의 파격(破格)은 또한 거리를 없애는 파격(破隔)이기도 했다. 사람들은 쇠귀의 그런 모습을 보며 거리감을 거두고 친밀감을 느낄 수 있었다.

> 가끔 사람들이 가까이서 본 신영복 선생은 어떤 분이냐고 내게 묻곤 했다. 그럴 때마다 나는 이렇게 말해 주곤 한다. 그는 '심지어 유치(幼稚)할 줄도 아는 분'이라고.〔김창남, 읽기, 351〕

"심지어 유치할 줄도 아는 분", 이 말은 김창남이 쇠귀를 묘사하는 최고의 찬사다. 그는 가장 낮은 곳에서 가장 높은 생각을 다듬어 온 사람이고, 가장 높은 곳에서 가장 낮은 곳을 보듬어 온 사람이다. 그는 시대의 스승이고 고고한 선비임이 분명하지만, 또한 우리 곁에서 아주 유치한 모습으로 함께 놀 줄 아는 사람이다. 성공회대 동료 교수들은 그의 책을 읽으며 깊은 삶의 철학과 지혜를 얻는 것 못지않게 그와 함께 유치하게 놀면서 더욱 큰 즐거움을 얻었다.

몸에 밴 절제와 겸양

쇠귀의 인간미에 관해 많은 사람이 공통적으로 이야기하는 것 가운데 하나가 몸에 밴 절제와 겸양의 태도다. 쇠귀의 글은 깔끔하고 군더더기 없는 것으로 유명한데, 그의 삶 역시 다르지 않았다. 쇠귀는 무엇이든 지나치게 하는 법이 없었다. 아무리 산해진미가 널려도 늘 소식했고, 술도 딱 한두 잔 정도로 그쳤다. 그렇다고 술자리의 분위기를 깨는 경우는 없었다. 성공회대 교수 수련회를 가거나 인문학습원 MT를 가면 늘 적당한 시간까지 함께 어울렸고 아침에는 누구보다 먼저 일어나 주변을 치우고 산책하며 뒤늦게 일어나 나오는 동료들을 맞았다.

그는 언제 어디서든 나이와 명성에 기대 권위를 행사하려 하지 않았다. 그는 성공회대에 재직하는 동안 동료 교수는 물론이고 교직원, 학생들과도 좋은 관계를 유지했다. 누구를 대하든 상대를 존중하는 태도를 잃지 않았고, 나이가 한참 차이 나는 동료 교수들이나 직원들에게도 말을 놓는 법이 없었다. 예외가 없지는 않았다. 감옥에서 함께 지낸 '동창'들을 만날 때면 스스럼없이 말을 놓고 껴안으며 반가움을 표현하기도 했다. 말을 놓는 것이 친밀함의 척도가 되기도 하는 한국 사회에서 가끔은 이런 태도 때문에 서운함을 느끼는 사람도 있었다. 가수이자 작곡가인 흔들의 이야기다.

선생님은 아무리 아랫사람이라도 하대를 하는 경우가 없으십니다. 저 같은 사람한테는 반말을 해 주었으면 좋겠는데 꼬박꼬박 존대를 해 주시니 어떤 때는 언제쯤 반말을 해 주실까 하

고 혼자서 내기를 해 보기도 합니다.[흔돌, 읽기, 392]

누구든 겸양으로 대하는 쇠귀의 사람됨을 보여 주는 일화는 많다. 대학 시절 입주 가정교사를 할 때 유치원에 다니던 그 집 딸(심실)은 그 시절 쇠귀의 모습을 이렇게 회상했다.

영복 오빠가 입주 가정교사를 한 것은 1년 정도였다. 입주가 끝난 후에도 부모님은 아예 방을 하나 오빠 것으로 만들어 두었고 오빠는 자주 우리 집에 왔다. 일주일에 한 번 정도 오는 오빠는 올 때마다 늘 바빴다. 우리 부모님께 인사를 드리면서 세상 돌아가는 얘기를 나누고, 할머니에게는 시사적인 얘기를 해 드리고, 일하는 아주머니 중에 글 못 읽는 분에게는 군대 간 아들에게 보낼 편지를 써 주고, 일하는 언니들에게는 인생 상담을 해 주고. 우리는 오빠가 우리 차지가 되는 시간을 손꼽아 기다렸다. 오빠는 정말 우리 모두와 친했다. 얼마나 친했던지 우리 집에서 일하는 언니나 아주머니들이 우리 어머니께는 극장 간다고 해 놓고는 도시락이랑 김밥이랑 싸서 학교에 있는 오빠의 연구실로 놀러 가곤 했다. 오빠가 그렇게 좋았나 보다.[심실, 읽기, 378]

이 집에 고용되어 일하던 노동자들이 몇이나 되었는지는 모르지만, 그들이 시간을 내어 이미 입주를 그만두고 집을 떠난 쇠귀를 만나러 다녔다는 일화는 생각해 보면 참 놀랍다. 쇠귀가 이 집에 머무는 동안 이들을 어떻게 대했을지 짐작해 본다. 상대가 누구든 귀 기울여 들어 주고 성의를 다해 대하는 사람이 아니었다면, 함께하는 사람을 유쾌하게 만드는 성정이 아니었다면 이런 일은 가능하지 않았을 것이다.

쇠귀는 많은 서예 작품을 남겼다. 박원순, 유홍준 등 시민 사회 단체와 관련이 많았던 지인들은 쇠귀의 작품을 얻어 가난한 단체들의 살림에 보탰던 일화를 자주 이야기한다. 사회적으로 의미 있는 일을 하기 위해 재원이 필요할 때 사람들은 쇠귀에게 판매용 작품을 부탁했다. 그에게 작품을 받아 갔던 지인들이 이구동성으로 증언하는 것은 쇠귀가 작품에 대한 어떤 사례도 결코 받으려 하지 않았다는 사실이다. 작품을 부탁하면 거절하는 법이 없었지만 감사의 사례는 한사코 거절했다고 한다.

가난한 시민 단체를 위한 일이나 성공회대를 위한 일이라면 언제든 노고를 아끼지 않았다. 서화 작품에 대한 개인적인 사례는 언제나 마다했지만 교수 서예회 회원들과 전시회를 열고 수익금을 성공회대나 시민 단체에 기부하는 일에는 적극 나섰다. 그가 자주 썼던 문장 가운데 '춘풍추상'(春風秋霜: 待人春風 持己秋霜)이 있다. 『채근담』에 나오는 이 구절은 '남을 대할 때는 따뜻한 봄바람처럼 하고, 자신에 대해서는 가을 서리처럼 엄격하라'는 뜻이다. 쇠귀는 평생 이 문장을 실천하며 살았다.

그러나 정작 당신 자신의 작은 실수에 대해서는 단호하고 엄정하기 그지없다. 그래서 노촌 선생님의 엄정함은 대체로 절제로 나타났었다고 기억된다. 언어를 절제하고 주장을 절제하고 심지어는 아픔과 고령(高齡)까지를 절제함으로써 함께 생활하는 많은 사람들에게 조금이라도 누가 되는 것을 삼가고 스스로 아름다운 공간으로 남으려고 하셨다. 자신의 존재를 키우려 하는 우리들을 반성하게 하는 엄한 편달이기도 하였다. 남을 대하기는 춘풍처럼 따뜻이 하고 자신을 낮추기는 추상처럼 엄정히 한다는 대인춘풍 지기추상(待人春風 持己秋霜)의 생활 철학이기도 하고, 이론은 좌경적으로 하고 실천은 우경적으로 하라는 대중성이기도 하다. 그래서 노촌 선생님의 이야기는 대체로 물 흐르듯 자연스럽고 노촌 선생님의 존재는 따뜻하기가 봄볕 같았다. 연암은 선비(士)의 마음(心)이 곧 뜻(志)이라고 하였으나 나는 노촌 선생님께서 범사에 속 깊이 간직하고 계시는 뜻과 그 뜻을 풀어내는 유연함에서 선비의 그것을 넘어서고 있는 대중성과 예술성에 감명을 받지 않을 수 없다.[신영복, 2001b]

노촌 선생의 일대기를 담은 책 『역사는 남북을 묻지 않는다』(2001)에 수록된 쇠귀 글의 일부다. 쇠귀가 스승 노촌 선생을 묘사하는 이 문장은 많은 사람들이 쇠귀를 이야기하는 내용과 거의 일치한다. 쇠귀가 보여 준 겸양과 절제, 스스로에게 엄하고 남에게 따뜻한 성정은 어린 시절부터 그 싹이 보인 것이기도 하지만 감옥 생활을 통해 다듬어졌고, 특히 노촌 선생을 사숙하면서 더욱 굳건히 자기화된 것이라 여겨진다. 이 가운데 눈길이 가는 부분이 "아픔과 고령까지를 절제"한다는 표현이다. 아프고 늙은 몸이지만 티 내지 않고 주변 사람에게 폐를 끼치지 않으려 했다는 의미일 것이다.

쇠귀의 말년이 꼭 그랬다. 2014년 가을 암 선고를 받았을 때,

쇠귀 본인은 누구보다 의연했다. 주변 사람들이 가슴 아파하고 슬 퍼할 때면 오히려 본인이 그들을 위로했다. 처음에 폐암 말기로 진 단을 받았을 때도 그랬고, 얼마 안 있어 한국에서는 희귀한 탓에 별 다른 치료 방법이나 임상 자료가 거의 없다는 흑색종으로 최종 진 단을 받았을 때, 그는 치료를 받지 않고 조용히 죽음을 기다리겠다 는 뜻을 표명했다. 주위 사람들의 만류와 간청으로 임상 실험 프로 그램에 들어가 치료가 시작되고 한동안 증세가 호전되자 그는 서둘 러 마지막 책『담론』을 마무리했다. 약 10개월 후 치료약의 내성이 생겨 증세가 악화하기 시작했을 때, 그는 '아픔과 고령'을 절제하며 주변 사람에게 폐를 끼치지 않으려 애썼다. 거동이 불편할 정도로 몸이 아픈 시점에도 사전에 약속된 인터뷰나 강의를 빠지지 않았 고, 병상에서도 사단법인 더불어숲을 위한 글씨를 써 주었다.

성공회대 인문학습원의 인문공부 프로그램은 중간에 MT를 한 번씩 갔는데, 1박 후 다음 날 오전에는 늘 쇠귀의 서도론 강의가 펼 쳐졌다. 쇠귀가 직접 글씨를 써 보이며 서도의 정신과 기법을 강의 하면 수강생들은 직접 글씨를 쓰는 쇠귀의 모습을 사진 찍기도 하 고 그가 서예 시범을 보이며 쓴 작품들을 한두 개씩 챙겨 가져가 곤 했다. 쇠귀가 참여한 마지막 MT는 임상 실험 투약의 효과로 상 태가 호전되어 활동이 가능했던 마지막 시점, 2015년 가을 학기 때 였다. 그날 쇠귀는 평소보다 긴 시간 강의를 했고, 다른 때보다 훨 씬 많은 글씨를 써 보였다. 함께 간 사람들이 '너무 무리하시는 것 아닌가' 걱정할 정도였다. MT를 끝내고 돌아올 때 쇠귀는 동행했 던 더숲트리오 멤버들에게 점심 식사를 함께하자고 제안했다. 평소 에 없던 일이었다. 그날 점심이 쇠귀와 더숲트리오가 함께한 마지막 식사였다. 그 무렵 쇠귀는 자신에게 닥칠 상황을 예견했던 것으로 보인다. 그런 까닭에 마지막이 될 행사와 관계에 최대한 자신의 에너지와 정성을 쏟았다. 인문학습원의 인문공부 프로그램은 수료할 때 쇠귀의 작품을 하나씩 선물로 주는 관행이 있었는데, 마지막 MT를 함께했던 그 학기의 수료생들은 작품을 받을 수 없었다. 가을 MT를 다녀온 후 그의 상태는 급격히 악화되었고, 한번에 30여 장의 작품을 쓰는 것은 불가능했다. 그는 이 작품들을 써 주지 못한 데 대해 여러 번 미안한 마음을 표현하곤 했다.

스승, 숲이 된 아름다운 나무

2016년 1월 15일 밤 9시 30분경 결국 쇠귀는 만 75세를 다 채우지 못하고 눈을 감았다. 세상을 떠나기 두어 주 전부터 그의 별세를 예감한 지인들이 차례로 자택을 방문해 마지막 인사를 나누었다. 그는 오히려 슬퍼하는 지인들을 위로했다. 제자 탁현민이 찾아와 눈물을 흘리자 그는 손을 꼭 쥐며 말했다. "울지 말아요. 나중에 다시 만나면 되지." 그는 누구에게도 고통스러운 모습을 보이지 않았다. 별세 며칠 전 지인들이 방문했을 때는 이렇게 말했다.

마비가 다리 쪽부터 위로 올라오고 있어요. 이제 가슴까지 왔네. 얼마나 다행이야. 위에서부터 내려오지 않는 게.

그는 마지막까지 유머 감각을 잃지 않았다. 고인의 장례는 성공회대학교장으로 치러졌다. 성공회대는 쇠귀가 출소한 직후부터 별세할 때까지 보금자리가 되어 준 그의 마지막 '대학'이었다. 그와 성공회대의 인연은 서로에게 가장 아름다운 선물이었다. 성공회대에 몸을 의탁할 수 있었기에 그는 인생 후반을 학자로서, 저술가로서, 성찰의 메시지를 전하는 사상가로서 안착해 살 수 있었다. 쇠귀가 있었기에 성공회대학교는 그저 변두리의 작은 대학이 아니라 한국 사회에서 대안적 가치를 추구하는 지성의 요람으로 성장할 수 있었다. 그의 마지막 길을 성공회대가 주관한 것은 자연스러운 일이었다. 빈소가 차려진 성공회대에는 수많은 추모 인파가 줄을 이었다. 2016년 1월 18일 성공회대 성미가엘 성당에서 영결식이 거행되었다. 유력 정치인부터 평범한 시민까지 다양한 사람이 참여해 고인의 마지막 길을 배웅했다. 고인의 유해는 경기도 벽제에서 화장되어 2016년 4월 3일 밀양 선산의 조부 묘역 근처에 수목장으로 안장되었다. '더불어숲'의 정신을 설파하던 그가 스스로 숲속의 한 그루 나무가 된 것이다.

쇠귀의 별세 소식이 전해지자 SNS는 그를 추도하는 글들로 가득했다. 언론에는 각계 인사들의 추도문이 실렸다. 많은 사람이 쇠귀를 시대의 스승으로 기억하고 스승과의 이별을 안타까워했다. 생전에도 쇠귀를 이 시대의 스승으로 지칭하는 사람들이 많았지만, 사실 쇠귀 본인은 이런 호칭을 옳지 않다고 여겼다. 사표(師表)는 당대에 존재할 수 없다는 게 그의 생각이었다. 2015년 10월 26일 생전의 마지막 인터뷰에서 쇠귀는 이렇게 말한다.

원래 '스승' 혹은 '사표'는 당대 사회에는 없는 법입니다. 당대에서는 개인적인 이해관계나 계급의 이해관계, 혹은 집단 간의 갈등, 모순이 존재하기 때문이지요. 다산 정약용도 당대에는 전혀 사표가 아니었어요. 연암 박지원도 마찬가지구요. 다산 같은 사람이 역사에 실존했다는 게 우리에게 큰 자산이고 교훈이지만, 다산도 당대에는 그냥 죄인이었거든요. 사표와 스승은 세월이 흐른 뒤에야 그 모습을 드러내게 마련입니다.【손잡고, 346~347】

스승의 날을 맞아 감사 인사를 드리는 제자에게는 이런 이야기를 한 적도 있다. "스승이 훌륭한 게 아닙니다. 좋은 스승을 가진 그 사람이 훌륭한 거지요." 늘 자신을 낮추고 상대를 배려하는 성정이 표현된 말이지만, 이는 쇠귀의 관계론의 사상을 함축적으로 드러내는 말이기도 하다. 스승이란 존재는 한 사람의 훌륭한 인물이 아니라 그가 맺은 관계 속에서 만들어지는 것이다. '우리는 저마다 누군가의 제자이자 동시에 스승이며 배우고 가르치는 사제의 연쇄를 확인하는 것이 곧 자기 발견'이라는 쇠귀의 말 역시 그런 의미를 갖고 있다. 마지막 인터뷰에서 그는 '함께 공부하고 더불어 학습하는 사람들이 서로의 벗이며 스승이 될 수 있다는 모델을 만들어야'한다는 말도 했다.

함께 공부하며 서로가 서로에게 좋은 친구이자 스승이 되는 관계, 그런 관계 속에서 이루어지는 공동체가 바로 쇠귀가 이야기하는 '더불어 숲'일 것이다. 그렇게 사람들이 서로 어깨 두드리며 '먼 길 함께하는 아름다운 동행'을 통해 숨 쉴 수 있는 더불어 숲의 공간을 하나둘 만들어 가는 것이 쇠귀가 생각한 사회 변화의 길이다. 많은 사람들에게 최고의 스승이자 최고의 친구였던 쇠귀가 떠나고 이제 그 길을 걸어가는 것은 남은 자들의 몫이다. 그 길이 힘들고 지난한 길임은 말할 것도 없다. 목표를 앞세우면 길은 더 멀어 보이고 더 힘들어지며 쉽게 좌절하게 된다. 남은 자들이 쇠귀의 마지막 당부를 가슴에 담아야 하는 까닭이다.

> 역사의 장기성과 굴곡성을 생각하면, 가시적 성과나 목표 달성에 과도한 의미를 부여하지 말고, 과정 자체를 아름답게, 자부심 있게, 그 자체를 즐거운 것으로 만드는 게 중요해요. 왜냐면 그래야 오래 버티니까. 작은 숲(공동체)을 많이 만들어서 서로 위로도 하고, 작은 약속도 하고, 그 '인간적인 과정'을 잘 관리하면서 가는 것! [손잡고, 319]

참고문헌

1. 쇠귀 저술

저서

신영복(1988), 『감옥으로부터의 사색 ─통혁당 사건 무기수 신영복 편지』, 햇빛출판사

신영복(1993), 『엽서 ─신영복 옥중사색』(영인본), 너른마당

신영복(1996), 『나무야 나무야』, 돌베개

신영복(1998), 『감옥으로부터의 사색 ─신영복 옥중서간』(개정판), 돌베개

신영복(1998), 『더불어 숲 1·2』, 중앙M&B

신영복(2003), 『신영복 ─청소년이 읽는 우리 수필』(선집), 돌베개

신영복(2003), 『신영복의 엽서』(영인본), 돌베개

신영복(2003), 『더불어숲』(합본 개정판), 랜덤하우스코리아

신영복(2004), 『강의 ─나의 동양고전 독법』, 돌베개

신영복(2007), 『처음처럼 ─신영복 서화 에세이』, 랜덤하우스코리아

신영복(2008), 『청구회 추억』(영한 대역), 돌베개

신영복(2010), 『신영복 ─여럿이 함께 숲으로 가는 길』, 서울대학교출판문화원

신영복(2012), 『변방을 찾아서』, 돌베개

신영복(2015), 『더불어숲 ─신영복의 세계기행』(개정판), 돌베개

신영복(2015), 『담론 ─신영복의 마지막 강의』, 돌베개

신영복(2016), 『처음처럼 ─신영복의 언약』(개정판), 돌베개

신영복(2017), 『냇물아 흘러흘러 어디로 가니 ― 신영복 유고』, 돌베개

신영복(2017), 『손잡고 더불어 ― 신영복과의 대화』, 돌베개

신영복(2018), 『감옥으로부터의 사색 ― 신영복 옥중서간』(3판), 돌베개

공저

신영복·김종철 외(2007), 『여럿이 함께』, 프레시안북

신영복·고미숙 외(2007), 『세계고전 오디세이 1』, 천년의시작

신영복·이어령 외(2008), 『다른 것이 아름답다』, 지식산업사

신영복·이어령 외(2009), 『한국의 명강의』, 마음의숲

신영복·김창남 외(2009), 『느티아래 강의실』, 한울

번역

찰스 P. 킨들버거, 신영복 역(1966), 『외국무역과 국민경제』, 범문사

다이 호우잉, 신영복 역(1991), 『사람아 아, 사람아!』, 다섯수레

공역

왕스징, 신영복·유세종 역(1992), 『루쉰전 ― 루쉰의 삶과 사상』, 다섯수레

공편역

신영복·기세춘 편역(1994), 『중국역대시가선집』(전 4권), 돌베개

공편

신영복·조희연 편(2006), 『민주화 세계화 이후 한국 민주주의의 대안 체제 모형을 찾아서』, 함께읽는책

감역

나카지마 아츠시, 명진숙 역, 신영복 감역(1993), 『역사속에서 걸어나온 사람들』,
다섯수레

영어판

Shin Young-Bok(2008), For the First Time, Random House Korea

Shin Young-Bok, Cho Byung-Eun(trans, 2018), Journey of the River, Dol-
begae Pub

기고문 등

신영복(1964), 「봉건제 사회의 해체에 관한 고찰—노동력의 사회적 존재 양식을
중심으로」, 서울대 대학원 경제학과 석사학위 논문

신영복(1990a), 「주소 없는 당신에게 띄웁니다—20년 만에 되찾은 햇살 아래서의
사색」, 『한겨레신문』 1월 4일 자

신영복(1990b), 「개인의 팔자, 민족의 팔자」, 『한겨레신문』 2월 22일 자

신영복(1990c), 「산천의 봄, 세상의 봄」, 『한겨레신문』 3월 8일 자

신영복(1990d), 「따뜻한 토큰과 보이지 않는 손」, 『한겨레신문』 3월 23일 자

신영복(1990e), 「죽순의 시작」, 『한겨레신문』 4월 6일 자

신영복(1990f), 「젊은 4월」, 『한겨레신문』 4월 19일 자

신영복(1990g), 「인간적인 사람 인간적인 사회」, 『한겨레신문』 5월 3일 자

신영복(1990h), 「물과 법과 독버섯」, 『한겨레신문』 5월 17일 자

신영복(1990i), 「나의 길」, 『동아일보』 12월 2일 자

신영복(1991a), 「사람의 얼굴」, 『사회평론』 5월호(창간호)

신영복(1991b), 「수도꼭지의 경제학」, 월간 『경제정의』 7·8월호(창간호)

신영복(1993), 「삶을 통해 넘고 만들어야 할 산의 의미」, 닛타 지로, 주은경 역,
『자일 파티』(상·하) 추천사

신영복(1995a), 「세계사적 과제를 민족사적 과제와 통일시켜야」, 강만길·유재현

편,『통일 그 바램에서 현실로』, 비봉출판사

신영복(1995b),「서예와 나」, 서예전 도록《손잡고 더불어》, 학고재

신영복(1995c),「호루라기를 부는 장자」, 월간『우리교육』12월호

신영복(1996),「만추(晩秋)에 그리는 따뜻한 악수」,『신동아』11월호

신영복(1998a),「어려움은 즐거움보다 함께하기 쉽습니다」,『중앙일보』1월 23일
　　자

신영복(1998b),「지금은 근본적인 성찰이 필요할 때」, 격월간『처음처럼』3·4월호

신영복(1998c),「존재론에서 관계론으로」, 월간『우리교육』6월호

신영복(1998d),「존재론으로부터 관계론으로」(From Substance-centered Para-
　　digm to Relation-centered Paradigm),『경주세계문화엑스포 제1회 국제학
　　술회의 논문집』

신영복(1999),「나의 대학시절」,『녹색평론』9·10월호

신영복(2000a),「강물과 시간」,『진보평론』제3호(2000년 봄호)

신영복(2000b),「아름다운 얼굴을 위하여」,『중앙일보』3월 30일 자

신영복(2000c),「나눔, 그 아름다운 삶」,『동아일보』5월 4일 자

신영복(2000d),「아픔을 나누는 삶」, 월간『복지동향』9월호

신영복(2000e),「내 기억 속의 기차 이야기」,『레일로드』9월호

신영복(2000f),「60·70년대 민주화운동과 광주민중항쟁」(공동 연구 보고서), 5·18
　　20주년 기념 학술연구사업

신영복(2001a),「아름다운 패배」,『중앙일보』1월 4일 자

신영복(2001b),「역사와 인간에 바친 고귀한 삶」, 심지연,『역사는 남북을 묻지 않
　　는다―격랑의 현대사를 온몸으로 살아온 노촌 이구영 선생의 팔십 년 이야
　　기』대담자 후기, 소나무

신영복(2001c),「따뜻한 가슴과 연대만이 희망이다」,『신동아』7월호

신영복(2001d),「나무가 숲에게」, 더불어숲 지음,『나무가 나무에게』발문, 이후

신영복(2001e),「지식의 혼돈」,『중앙일보』9월 21일

신영복(2002),「21세기 동아시아의 새로운 관계 지향을 위하여」, 동아시아문화공

동체포럼 제1차 국제회의 발표 논문

신영복(2005), 「노래가 없는 세월의 노래들」, 강민석·강헌 외, 『노래를 찾는 사람들 지금 여기에서』, 호미

신영복(2007), 「교사로 살아간다는 것」, 『초등 우리교육』 10월호

신영복(2009a), 「혁명의 진정성과 상상력의 생환을 위하여」, 프레시안북, '레볼루션' 시리즈 발간사

신영복(2009b), 「성공회대학교와 나」, 신영복·김창남 외, 『느티아래 강의실』, 한울

신영복(2010), 「빛나는 추억의 재구성을 위하여」, 『백양』(白楊), 부산상고 동창회 문집

신영복(2011), 「책은 먼 곳에서 찾아온 벗입니다」, 『중앙일보』 1월 1일

신영복(2013), 「'석과불식' 우리가 지키고 키워야 할 희망의 언어」, 『한겨레』 5월 12일

2. 대담 / 인터뷰

신영복·김정수(1989), 「삶과 종교」, 『사목』 3월호, 통권 123호

신영복·김언호(1989), 「『감옥으로부터의 사색』의 저자 신영복과 나눈 이야기」, 월간 『사회와 사상』 11월호

신영복·정운영(1992), 「모든 변혁 운동의 뿌리는 그 사회의 모순 구조 속에 있다」, 『이론』 제3호

신영복·홍윤기(1998), 「수많은 현재, 미완의 역사―희망의 맥박을 짚으며」, 『당대비평』 3호

신영복·이구영(2001), 「지나온 길, 가야 할 길」, 심지연, 『역사는 남북을 묻지 않는다―격랑의 현대사를 온몸으로 살아온 노촌 이구영 선생의 팔십 년 이야

기』권두 대담, 소나무

신영복·김명인(2003), 「이라크 전쟁 이후의 세계와 한반도발(發) 대안의 모색」, 『황해문화』 통권 40호

신영복·이대근(2006), 「가위와 바위, 그리고 보가 있는 사회를 꿈꿉니다」, 『경향신문』 9월 25일 창간 60주년 기념 대담

신영복·탁현민(2007), 「가벼움에 내용이 없으면 지루함이 됩니다」, 『한겨레』 '매거진 Esc', 10월 3일

신영복·지강유철(2007), 「실천이 곧 우리의 삶입니다」, 『인물과 사상』 11월호

신영복·정재승(2011), 「여럿이 함께하면 길은 뒤에 생겨난다」, 웹진 『채널예스』 12월 14일(http://ch.yes24.com/Article/View/18833)

신영복·이진순(2015), 「소소한 기쁨이 때론 큰 아픔을 견디게 해줘요」, 『한겨레』 5월 9일

신영복·김영철(2015), 「모든 이가 스승이고, 모든 곳이 학교」, 서울시평생교육진흥원 웹진 『다들』 11월호(http://smile.seoul.kr/webzine?post_id=2752&term_id=68)

3. 참고문헌

강수진(2013), 「관계, 비근대를 조직하다 ― 신영복의 관계론과 인간적인 삶의 조직」, 성공회대 NGO대학원 석사학위 논문

강신주(2014), 『매달린 절벽에서 손을 뗄 수 있는가?』, 동녘

강준만(2004), 『한국 현대사 산책』 1940년대편~1980년대편(전 18권), 인물과사상사

강준만(2006), 「진보는 신영복을 다시 사색하라」, 『한겨레21』 제641호, 12월 28일

거자오광, 오만종 외 역(2013), 『중국사상사 1』, 일빛

거자오광, 오만종 외 역(2015), 『중국사상사 2』, 일빛

고은(1976), 『한국의 지식인』, 명문당

고은(2010), 『만인보』(전 12권의 전집), 창비

기세춘(2009), 『묵자』, 바이북스

기형도(1994), 『입 속의 검은 잎』, 문학과지성사

김경재(2009), 『혁명과 우상 — 김형욱 회고록 3』, 인물과사상사

김남주 편역(1995), 『아침 저녁으로 읽기 위하여 — 하이네·브레히트·아라공·마야 코프스키』, 푸른숲

김명인(2017), 「신영복 사상으로 한 걸음 더」, 신영복 대담집 『손잡고 더불어』 발간사, 돌베개

김동춘(2016), 「고(故) 쇠귀(牛耳) 신영복 선생님 영전에 — 꽃처럼, 바람처럼 가버린 선생께」, 『프레시안』 1월 17일

김미정(2011), 「1950년대 부산 지역미술의 리얼리즘 경향」, 『한국근현대미술사학』 22호

김석진(1999), 『대산 주역강의』(1~3권), 한길사

김선주(1994), 「신학상 선생을 아십니까」, 『한겨레』 9월 30일

김성장(2008), 「신영복 한글 서예의 사회성 연구」, 원광대 동양학대학원 석사학위 논문

김성장(2018), 『시로 만든 집 14채』, 창비교육

김수영(1974), 『거대한 뿌리』, 민음사

김수행(2008), 『새로운 사회를 위한 경제이야기』, 한울

김애란(2011), 『두근두근 내 인생』, 창비

김영(1965), 「네이산 보고서 종합 비판 1」, 『청맥』 12월호

김영두 역(2003), 『퇴계와 고봉, 편지를 쓰다』, 소나무

김영민(2007), 『산책과 자본주의』, 늘봄

김영민(2010), 『김영민의 공부론』, 샘터

김영철 엮음(2017), 『모든 이가 스승이고, 모든 곳이 학교다』, 창비교육

김영하(2013), 『살인자의 기억법』, 문학동네

김은숙(2003), 「신영복의 삶과 서예관에 관한 연구」, 원광대학교 교육대학원 석사
학위 논문

김정남(2017), 「역사의 수레바퀴에 치인 사람들」, 『녹색평론』 통권 154호, 170~
187쪽

김정남(2018), 「그를 만나고 나를 다시 되돌아보는 기회」, 《신영복 선생 2주기 전
시회 '감옥으로부터의 사색 30주년' 자료집》

김종철 편(1993), 『녹색평론선집 1』, 녹색평론사

김종철(2016), 「성장시대의 종언과 민주주의」, 『녹색평론』 148호

김제동(2011), 『김제동이 만나러 갑니다』, 위즈덤경향

김진균(2003), 『비판과 변동의 사회학』, 한울

김진근(2008), 「호장기택(互藏其宅)의 논리와 그 철학적 의의」, 『유교사상연구』
제33권

김진업(2018), 「신영복의 관계론과 과학의 관계론」, 성공회대 동아시아연구소 세
미나 발제문

김질락(1991), 『어느 지식인의 죽음―김질락 옥중 수기』, 행림서원

김삼웅(2018), 『신영복 평전』, 채륜

김정운(2012), 『남자의 물건』, 21세기북스

김창남(2017), 「신영복 선생의 말과 글―참스승의 의미」, 신영복 유고 『냇물아 흘
러흘러 어디로 가니』 발간사, 돌베개

노자, 김학목 역(2012), 『노자 도덕경과 왕필의 주(注)』, 홍익출판사

노회찬(2013), 「나의 스승 신영복―'함께 맞는 비'의 의미를 배우다」, 『국회보』
1월호

대동편집부 엮음(1989), 『통혁당―역사·성격·투쟁·문헌』, 대동

더불어숲(2001), 『나무가 나무에게』, 이후

더불어숲(2018), 신영복 선생 2주기 전시회 '감옥으로부터의 사색 30주년' 도록

도진순(2017), 『강철로 된 무지개―다시 읽는 이육사』, 창비

류예 지음, 김인지 역(2012), 『헬로우 귀곡자』, 미래사

리빙하이, 신정근 역(2010), 『동아시아 미학』, 동아시아

리영희(1988), 『역정―나의 청년시대』, 창작과비평사

리처드 도킨스, 홍영남·이상임 역(2010), 『이기적 유전자』, 을유문화사

막심 고리끼, 임정남·정성현 역(1980), 『러시아의 빈털털이들』, 새벽

막심 고리끼, 최윤락 역(1989), 『어머니』, 열린책들

막심 고리끼, 이준형 역(1990), 『나의 대학』, 이론과실천

민영규(1976), 『예루살렘 입성기』, 연세대학교 출판부

박경태(2006), 「'처음처럼'의 의미를 되새기며」, 『신영복 함께 읽기』 서문, 돌베개

박성봉(1996), 「야은 길재의 생애와 전통 삼은론(三隱論)」, 박성봉 편, 『길야은연
　　구논총』, 서문문화사

박승호(2016), 『자본론 함께 읽기』, 한울

박원순(1992), 『국가보안법연구 2―국가보안법적용사』, 역사비평사

박종채, 박희병 역(1998), 『나의 아버지 박지원』, 돌베개

박지원, 신호열·김명호 역(2007), 『연암집』(전 3권), 돌베개

반 룬, 이철범 역(1987), 『예술의 역사』, 동서문화사

백원담(2018), 「신영복 '개념용어사전'과 사상화 문제」, 성공회대 동아시아연구소
　　세미나 발제문

법정(1988), 『화엄경』, 동국대 역경원

볼프강 F. 하우크, 김문환 역(1991), 『상품미학비판』, 이론과실천

사카구치 안고, 최정아 역(2007), 『백치·타락론 외』, 책세상

서대원(2008), 『주역강의』, 을유문화사

세계사 편집부(1986), 『공안사건기록―1964~1986』, 세계사

석지현 엮고 역(2013), 『선시』, 현암사

순자, 김학주 역(2008), 『순자』(2판), 을유문화사

신남휴(2018), 「감옥으로부터의 사색 30주년을 돌아보며」, 《신영복 선생 2주기 전
　　시회 '감옥으로부터의 사색 30주년' 자료집》

신동엽(1976), 『신동엽전집』(증보판), 창작과비평사

신상명(2016), 「성공회대학교 노동아카데미 — 하방연대(下放連帶)를 지향하는 노동교육」, 격월간 『비정규노동』 3·4월호

신학상(1982), 『사명당실기』(四溟堂實記), 기린원

신학상(1990), 『김종직 도학사상』, 도서출판 영

신학상(1994), 『사명당의 생애와 사상』, 너른마당

심상정 엮음(2011), 『그대 아직도 부자를 꿈꾸는가』, 양철북

심영환 역(1999), 『시경』, 홍익출판사

심지연(2001), 『역사는 남북을 묻지 않는다』, 소나무

안경환(2013), 『황용주 — 그와 박정희의 시대』, 까치

안도현(2010), 『너에게 묻는다』, 문학의전당

안병직 편(2011), 『한국 민주주의의 기원과 미래』, 시대정신

알랭 바디우·조르조 아감벤 외, 김상운·양창렬·홍철기 역(2010), 『민주주의는 죽었는가? — 새로운 논쟁을 위하여』, 난장

알랭 바디우, 강현주 역(2015), 『알랭 바디우, 오늘의 포르노그래피』, 북노마드

에드워드 사이드, 박홍규 역(1991), 『오리엔탈리즘』, 교보문고

에드워드 사이드, 김성곤·정정호 역(1995), 『문화와 제국주의』, 창

에드워드 사이드, 전신욱·서봉섭 역(1996), 『권력과 지성인』, 창

에드워드 윌슨, 장대익·최재천 역(2005), 『통섭 — 지식의 대통합』, 사이언스북스

여럿이 함께(2006), 『신영복 함께 읽기』, 돌베개

여치헌(2012), 『인디언 마을 공화국 — 북아메리카 인디언은 왜 국가를 만들지 않았을까』, 휴머니스트

염인호(1993), 『김원봉 연구 — 의열단, 민족혁명당 40년사』, 창작과비평사

오길영(2018), 「에세이와 지성 — 『감옥으로부터의 사색』 출간 30년」, 『감옥으로부터의 사색』 출간 30주년 기념 심포지엄 발제문

왕양명, 김동휘 평역(2010), 『전습록』, 신원문화사

움베르토 마투라나·프란시스코 바렐라, 최호영 역(2007), 『앎의 나무』, 갈무리

원톄권(2018), 「토지개혁으로 위기를 극복해온 중국」, 『녹색평론』 통권 158호

유병례(1994), 「덩치 크지만 결함도 적지 않다―기세춘·신영복 편역 『중국역대시
　　가선집』」, 『출판저널』 149호, 5월 20일

유선기(2016), 「『을병조천록』 연구―사상을 중심으로」, 연세대학교 대학원 국어
　　국문학과 석사학위 논문

유협, 성기옥 역(2012), 『문심조룡』, 지만지(지식을만드는지식)

유홍준(1995), 「그의 옥중서체가 형성되기까지」, 《손잡고 더불어》, 학고재

이건창, 이덕일·이준영 해역(2015), 『당의통략―조선시대 당쟁의 기록』(개정판),
　　자유문고

이구영 편역(1993), 『호서의병사적』, 수서원

이기동 역해(2011), 『서경강설』(2판), 성균관대학교 출판부

이덕일(2000), 『송시열과 그들의 나라』, 김영사

이덕일(2006), 『조선 선비 살해사건』(1~2), 다산초당

이덕일(2009), 『한국사 그들이 숨긴 진실』, 역사의아침

이동국(2007), 「'처음처럼'―신영복 '쇠귀체'의 역설의 힘」, 더불어숲 홈페이
　　지(www.shinyoungbok.pe.kr/index.php?mid=together&document_
　　srl=117451)

이문학회(2008), 『노촌 선생님과 이문회우』, 이문학회

이민수 편역(1992), 『초사』(신완역), 명문당

이병수(2009), 「신영복이 묻는다, "손가락 아닌 달을 보고 있습니까?"」, 『프레시
　　안』 6월 20일

이병주(2006), 『그해 5월』 5(전 6권), 한길사

이상옥(2003), 『예기 중(中)』(신완역), 명문당

이성부(1996), 『백제행』, 창작과비평사

이성형(2003), 『콜럼버스가 서쪽으로 간 까닭은?』, 까치

이승환·남석형(2013), 『경남의 재발견―내륙편』, 피플파워

이은철(2010), 『매천 황현을 만나다』, 심미안

이이화(1991), 『허균의 생각―그 개혁과 저항의 이론』, 여강출판사

이장희(2007), 『조선시대 선비연구』(개정판), 박영사

이재은(2019), 『처음 읽는 신영복』, 헤이북스

이재정(2018), 「신영복, 잊을 수 없는 그 이름」, 《신영복 선생 2주기 전시회 '감옥으로부터의 사색 30주년' 자료집》

이정규 외, 이구영 역(2002), 『의병운동사적』, 현대실학사

이정규 외, 이구영 역(2003), 『의병운동사적 2』, 사람생각

이종묵·안대회(2011), 『절해고도에 위리안치하라』, 북스코프

이종오(1988), 「반제반일민족주의와 6·3운동」, 『역사비평』 창간호

이중환, 이익성 역(2002), 『택리지』(개정판), 을유문화사

이지, 김혜경 역(2004), 『분서 I』, 한길사

이택후, 권호 역(1990), 『화하미학』(華夏美學), 동문선

이혜민(2016), 「여럿이 함께하면 길은 뒤에 생긴다―신영복과 27년 교유한 '더불어숲' 사람들」, 『신동아』 3월호

이호철(1988), 「갇힌 자가 보내는 평화의 메시지」, 『월간중앙』 10월호

임규찬(2007), 「신영복과 文(學的)이라는 것」, 『기전문화예술』 가을호

임동석 편(2009), 『사서강독―논어 맹자 중용 대학』, 동서문화사

임화(1995), 『다시 네거리에서』, 미래사

장자, 김학주 역(2010), 『장자』, 연암서가

정민(2010), 『한시 미학 산책』(완결개정판), 휴머니스트

정민(2012), 『정민 선생님이 들려주는 고전 독서법』, 보림

전호근(2016), 「공자와 그 제자들―얼룩소가 어때서?」, 『녹색평론』 통권 147호

전호근(2017), 「붉은 마음과 푸른 꿈의 만남―이색, 정몽주, 정도전」, 『녹색평론』 통권 152호

전호근(2017), 「이단을 공부한 유학자―하곡 정제두와 강화학파」, 『녹색평론』 통권 155호

정순목(1987), 『퇴계평전』, 지식산업사

정약용, 박석무 편역(2001), 『유배지에서 보낸 편지』(개정판), 창작과비평사

정옥자·금장태·이광표 외(1998), 『시대가 선비를 부른다』, 효형출판

정윤수(2017), 「신영복 추모식, 차마 다 못 부른 '시냇물'」, 『주간경향』 1212호, 2월
7일

정판룡(1989), 『민중의 벗, 고리끼』, 공동체

정희상(2019), 「독립영웅 욕보이는 빨갱이 프레임」, 『시사인』 602호, 4월 2일

정호승(1999), 『눈물이 나면 기차를 타라』, 창작과비평사

조르조 아감벤, 박진우 역(2008), 『호모 사케르―주권 권력과 벌거벗은 생명』, 새
물결

조병은(2008), 「'청구회 추억'을 옮기고 나서」, 단행본 『청구회 추억』 영역자 후기,
돌베개

조면희(1997), 『우리가 정말 알아야 할 우리 옛글 백가지』, 현암사

조현연(2019), 「노회찬, '마음의 스승' 신영복을 만나다」, 『프레시안』 1월 15일

조희연(1993), 『한국 현대 사회운동과 조직』, 한울

주싱, 고광민 역(2010), 『그림으로 풀어 쓴 역경』, 김영사

천정환(2018), 「『감옥으로부터의 사색』 출간·수용의 지식 문화사」, 『감옥으로부터
의 사색』 출간 30주년 기념 심포지엄 발제문

최재목(2017), 『하곡 정제두의 양명학』, 지식과교양

카를 마르크스, 김수행 역(2016), 『자본론 I (상)』, 비봉출판사

카를 마르크스, 김수행 역(2016), 『자본론 I (하)』, 비봉출판사

카테리네 크라머, 이순례·최영진 역(1991), 『케테 콜비츠』, 실천문학사

칼 마르크스, 김태경 역(1987), 『경제학―철학수고』, 이론과실천

칼 마르크스, 김호균 역(1988), 『경제학 노트』 「정치경제학 비판 서문」 외, 이론과
실천

칼 폴라니, 홍기빈 역(2009), 『거대한 전환―우리 시대의 정치·경제적 기원』, 길

테리 이글턴, 황정아 역(2012), 『왜 마르크스가 옳았는가』, 길

프리드리히 니체, 박찬국 역(2007), 『비극의 탄생』, 아카넷

피에르 레비, 권수경 역(2002), 『집단지성』, 문학과지성사

하종강(2016), 「빈소에서 만난 사람들」, 『한겨레』 1월 26일

한국문화유산답사회 엮음(2002), 『경남 — 답사여행의 길잡이 14』, 돌베개

한명기(2000), 『광해군 — 탁월한 외교정책을 펼친 군주』, 역사비평사

한비, 김원중 역(2010), 『한비자』, 글항아리

한승동(2017), 「정보혁명과 자본주의의 종말」, 『녹색평론』 153호

한영우(1983), 『조선전기 사회경제연구』, 을유문화사

한태문·이응인·이순욱(2010), 『그래! 밀양의 옛이야기 한번 들어 볼래?』, 밀양시

한홍구(2006), 「감옥으로부터의 인간개조」, 『한겨레21』 615호, 6월 22일

함석헌(2003), 『뜻으로 본 한국역사』, 한길사

황견 엮음, 이장우·우재호·박세욱 역(2003), 『고문진보 후집』(2판), 을유문화사

황현, 허경진 역(2006), 『매천야록』, 서해문집

허균, 허경진 역(1988), 『시대 앞에 서서 — 허균 산문선』, 책세상

허문영(1989), 「통혁당 사건 무기수 신영복 씨의 첫 강의」, 『월간중앙』 4월호

호세 리살, 김달진 역(2017), 『꽃 중의 꽃』, 동안

후지타 쇼조, 최종길 역(2007), 『전향의 사상사적 연구』, 논형

쇠귀 연보

1941년	1세	– 8월 23일 경남 의령 유곡공립보통학교(교사 1명뿐인 간이학교) 사택에서 출생
1945년	5세	– 8·15광복이 되던 날의 기억(일본인 교장의 사택을 밤새 지킴)
1947년	7세	– 초등학교 입학 전부터 할아버지 사랑방에서 서예와 천자문 학습
		– 밀양초등학교 입학
1950년	10세	– 한국전쟁 당시 영남루 부근 다리에 걸려 있던 청년들의 머리를 목격함
1953년	13세	– 밀양초등학교 졸업 후 밀양중학교 입학
		– 초등학교 이후 고교 시절까지 응원단장을 도맡아서 함
1954년	14세	– 5월 부친 신학상 선생이 제3대 민의원 선거에 출마했으나 낙선, 가세 기울기 시작
1956년	16세	– 밀양중학교 졸업 후 부산상고 입학
1958년	18세	– 교내 시 백일장에서 장원하는 등 글씨와 그림에도 빼어난 재능을 보임
1959년	19세	– 서울대 상대(종암동 홍릉 소재) 경제학과 입학
1960년	20세	– 성북동에서 입주 가정교사 시작
		– 가족 서울 종암동 방 2칸짜리 집으로 이사
		– 4·19혁명 발발. 상대 선언문 작성. 4·19 시위 참여
		– 4월 고려대에서 열린 전국 경제학과 토론 대회에 참가해 대상 수상

1963년 23세	서울대 대학원 경제학과 진학

1963년 23세 – 서울대 대학원 경제학과 진학

1964년 24세 – 석사 논문 집필. 「봉건제 사회의 해체에 관한 고찰―노동력의 사회적 존재 양식을 중심으로」

1965년 25세 – 숙명여대 경제학과에서 '후진국개발론' 강의 시작

– 월간지 『청맥』 집필진 풀(pool)인 새문화연구회 참여

1966년 26세 – 이른 봄 서울대 문우회 회원들과 답청놀이 가는 길에 청구회 어린이들과 처음 만남

– 6월부터 육군사관학교 교관이 되어 '경제원론'과 '근대경제사' 강의

– 9월 찰스 P. 킨들버거의 『외국무역과 국민경제』 번역

1967년 27세 – 2월 수도육군병원에 입원해 담낭 절제 수술

– 6월 청구회 6명, 청맥회 8명, 육사생도 6명이 수유리로 봄 소풍

1968년 28세 – 7월 25일 새벽 집에서 체포되어 서대문형무소에 수감

– 8월 24일 중앙정보부 통혁당 사건 발표

1969년 29세 – 1월 16일 육군 고등군법회의에서 사형 언도한 후 남한산성 육군교도소에 송치

– 7월 23일 항소심에서도 사형

– 11월 11일 대법원 파기환송

1970년 30세 – 상고 포기로 5월 5일 무기징역 확정

– 9월 육군교도소에서 안양교도소로 이감

1971년 31세 – 2월 사상범이 많아 '한국의 모스크바'라 불리던 대전교도소로 이감. 이곳에서 노촌 이구영 선생과 4년간 '한방 생활'

1986년 46세 – 2월 전주교도소로 이감

1988년 48세 – 7월 10일 『평화신문』에 '통혁당 사건의 무기수 신영복 씨 편지' 연재 시작

– 8월 14일 특별가석방으로 출소

– 9월 『평화신문』에 연재한 옥중 서간 모음집 『감옥으로부터의

사색』출간

- 11월 친구들의 주선으로 세실레스토랑에서 첫 서예전

1989년 49세 - 1월 10일 KBS 유영순 아나운서와 결혼

- 3월 성공회신학교에서 '동양철학' 강의 시작

- 12월 모친 이이구 여사 작고

1990년 50세 - 자발적 독자 모임 '더불어숲' 시작. 아들 지용 출생

1991년 51세 - 3월 중국 작가 다이허우잉의 『사람아 아, 사람아!』번역 출간

1992년 52세 - 한신대 유세종 교수와 『루쉰전 – 루쉰의 삶과 사상』공동 번역
출간

1993년 53세 - 감옥 엽서 원본을 영인한 『엽서 – 신영복 옥중사색』출간

- 일본 작가 나카지마 아츠시의 『역사속에서 걸어나온 사람들』
감역

1994년 54세 - 한학자 기세춘과 역대 중국의 시가를 엄선, 번역한 『중국역대
시가선집』(1~4권) 출간

1995년 55세 - 3월 17~26일 학고재에서 서화전 개최. 서화 작품집《손잡고
더불어》출간

- 부친 신학상 선생 작고

- 11월부터 24주간(1996년 8월까지) 『중앙일보』에 국내 여행기
'역사의 뒤안에서 띄우는 엽서' 연재 시작

1996년 56세 - '더불어숲' 홈페이지(http://www.shinyoungbok.pe.kr) 오픈

- 『중앙일보』에 연재했던 국내 여행기를 엮어서 『나무야 나무야』
출간

1997년 57세 - 1월 1일부터 『중앙일보』에 '새로운 세기를 찾아서'라는 제목의
세계 여행기(47회) 연재 시작

1998년 58세 - 3월 사면 복권

- 5월 성공회대 사회과학부 교수로 정식 임용

- 6월 세계 여행기를 묶어서 『더불어숲 1, 2』출간

　　　　　　　　　　　- 8월『감옥으로부터의 사색』증보판 출간

1999년 59세　- 12월 KBS에서 '신영복 교수의 20세기 지구 마지막 여행'(10월
　　　　　　　　　　　말부터 35일간 10개국 30여 곳 기행) 방영

2000년 60세　- 성공회대 민주사회교육원 원장 취임

2001년 61세　- 9월『프레시안』에 '신영복 고전강독' 연재 시작(2003년 4월
　　　　　　　　　　　166회로 마침)

　　　　　　　　　　　- 9월 KBS〈TV 책을 말하다〉에 출연하여『더불어숲』소개

2002년 62세　- 2월 동아시아 문화공동체 포럼 대표

　　　　　　　　　　　- 연구년 맞아 강원도 인제군 소재 미산계곡에서 지냄

2003년 63세　- 6월 야후코리아가 주관한 '우리 시대의 지성인 베스트 5' 설문
　　　　　　　　　　　조사에서 1위 차지

2004년 64세　- 3월 성공회대 대학원장 취임

　　　　　　　　　　　- 12월『강의―나의 동양고전 독법』출간

2005년 65세　- 1월 KBS〈TV 책을 말하다〉에 출연하여『강의』소개

　　　　　　　　　　　- 6월 직지소프트에서 디지털 신영복체 개발(한글 2,350자, 한문
　　　　　　　　　　　4,888자)

2006년 66세　- 2월 '처음처럼' 소주 출시. 두산주조와 크로스포인트 손혜원 대
　　　　　　　　　　　표가 브랜드 디자인 사례로 성공회대에 장학금 기탁

　　　　　　　　　　　- 3월 서울대학교 입학식 축사

　　　　　　　　　　　- 6월 정년 퇴임 앞두고 성공회대 대학성당에서 고별 강의

　　　　　　　　　　　- 8월 정년을 맞아 더불어숲 회원, 성공회대 동료 교수들과 바이
　　　　　　　　　　　칼 여행

　　　　　　　　　　　- 8월 성공회대 교정에서 정년 기념 콘서트. 정년 퇴임 기념『신
　　　　　　　　　　　영복 함께 읽기』출간.

2007년 67세　- 1월 서화 에세이집『처음처럼』출간

　　　　　　　　　　　- 2월 성공회대 교수들과 '함께 여는 새날'이라는 이름의 서화전
　　　　　　　　　　　개최

		– 7월 SBS에서 다큐멘터리 〈신영복 교수의 금강산 사색〉 방영
2008년	68세	– 3월 제3회 임창순상 수상
		– 6월 시민공간 '나루' 건립 후원 서화전
		– 7월 『청구회 추억』(영한 대역본) 출간
		– 9월 성공회대 인문학습원 원장 취임. 'CEO를 위한 인문공부' 프로그램 시작
2009년	69세	– 5월 서울대에서 열린 '관악초청강연'에서 특강 및 토론
		– 10월 민주넷 주최로 전국 순회강연('신영복 교수와 더숲트리오가 함께하는 강연 콘서트) 시작
2010년	70세	– 12월 서울대 강연을 엮은 『신영복―여럿이 함께 숲으로 가는 길』 출간
2011년	71세	– 2~5월 시민 단체와 더불어숲 주최로 밀양과 전주에서 강연
		– 8월 미등록 학생 장학금 마련을 위한 성공회대 교수 서화전 '아름다운 동행' 개최
		– 9월 강릉시민사회단체 연대기금 마련을 위한 신영복의 이야기 콘서트 '강물처럼' 참여
		– 9~12월 『경향신문』에 자신이 쓴 글씨가 있는 곳을 탐방한 기행문 '변방을 찾아서' 연재
		– 11월 더숲트리오와 함께 전국 순회강연
2014년	74세	– 성공회대 인문학습원 고문
		– 9~12월 네이버 포스트에 '신영복의 언약' 연재
		– 10월 흑색종이라는 희귀성 피부암 진단을 받고 투병 시작.
		– 10월 성공회대 개교 100주년 기념 '일만 벗의 아름다운 동행(일만동행) 후원의 밤 및 서화전'(서화 작품 24점 기부)
2015년	75세	– 4월 『담론―신영복의 마지막 강의』 출간
		– 8월 만해문예대상 수상
		– 12월 『더불어숲』 개정판 출간

2016년 76세	– 1월 15일 21시 30분경 자택에서 별세
	– 1월 18일 오전 11시 성공회대 대학성당에서 성공회대 학교장으로 영결식 엄수
	– 2월 22일 『처음처럼』 개정판 출간
	– 4월 3일 밀양 선산에 수목장(영취산 남봉 산마루 소나무숲)
	– 5월 15일 사단법인 더불어숲(이사장 김창남) 출범
2017년	– 1월 유고집 『냇물아 흘러흘러 어디로 가니』와 대담집 『손잡고 더불어』 출간
	– 서거 1주년을 맞아 성공회대와 구로구가 천왕산 일대에 '신영복선생 추모공원'과 '더불어숲길' 조성
2018년	– 1월 성공회대에서 2주기 추모 행사. 영문 에세이집 『Journey of the River』(조병은 역) 출간
2019년	– 1월 신영복 선생 3주기 추모식 엄수
	– 서거 3주기를 맞아 서울시와 구로구가 항동 소재 '푸른수목원' 내에 신영복 기념 '더불어숲도서관' 건립 계획 발표

찾아보기

ㅇ